LA DUALITÉ JURIDICTIONNELLE EN AFRIQUE SUBSAHARIENNE FRANCOPHONE

Tome 1

L'imitation inadéquate du modèle référentiel

Logiques Juridiques
Fondée par Gérard Marcou
Dirigée par Jean-Claude Némery et Thomas Perroud

Le droit n'est pas seulement un savoir, il est d'abord un ensemble de rapports et pratiques que l'on rencontre dans presque toutes les formes de sociétés. C'est pourquoi il a toujours donné lieu à la fois à une littérature de juristes professionnels, produisant le savoir juridique, et à une littérature sur le droit, produite par des philosophes, des sociologues ou des économistes notamment.

Parce que le domaine du droit s'étend sans cesse et rend de plus en plus souvent nécessaire le recours au savoir juridique spécialisé, même dans des matières où il n'avait jadis qu'une importance secondaire, les ouvrages juridiques à caractère professionnel ou pédagogique dominent l'édition, et ils tendent à réduire la recherche en droit à sa seule dimension positive. À l'inverse de cette tendance, la collection « Logiques juridiques » des éditions L'Harmattan est ouverte à toutes les approches du droit. Tout en publiant aussi des ouvrages à vocation professionnelle ou pédagogique, elle se fixe avant tout pour but de contribuer à la publication et à la diffusion des recherches en droit, ainsi qu'au dialogue scientifique sur le droit. Comme son nom l'indique, elle se veut plurielle.

Dernières parutions

Hugues RABAULT, *La constitution financière de la France Sources fondamentales du droit des finances publiques, Seconde édition actualisée et augmentée*, 2024.
Eric FÈVRE, *Comparaison du chef de l'Etat et du chef du Gouvernement en France et en Allemagne*, 2024.
Henri BOUILLON, *Droit de la laïcité*, 2024.
Nadine NAJEM, *Théorie des intérêts moratoires*, 2024.
Caroline PELOSO, *L'autorité de la chose jugée au pénal à l'égard des décisions européennes, Essai de droit comparé franco-italien*, 2023.
Bamba Nonféni Michel ZARATIONON, *Les mesures provisoires de la CourADHD. Le contentieux du provisoire*

Zako Jean-Marie Djédjé

LA DUALITÉ JURIDICTIONNELLE EN AFRIQUE SUBSAHARIENNE FRANCOPHONE

Tome 1

L'imitation inadéquate du modèle référentiel

Préface de François Benchendikh

L'Harmattan

5-7, rue de l'École-Polytechnique – 75005 Paris
www.editions-harmattan.fr
ISBN : 978-2-336-45766-6
EAN : 9782336457666

DÉDICACE

A mon père, parti très tôt mais qui eut le temps de m'inculquer le goût du travail et du succès.

A ma mère à qui je dois tout. J'espère ne jamais décevoir son estime et sa confiance placées en moi.

A mon épouse, Nafissatou OUATTARA qui me donne toujours une raison d'espérer et de prospérer.

REMERCIEMENTS

Le présent ouvrage est le fruit de travaux d'études doctorales. Aussi les premiers mots de remerciement sont adressés à mes directeurs dont les encadrements ont certes insufflé l'intérêt pour la publication de la thèse.

Professeur François BENCHENDIKH, ce sentiment qui m'anime à choisir des mots de remerciements est tout aussi immense que votre apport à la réalisation de ces travaux. Votre encadrement n'a jamais faibli. Je vous en remercie très sincèrement.

Je remercie également le Professeur Abraham GADJI de qui j'ai appris et continue d'apprendre. Votre encadrement empreint à la fois de rigueur et d'attention a largement favorisé la présente production.

Que les Professeurs Karim DOSSO et Ousmane ZINA trouvent en ces mots toute ma reconnaissance pour cet accompagnement scientifique continu ainsi que l'opportunité qu'ils m'offrent à apprendre d'eux.

Ces travaux se sont réalisés dans le cadre de la cotutelle de thèse entre les Universités Alassane Ouattara et de Lille. C'est le lieu de témoigner ma gratitude à tous les acteurs qui ont facilité ces échanges internationaux. Ce sont notamment : les Professeurs Nanga SILUE, Johanne SAISON, Pélagie N'DRI-THEOUA, Monsieur Brou Ange AHUI, Madame Sophie RANCHY et toutes les équipes dirigeantes de même que les membres du Centre d'Etudes et de Recherches Administratives, Politiques et Sociales (CERAPS).

Infiniment merci aux familles DJEDJE, BAIKORO, DAHO et SORHO pour leur appui constant. Remerciement également à Monsieur Zakaria KONE dont l'assistance a été particulièrement remarquée.

A mes amitiés des universités d'Abidjan, de Bouaké, de Lille et d' Ouagadougou ainsi qu'à tous les membres de l'AJMCI-Secteur 4, je sais l'importance de votre fidélité.

PRINCIPALES ABRÉVIATIONS

AFDI	:	Annuaire français de droit international
AIHJA	:	Association internationale des hautes juridictions administratives
AIJC	:	Annuaire international de justice constitutionnelle
AJA	:	Association des juristes africains
AJDA	:	Actualité juridique de droit administratif
Al.	:	Autres
AN	:	Assemblée nationale
Ann. Afr	:	Annales africaines
Ass.	:	Assemblée du contentieux
c.	:	Contre
CAA	:	Cour administrative d'appel
CADHP	:	Cour africaine des droits de l'homme et des peuples
CC.	:	Conseil constitutionnel
CCA	:	Conseils du contentieux administratif
CE	:	Conseil d'État
CEDH	:	Cour européenne des droits de l'homme
Cf.	:	Confer, se rapporter à
CIDH	:	Cour interaméricaine des droits de l'homme
CJA	:	Code de justice administrative
CJCE	:	Cour de justice des communautés européennes
CJUE	:	Cour de justice de l'Union européenne
concl.	:	Conclusions
Cour cass.	:	Cour de cassation
CPC	:	Code de procédure civile
CREDFIP	:	Centre de recherches et d'études sur le droit et les finances publiques
CSCA	:	Cour suprême – Chambre administrative
D	:	Recueil Dalloz
éd.	:	Édition
EDCE	:	Étude et documents Contentieux d'État
EDJA	:	Éditions Juridiques Africaines
FED	:	Fonds Européende Développement
GAF	:	Gouvernance Finances publiques
GAP	:	Gouvernance et action publique

GazPal	:	Gazette de Palais
GDJAS	:	Grandes décisions de la justice administrative sénégalaise
Ibid.	:	Ibidem
IRJS	:	Institut de recherche juridique Sorbonne
JORB	:	Journal officiel de la République du Burkina Faso
JORCI	:	Journal officiel de la République de Cote d'Ivoire
JORF	:	Journal officiel de la République de France
JORS	:	Journal officiel de la République du Sénégal
LAM	:	Les Afriques dans le monde
LEJA	:	Librairie d'études juridiques africaines
LGDJ	:	Librairie générale de droit et de jurisprudence
LPA	:	Les petites affiches
n°	:	Numéro
NAA	:	Nouvelles annales africaines
NEAS	:	Les nouvelles éditions africaines du Sénégal
op. cit.	:	œuvre précitée
ord.	:	Ordonnance
p.	:	Page
PTF	:	Partenaires techniques et financiers
PTOM	:	Pays et territoires d'outre-mer
PUAM	:	Presses universitaires d'Aix-Marseille
PUF	:	Presses universitaires de France
RAFIP		Revue africaine des finances publiques
RAMReS/S.J.P.	:	Revue Africaine et Malgache de Recherches Scientifiques – Sciences Juridiques et politiques
RASJ	:	Revue africaine des sciences juridiques
RBSJA	:	Revue béninoise des sciences juridiques et administratives
RDA	:	Revue de droit d'Assas
RDG	:	Revue Générale de Droit
RDP	:	Revue générale de droit et de sciences politiques en France et à l'étranger
RDS	:	Revue de droit social
Rev. Adm.	:	Revue administrative
Rev. crit. DIP	:	Revue critique de droit international public
RFDA	:	Revue française de droit administratif
RFDC	:	Revue française de droit constitutionnel
RFFP	:	Revue française de finance publique
RHD	:	Revue historique du droit

RID	:	Revue ivoirienne de droit
RIDE	:	Revue internationale de droit économique
RIEJ	:	Revue interdisciplinaire d'études juridiques
RIF	:	Revue internationale des francophonies
RIPC	:	Revue internationale de politique comparée
RISJPO	:	Revue ivoirienne des sciences juridiques et politiques
RJAS	:	Recueil de la jurisprudence administrative sénégalaise
RJPAF	:	Revue juridique et politique d'Afrique francophone
RJPIC	:	Revue juridique et politique, indépendance et coopération
RND	:	Revue nigérienne de droit
RTD civ	:	Revue trimestrielle de droit civil
S	:	Sirey
Sect.	:	section du contentieux
SPA	:	Service public administratif
SPIC	:	Service public industriel et commercial
t.	:	Tome
TA	:	Tribunal administratif
TC	:	Tribunal des conflits
UA	:	Union africaine
UE	:	Union européenne
UEMOA	:	Union économique et monétaire ouest-africaine

SOMMAIRE

« *Souvent, les réformes ne font pas table rase des dispositions antérieures. Le pragmatisme, la volonté de sauvegarder des situations acquises ou encore la crainte de l'incertitude du lendemain en cas de changement radical conduisent la plupart du temps à ne pas rompre totalement avec le passé* ».

Max REMONDO, Le droit administratif gabonais, p. 203.

« *On est toujours tenté d'imiter ce que l'on a envié ou détesté* ».

Gérard CONAC (dir), Les institutions administratives des États d'Afrique francophones, Paris, Economica, 1979, p. XIX.

PREFACE

C'est un travail véritablement accompli que propose M. Zako Jean-Marie Djédjé dans sa thèse de doctorat dont le titre est *« La dualité juridictionnelle en Afrique subsaharienne francophone : analyse d'un modèle importé »*.

En choisissant de consacrer son travail de recherche à la très intéressante question de l'importation de la dualité juridictionnelle au sein de quatre États d'Afrique subsaharienne francophone que sont le Burkina Faso, la Côte d'Ivoire, le Gabon et le Sénégal, M. Djédjé met en perspective tout l'intérêt scientifique de la réalisation de travaux comparatifs.

Mais plus fondamentalement encore, cette thèse illustre cette histoire commune qui lie inévitablement l'Afrique de l'Ouest à la France. Le droit public français conserve toujours bien cet indéfectible lien ce que d'ailleurs M. Djédjé a pris le soin, dès le début de sa soutenance, de mettre en perspective en faisant référence à la très célèbre décision du Tribunal des conflits *Société commerciale de l'Ouest africain* dite Bac d'Eloka du 22 janvier 1921. Le Bac d'Eloka qui se situe d'ailleurs à quelques kilomètres de la faculté de droit et de science politique de Bouaké au sein de laquelle Zako Jean-Marie Djédjé a étudié. En révélant la notion de service public industriel et commercial, cette décision illustre à elle seule un patrimoine juridique commun.

Par l'intermédiaire d'une approche toujours bienveillante, l'auteur pose la question de la pertinence de l'exportation et de la réception du modèle dualiste au sein de certains États d'Afrique de l'Ouest.

Selon l'auteur, la tendance constatée en Afrique subsaharienne est à la migration progressive vers le système dualiste français. Il en découle l'importance de la question centrale de sa thèse selon laquelle : la pratique de la dualité juridictionnelle en Afrique subsaharienne justifie-t-elle l'opportunité de son importation et de son maintien sur cet espace ?

Au sein du premier tome, l'auteur s'interroge pour savoir si l'application du dualisme juridictionnel français est vraiment adéquate en Afrique subsaharienne francophone alors que le second tome est consacré à la viabilité discutée du modèle importé au sein de ces quatre États.

Par effet miroir, M. Djédjé nous permet de comprendre mieux encore les caractéristiques, les ambiguïtés parfois et même les controverses concernant la dualité juridictionnelle en droit français. Cette recherche sur la réception d'un modèle juridique extérieur, par le biais d'une forme d'introspection, permet de saisir les caractéristiques de la place et du rôle qu'occupent les juridictions administratives au sein du système juridictionnel français.

On l'aura compris cette thèse contribue pleinement à nous interroger, grâce à cette approche comparative entre les différents États étudiés, sur le particularisme du dualisme juridictionnel français.

La recherche montre ainsi les difficultés d'application d'un système juridique venu de l'extérieur. Comme l'évoque l'auteur, *« les réformes instituant la dualité juridictionnelle nourrissent le sentiment qu'elles ne remplissent qu'une fonction purement symbolique ou, à tout le moins, elles révèlent la réalité d'un processus d'importation mal maitrisé ».*

Pour arriver à de vrais résultats de recherche, Zako Jean-Marie Djédjé a souvent su contourner, avec beaucoup d'agilité, les difficultés résultant de l'insuffisante voir parfois l'absence de matériaux de recherche. Le protocole de recherche a dû s'adapter en permanence pour remédier à ces difficultés et pour permettre l'aboutissement de cette thèse.

La réalisation de la thèse augure de prometteurs travaux universitaires dont on est impatient de découvrir et qui, nous pouvons l'espérer, seront consacrés à l'analyse d'autres systèmes juridiques francophones. Nous pouvons par ailleurs nous féliciter que la production de cette thèse soit le résultat d'un accord qui lie l'école doctorale de la faculté des sciences juridique, politique et sociale de l'université de Lille et la faculté de droit et de science politique de l'université Alassane Ouattara de Bouaké.

La présente réflexion révèle également tout l'intérêt d'accueillir sur le sol français des étudiants étrangers qui contribuent, notamment lors de la réalisation de travaux de recherche, à enrichir la compréhension de notre modèle national.

En étant recruté à l'université d'Abidjan en tant qu'assistant M. Djédjé est promis à une brillante carrière universitaire dont on ne peut que s'en réjouir pleinement.

François BENCHENDIKH
Maître de conférences HDR en droit public
Sciences Po Lille
CERAPS Umr CNRS 8026

INTRODUCTION

« *L'incrustation des institutions juridiques dans la société ne les rend pas perpétuelles pour autant, si on ne peut renouveler leur raison d'être au regard des exigences sociales et juridiques nouvelles* »[1]. La présente œuvre entend justement saisir des préoccupations actuelles que pose l'organisation juridictionnelle en Afrique francophone.

Les réformes relatives à l'organisation juridictionnelle sont marquées d'instabilité et de complexité dans les Etats africains francophones. Ce qui laisse convaincre que le domaine de la justice active l'action gouvernementale. Du service public de la justice, l'on perçoit et évalue le niveau d'expression de démocratie et de l'Etat de droit d'un État[2]. De la gestion du service public de la justice, chaque État entend affirmer sa souveraineté et vise à en faire un instrument de développement politico-économique[3]. De l'organisation du service public de la justice enfin, l'on admet trois familles de systèmes d'organisations juridictionnelles[4] : les systèmes à unité de juridiction, les systèmes mixtes et les systèmes à dualité de juridiction. Ces différents systèmes renseignent sur le fond du contrôle juridictionnel de

---

[1] DRAGO (R.), FRISON-ROCHE (A.-M), « Mystères et mirages des dualités des ordres de juridictions et de la justice administrative », in *Le Privé et le Public*, *APH*, t. 41, Sirey, 1997, p. 138.

[2] GADJI (A.), « L'accès à la justice entre quête, requête et conquête : quelques observations sur un droit fondamental à valoriser en Côte d'Ivoire », in HOURQUEBIE (F.) (dir.), *Quel service public de la justice en Afrique* ? Actes du colloque, Université Montesquieu Bordeaux IV, Bruxelles, Bruylant, 2013, pp. 95-121.

[3] SECK (A.M.), *Intégration et Souveraineté étatique, approche comparative entre l'Europe et l'Afrique à travers l'UE, l'UEMOA et l'OHADA*, Thèse de doctorat en Droit public, Université Le Havre Normandie, 2018, p. 155. ; MAZEN (N-J.), *L'accès au droit et à la justice des citoyens en République centrafricaine*, Thèse de doctorat en Droit privé, Université de Bourgogne, 2013, p. 2. ; LARSEN (L.B.), « Prendre les droits communautaires au sérieux ou la force d'attraction de l'expérience européenne en Afrique et en Amérique latine » *in Les dynamiques du droit européen en début de siècle*. Etudes en l'honneur de Jean-Claude Gautron, Pedone, Paris, 2004, p. 579 ; LESUEUR (J.Y.), PLANE (P.), « Les services publics subsahariens : importance socio-économique et évaluation des politiques d'assainissement », *Revue Tiers-Monde*, PUF, 1994, p. 781. ; FAVOREU (L.), « Le Conseil constitutionnel et le Droit international », *AFDI*, n° 1, 1977, pp. 95-125.

[4] LEMASURIER (J.), *Le contentieux administratif en droit comparé*, Paris, Economica, 105 p.

l'action administrative et dans une certaine mesure sur la pratique du droit administratif consacré par chacun d'eux.

Sur ce point force est de constater que « *Le droit administratif africain cherche encore sa voie* »[1]. Plus de quarante ans après son prononcé, cette assertion d'Alain BOCKEL garde toute son actualité en ce que, entre l'unité et la dualité de juridiction, l'Afrique subsaharienne francophone est toujours à la quête d'un modèle d'organisation de sa justice administrative[2]. Le choix pour l'un ou l'autre modèle n'est pas simple si bien que la conduite des États n'est pas linéaire. Si elle laisse des traces de balbutiements entre imitations du modèle de la justice administrative française et son rejet, elle traduit également l'incertitude des théories en faveur de chacun des modèles voire en faveur de chacun des trois grands systèmes du contentieux administratif[3].

Certes le Doyen VEDEL en soutenant que *« Le fait pour un État de se préoccuper du système de répartition des compétences, témoigne que son droit administratif est à certains égards, un droit encore primitif* »[4], invitait implicitement les États africains issus de la décolonisation à se détourner du dualisme juridictionnel, mais d'autres influences pertinemment évoquées par Jean RIVERO favorisaient soit un choix imposé, soit un choix négocié ou encore un choix libre, c'est-à-dire éclairé de ce modèle[5].

La réflexion sur le thème « *La dualité juridictionnelle en Afrique subsaharienne francophone : l'imitation inadéquate du modèle référentiel* », nous replace en plein cœur du débat sur la justesse de l'application du dualisme dans l'espace africain francophone[6]. Elle sera particulièrement menée à partir des exemples burkinabè, ivoirien, gabonais et sénégalais. Le succès d'un modèle dans son pays d'origine

---

[1] BOCKEL (A.), *Droit administratif*, Dakar, Abidjan, NEI, 1978, p. 276.

[2] Comme le traduit l'intitulé de l'article de SY (P.-M.), « Entre l'unité et la dualité de juridiction : L'Afrique Noire francophone à la quête d'un modèle d'organisation de la justice administrative », *Nouvelles Annales Africaines*, pp. 269-319.

[3] Pour une présentation succincte des avantages et inconvénients que comporte chacun des systèmes français, mixtes et anglo-saxons du contentieux administratif, voir LEMASURIER (J.) *Le contentieux administratif en droit comparé*, *op. cit.*, pp. 3-10.

[4] Cf. VEDEL (G.), *Droit administratif*, Paris, PUF, Coll. Thémis, 1980, p. 110.

[5] RIVERO (J.), « Le phénomène d'imitation des modèles étrangers en droit administratif », *in* Mélanges Walter Jean Ganshof van der Meersch, Bruxelles, Bruylant, 1972, p. 622.

[6] Association Ouest –Africaine des Hautes Juridictions francophones, L'opportunité *de l'éclatement des Cours suprêmes en Cours distinctes*, Les Actes du colloque de Cotonou 14-16 mai 2002.

n'est pas une garantie inébranlable de sa pérennité dans l'espace de réception. En effet, « *un système juridique dont le succès amène à une imitation, à une reproduction peut aussi être repoussé, et cela pour différentes raisons...* »[1]. Ce phénomène qu'on lie au « *principe du modèle repoussoir* »[2] a été observé en Afrique au lendemain des indépendances.

L'histoire de la dualité de juridiction en Afrique est bien différente de celle de la France, sa terre d'origine. Mais, les raisons qui militent actuellement au maintien de ce modèle dans ces deux espaces semblent se rencontrer. L'Administration d'une justice juste[3], impartiale, équitable et efficace en Afrique subsaharienne francophone comme ailleurs est une nécessité vitale. En quête de repère, et face aux difficultés d'assurer la pérennité des solutions d'organisations juridictionnelles originales créées au lendemain des indépendances, les regards de l'Afrique francophone furent plongés dans le rétroviseur, vers le référentiel français en vue d'une (re)conquête de la dualité juridictionnelle qu'elle avait connue sous la colonisation.

La dualité juridictionnelle fait partie des produits du droit français les plus exportés[4]. Considérant l'importance du nombre d'études et de réflexions consacrées à la dualité en France[5], les lignes suivant se

---

[1] PRUD'HOMME (D.), *Le dualisme juridictionnel français : modèle et contre-modèle à l'étranger*, Mémoire Master II, Université de Rennes I, Faculté de Droit et de Science Politique, Centre d'Histoire du Droit, 2011-2012, p. 37.

[2] *Ibid.*

[3] Pour une relation indispensable entre le droit et le juste, voir : HAENEL (H.), FRISON-ROCHE (A.-M.), *Le juge et le politique*, PUF, Paris, 1998, p. 75.

[4] GAUDEMET (Y.), « L'exportation du droit administratif français : brèves remarques en forme de paradoxe », *in Droit et politique à la croisée des cultures*, Mélanges Philipe ARDANT, Paris, LGDJ-Montchrestien, 1999, p. 437.

[5] A titre illustratif, lire : BOULOUIS (J.), « Faut-il supprimer le droit administratif ? », *Pouvoirs*, n°46, 1988 ; COHEN-TANUGI (L), « L'avenir de la justice administrative », *Pouvoirs*, n°46, 1988 ; VELLEY (S.), « La constitutionnalisation d'un mythe : justice administrative et séparation des pouvoirs (Loi du 16-24 août 1790 et la théorie de la séparation des pouvoirs XIXe siècle) », *RDP*, tome 105, 95e année, 1989, pp. 767-789 ; FOUGERE (L.), « 1790-1990 – Deux siècles de dualisme juridictionnel », *AJDA* 1990, pp. 579-580; Rapport de Monsieur Jean Arthuis au nom de la commission d'enquête sur le fonctionnement des juridictions de l'ordre administratif et l'exécution de leurs décisions, Doc Sénat n° 400, annexe au p.-v. de la séance du 11 juin 1992. A l'occasion de la célébration du bicentenaire CHEVALLIER (J.), « Du principe de la séparation au principe de la dualité », *RFDA*, vol. 6, n° 5, 1990, pp. 712-723 ; VEDEL (G)., « La loi des 16-24 aout 1790 : texte ? prétexte ? contexte ? », *RFDA*, vol. 6, n° 5, 1990, pp. 698-711; BURDEAU (F.), « La crise du principe de dualité de juridiction », *RFDA*, vol. 6, n° 5, 1990, pp. 724-733 ;

borneront d'en rappeler les grands traits de sa naissance et de son développement sur sa terre d'origine. Il est vrai que la logique de la production normative peut obéir à l'itinéraire suivant : contexte, prétexte et texte, l'on peut procéder autrement pour rappeler l'histoire de naissance de la dualité française. En effet, le dualisme français procède de textes dont les interprétations qu'offrait le contexte ont pu être apparentées à des prétextes justifiant la création d'une justice administrative autonome en France.

La dualité a une histoire souvent maladroitement confondue à celle du droit administratif[1]. C'est surtout l'histoire de naissance et de chevauchement de textes particuliers. Les textes qui constituent les prémices de l'existence d'un juge ou d'une autorité à part entière pour contrôler l'action administrative remontent à bien plus longtemps avant la Révolution.

Les embryons d'un régime propre au contrôle des actes administratifs sont formés depuis le Moyen Âge[2] même si des notions telles : administration, séparation des autorités administratives et judiciaires n'existaient guère[3]. Sous l'influence des conceptions philosophiques de Thomas d'Aquin, la pression du droit canonique[4], de

---

MENY (Yves), *Le système politique français*, Montchrestien, coll. Clefs-Politiques, 1991, p. 143-144 ; MONNIER (F.) (dir.), « Deuxième centenaire du Conseil d'Etat et les changements de régime, in *Deuxième centenaire du Conseil d'Etat*, Paris, PUF, *La Revue administrative*, 2001, vol. 1, pp. 77-144.

[1] L'histoire du droit administratif ne saurait se confondre à celle de la dualité juridictionnelle en France contrairement à la conception traditionnelle qui pense qu'il soit né de l'arrêt Blanco en 1873 ou qu'il relève d'un miracle comme a pu insinuer WEIL (P.) et POUYAUD (D.), *Le droit administratif*, Paris, PUF, 2017. Elle remonte bien avant la Révolution. La démarche pragmatique qu'a suggérée Francis-Paul BENOIT permet de conclure à l'existence de règles propres à la gestion des affaires publiques. En des termes voisins, des règles qui se distinguaient de celles applicables à la gestion des affaires des particuliers. Voir : BURDEAU (F.), *L'histoire du droit administratif. De la Révolution au début des années 1970*, Paris, PUF, coll. Thémis, 512 p. BENOIT (P-F.), *Le Droit administratif français*, Paris, Dalloz, 1968, p. 898 p.

[2] PLESSIX (B.), « Nicolas Delamare ou les fondations du droit administratif français », *Droits*, n° 38, p. 113.

[3] FRIER (P.-L.), PETIT (J.), *Droit administratif*, Paris, LGDJ, 10e éd., 2015-2016, p. 28.

[4] Voir LE BAS (J-B.), « L'apport du droit canonique au droit administratif », *in Des racines du Droit et des contentieux*, Mélanges Jean-Louis MESTRE, *Sirey*, 1956, p. 395.

l'évolution de l'Église[1] et celle du droit romain s'opérait un encadrement du pouvoir royal dont les prérogatives absolues prennent désormais essence et justification dans la gestion des biens communs. Il se développait, dès lors, les règles spécifiques aux propriétés publiques notamment l'Édit de Moulins de 1566 qui consacrait l'inaliénabilité du domaine de la Couronne. Ces règles tendaient à soustraire les activités administratives de l'encadrement des règles du droit privé.

La séparation des compétences est expressément formulée par l'Édit de Saint-Germain du 21 février 1641. « *Déclarons que notre dite Cour de parlement de Paris, et toutes nos autres cours n'ont été établies que pour rendre la justice à nos sujets ; (...) de prendre (...) connaissance (...) de toutes celles qui peuvent concerner l'État, administration et gouvernement d'icelui que nous réservons à notre personne seule* ». Telle est la quintessence de la volonté du Roi qui interdisait aux juges de l'ordre judiciaire de se mêler des affaires de l'État, de l'administration ou du gouvernement. La violation répétée de cette séparation a conduit à son durcissement à l'ère de la Révolution.

Avec la Révolution, trois séries de textes ont institué le dualisme juridictionnel français : la loi des 16 et 24 août 1790[2] et le décret du 16 fructidor an III[3] ; la Constitution de l'an VIII[4] et la loi pluviôse an VIII ;

---

[1] Dans ce jeu d'influence, l'Église joue un rôle important. D'abord, parce qu'elle est « *la plus importante administration de l'époque* ». Ensuite, parce qu'elle est régie par un corpus de règles dans lequel « presque tous les chapitres d'un traité de droit administratif sont esquissés ». Cf. FRIER (P.-L.), PETIT (J.), *Droit administratif*, *op. cit.*, p. 28.

[2] La loi des 16 et 24 aout 1790 est une loi française, belge, luxembourgeoise sur l'organisation judiciaire. Son article 13 de la dispose ainsi qu'il suit : « *Les fonctions judiciaires sont distinctes et demeureront toujours séparées des fonctions administratives. Les juges ne pourront (...) troubler de quelque manière que ce soit, les opérations des corps administratifs, ni citer devant eux les administrateurs pour raison de leur fonction* ».

[3] Décret du 16 fructidor an III (2 septembre 1795), il formule en son unique article de façon intransigeante ce qui suit : « *défense itératives sont faites aux tribunaux de connaitre des actes d'administration de quelque espèce qu'ils soient, aux peines de droit, sauf au réclamant à se pourvoir devant le comité des finances pour leur être fait droit, s'il y a lieu, en exécution des lois, et notamment de celle du 13 frimaire dernier* ».

[4] Il ressort de l'article 52 de la Constitution du 22 frimaire de l'an VIII la consigne – ou l'orientation - suivante : « sous la direction des Consuls, un Conseil d'État est chargé de rédiger les projets de loi et de règlement d'administration publique et de résoudre les difficultés qui s'élèvent en matière administrative ».

et la loi du 24 mai 1872[1]. On retient de ces textes que le juge judiciaire était interdit de juger les agents de l'Administration poursuivis devant lui pour des faits accomplis dans l'exercice de leurs fonctions[2]. La compétence d'un tel contentieux relevait de la compétence de l'Administration d'où l'évocation de la pratique de justice retenue. La juridictionnalisation et la spécialisation du Conseil d'État en matière administrative furent l'œuvre de la loi du 24 mai 1872[3]. S'opère donc le passage de la justice retenue à la justice déléguée. L'arrêt *Cadot*[4]du Conseil d'Etat en date du 13 décembre 1889 pose le principe de la compétence de droit commun du Conseil d'État en matière administrative. Les interventions des révolutionnaires auraient finalement apporté une réponse aux critiques formulées contre le Conseil d'État accusé d'être au service de l'Administration[5].

---

[1] L'article 9 de la loi du 24 mai 1872 décline que : « *Le Conseil d'État statue souverainement sur les recours en matière contentieuse administrative et sur les domaines d'annulation pour excès de pouvoir, formés contre les actes des différentes autorités administratives* ». Lire aussi DRAGO (R.), « La loi du 24 mai 1872 », *EDCE*, n° 25, 1972, pp. 13-20.

[2] Aussi l'article 16 du Décret du 16 fructidor prît le soin d'annuler « *toutes les procédures et jugements intervenus dans les tribunaux judiciaires contre les membres des corps administratifs...* ».

[3] L'article 9 de cette loi laissait lire « *Le Conseil d'Etat statue souverainement sur les recours en matière contentieuse administrative, et sur les demandes d'annulation pour excès de pouvoir formées contre les actes des diverses autorités administratives* ».

[4] CE, 13 décembre 1889, *Cadot*, req. n° 66145, GAJA 36.

[5] GROS (D.), « La loi sur le Conseil d'Etat : un détachement du pouvoir central », *in La naissance de la troisième République*, 2014, pp. 345-352. Pour Léon DUGUIT, La justice administrative participait de l'arbitraire du pouvoir administratif. Quelques réactions critiques contre le Conseil d'Etat : RAUDOT déclarait à la séance du vote de la loi 19 février 1872 ceci : « *L'État est juge et partie dans les procès administratifs. Le Conseil d'État est la forteresse de la centralisation qui nous énerve. Et qui nous tue* ». Propos repris par LAIDIE (Y.), « Les libéraux et la justice administrative au XIXe siècle : un mariage de raison ? », La Revue administrative », *Les libéraux et la loi de 1872*, Paris, PUF, n° 319, janvier-février 2001, pp. 5-11. BERANGER (A.) dira du Conseil d'État qu'il « *n'est pas d'institution plus dangereuse en France ; corps tout à la fois politique et judiciaire, elle est une espèce d'usurpation qui menace trop nos libertés pour ne pas être l'objet de protestation continuelle* », *De la justice criminelle en France*, 1788. La critique était contestée par d'autres auteurs dont Léon GAMBETTA dans son discours à l'Assemblée nationale au cours du processus d'adoption de la loi du 24 mai 1872. Il soutenait que « *Pour ne pas se laisser entamer par les services publics, pour ne pas laisser toucher à ce qui est son pouvoir conservateur, administratif ou supérieur, l'État a bien le droit à une juridiction spéciale* ».

Cependant les aspirations qui commandaient l'autonomie de la justice administrative étaient parfois critiquées. On a même soutenu qu'elles ont servi de prétexte à l'adoption des textes susvisés.

« *Des paradoxes, l'on en trouve partout – partout où l'on cherche des fondements* »[1]. Cette réalité décrite par Niklas LUHMANN, propre à tout phénomène juridique, est la première découverte du chercheur qui s'intéresse aux fondements du dualisme juridictionnel français. Deux grands arguments justifieraient l'instauration d'un juge spécial de l'Administration. Il s'agit du principe de la séparation des autorités administratives et judiciaires[2] dont le fondement serait la conception française du principe de la séparation des pouvoirs. Il s'agit également de la pensée largement diffusée pour laquelle « *Juger l'administration c'est encore administrer* »[3]. Ces arguments seraient des prétextes à l'institutionnalisation de la dualité juridictionnelle en ce que ni leurs sens ni leurs implications n'obligeaient la création d'une justice administrative autonome.

Le principe de la séparation des autorités administratives et judiciaires est consacré par les lois des 16 et 24 août 1872 qui prescrivaient que « *les fonctions judiciaires demeureront toujours séparées des fonctions administratives et judiciaires* ». Cependant, le lien entre ce principe et la consécration d'un juge administratif autonome n'est pas direct, il parait forcé[4]. Du moins, ce lien est le résultat *« d'un cheminement imprévu »*[5]. La séparation fonctionnelle évoquée peut être assurée par le juge administratif certes, mais la présence de ce dernier constitue en soi une séparation organique non

---

[1] LUHMANN (N.), « La troisième question. Le droit, l'histoire du droit et le recours au paradoxe », *Le débat*, mars-avril 1993, n° 94, p. 95.

[2] Autorités administratives et judiciaires ou autorités administrative et judiciaire ? Si la première approche parait syntaxiquement plus juste, la fidélité au texte original, c'est-à-dire à la des 16 et 24 aout 1872, ordonne de retenir le pluriel pour les termes « administrative » et « judiciaire ».

[3] Aphorisme attribué à HENRION de PANSEY (P.P.), *De l'autorité judiciaire en France*, 1818, Paris, Théophile Barrois Père, 597 p.

[4] DEBBASCH (C.) et COLIN (F.), *Droit administratif*, Paris, Economica, 8e éd. 2007, p. 564.

[5] GARDAVAUD (G.) et OBERDORFF (H.), (dir.), *Le juge administratif à l'aube du XXIe siècle, Actes du Colloque du 40e anniversaire des tribunaux administratifs*, Presses universitaires de Grenoble, 1995, p. 18

prévue par la loi. La séparation fonctionnelle pouvant être assurée dans l'office du seul juge judiciaire[1].

Par ailleurs, l'on a pu trouver un rapport conséquent entre le principe de séparation des pouvoirs et la séparation des autorités administratives et judiciaires et considérer ce rapport comme la conception française de séparation des pouvoirs. Cela relève « *du non-sens* »[2] ou d' « *un gauchissement du principe de la séparation des pouvoirs* »[3] que ni l'histoire ni le Droit comparé ne confirment[4]. Cette position est validée par l'attitude du juge constitutionnel. Dans sa décision n° 86-224 DC du 23 janvier 1987 relative à la loi transférant à la juridiction judiciaire le contentieux des décisions du Conseil de la concurrence, le Conseil constitutionnel a consacré la valeur constitutionnelle des compétences reconnues au juge administratif sur certaines matières en se fondant sur l'article 9 de la loi de 1872 et non sur sa devancière, la loi des 16 et 24 août 1790.

Parallèlement, la référence à la pensée « *Juger l'Administration, c'est encore administrer* » si défendable soit elle[5] ne saurait constituer un fondement indiscutable à la construction d'une justice administrative autonome. D'une part, en se référant à l'esprit de cet aphorisme, on retient qu'il visait à écarter le juge non-administrateur au profit d'un « juge administrateur » ou tout simplement au profit de l'Administration dans un litige administratif. Aussi son application immédiate a-t-elle fait émerger la pratique de l'administrateur-juge, du ministre-juge[6]. En conséquence, elle n'entendait guère confier le règlement judiciaire du contentieux administratif à un juge tout aussi

---

[1] Même si François JULIEN-LAFERRIER a pu en soutenir en substance que : « … cette dualité n'avait pas pour objet, quand elle apparue, d'être fonctionnelle. Il ne s'agissait pas de construire un système logique et rigoureux, destiné à rendre la justice dans les conditions les plus favorables aux justiciables, mais bien davantage de remédier aux inconvénients engendrés par la loi des 16-24 aout 1790 tout en sauvegardant l'indépendance de l'administration face aux tribunaux », *in* « La dualité de juridiction, un principe fonctionnel ? », p. 423.

[2] CARTIER (G.) et COMTOIS (S.), « La reconnaissance d'une forme mitigée de dualité de juridictions en droit administratif canadien », *RIDC*, n° 1-1995, p. 53.

3 GAUDEMET (Y.), « Le juge administratif, une solution d'avenir ? », *in Clés pour le siècle*, Dalloz, p. 1214.

[4] VEDEL (G.), *Droit administratif général*, Paris, PUF, 1980, p. 72.

[5] DRAGO (R.), « Juge judiciaire, juge administratif », *RFDA*, sept.-oct., 1990, p. 761.

[6] Antérieurement à la jurisprudence Cadot de 1889, tout ministre était juge de droit commun en premier ressort pour les affaires administratives contentieuses ressortissant à ses attributions. Le ministre étant saisi par un recours gracieux, la décision rendue pouvait être attaquée auprès du Chef de l'Etat.

indépendant que le juge de l'Administration notamment le Conseil d'État. D'autre part, le sens même de la maxime est contestable. Le juge qui trancherait des litiges commerciaux fait-il, par cette action, acte de commerce ? Le doyen VEDEL y répond par la négative et rajoute qu' « *un tribunal qui tranche des litiges administratifs ne fait pas acte d'administration* »[1].

En clair, les principes qui ont servi de fondements à la naissance de la justice administrative autonome ont fortement subi l'influence de leur contexte d'évocation mieux qu'ils légitimaient la consécration de la dualité juridictionnelle. Autrement dit, l'expérience française de la dualité juridictionnelle « *traduit une vue politique héritée de l'expérience de l'ancien Régime : la défiance envers le pouvoir judiciaire* »[2]. Ainsi, se trouvent au-dessus du débat doctrinal sur les sources formelles du dualisme juridictionnel français, des sources circonstancielles qui en constituent le fondement incontestable et l'enjeu actuel de la contestation de ce modèle. La dualité juridictionnelle est donc née de circonstances historiques et a survécu en raison de l'efficacité de la justice administrative. Cependant, sa raison d'être ne manque d'être constamment questionnée, réévaluée, renouvelée, dénoncée ou défendue.

En Afrique subsaharienne francophone, le cheminement vers la construction ou l'importation de ce modèle est différent de l'exemple français. Le recours à ce modèle répond moins à des considérations historiques qu'à des données pratiques. L'application de la dualité répond aux déceptions de l'unité juridictionnelle consacrée au lendemain des indépendances africaines.

On peut situer à deux moments l'histoire de l'application du modèle d'organisation juridictionnelle dualiste en Afrique subsaharienne francophone. Imposé sous la colonisation, ce système fut éconduit après les indépendances.

Dans les colonies françaises d'Afrique subsaharienne, la dualité juridictionnelle a été installée aussi bien dans ses ressorts organiques que matériels. L'autonomie des règles applicables à l'Administration était garantie par la distinction entre les juridictions administratives et les juridictions judiciaires. Le juge de droit commun siégeant au sein des Conseils du contentieux administratif quand le Conseil d'État, logé

---

[1] VEDEL (G.), *Droit administratif général*, précité.

[2] *Ibid.*, p. 73. Voir en ce sens CHEVALIER (J.), *L'élaboration historique du principe de la séparation de la juridiction administrative et de l'administration active*, coll. « Bibliothèque de droit public », t. XCVII, Paris, LGDJ, 1970, 317 p.

au Palais royal, était juge de cassation des décisions de ces derniers et juge exclusif en matière de recours pour excès de pouvoir[1]. Le fonctionnement de cette organisation juridictionnelle nuançait avec sa pratique en France.

Dans les colonies de l'Afrique occidentale et équatoriale française (AOF et AEF), le Conseil du contentieux était présidé par un magistrat de l'ordre judiciaire qui appliquait le droit administratif. Autant dire que la dualité de juridictions sous l'empire colonial avait un relent de monisme juridictionnel. La tentation d'unifier les ordres juridictionnels après les indépendances était alors grande et saisissable[2]. Et elle fut saisie. Pour le Sénégal par exemple le Conseil du contentieux fut supprimé par l'ordonnance 60-59 du 14 novembre 1960 dont l'article 22 dispose ce qui suit : « *Le Conseil du contentieux administratif est supprimé. Les affaires qui y sont actuellement pendantes sont déférées aux juridictions compétentes* ». Il s'agissait de la Cour suprême, la Cour d'appel, les tribunaux de première instance dont la compétence était déterminée suivant les cas. En clair, « *Tous les litiges qui intéressent les collectivités ou les personnes privées sont désormais portés devant les mêmes juridictions : les tribunaux judiciaires* »[3].

Par ailleurs, la décolonisation du droit africain était menée dans le cadre de la concrétisation et de la promotion de l'idée d'un « *droit de développement* »[4]. L'initiative reposait sur trois piliers dont l'élimination des termes et modèles surannés, la codification du droit, particulièrement celui applicable à l'Administration, et la mise en œuvre de réformes structurelles[5]. Ainsi, l'accession à l'indépendance était une occasion pour les États africains francophones de rompre avec cette organisation judiciaire devenue, selon les termes du doyen Kéba MBAYE, « *inadaptée* »[6] et « *qui ne devait sa survie qu'à l'indécision et aux lenteurs du système-administratif précédent, et que tout le monde devait rejeter énergétiquement* »[7]. L'origine étrangère du dualisme était constamment rappelée pour conclure à son inadéquation à

[1] DAGO (R.K.), « Le contentieux administratif colonial », *RID*, n° 43, 2012, p. 159.
[2] MBAYE (K.), « L'organisation des juridictions », *in* Encyclopédie juridique de l'Afrique, 1ère partie, Le contentieux judiciaire, tome 4, Nouvelles Éditions Africaines, *op. cit.*, p. 40.
[3] Ibid.
*[4] TURC (A.) (dir.), *Les aspects juridiques du développement économique*, Paris, Dalloz, 1966, p. 26.
[5] MBAYE (K.), « L'organisation des juridictions », *op. cit.*, p. 37
[6] *Ibid.*
[7] *Ibid.*

l'environnement sociologique des États africains. Le Professeur Francis WODIE n'a pu se retenir d'opiner que : « *Le législateur ivoirien a renoncé au système français de dualité de juridictions parce qu'il puise ses raisons dans les évènements étrangers en Côte d'Ivoire* »[1].

Mais la tâche était encore plus complexe. Les États africains francophones et la doctrine administrative étaient partagés entre la tentation de l'imitation de la justice administrative française[2] et la crainte de l'échec des institutions originales[3]. Tandis que certains discours estimaient que « *la bonne lisibilité de la justice en Afrique, donc son efficacité, passe avant tout, par une rupture avec la logique institutionnelle coloniale* »[4], d'autres attiraient l'attention des États africains contre des réformes hâtives. Ainsi s'exclamait le roi de la Belgique à l'endroit des nouvelles autorités congolaises : « *Ne compromettez pas l'avenir par des réformes hâtives. Ne remplacez pas les organismes que vous remet la Belgique que vous n'êtes pas certains de pouvoir faire mieux. Messieurs le monde entier a les yeux fixés sur vous* »[5].

Le choix des États semblait quelque peu facilité par la trop grande diversité du système judiciaire colonial qui tenait compte de la cohabitation de deux sortes de communautés[6] et donnait lieu à la

---

[1] WODIE (F.), « Les attributions de la chambre administrative de Côte d'Ivoire », *RJPIC*, 1968, p. 66.

[2] TARDE (G.), *Les lois de l'imitation*, Paris, Alcan, 1895, p. 308.

[3] Le premier Président de la République de Côte d'Ivoire HOUPHOUET-BOIGNY (F.) exprimait déjà cette difficulté lors de son discours à Montréal sur « Unité et développement », le 25 août 1967 en ces termes : « Il serait irréalisable de prétendre créer ex-nihilo des institutions totalement originales. Pour bâtir des Etats modernes, force est donc de se référer aux modèles fournis par les Etats modernes. Mais il faut avoir conscience du décalage que l'on provoque, ainsi nécessairement entre la réalité sociale et la construction légale ». Discours disponible à HOUPHOUET-BOIGNY (F.), *Propos sur la culture : extraits de discours : 1959-1980*, Ministère des affaires culturelles, 1980, pp. 22-23.

[4]JHON-NIMBO (J.), « Quelques héritages de la justice coloniale en Afrique noire », *op. cit.* p. 325.

[5] Discours de Baudouin pour l'indépendance du Congo le 30 juin 1960. Voir Le Vif/L'Expression, CONGO, 60 ans d'indépendance. Des siècles de splendeurs et de ténèbres, Hors-série, 2020, 200 p. Discours disponible à https://www.levif.be/actualite/histoire/c-etait-il-y-a-60-ans-le-discours-de-baudouin-pour-l-independance-du-congo/article-normal-1300329.html?cookie_check=1640255474/ ; cité également par LANGELLIER (J.-P.), « Le feu aux poudres », *in Mobutu*, Perrin, 2017, p. 55.

[6] Ce sont d'une part les citoyens français et assimilés et d'autre part les indigènes et les sujets français.

création de deux sortes de justice : la justice de droit local[1] et la justice de droit moderne[2]. Les reformes en vue de l'unification de ce système complexe aboutirent à la suppression de la dualité juridictionnelle[3]. L'actualité du questionnement de ce système renseigne sur les insuccès du modèle qui l'avait remplacé de même qu'elle suscite le contexte de sa recréation en Afrique subsaharienne.

Les résultats d'un demi-siècle de fonctionnement de l'unité juridictionnelle africaine caractérisée par une dualité matérielle et une unité organique étaient décevants. Sans dénier tout apport du juge administratif moniste à l'autonomie du droit administratif[4] et à la consécration de principes fondateurs du contentieux administratif[5], les faiblesses quantitatives et qualitatives de ses jurisprudences étaient encore plus importantes[6].

---

[1] Rendue par des tribunaux de conciliation, les tribunaux du premier degré et les tribunaux coutumiers, les tribunaux du deuxième degré, le tribunal supérieur de droit local, les juridictions d'annulation, les tribunaux musulmans. Voir notamment BELIN (M.), « La chambre d'annulation de la Cour Suprême », *RID*, n°2, 1971, p. 27 ; Mohamed ABDELWEDOUD (Y.O.M), « Le système judiciaire mauritanien avant l'indépendance », *RJPIC*, n° 1 jan-avr. 2001, p. 92.

[2] Prononcée par les justices de paix, les tribunaux de première instance, les cours d'appel, les cours d'assises, les tribunaux administratifs, la cour de cassation et le tribunal des conflits.

[3] DIARRA (M.) cité par d'ARBOUSSIER (V.G.), « Le Sénégal : exemple africain d'organisation judiciaire », *Penant*, 1961, p. 171 et s. soutenait à juste titre que : « *Ce qui rendait l'organisation antérieure à l'indépendance, complexe, c'était moins la dualité des deux ordres de juridictions que l'existence à l'intérieur de l'ordre judiciaire de plusieurs juridictions particulières dues au statut civil différent des justiciables et à la nature des procès* ».

4 Pour le territoire de Côte d'Ivoire, CACS, 14 janvier 1970, *Centaures routiers c./ ministre des Affaires économiques et financières*, GAJAI, p. 434. Le juge ivoirien consacre par cet arrêt l'autonomie des règles applicables en matière administrative.

[5] TC, 22 janvier 1921, *Société commerciale de l'Ouest africain*, n° 00706, rec. Lebon. Le juge consacre, en l'espèce, la notion de service public industriel et commercial qu'il distingue de celle de service public administratif. Le premier relevant, par principe, du droit privé et le second, du droit administratif.

[6] BOUBOUTT (A.S.), « Le contentieux administratif comparé en France et dans les pays d'Afrique francophone », *RDP*, n° 2, 2013, p. 425 ; DARBON (D.), « Le juge africain et son miroir : la glace déformante du transfert de jurisprudence administrative », *Afrique contemporaine*, n° 156, 1990, 1990, l'auteur y mentionne que : « *Privé d'autonomie, le juge ne s'exprime plus qu'à travers des cas relevant du droit privé et ne peut participer pleinement à l'élaboration d'un droit administratif spécifique* », p. 241 ; DEGNI-SEGUI (R.), *Le droit administratif*, Abidjan, CRES, 1990, pp. 22 et s.

La recréation de la dualité en Afrique subsaharienne francophone intervient avec le vent de démocratisation qui a soufflé sur le continent africain à partir de 1990. À cette période de remise en cause générale des régimes dictatoriaux en Afrique et en Amérique latine ainsi que de la réclamation du jeu de l'alternance politique, le service public de la justice était au plus haut point des préoccupations de l'opinion nationale, internationale et des institutions internationales financières.

Les aides, dettes et subventions étaient conditionnées par une profonde réforme de l'appareil judiciaire à travers le renforcement de l'indépendance des capacités et des aptitudes du juge, et l'efficacité de l'encadrement juridique de l'action administrative. Sans que le contentieux administratif en soit explicitement visé[1], les échecs du monisme et l'idéalisation de l'œuvre du Conseil d'État français poussèrent progressivement les Etats à consacrer le dualisme juridictionnel[2]. Pourtant cette marche à la reconquête de la dualité juridictionnelle française pouvait être freinée par la survivance ou le renouvellement des critiques formulés à l'encontre de ce modèle[3]. Les défis contemporains qui ont suscité le développement du service public arrimé à l'exigence de qualité ont sans doute renforcé l'espoir de la pertinence du choix du modèle français en Afrique francophone.

---

[1] Les réformes suscitées par les institutions de Bretton Woods s'intéressaient particulièrement au droit des affaires et n'envisagent le contentieux administratif que de manière incidente. Voir BOUBOUTT (A.S.), « Libres propos sur la réforme de la justice administrative dans les pays en transition démocratique » *in Vers un nouveau monde*, Mélanges en l'honneur du Professeur Edmond JOUVE, Bruxelles, Bruylant, 2010, p. 1147 et s.

[2] Même le Maroc qui, n'avait pourtant pas expérimenté un tel modèle sous le protectorat, institue le dualisme dans sa nouvelle Constitution.

[3] BOULOUIS (J.), « Faut-il supprimer le droit administratif ? », *Pouvoirs*, n° 46, 1988, pp. 5-12 ; COHEN-TANUGI (L), « L'avenir de la justice administrative », *Pouvoirs*, n°46, 1988, pp. 13-20 ; VELLEY (S.), « La constitutionnalisation d'un mythe : justice administrative et séparation des pouvoirs [La loi du 16-24 août 1790 et la théorie de la séparation des pouvoirs, XIXe siècle] », *RDP*, 1989, pp. 767-783 ; FOUGERE (L.), « 1790-1990 – Deux siècles de dualisme juridictionnel », *AJDA* 1990, pp. 579-580; Rapport de Monsieur Jean Arthuis au nom de la commission d'enquête sur le fonctionnement des juridictions de l'ordre administratif et l'exécution de leurs décisions, Doc Sénat n° 400, annexe au p.-v. de la séance du 11 juin 1992 ; BURDEAU (F.), « La crise du principe de dualité de juridiction », *RFDA*, vol. 6, n° 5, 1990, pp. 724-733 ; MENY (Y.), *Le système politique français*, Montchrestien, coll. Clefs-Politiques, 1991, p. 143-144 ; MONNIER (F.) (dir.), « Deuxième centenaire du Conseil d'Etat et les changements de régime, in *Deuxième centenaire du Conseil d'Etat*, Paris, PUF, *La Revue administrative*, 2001, vol. 1, pp. 77-144.

Face à cette situation, l'on a condamné l'option pour le monisme. Comme une sorte de *mea culpa* ou de rétropédalage, l'on se posait ainsi cette question à l'allure d'un aveu d'erreur : « *comment peut-on d'abord, en partant de la constatation d'un état de choses dans une situation donnée, en l'occurrence la période coloniale, présumer de son évolution dans une situation différente, en l'occurrence celle de l'indépendance, pour décréter la suppression des juridictions administratives* »[1]. Il en résulte que la suppression de la dualité de juridictions serait emprise d'une démarche hâtivement et imprudemment menée. Pierre LAMPUE écrivait à cet effet que : « *Pour appliquer un droit original, il est bon d'instituer un organe distinct et appliquant à cette tâche toute son activité* »[2]. Aussi Francis Paul BENOIT a-t-il sollicité le développement et l'autonomie du droit administratif africain axé sur cinq points d'après lesquels : ne pas considérer le droit privé comme un droit commun ; prendre connaissance de l'originalité des problèmes administratifs ; avoir une juridiction spécialisée ; admettre le principe de la compétence de la juridiction administrative dès que l'Administration est en cause ; respecter l'originalité des solutions de fait locales propres à chaque État[3].

À ce jour, les États africains subsahariens francophones se situent entre la migration vers la dualité et la résistance à cette tendance[4]. La justice administrative sur cet espace étant construite entre l'unité et la dualité de juridiction. En d'autres termes, des États africains continuent de maintenir l'unité de juridiction[5]. Par ailleurs, si la consécration du dualisme a une caractéristique commune aux États qui l'ont opérée :

---

[1] DIARRA (M.), *Justice et développement au Sénégal*, Dakar-Abidjan, NEA, 1973, p. 155.

[2] LAMPUE (P.), « La justice administrative dans les Etats d'Afrique francophone », *R.J.P.I.C*, 1965, p. 7.

[3] BENOIT (F.-P), « Des conditions du développement d'un droit administratif autonome dans les Etat nouvellement indépendants », *Annales africaines*, 1962, pp 129-138.

[4] SY (P.M.), « Entre unité et dualité de juridiction : l'Afrique noire à la recherche d'un modèle d'organisation juridictionnelle », *NAA*, n° 2, 2011, p. 296 ; OULD BOUBOUTT (A.S.), « Le contentieux administratif comparé en France et dans les pays d'Afrique francophone », *RDP*, n° 2, 2013, p. 395.

[5] Entre autres le Togo dont l'article 119 de la constitution de 1992 dispose ainsi qu'il suit : l'article 119 : « *Les principes d'unité juridictionnelle et de séparation des contentieux, sont à la base de l'organisation et du fonctionnement des juridictions administratives et judiciaires.* »

l'éclatement des cours suprêmes en plusieurs ordres juridictionnels, son application s'effectue au rythme d'approches différenciées et à l'autel de plusieurs infortunes. On s'interroge si c'est bien le modèle français qui est implanté en Afrique subsaharienne francophone. Ce qui impose de clarifier ce qu'on entend par dualité juridictionnelle ; et en creux, les notions qui composent le sujet ainsi que la délimitation y apportée.

Le premier contact que l'on a avec un sujet est de saisir le sens des notions qui le composent et qu'il peut convoquer. Les sens retenus permettent la compréhension et la délimitation du sujet. Un tel exercice sera conduit à partir des termes de dualité juridictionnelle, de contentieux administratif, de juge administratif, et de modèle importé.

Dualisme ou dualité juridictionnel(le) ? Peu importe[1], le modèle d'organisation juridictionnelle français actuel est-il dualiste ? La question parait rhétorique car la réponse semble aller de soi. Et l'on répondrait que le modèle d'organisation juridictionnelle français est la dualité même ! En d'autres termes, le modèle français est « *l'archétype et inspirateur* » du système dualiste[2]. C'est d'ailleurs le dualisme français qui est considéré comme le standard dans les études de la dualité juridictionnelle menées sur d'autres pays[3]. Historiquement, cette approche est exacte et s'explique par le fait que c'est la France qui a forgé et proposé le modèle de dualisme juridictionnel. Toutefois, le contenu de cette notion n'a-t-il pas évolué suivant la construction progressive de l'ordre juridictionnel français ? La dualité juridictionnelle est-elle condamnée à n'être saisie que sous la couleur du dualisme français ? Ces questions commandent de partir d'une

[1] Pour Jean-Louis AUTIN, le terme de dualisme tend à valoriser le modèle français d'organisation juridictionnelle tandis que le vocable dualité « *renvoie au constat d'une situation* ». Cf. AUTIN (J-L.), « Réflexion sur le système français de dualité juridictionnelle », *Les Cahiers de Droit*, vol. 42, n° 3, 2001, p. 765. La précision est pertinente : dans la définition de l'expression « modèle importé », nous indiquons que l'étude n'entend pas idéaliser le modèle français. Mais la nuance soulevée peut etre minimisée. D'une part, la doctrine utilise régulièrement, de manière interchangeable, les termes de dualisme et de dualité des ordres juridictionnels pour simplement désigner le modèle français. D'autre part, l'idéalisation du modèle français d'organisation juridictionnelle continue d'influencer certaines réformes dans les Etats africains sous étude.

[2] PLATON (S.), « L'argument de droit comparé dans les débats relatifs à la dualité de juridictions », *in* MELLERAY (F.) (dir.), *L'argument de droit comparé en droit administratif français*, Bruylant, Bruxelles, 2007, p. 338.

[3] *Ibid.*

définition classique du concept de dualité juridictionnelle pour en proposer d'autres approches.

Dans une acception classique de la notion de dualité juridictionnelle, nous recourrons à une définition originelle proposée par Edouard LEFERRIERE. L'auteur décline, dans son célèbre ouvrage « Traité de la juridiction administrative et des recours contentieux », que « *Les pays dualistes sont caractérisés par l'existence de deux ordres de juridictions, qui sont sur le même pied d'égalité, indépendants l'un de l'autre, et ayant chacun ses propres juridictions* »[1]. Il s'agit des juridictions administrative et judiciaire qui demeurent séparées, autonomes l'une de l'autre. La dualité réside donc dans une spécificité organique qui est matérialisée par la présence d'un juge administratif distinct du juge judiciaire et une spécificité matérielle manifestée par l'application des règles du droit administratif dans le contentieux administratif en principe.

Cette définition émanant d'une construction achevée du dualisme juridictionnel français s'oppose à l'unité juridictionnelle pratiquée par le système juridique anglo-saxon qui consacre une double unité organique et fonctionnelle en plaçant dans les mains d'un même juge des règles communes des contentieux administratifs et de droit privé[2]. Elle s'oppose également à cette autre forme de système d'unité organique et de diversités des droits applicables née en Europe centrale[3], reprise par des États africains[4] et latino-américains[5].

---

[1] LAFERRIERE (E.), *Traité de la juridiction administrative*, Paris, LGDJ, édité en 1887 et réédité en 1989, tome 1, p. 11.

[2] LEMASURIER (J.), *Le contentieux administratif en droit comparé*, *op. cit.*, p. 23.

[3] ESCARRAS (J.C.), *L'expérience Belge et Italienne d'unité de juridiction*, Paris, L.G.D.J, 1972. DELPERE (F.), « Dualité ou trinité de juridiction en Belgique », *RFDA*, 1990, pp. 882-885. ; ITTORI (C.), « Le contrôle de l'administration en Italie », *RDP*, 1951, p. 12 et s; AUBY (J.M) et FROMONT (M.), *Les recours contre les actes administratifs dans les pays de la C.E.E*, RFAD, 1990, p. 139 et s ; M. FROMONT, « La justice administrative en Europe : convergences », *in Mélanges*, CHAPUS (R.), Montchrestien, 1992, p. 197 et s.

[4] Le système a été inauguré en Tunisie : SILVERA (V.), *Le Contentieux Administratif en Tunisie*, Paris, *RDP*, n° 2, vol. 75, 1959, 2, pp. 207-213 ; CHAPUS (R.), *Le contrôle et le contentieux de l'administration en Tunisie*, éd, ENA Tunisie, 1968, p. 36 et s ; DURUPTY (F.), *Institutions administratives et droit administratif Tunisien*, CNRS, 1974, p. 42 et s. Il a ensuite renforcé par le Maroc avant d'être adopté par les autres Etats africains.

[5] Notamment le Venezuela, le Pérou, la Bolivie, l'Argentine, le Mexique et le Brésil. Voir LASO (E.S.), *Traité du droit administratif,* T II, LGDJ, 1994, n° 994 ;

Le départ entre dualité et unité juridictionnelle soulève des imprécisions qui sont traduites dans l'existence d'organisations juridictionnelles mixtes, à cheval entre ces deux modèles classiques. Où loger un système qui, tout en consacrant un juge unique en matière administrative et civile distingue le droit applicable en chaque matière ? Comment qualifier l'organisation dans laquelle les juridictions administrative et judiciaire suprêmes séparées partagent les mêmes juridictions du fond : tribunaux et cours d'appel ? Cette forme que la doctrine qualifie de ''dualité au sommet'' et d'unité à la base''[1] peut-elle être rattachée au dualisme ou relève-t-elle du monisme juridictionnel ? Dans le même élan, la mise en forme inverse qui opère une dualité à la base avec la création des tribunaux et cours administratifs d'appel autonomes et une unité au sommet assurée généralement par la Cour suprême repartie en deux chambres : chambre judiciaire et chambre administrative, devra-t-elle être rangée du côté de la dualité ou de l'unité juridictionnelle ?

Répondre à ces interrogations est un préalable essentiel pour la cohérence de notre réflexion parce que, par l'effet d'importation, la dualité est appliquée en Afrique subsaharienne francophone dans une forme plus ou moins différente de celle que connait la France depuis le XIXe siècle. Pour autant, l'on ne doit nier son existence sur cet espace. On le sait, toute étude menée sur le transfert ou l'importation d'un système, de règles est confrontée à ce phénomène de décalage entre le système d'origine et le système implanté. En tout état de cause, même en France, « ... *le dualisme n'a rien d'un état figé. Il apparait même dans la jurisprudence constitutionnelle comme un système à géométrie variable, offert aux « manœuvres » du législateur, dans l'intérêt d'une bonne administration de la justice* »[2].

QUENEDEC (J.P.), *Les systèmes juridictionnels, approches comparées*, éd, Seuil, 1971, p. 15.

[1] Lire par exemple FANDJIP (O.), « La nature du système de contrôle juridictionnel en droit camerounais : un système dualiste à tendance dualiste », *La Revue du Centre Michel de l'Hospital – édition électronique*. Disponible à https://hal.uca.fr/hal-03206460/document, 2021, pp. 28-49 ; (P.M.), « Entre l'unité et la dualité de juridiction : l'Afrique Noire francophone à la quête d'un modèle d'organisation de la justice administrative », *NAA*, n° 1, 2011, pp. 242 ; OUEDRAOGO (O.), « La crise du système de dualité juridictionnel en Afrique francophone : analyse des modèles burkinabè, malien et sénégalais », *RBD*, n° 53, 2e semestre 2017, p. 48.

[2] CAILLOSSE (J.), *L'Etat de droit administratif*, Paris, LGDJ, coll. Droit et société, vol. 56, 2e éd., 2017, p. 230.

C'est pour éviter cette difficulté dans la qualification des systèmes juridictionnels des États africains francophones que certaines littératures s'abritent derrière le vocable plus tolérant de « *système de dualité juridictionnelle* »[1]. Toutefois, l'on doit être en mesure de distinguer les modèles africains d'organisation juridictionnelle pouvant être rattachés au dualisme des organisations qui s'en éloignent soit par la volonté des États soit par la faiblesse de leur niveau de ressemblance au dualisme français. Pour y parvenir, deux critères seront retenus : l'existence d'une dualité matérielle séparant les règles du contentieux administratif de celles du contentieux judiciaire d'une part, et l'existence d'une juridiction administrative suprême autonome à l'image du Conseil d'État français d'autre part. Énoncé autrement, les États dans lesquels les juridictions administrative et judiciaire suprêmes partagent les mêmes juridictions du fond, ceux qui aménagent une dualité au sommet et une unité à la base seront considérés comme adoptant la dualité juridictionnelle. Par contre, les États africains qui ne consacrent pas de juridiction administrative autonome suprême c'est-à-dire au sommet même s'ils distinguent les règles de contentieux seront considérés, dans notre étude, comme des États à monisme juridictionnel. Ce choix relèverait de l'arbitraire certes, mais il a une légitimité historique.

Au fond, en plus de la spécificité du domaine d'intervention du juge administratif, c'est la juridictionnalisation du Conseil d'État en tant que juridiction suprême administrative autonome en 1872 qui marque profondément la création du dualisme juridictionnel en France. Ainsi que le fait remarquer Bernard PACTEAU « *notre Conseil d'Etat est considéré – et pas seulement chez lui – comme le parangon de la juridiction administrative, son paradigme, presque son paroxysme. Il a été inspiration et incarnation du dualisme* ». Qui plus est, l'existence de juridiction de second degré notamment les cours d'appel n'est pas indispensable à la qualification de la nature dualiste d'un modèle d'autant que les cours administratives d'appel françaises sont apparues environ deux cents ans après la création du Conseil d'État sans que l'on ne nie l'existence antérieure du dualisme français.

---

[1] OUEDRAOGO (O.), « La crise du système de dualité juridictionnel en Afrique francophone : analyse des modèles burkinabè, malien et sénégalais », *RBD*, n°53, 2e semestre 2017, pp. 39-61.; MISSANG-BIBANG (C), *La justice administrative au Gabon et au Cameroun. Contribution à l'étude de la réception des droits étrangers en Afrique Noire Francophone*, Thèse de doctorat de Droit ; Université de Toulouse 1-Capitole, 2011, p. 48.

En définitive, la présente étude qualifie de dualité juridictionnelle, les formes d'organisation juridictionnelle consacrant à la fois une juridiction suprême administrative autonome, et appliquant, par principe, des règles exorbitantes du droit privé dans le contentieux administratif. Encore faudrait-il expliciter le sens de ''contentieux administratif''.

Il faut entendre par contentieux administratif, « *l'ensemble des procédés de règlement des différends, soumis à des règles spéciales propres à l'administration* »[1]. Cette définition sous-tend que toute affaire litigieuse née de l'activité administrative et tranchée par un organisme juridictionnel ou non juridictionnel appliquant des règles différentes du droit commun relève du contentieux administratif. Une telle approche a la singularité de faire intervenir plusieurs acteurs voire facilitateurs dans le dénouement du litige administratif. De même que la procédure qui est menée peut-être différente d'une procédure judiciaire. C'est dire que les modes alternatifs de règlement de différends administratifs, les recours gracieux et hiérarchiques seraient des éléments du contentieux administratif. En cela, cette conception est qualifiée de sens large[2] et d'acception étymologique de la notion de contentieux administratif. Une approche restreinte lui est souvent préférée. Celle-ci renvoie « *aux modes de solution des litiges administratifs par les juridictions spéciales que sont, dans le système français, les juridictions administratives* »[3]. Sous cet angle, le contentieux administratif est « *l'ensemble des règles de procédure et de fond applicables au règlement juridictionnel des litiges entre les*

---

[1] Voir CHAPUS (R.), *Droit du contentieux administratif*, Paris, Montchrestien, Coll. Domat Droit public, 2008, 13e édit, pp. 7-8 ; David TRUCHET, *Droit administratif*, Paris, *PUF*, Coll. Thémis Droit, 3e édit., 2010, p. 112.

[2] On peut légitimement se poser la question de savoir si cette acception large recouvre les modes de règlement de litiges nés de l'activité administrative tels que : les modes reposant sur l'accord des parties à savoir la transaction, voir AUBY (J.-M.), « La transaction en matière administrative », *AJDA*, 1951, p. 1 et l'arbitrage, lire AUBY (J.-M.), « L'arbitrage en matière administrative », *AJDA*, 1951, p. 58 ; les modes non juridictionnels, extérieurs au juge et à l'administration comme l'Ombudsman, se référer à LEGRAND (V.A.), « Une institution universelle : l'Ombudsman », *R.I.D.C.*, 1973, p. 851 ou le Médiateur ; le règlement de ces litiges par l'administration elle-même, voir BONNARD (V.R.), *Le contrôle juridictionnel de l'administration*, Delgrave, 1943.

[3] BRETON (J.-M), « Le contrôle contentieux de l'action administrative », *Encyclopédie juridique de l'Afrique*, tome 4, p. 312.

administrés et l'administration »[1] ou entre des entités administratives. La différence avec la conception large est qu'ici, le contentieux est vidé devant le juge administratif et suivant une procédure judiciaire[2].

Mais ces définitions sur lesquelles il importe de se pencher comportent des insuffisances. La première[3] indique les litiges administratifs comme des déclencheurs du contentieux administratif avant de condamner celui-ci en l'existence de juridictions spéciales en charge de connaitre de ce contentieux. Elle a donc tendance à nier l'existence d'une telle matière dans les systèmes où l'autonomie du droit administratif n'est pas ou est faiblement affirmée. Une telle appréhension symbolise la manière française de concevoir le contentieux administratif. Néanmoins, à l'instar de la France sous la justice retenue, une acception du contentieux administratif peut être proposée dans les systèmes juridiques sous étude. Cela, parce que le contentieux administratif n'est pas figé, « *son degré et ses formes d'organisation varient selon les États et, au sein d'un même État, selon le développement des administrations publiques et de leurs interventions* »[4] comme le démontre pertinemment Louis MOUREAU dans sa brillante réflexion sur le sujet. A l'ère de la justice retenue et sous l'influence d'une certaine conception de la séparation des pouvoirs, le contentieux administratif était saisi autour de la résolution des conflits nés des activités des administrations publiques par l'Administration elle-même ou par les tribunaux administratifs à elle liés. Il est évident qu'une telle définition même dans le contexte français actuel est dépassée.

De plus, l'intervention du juge est certes caractéristique d'une situation contentieuse[5], mais le droit positif d'autres États où

---

[1] OULD BOUBOUTT (A.S.), « Le contentieux administratif comparé en France et dans les pays d'Afrique francophone », *RDP*, p. 380.

[2] VAUTHIER (M.), *Précis de contentieux administratif*, Bruxelles, Larcier, 3e éd., 1950, p. 661. (Voir plus récent) disait à cet effet, « on entend par contentieux administratif les litiges d'ordre administratif et la façon d'y mettre fin par des décisions d'un caractère d'ordre juridictionnel ».

[3] De façon sélective et considérant les Etats questionnés dans cette étude : BA (A.T.), *Précis de Droit du contentieux administratif burkinabè*, coll. Précis de droit burkinabè, Ouagadougou, 2008, p. 2.

[4] MOUREAU (L.), « Notion et spécificité du contentieux administratif », *in Théorie générale de droit*, Mélanges en l'honneur de Jean DABIN, p. 179.

[5] Aussi pendant longtemps, la doctrine française a-telle-qualifié le recours contentieux de recours porté devant un juge. Voir, pour exemple, WALINE (M.), *Droit*

l'organisation de la juridiction administrative est moins achevée qu'en France, confère le pouvoir de trancher (exclusivement) à des autorités administratives dans des situations contentieuses nées de l'activité administrative et non à un juge *a fortiori* un juge spécialisé. Aussi affirme-t-on que l'équation contentieux = recours porté devant le juge est déformante du degré de soumission au droit de l'activité administrative en ce qu'elle signifierait qu'il n'y a pas de contentieux là où aucun juge n'intervient[1]. Cette autre restriction tirée de la première définition qui consiste à n'intégrer que le droit processuel construit autour d'un juge spécialisé dans la définition du contentieux administratif et qui fonde, de ce fait, la distinction entre contentieux de l'Administration et contentieux administratif est acceptable[2]. Mais, elle est extrêmement restrictive voire discriminatoire pour la raison qui vient d'être évoquée et dans une étude relative au contentieux administratif pratiqué en France et repris en Afrique francophone. Aussi a-t-on concédé qu'on tiendra «*particulièrement à l'écart cette acception étroite du contentieux administratif quand il faudra mettre en lumière la problématique de la répartition des compétences entre la*

---

administratif, Paris, Sirey, 7e éd., 1957 n° 284 ; RIVERO (J.), *Droit administratif*, Paris, Dalloz, 1960, n° 194.

[1] GJIDARA (M.), *La fonction administrative contentieuse*, Paris, LGDJ, 1972, p. 15. L'auteur justifie ainsi son approche : « *Or, si l'intervention est le symptôme ou le syndrome d'une situation conflictuelle, il va sans dire que les ''procédés déclarés'' ne représente qu'une part certainement infirme des différends administratifs, dont l'importance est difficile à évaluer parce qu'elle n'est pas chiffrable, et quelle relève du domaine de la psychologie sociale, peu accessible à l'analyse et à la mesure* ». Dans la même démarche de dénonciation d'une approche déformante du contentieux, lire RIVERO (J.), « Remarque à propos du pouvoir hiérarchique », *AJDA*, 1966, p. 155. Toutefois, la jurisprudence demeure un solide indicateur entendu qu'elle a l'avantage d'être dénombrable et constitue un élément chiffrable voire aisément accessible à la réalité juridique. De plus, J. de Soto souligne que grâce au juge, le citoyen ne s'en remettent pas à leur ruse encore moins au Ministère public ou à l'administration. Cf. SOTO (J. de), « L'individualisme dans la jurisprudence du Conseil d'Etat », *in* Mélanges Marcel Waline, Paris, 1973, p. 760.

[2] Cette distinction n'a cependant de réelle portée que dans un système de dualité juridictionnelle dans laquelle le juge administratif est spécialisé en contentieux administratif sans que le juge judiciaire et le juge constitutionnel ou des organes juridictionnels non administratifs ne soient exclus d'un contentieux dans lequel l'administration est partie. Ce dernier, échappant aux strictement aux règles du droit administratif régi serait le contentieux de l'Administration.

juridiction administrative stricto sensu et les juridictions appartenant à d'autres ordres »[1].

Par ailleurs, l'autre aspect trop étroit de la première définition restrictive sur laquelle nous planchons est l'appréhension du contentieux administratif seulement qu'à partir du procédé de règlement de ce contentieux. Cette insuffisance semble être comblée par la seconde définition restrictive proposée. Celle-ci en effet y ajoute que ce procédé s'applique aux « *litiges entre les administrés et l'administration* ». Ainsi, elle s'apparente à la conception identifiant le contentieux administratif en tant qu'ensemble des litiges et contestations où l'Administration publique est partie. Or une telle compréhension est fragile en ce sens que « *dans toutes les situations d'ordre administratif, l'administration ne prend pas la qualité de partie* »[2]. Les différentes limites ainsi soulevées témoignent que le contentieux administratif n'est pas insaisissable. A tout le moins, elles jettent « *dans l'esprit quelque incertitude sur les éléments fondamentaux de ce contentieux* »[3].

En tout état de cause, trois éléments s'imposent pour surmonter les incertitudes liées à l'appréhension de la notion de contentieux administratif. Ce sont : une situation contentieuse, de contestation, « *des faits spécifiques d'ordre psycho-social* »[4] ; la présence d'une activité administrative[5] et le procédé de règlement de ce contentieux. Le contentieux administratif peut-être cerné alors comme une situation contentieuse, une contestation née d'une activité administrative dont le dénouement suit un procédé de règlement distinct de celui de droit privé. C'est au stade du procédé de règlement que se situe la distinction définition restreinte et définition large. Le choix pour l'un ou pour l'autre est arbitraire et est question d'intérêt que chacun pourrait représenter pour une étude donnée.

---

[1] KWAHOU (S.), *La justice administrative au Gabon : Le contentieux administratif gabonais en 13 leçons*, Paris, Publibook, 2016, p. 16.

[2] MOUREAU (L.), « Notion et spécificité du contentieux administratif », *op. cit.*, note 1, p. 180.

[3] *Ibid.*, p. 179.

[4] *Ibid.* p. 180.

[5] Cette conception tirée d'une vision « haurioutiste » a le mérite de rattacher le contentieux administratif à sa source, c'est-à-dire l'activité administrative qui fonde ce contentieux. De ce fait, elle emporte la conséquence d'écarter l'appréhension selon laquelle le contentieux serait l'ensemble des contestations où l'administration est partie. L'approche ainsi retenue est certes discutée sans que les infirmités qu'elle comporterait ne la disqualifient.

Le droit positif des États africains soumis à cette étude à l'instar du droit français consacre une acception restreinte du contentieux administratif[1]. Telle sera notre conduite. Mais, par souci de cohérence et vu que le débat n'est point tranché, nous épouserons, au besoin, une acception large de la notion notamment au niveau de la partie relative à la répartition de compétences entre juridictions administrative et judiciaire en matière administrative.

Devrions-nous alors définir la notion de juge administratif ?

Initiative superfétatoire pourrait-on nous reprocher tellement le sens parait évident. Mais l'intérêt de définir une notion ne vient pas uniquement de la complexité de son sens, il peut provenir aussi de la manipulation ou des controverses qu'alimente celui-ci. Sur ce point, alors qu'on pouvait simplement admettre que les membres des chambres administratives des cours suprêmes africaines soient qualifiés de juges administratifs, on a estimé qu'il serait incohérent d'évoquer cette appellation à leur égard. Le juge qui connait du contentieux administratif n'est pas un juge spécial, mais un juge commun à tous les litiges[2]. Dès lors, il ferait plutôt office de juge de l'Administration à l'instar du juge judiciaire quand ce dernier encadre l'action administrative.

En outre, la qualité de non-magistrats des membres des chambres administratives fait contester davantage la qualification de juge administratif à leur endroit. Cette seconde prétention n'est pas convaincante dans la mesure où les chambres administratives des cours suprêmes sont des formations juridictionnelles au regard de leur fonctionnement et de leurs prérogatives[3].

En dépit de ces allégations, nous retenons, dans notre étude, qu'est juge administratif, la formation juridictionnelle ayant compétence pour

---

[1] L'article 5 de la loi n° 21-95/ADP du 28 mai 1995 portant création, organisation et fonctionnement des Tribunaux administratifs laisse, en effet, transparaitre que : « *(...) Le Tribunal administratif est ... juge de droit commun du contentieux administratif* ».

[2] BLEOU (D.M.), « La Chambre administrative de la Cour suprême ivoirienne », *in* CONAC (G.) (dir.), *Les Cours suprême en Afrique*, Paris, Economica, 1988, p. 113.

[3] Le droit européen dégage les critères suivants de détermination d'une juridiction : la consécration légale de l'organe, son indépendance, la jouissance d'un pouvoir juridictionnel, la décision rendue par l'organe doit être susceptible de recours devant une juridiction supérieure et indépendante. Cf. CJCE, 30 mars 1993, *Corbard*, aff. C-24/92. Voire aussi, l'article 47 de la Charte de l'UE du 18 décembre 2000. La CEDH ajoute un autre critère : celui de trancher les prétentions à lui soumises sur la base d'une règle de droit et à l'issu d'une procédure organisée par les textes. Cf. CEDH, 22 octobre 1983, *Cranck*.

connaitre du contentieux administratif et appliquant, de ce fait, des règles dérogatoires au droit privé. Qu'elle soit autonome à la juridiction judiciaire, formée pour le contentieux administratif, composée essentiellement de magistrats ou pas, cela ne devrait pas remettre en cause sa qualité de juge administratif tant qu'elle est principalement investie au règlement des litiges administratifs. Au fond, nous ferons prévaloir, dans la présente étude, le critère de l'affectation principale à celui de l'affectation exclusive[1]. Aussi le juge judiciaire affecté principalement à la dévolution du contentieux judiciaire, sera-t-il distingué du juge administratif lorsqu'il intervient dans certains litiges administratifs. En ce sens, le juge administratif n'est pas toujours le juge de l'Administration ni en Afrique francophone ni dans le modèle français imité.

Le groupe nominal que constitue le vocable « modèle importé » appelle deux précisions : celle de savoir ce qu'est un modèle et les raisons de son rattachement au mot « importé ». À la question de savoir ce qu'est un modèle, une réponse littérale se présente sous deux angles. Sous l'angle étymologique, le modèle est saisi sous forme de représentation, d'une mise en forme particulière d'une idée ou d'une institution. On aurait alors un modèle de structuration d'une pensée parmi tant d'autres : le dualisme juridictionnel serait un modèle d'organisation juridictionnelle différent du modèle d'unité juridictionnelle ; le parlementarisme est une représentation spécifique du régime politique qui reste distinct du régime présidentiel par exemple. Le modèle est, en ce sens, un prototype[2] d'un objet donné. Le succès avéré ou attendu d'un modèle induit finalement à le présenter comme le modèle, la référence[3] à reproduire pour avoir satisfaction dans la matérialisation de l'idée ou de la représentation. Il s'ensuit alors un glissement d'une conception neutre vers une approche valorisante ou idéalisée de la notion de modèle.

Cette dichotomie d'appréhension du vocable actionne la création de concepts nouveaux dans les domaines de sciences sociales et humaines. C'est dire que la convocation du terme de « modèle » n'échappe pas aux interrogations soulevées dans les travaux de science politique et

---

[1] Le critère de l'affectation exclusive emporte trois réalités : les membres de la juridiction administrative doivent être des magistrats ; la juridiction administrative doit être autonome de la juridiction judiciaire et ses membres doivent être spécialement formés au contentieux administratif.

[2] GENOUVRIER (E.) et *al*, *Dictionnaire des synonymes*, Paris, Larousse, 1999, p 455.

[3] REY (A.), Le Petit Robert de la langue française, p. 1063.

administrative centrés sur les pratiques sociales contemporaines des échanges internationaux qui se déroulent au sein et avec l'Afrique notamment[1]. Le modèle est, dans ce contexte, diversement saisi et enclin à une forte influence idéologique. On y décèle une approche polysémique de la notion : modèle descriptif, modèle normatif – analytique ou type idéal et modèle purement normatif à imiter.

Pour Dominique DARBON, « *Les sauts constants entre modèles analytiques, modèle intuitif et modèle normatif ne cessent en particulier de se succéder permettant notamment d'occulter les enjeux politiques et sociaux derrière des constructions analytiques et techniques et de dépolitiser les usages du transfert* »[2]. Affirmé autrement, suivant la conception que l'on a du modèle, sa réplication sur un espace donné est tributaire de forts enjeux sociaux et politiques. Encore qu'il faille préciser si le prototype de référence est un modèle descriptif, un modèle type idéal ou un modèle normatif à imiter.

S'il est incontestable que l'importation de la dualité juridictionnelle en Afrique francophone est dirigée par d'importants enjeux politiques, rien n'est certain quant à considérer, dans la volonté des pouvoirs publics et de la doctrine, si l'œuvre de transfert est une nécessité ou une opportunité. On ne peut déduire si le dualisme français est érigé en idéal à atteindre ou en modèle normatif à imiter. À quel sens s'attache le modèle évoqué dans l'intitulé du sujet ? La clarification est d'intérêt puisque la dualité juridictionnelle française, tout en conservant ses principes fondamentaux, a connu des configurations organico matérielles variantes du XVIIIe siècle à ce jour.

Qui plus est, « *évaluer la réussite ou l'échec d'un transfert suppose de s'interroger d'abord sur ce qui a été construit en référence et non sur ce qui postule être la référence de départ* »[3]. De ce fait, la représentation de la dualité principalement considérée dans cette étude est la pratique du dualisme actuellement en vigueur en France. Mais ce modèle n'est pas à idéaliser. La dualité juridictionnelle n'est qu'un moyen de bon fonctionnement de la justice administrative et non une

---

[1] Voir en ce sens, DARBON (D.), (dir.), *La politique des modèles en Afrique. Simulation, dépolitisation et appropriation*, 2009, Paris, Khartala, 286 p ; MEDARD (J.-F.), « Le modèle unique ''d'Etat en question'' », *Revue internationale de Politique Comparée*, vol. 13, n° 4, 2006, pp. 681-696 ; BAYART (J.-F.) (dir.), *La greffe de l'Etat*, Paris, Khartala, 1995, p. 34.
[2] DARBON (D.) (dir.), *La politique des modèles en Afrique. Similation, dépolitisation et appropriation, op. cit.*, p. 6.
[3] *Ibid.*, p. 7.

fin en soi ; et que sa mise en œuvre en terre africaine est dynamique et controversée, le recours au terme de modèle ici rejette d'une part la définition de type idéal de la notion et d'autre part le sens d'un modèle – descriptif perçu comme « *caractéristique d'un modèle qui retrace et/ou détaille les modalités de fonctionnement d'un système* »[1]. Du moins, il s'agit de considérer que les garanties qu'offre la dualité juridictionnelle permettent la formulation de proposition de son transfert et de son amélioration dans les États africains francophones. Donc, le sens de modèle que nous retenons dans la présente étude s'apparente au modèle normatif qui pourrait être imité.

Toutefois, le terme imité parait impropre quand il y a des raisons et des possibilités d'adapter le modèle suivant les exigences de son espace de réception. D'où la convocation du mot importé dans le sujet.

Recourir au terme ''importé'' a le mérite d'incorporer le sujet à la vaste réflexion sur l'import-export institutionnel densément menée en sciences humaines et sociales[2]. Ce serait formuler le sujet à partir d'un mot de son champ lexical. Mais, mieux qu'un choix purement tendanciel, parler de modèle importé renferme d'autres logiques. En témoigne le départ entre importer et des notions voisines telles que transposer, emprunter ou greffer.

Importer se définit comme l'action d'introduire un produit d'un pays étranger sur le territoire national[3]. Si le mot à une connotation économique, son usage ici n'est pas erroné. La dualité juridictionnelle étant, à l'origine, une création et un produit du droit français, il constitue un système d'organisation juridictionnelle étranger aux États africains francophones. Ce caractère semble distinguer l'importation de la transposition. Toutefois, pris sous cet angle, la nuance est minime. La transposition suppose le fait de faire passer un objet d'un domaine voire d'un espace à un autre. L'idée qui est, néanmoins, sous-entendue ou recherchée dans l'opération de transposition est la transmutation de la règle « *pour se plier aux exigences et s'adapter aux besoins pratiques du corps de règles auquel elle appartient désormais* »[4]. Or

---

[1] https://www.e-marketing.fr/Definitions-Glossaire/Modele-descriptif-242392.htm .

[2] Voir notamment MBAMBI (V. K.), « Les droits originellement africains dans les récents mouvements de codification : le cas des pays d'Afrique francophone subsaharienne », *Les Cahiers de droit*, vol. 46, n° 1-2, p. 326.

[3] Dans un certain sens, le mot peut renvoyer au fait d'avoir de l'importance, de présenter de l'intérêt pour quelqu'un ou quelque chose.

[4] PLESSIX (B.), *L'utilisation du droit civil dans l'élaboration du droit administratif*, Thèse de doctorat de droit public, Université Panthéon-Assas, 2003, p. 39.

l'importation ne tient pas nécessairement à l'adaptation de l'objet aux réalités nationales ou locales. Certes, elle peut engendrer des transformations mais sa finalité première est de combler un vide, un besoin. L'expression de modèle importé a donc une acception plus neutre que celle de modèle transposé. Les reprises et les adaptations de la dualité juridictionnelle française par les États africains subsahariens francophones sont bien couvertes par cette neutralité du mot importé. La démarcation de celui-ci avec la notion d'emprunt de modèle est plus simple. Comme l'a si bien rappelé le Professeur Jean RIVERO, l'emprunt commande l'idée d'une restitution[1]. L'application de la dualité en Afrique est bien loin de cette pratique. Il en va ainsi de la notion d'échanges qui doit être écartée en ce que le phénomène questionné se manifeste par un acte unilatéral non soumis à contrepartie[2].

Par ailleurs, un mot est souvent usité pour décrire l'imitation d'un modèle étranger en droit national. Son usage dans le cadre de notre réflexion serait tolérable. C'est le terme de greffe. Emprunté au vocabulaire de la chirurgie, il présuppose une supériorité de l'organe administratif ou l'institution ou encore la règle sur l'organe vivant auquel il doit être greffé[3]. Ici, le donneur n'est pas dépossédé de son organe. Ce serait un *fac-simili* qui s'intègre dans son nouveau milieu. Si l'idée qui précède s'apparente à l'importation de la dualité juridictionnelle en Afrique francophone, certains de ses aspects justifient la préférence de l'utilisation de la notion d'importation à celle de greffe. La dualité juridictionnelle française étant prise en référence jouirait d'une certaine supériorité d'emblée. Mais, on l'a vu, elle n'est pas nécessairement idéalisée. Mieux, son importation est souvent accompagnée d'adaptation. On est ainsi loin de l'idée d'un *fac-simili*.

Ces précisions terminologiques qui représentent une sorte de délimitation du sens de certains mots sont suivies d'une délimitation spatiale du sujet.

La délimitation du sujet permet de le traiter utilement, d'éviter son examen trop vague ou excessivement serré. Ces risques peuvent vider le sujet de son intérêt[4]. Mais l'exercice de délimitation n'est pas

---

[1] RIVERO (J.), « Les phénomènes d'imitation des modèles étrangers en droit administratif », *op. cit.*, p. 619.

[2] *Ibid.*

[3] *Ibid.*

[4] GADJI (Y.A.), *Méthodologie et recueil d'articles en droit (Thèses et mémoires)*, Abidjan, Groupe médis édition, mars 2021, p. 10.

toujours nécessaire. Il tient à la formulation et à la compréhension du sens premier du sujet. Généralement, la délimitation est double et ses éléments ne sont pas irréductibles. On peut opérer une délimitation spatiale alternativement ou simultanément à une délimitation temporelle. Si la première se lit à travers l'intitulé de notre sujet, la seconde n'en est pas exclue.

L'intitulé du sujet laisse d'emblée transparaitre sa délimitation au niveau de l'Afrique subsaharienne francophone. Le fonctionnement de la dualité juridictionnelle sera donc principalement interrogé en droit des Etats situés dans cet espace géographique important le modèle français. Formellement, ces États sont au nombre de huit[1]. Afin d'éviter « *des développements vagues et désincarnés* »[2], la réflexion portera particulièrement sur certains d'entre eux dont les applications de la dualité demeurent, à la fois, singulières et représentatives de l'ensemble du processus d'importation de ce système en Afrique subsaharienne francophone.

Les États africains particulièrement interrogés par l'étude sont le Burkina Faso, la Côte d'Ivoire, le Gabon et le Sénégal. L'examen des systèmes d'organisations juridictionnelles de ces Etats permet de saisir d'une part les considérations des États africains ayant résisté à l'importation du modèle français ; et d'autre part le succès et les infortunes des États reprenant ce modèle ainsi que les incertitudes de ceux qui peinent à concrétiser les réformes de son importation.

En effet, le Sénégal, par l'Ordonnance n° 60-17 du 03 septembre relative à la Cour suprême[3] et celle n° 60-56 du 14 novembre 1960 fixant l'organisation judiciaire[4], consacrait l'unité juridictionnelle[5]. En 1992, une réforme apportée par la loi n° 92-22 du 30 mai 1992 rompt

---

[1] Le Burkina Faso, la Côte d'Ivoire, le Gabon, le Sénégal (entre 1992 et 2008), la République démocratique du Congo, le Centrafrique, le Niger et le Madagascar.

[2] GADJI (Y.A.), *Méthodologie et recueil d'articles en droit (Thèses et mémoires)*, *op. cit.*, p. 10.

[3] JORS, 19 novembre 1960, p. 950.

[4] JORS, 19 novembre 1960, p. 1245.

5 La Cour suprême est effectivement installée le 14 novembre 1960. A l'instar du Sénégal, « la plupart des Etats vont opter en faveur de l'unité de juridiction avec un juge unique disposant d'une compétence de droit commun en toutes matières, sauf celles pour lesquelles la loi a entendu conférer une compétence expresse à une juridiction particulière ». Cf. SY (P.M.), « Entre l'unité et la dualité de juridiction : L'Afrique Noire francophone à la quête d'un modèle d'organisation de la justice administrative », *Nouvelles Annales Africaines*, p. 269 août 1972, relative à l'organisation et au fonctionnement de la Cour Suprême.

avec l'unité pour la dualité juridictionnelle. Tous les arguments et espoirs nourris en faveur de ce nouveau choix n'ont point empêché le désenchantement : la loi n°2008-34 du 7 août 2008 ramène le Sénégal vers l'unité juridictionnelle[1].

La Côte d'Ivoire après avoir longtemps séjourné dans l'unité a finalement migré vers le système de dualité de juridictions depuis la Constitution du 1er août 2000. Toutefois, la pratique a donné de constater que l'on est resté dans l'application de l'unité juridictionnelle jusqu'à la création du Conseil d'État en 2020[2]. En d'autres termes, au lieu d'une dualité prévue, on a, sur deux décennies, vécu sous l'unité juridictionnelle.

Même si le Gabon[3] et le Burkina Faso appliquent le dualisme avec une certaine fidélité au modèle français, la lenteur dans l'édification de leur ordre juridictionnel administratif respectif, l'éloignement du juge administratif des justiciables revèlent que le processus d'importation dudit modèle est mal maitrisé. Il s'ensuit que les Etats sus-visés sont représentatifs de l'application à géométrie variable du dualisme français en Afrique subsaharienne francophone.

Hormis ces Etats africains, il faut préciser que le droit français sera également convoqué dans l'analyse. La raison est la suivante : la compréhension des transformations, l'analyse des caractères et l'évaluation des succès de la justice administrative dans les États africains susvisés ne peuvent se défaire de l'évolution et du bilan du modèle référentiel français. La délimitation géographique qui vient d'etre précisée peut être accompagnée d'une délimitation temporelle du sujet.

La circonscription dans le temps de l'étude se justifierait. Le séjour de la dualité juridictionnelle en Afrique subsaharienne francophone est séquencé en plusieurs périodes discontinues. Le Burkina Faso, la Côte d'Ivoire, le Gabon et le Sénégal notamment, en tant que colonies

---

[1] Loi organique 2008-35 du 7 août 2008 relative à la Cour Suprême, JORS n° 6420 du 8 aout 2008, pp. 755 et s. confirme la fusion du Conseil d'Etat et de la Cour Suprême opérée par la Loi 2008-34 du 7 août 2008.

[2] Si la loi n° 2016-886 du 8 novembre 2016 portant constitution de la République de Côte d'Ivoire (JORCI, 9 novembre 2016, p. 141.) reconduit la dualité de juridiction qui était seize (16) ans plutôt consacré par l'article 102 de la Constitution ivoirienne du 1er aout 2000, elle créait un dualiste quelque peu incohérent.

[3] Loi organique n°10/94 du 17 septembre 1994 fixant l'organisation, la composition, la compétence et le fonctionnement de la Cour administrative du Gabon modifiée par la loi organique n°5/2002 du 27 novembre 2002 portant sur la création du Conseil d'Etat en remplacement de la Cour administrative.

françaises, ont connu la dualité juridictionnelle avant l'époque des indépendances. Ils s'en sont débarrassés au profit du système d'unité juridictionnelle africain jusqu'autour des années 1990. Une nouvelle tendance est à la migration vers le modèle d'organisation juridictionnelle français[1]. Mais la recréation de ce système est plus importante que son application à l'époque coloniale. La dualité juridictionnelle semble, dans ce cas, procéder d'un choix assumé[2]. L'analyse des réformes l'instituant offre ainsi plus d'intérêt. Et l'abord du sujet sous cet angle préserve son actualité. Ces raisons militent en faveur d'une délimitation temporelle du sujet dont le point de départ serait les années 1990 marquées par la migration progressive des États africains vers le système de justice administrative français. Une telle démarche participe de la délimitation historique du sujet. Mais la logique de la dualité juridictionnelle coloniale en Afrique subsaharienne francophone n'a jamais été totalement rompue encore moins ses effets n'ont cessé. Le regard historique porté sur le sujet a révélé les continuités et les ruptures, des allers-retours constants entre unité et dualité juridictionnelle de la part des États soumis à étude.

Dès lors, analyser l'application de la dualité juridictionnelle en Afrique à partir de son nouveau mouvement de renaissance essentiellement, c'est amputer la réflexion d'une part importante de sa substance. L'expérience de la dualité coloniale a toujours marqué le système d'organisation juridictionnelle africaine francophone. L'unité juridictionnelle africaine en a conservé un trait caractéristique : la distinction matérielle entre le contentieux administratif et le contentieux judiciaire. Même des paradoxes de la dualité coloniale ont été conservés. Il s'agit notamment du profil privatiste du juge de la chambre administrative de la Cour suprême qui rappelle étrangement le profil les membres des anciens Conseils du contentieux administratif. En outre, les effets de la dualité juridictionnelle coloniale continuent de déterminer l'éloignement psychologique des justiciables africains du juge administratif notamment. On admet que les indépendances n'ont pas effacé toutes les traces d'influence du système administratif et juridictionnel français en Afrique subsaharienne francophone.

---

[1] « On est toujours tenté d'imiter ce que l'on a envié ou détesté » disait CONAC (G.) (dir), *Les institutions administratives des Etats d'Afrique francophones*, Paris, Economica, 1979, p. XIX.

[2] RIVERO (J.), « Les phénomènes d'imitation des modèles étrangers en droit administratif », *op. cit.*, p. 624.

En somme, eu égard à l'existence d'une période précise de naissance et de renaissance de la dualité sur l'espace géographique questionné, la présente étude ne peut que s'inscrire dans un temps déterminé. On ne peut analyser l'application de la dualité juridictionnelle dans les sociétés africaines précoloniales par exemple. Mais, les dynamiques qui viennent d'être soulevées induisent à ne point borner l'analyse par une date ou à l'un des moments d'application de ce système en Afrique. Les développements questionneront, en majeure partie, son application actuelle ; ils jetteront, par moment, un regard rétrospectif sur le fonctionnement de la dualité juridictionnelle coloniale.

La dualité juridictionnelle pénètre des espaces africains francophones marqués par des différences aux plans politique, juridique et économique. Pourtant, son importation sur le continent répond à une préoccupation commune : l'efficacité du contrôle juridictionnel de l'action administrative.

Dans les situations d'imitation de modèles étrangers, trois voies s'ouvrent aux Etats importateurs à savoir : la reprise, l'adaptation ou la déviation du modèle. Les frontières entre ces voies sont franchissables en ce que, dans le processus de construction de leur modèle, les Etats peuvent partir des difficultés d'une reprise intégrale pour parvenir à l'adaptation du modèle étranger. Ainsi, une adaptation très osée voire très poussée aboutit, de façon incidente, à une déviation du modèle. Ces voies sont aussi tributaires des modes de choix du modèle : imposé[1], conditionné[2] ou libre[3].

D'un point de vue théorique, ce choix fait en considération de son succès en France est salutaire. Présentée comme la pierre angulaire de

---

[1] Selon Jean Rivero, ce choix est la résultante de la domination qu'un Etat, souvent colonisateur, exerce sur un autre. La tendance naturelle de l'Etat dominant serait d'assujettir l'Etat dominé à l'application des règles et principes qu'il applique sur ces propres administrés, de même qu'à la transposition des structures et des principes qu'il trouve inhérente à la notion d'administration.

[2] Moins contraignant que le choix imposé, le choix conditionné n'est pas totalement tributaire de la seule volonté de l'Etat exportateur d'un modèle juridique. C'est le cas de la plupart des Etats issus de décolonisation qui, disposant de très peu de moyens humain, matériels et techniques pour asseoir son propre système capable de préserver le principe de continuité, optent pour le système administratif de l'ancienne métropole. Ce choix est alors conditionné par une situation antérieure.

[3] Le choix libre, selon Rivero, émane de la volonté d'un Etat solidement installé dans sa souveraineté qui pour corriger un aspect de son système administratif décide de transporter, après examen, un corps de règles ou une institution ayant fait ses preuves dans un autre pays. RIVERO (J.), « Phénomène d'imitation des droits étrangers en droit administratif », *op. cit.*, p. 625.

l'Etat de droit, l'autonomie organico-formelle de la justice administrative devrait favoriser le développement du contentieux administratif. Mais, la complexité de ce défi se perçoit dès la réception du modèle français. Les manipulations dans le sens de son application différenciée du dualisme au Burkina Faso, en Côte d'Ivoire, au Gabon et au Sénégal ''défigurent'' le dualisme français.

Certes, la défiguration qui répondrait aux contraintes techniques, économiques et culturelles propres à chaque Etat peut être considérée comme nécessaire à l'implantation du modèle importé. Mais, elle ne peut manquer d'éveiller le doute sur la capacité du système acclimaté à produire les résultats recherchés. C'est certainement pour contourner cette incertitude sur les effets de l'acclimatation que certains Etats ont transposé le dualisme français. Là encore, le doute sur la réussite de cette transposition existe : l'organisation judiciaire française est-elle compatible au système juridique africain ?

Comment expliquer que l'on observe une application à géométrie variable du modèle français dans les Etats africains caractérisés par des problèmes communs de fonctionnement de la justice administrative et animés par des raisons identiques d'importation dudit modèle ? Les données économiques et géographiques propres à chaque Etat constitueraient une justification à la diversité des modèles d'application de la dualité juridictionnelle en Afrique subsaharienne francophone.

Ces observations commandent d'examiner la justesse de l'imitation du dualisme français à l'aune des objectifs recherchés, des considérations d'intérêts, d'utilité et surtout la compatibilité du modèle importé avec l'environnement sociologique, juridique et politique des États soumis à étude. En conséquence, la question principale qui sous-tend la présente réflexion est la suivante : la pratique de la dualité juridictionnelle en Afrique subsaharienne francophone traduit-elle une imitation judicieuse du dualisme juridictionnel français ?

On le sait, dans l'imitation ou la reproduction d'un système étranger, le droit de réception peut subir des transformations ou en faire subir au système importé. Si l'essentiel réside en l'adéquation de la dualité imitée aux objectifs recherchés, les moyens utilisés par les Etats africains sont différents. La préservation des caractères d'un prototype institutionnel étant le premier pas à franchir pour espérer sa stabilité dans la société, les constituants burkinabè et gabonais ont décidé de reproduire fidèlement le dualisme français. Il se révèle qu'aussi bien dans l'édification de l'ordre juridictionnel administratif que dans la préservation de la spécificité du contentieux administratif, ce processus de reprise reste laborieux (Titre I). L'adaptation pouvait alors être considérée comme une voie à emprunter raisonnablement. Mais les expériences infructueuses des initiatives d'adaptation sénégalaise de 1992 et ivoirienne de 2016 imposent la prudence : l'adaptation n'est pas une simple expression de la « *tropicalisation* »[1] du droit étranger en Afrique. Elle peut connaitre des échecs (Titre II).

[1] NDIONE (L.K.), « La tropicalisation du droit social métropolitain en Afrique occidentale francaise », *Afrilex*, 2021, pp. 1-25. Disponible à http://afrilex.u-bordeaux.fr/wp-content/uploads/2021/05/La-tropicalisation-du-Droit-du-social-Anonyme.pdf.

TITRE I - UNE LABORIEUSE REPRISE DU DUALISME FRANÇAIS

« *(...) Le problème de l'organisation de leurs juridictions n'est pas un simple problème d'aménagement technique, mais (qu') il implique des choix fondamentaux* »[126]. Certes, ces préoccupations que comporte cet avertissement sont inhérentes à tout processus d'importation normative. Elles revêtent une certaine particularité en Afrique. Le continent étant le lieu privilégié d'une coexistence difficile entre les droits traditionnels, les droits modernes et les droits post-modernes[127]. C'est cet environnement de tiraillement des « *Droits officiels et cachés* »[128] que doit intégrer le dualisme juridictionnel français. En d'autres termes, le Gabon et le Burkina Faso entendent depuis deux décennies reprendre le modèle français alors qu'un tel choix engage des moyens économiques et humains, de la volonté politique réelle et présente des enjeux culturels[129].

Le terme de reprise ne devrait pas être entendu comme une reproduction strictement identique[130] encore moins au prisme « *de faire de nouveau après une interruption* »[131]. Il traduit plutôt l'imitation avec une grande fidélité du modèle français. Une interprétation de la théorie impure du droit confirme cette approche[132]. C'est dire que les traits

---

[126] BENOIT (F.P.), *Des conditions de développement d'un droit administratif autonome dans les Etats nouvellement indépendants*, Annales africaines, 1962, p. 134.

[127] DEGNI-SEGUI (R.), *Introduction à l'étude de droit*, Abidjan, EDUCI, 2e éd., p. 217. ; DAVID (R.), *Le droit comparé. Droits de demain*, coll. « Etudes juridiques comparatives », Paris, Economica, 1982, p. 185.

[128] Selon l'expression de ROULAND (N.), *Anthropologie juridique*, PUF, coll. Droits, p. 77.

[129] BOCKEL (A.), *Droit administratif*, *op. cit.* p. 33.

[130] Il est d'ailleurs presqu'impossible d'en arriver à un tel résultat : « *L'histoire n'enseigne-t-elle pas qu'il peut exister le résultat plusieurs interprétations des mêmes textes et que ceux-ci sont susceptibles d'être réappropriés en fonction d'un contexte et de circonstances autre que ceux qui ont présidé à leur définition initiale* ». Cf. De GAUDUSSON (J.D.B.), « La justice en Afrique », Afrique contemporaine, n° 156, spécial, 1990, p. 7.

[131] REY-DEBOVE (J.) et REY (A.), (dir.), *Le Petit Robert*, Paris, Lerobert, 2015, p. 2207.

[132] Selon une interprétation de la théorie impure du droit, le produit final du transplant n'est pas une simple copie du modèle original. Voir LOPEZ MEDINA (D.E.), *Teoria*

caractéristiques du dualisme français à savoir la dualité des attributions de la juridiction administrative, le particularisme du statut des membres de celle-ci par rapport à celui des magistrats judiciaires et l'existence de règles spéciales de procédure[133] sont repris. Au fond, l'ordre juridictionnel administratif est difficilement introduit au Gabon et au Burkina Faso (Chapitre I) quand la spécificité du contentieux administratif est y préservée de manière lacunaire Chapitre II).

Impura del Derecho. La transformacion de la cultura judica latinoaméricana, Bogotà, Légis 2005, p. 239.

[133] MORAND-DEVILLER (J.), *Cours de droit administratif*, 9e éd. Montchrestien, Paris, 2005, p. 12-13.

CHAPITRE I - L'INTRODUCTION COMPLEXE DE L'ORDRE JURIDICTIONNEL ADMINISTRATIF

Il est incontestable que la réalité organique du dualisme juridictionnel est la distinction des juridictions judiciaires et administratives. Entendu que l'existence des premières est longtemps admise et qu'elle serait acquise *« par évidence ou prétérition »*[134], faible est alors l'intérêt de la prouver. Notre attention sera, en conséquence, portée sur le processus d'introduction de l'ordre juridictionnel administratif dans les États importateurs de la dualité juridictionnelle française. Bien mieux, elle sera orientée vers l'existence d'un ordre juridictionnel administratif, car des juridictions administratives qui existeraient sans l'emprise d'aucun ordre juridictionnel ne pourraient donner lieu au dualisme juridictionnel.

L'ordre juridictionnel administratif s'entend d'une organisation hiérarchique des juridictions administratives couvrant l'intégralité d'un territoire. Cette configuration a pour essence la construction des juridictions administratives ; elle n'a de sens qu'avec l'unité et l'autonomie de ces juridictions à l'égard de l'Administration et des juridictions judiciaires. L'analyse portera sur le processus d'introduction de cet ordre juridictionnel à partir des exemples de tous les États principalement questionnés par l'étude en ce qu'ils opèrent une relative convergence dans la conduite de ce processus. Comparée à la pratique et au droit français, la construction de l'ordre juridictionnel administratif dans lesdits États présente une apparente solidité du fait de la consécration constitutionnelle du Conseil d'État. Cependant, cela ne signifie guère une construction satisfaisante des juridictions administratives. Outre leur insuffisance quantitative (Section 1), le profil de leurs membres et leur fonctionnement global fragilisent l'autonomie de l'ordre administratif (Section 2).

---

134 JULIEN-LAFERRIERE (F.), « La dualité de juridiction, un principe fonctionnel ? » *RFDA*, Bicentenaire de la loi des 16-24 aout 1790, sept-oct. 1990, p. 395. L'auteur s'interroge en effet de savoir « *Pourquoi la juridiction administrative est-elle toujours celle dont le champ de compétence doit être défini, tandis que celui de la juridiction judiciaire serait, en quelque sorte, acquis par l'évidence ou la prétérition ?* ».

SECTION I - L'ÉPINEUSE CONSTRUCTION DES JURIDICTIONS ADMINISTRATIVES

Comparant le dualisme juridictionnel en France et au Canada, des auteurs ont soutenu que « *Le Conseil d'État et les tribunaux administratifs composent la hiérarchie normale de l'ordre juridictionnel administratif français* »[135]. L'ordre administratif serait donc construit à l'image de l'ordre judiciaire bien que les auteurs n'évoquent nullement les Cours administratives d'appel. En appréhendant la logique qui guide leurs propos[136], il convient désormais d'intégrer pleinement la Cour administrative d'appel au sein de l'ordre juridictionnel administratif. En effet, il faut intégrer l'idée selon laquelle *« la juridiction administrative (de droit commun) a réalisé son unité, symbolisée par l'unicité du corps des tribunaux administratifs et des cours d'appel, et par l'institution du Conseil d'État comme gestionnaire commune* »[137].

La reprise organique du dualisme juridictionnel en Afrique subsaharienne francophone passe par l'importation de ces différents organes. Précisons que les juridictions administratives spécialisées[138] seront écartées de l'analyse. À cet égard, il est question de démontrer comment, à partir de la consécration du Conseil d'État comme juridiction administrative suprême (paragraphe 1), les États africains

---

[135] CARTIER (G.) et COMTOIS (S.), « La reconnaissance d'une forme mitigée de dualité de juridictions en droit administratif canadien », *RIDC*, n°1-1995 *op. cit.*, p.55.

[136] Les Cours d'appel administratifs français sont d'existence récente, c'est-à-dire qu'elles datent de 1987. On pourrait penser que sa jeunesse ne permettait pas de retenir l'attention des auteurs dans leur réflexion conduite en 1990. Nonobstant, l'excuse peut être atténuée tant il eut des écrits de sensiblement même âge sur cet organe juridictionnel. En témoignent : PACTEAU (B.), « La longue marche de la nouvelle réforme du contentieux administratif », *RFDA*, 1988, n°2, mars-avril 1995, p. 181. ; GENTOT (M.), OBERDORFF (H.), *Les cours d'appel*, Paris, PUF, 1991, 128 p., coll. Que sais-je, n° 2566. Ensuite, les premières cours d'appel administrative date de 1989. L'effectivité alors timide de la réforme de 1987 ne saurait justifier un déclassement des cours d'appel dans l'ordre juridictionnel administratif français.

[137] GARDAVAUD (G.) et OBERDORFF (H.), (dir.), *Les cours d'appel*, *op.cit.* p.10. Dans une formule proche, l'instauration de la Cour d'appel « parachevait la création d'un véritable ordre de juridiction ». Cf. SAUVE (J.-M), Avant-propos, *Héritiers et disciples du président Long*, *in Le service public, Mélanges en l'honneur du président Marcel Long,* Dalloz, 2015, p.1.

[138] Telles que les juridictions financières, les juridictions disciplinaires et les juridictions sociales.

francophones peinent à reproduire le dualisme sur leur territoire respectif. Comme l'existence du juge du Palais Royal n'est pas l'unique gage d'existence d'un ordre administratif[139], ces Etats œuvrent pour la construction certes difficile des juridictions administratives du fond[140] (paragraphe 2).

Paragraphe 1 - La consécration contrastée du Conseil d'État

Certes le dualisme juridictionnel ne se réduit pas à la seule présence d'une juridiction administrative suprême dans l'environnement juridictionnel considéré, mais celui-là ne saurait exister sans celle-ci. La consécration du Conseil d'État est une importante expression de l'imitation de la justice administrative française[141]. En témoignent la position de cette juridiction dans l'architecture de l'ordre juridictionnel administratif ainsi que son importance historique en France[142]. Dans les États africains faisant objet de réflexion, la volonté d'imiter le modèle français émane du constituant en ce qu'elle est déduite des exposés de motifs des lois organiques portant réforme de l'organisation judiciaire et solennellement exprimée par la constitution. La constitutionnalisation du Conseil d'Etat vise certainement à renforcer l'ancrage juridique de la juridiction administrative suprême[143]. Au-delà d'une consécration organique du Conseil d'État, les constituants africains ici interrogés reconnaissent, à travers le fonctionnement de ladite juridiction, une particularité française : la dualité fonctionnelle de la juridiction administrative suprême.

---

[139] La Belgique, par exemple, consacre un Conseil d'Etat sans pourtant être considéré comme des Etats dualistes. Cf. PAQUES (M.), *Principes de contentieux administratif*, Bruxelles, Larcier, 1ère éd. 2017, 530 p.

[140] FANDJIP (O.), « La nature du système de contrôle juridictionnel de l'Administration en droit Camerounais : un système dualiste à tendance moniste ? », *La Revue du Centre Michel de l'Hôpital*, n° 22, 2021, p. 42.

[141] KOBO (P.-C.), *Rapport sur les activités Chambre administrative de la Cour supreme ivoirienne 2016-2017*, p. 3. ; BA (A.T.), « Quelques aspects du contentieux administratif au Burkina Faso », *RBD.*, n° 49, 2e semestre 2014, Etudes en l'honneur de Laurent BADO, p 45.

[142] ROLLAND (F.), « L'historicité du droit administratif français à l'épreuve de la pratique juridique », *Revue juridique de l'Ouest*, n° 2, 2007, p 124. ; Conseil d'Etat (France), Section du rapport et des études, *L'influence internationale du droit français*, Etude adoptée par l'Assemblée générale du Conseil d'Etat français le 19 juin 2001, Paris, La Documentation française, 2001, p. 55.

[143] NJOCKE (H.-C.), « Juridiction administrative : réforme inachévée », *Juridis Périodique*, n° 74, 2008, p. 51.

La création par voie constitutionnelle du Conseil d'État est commune à tous les États africains sous étude. Pour autant, le processus de construction des juridictions administratives n'obéit pas à un itinéraire identique. Soit le Conseil d'État est la première juridiction administrative autonome créée[144] soit il nait à la suite des tribunaux administratifs. Les droits positifs burkinabè et gabonais répondent à cette deuxième tendance. La consécration constitutionnelle du Conseil d'État y marquerait l'aboutissement de la construction de l'ordre juridictionnel administratif. Une telle volonté est annoncée par les exposés des motifs de textes juridiques et confirmée dans les corps des constitutions burkinabè et gabonaise.

Les dispositions constitutionnelles renseignent mieux sur la volonté des Etats à reproduire la dualité juridictionnelle à partir de la consécration du Conseil d'Etat. Dès lors, le recours aux travaux préparatoires dans les délibérations constitutionnelles et législatives serait-il superfétatoire ? Non, pensons-nous. D'abord on a soutenu, à raison, que le recours aux travaux préparatoires relève de la bonne pratique du raisonnement logique ou du moins du raisonnement de la logique juridique[145]. En cela, il permet de cerner les motivations et les objectifs de la réforme. Il favorise aussi la connaissance des difficultés liées à la mise en œuvre des réformes.

Au Burkina Faso, le lien entre les exposés de motifs et l'adoption du dualisme juridictionnel que consoliderait la création du Conseil d'État n'est qu'implicite. À défaut d'examiner les termes des exposés de motifs rattachés à la Constitution burkinabè pour la simple raison que ceux-ci n'ont pu être diffusés, nous nous contenterons d'étudier les exposés annexés aux projets des lois organiques portant création des tribunaux administratifs. Ces exposés traduisent aussi la volonté du constituant d'une part et ont commandé la création du Conseil d'État d'autre part. Ils évoquent trois objectifs qui justifiaient la réforme du contentieux administratif opérée en 1995.

D'abord, la réforme vise à tenir compte de « *l'éveil des mentalités qui a multiplié les plaintes des citoyens contre les actes de*

---

[144] Ce sont les exemples de la Côte d'Ivoire : article 102 de la Constitution du 23 juillet 2000 ; article 143 de la Constitution du 8 novembre 2016 révisée par la loi constitutionnelle n° 2020-348 du 19 mars 2020 et du Sénégal : article 80 de la loi n° 92-22 du 30 mai 1992 portant révision de la Constitution. Ces textes seront étudiés aun titre suivant.

[145] DEUMIER (P.) (dir.), *Le raisonnement juridique. Recherche sur les travaux préparatoires des arrêts*, Paris, Dalloz, mai 2013, 284 p.

l'administration et de ses démembrements »[146]. Il s'agit d'une réponse que le législateur espére apporter à une éventuelle implosion du contentieux administratif. Ce qui parait surprenant car la croissance de conflits n'induit pas nécessairement celle du contentieux porté devant le juge[147]. La réforme du contentieux administratif au Burkina Faso serait-elle rendue nécessaire pour parer, par anticipation, à une virtuelle ou éventuelle implosion du contentieux ?[148]

Ensuite, par la création des tribunaux administratifs, le législateur traduisait sa volonté de respecter le principe du double degré de juridiction[149] en tant que source de confiance et de protection pour le plaideur. Si le principe de double degré de juridiction justifie la création d'un ordre juridictionnel administratif, son respect n'y est pas exclusivement rattaché. Ce principe peut être préservé au sein du monisme juridictionnel autant qu'il peut être menacé au sein d'un ordre administratif. Au fond, tout dépend de la structuration technique des compétences opérée entre les deux niveaux de juridiction.

Enfin, la réforme entendait instaurer une justice administrative de ''proximité'' suivant les besoins de la décentralisation qui, d'après l'exposé des motifs allait *« opposer de plus en plus administration et administrés »*[150]. L'atteinte de cet autre objectif de *« rapprocher la justice des justiciables »* [151] n'est pas l'apanage du dualisme juridictionnel. C'est dire que les objectifs poursuivis par le législateur burkinabè ne justifient de façon isolée ou globale l'importation de la dualité juridictionnelle. Mais ils ne justifient non plus le recours au monisme. Mieux, le contexte d'intervention du législateur marqué par l'échec du monisme militait en faveur du modèle dualiste.

---

[146] Voir exposé des motifs annexés au projet de loi portant création des tribunaux administratifs au Burkina Faso.

[147] Plusieurs filtres sont posés pour éviter que le prétoire du juge soit encombré telle que la généralisation du recours administratif préalable obligatoire. Sans ignorer que les violations de plus en plus récurrentes du principe de légalité de même que la persistance de la non-exécution des décisions de justice sont aussi des facteurs pouvant conduire à la croissance des conflits entre l'administration et les administrés.

[148] BA (A. T.) y répond par l'affirmative dans « Quelques aspects de la réforme du contentieux administratif au Burkina Faso », Etudes réunies en l'honneur de Laurent BADO, *RBD*, n°49 – 2e semestre 2014, p. 50.

[149] BA (A.T.), « Quelques aspects de la réforme du contentieux administratif au Burkina Faso », *op. cit.*, p. 50.

[150] Exposé des motifs annexé au projet de loi portant création des tribunaux administratifs précité.

[151] *Ibid.*

Certes les exposés de motifs qui ont précédé la création du Conseil d'État notamment au Burkina Faso dévoilent de manière contestable que la création de la juridiction administrative autonome devrait achever le processus d'édification de l'ordre juridictionnel administratif au plan organique. En revanche, les dispositions constitutionnelles ne laissent place à aucun doute.

Contrairement à la France où la consécration constitutionnelle implicite de l'institution siégeant au Palais royal[152] est postérieure à la

---

[152] Conseil constitutionnel (France), Décision n° 86-224 DC du 23 janvier 1987. La décision aurait constitué une base de consécration constitutionnelle de la dualité française. Voir en ce sens WACHSMANN (P.), « Le Conseil constitutionnel et le principe de séparation des autorités administrative et judiciaire », *Jus Politicum*, n° 20-21, juillet 2018, *La jurisprudence du Conseil constitutionnel*, p. 238. Mais ce postulat ne semble pas rencontrer l'adhésion d'une grande partie de la doctrine française. En effet, se prononcant sur la constitutionnalité de la loi transférant à la juridiction judiaire le contentieux des décisions du Conseil de la concurrence, le Conseil constitutionnel a consacré une valeur constitutionnelle aux règles fixant le domaine de compétence de la justice administrative française. Des auteurs y ont vu une constitutionnalisation de la dualité juridictionnelle. A tout le moins, on peut convenir qu'il s'agit d'une constitutionnalisation implicite. Sur la disccussion doctrinale se rapportant au sens et à la portée de la décision du Conseil constitutionnel de 1987, lire : VIALA (A.), « Réflexion sur le devenir du droit de la concurrence après la décision du Conseil constituionnel censurant la loi d'Ornano », *La Gazette du Palais*, 1987, n° s.n. ; CHEVALLIER (J.), « Note sous décision n° 86-224 DC », *AJDA*, 1987, n° s.n. ; FAVOREU (L.), « Le principe de séparation des autorités administratives et judiciaires n'a pas valeur constitutionnelle », *RFDA*, janvier-février, 1987, n° 1, p. 301 ; « Note sous décision n° 86-224 DC », *RDP*, mars-avril, n° 2, 1989, p. 482 ; GAUDEMET (Y.), « Note sous décision n° 86-224 D », *RFDA*, septembre-octobre, n° 5, 1987, p. 1341 ; GENEVOIS (B.), « Le Conseil constitutionnel et le principe de séparation des autorités administratives et judiciaires », *RFDA*, janvier-février, n° 1, p. 287 ; « Note sous décision n° 86-224 DC, *AIJC*, n° III, 1983, p. 600-603 ; LEPAGE-JESSUA (C.), « Un nouveau défenseur des droits des administrés : le Conseil constitutinnel », *GazPal*, 1987, n° s.n. ; SOREL (J.M.), « De l'administratif au judiciaire », *RA*, 1988, n° s.n. p. 29 ; AVRIL (P.), GICQUEL (J.), « Note sous décision n° 86-224 DC », *Pouvoirs*, n° 42, septembre 1987, s-p. 170-171 ; 179 ; 180-181 ; SELINSKY (V.), « La constitutionnalité du transfert à la juridiction judiaciaire du contentieux des décisions du Conseil de la concurrence », *LPA*, 7 aout 1987, p. 21 ; ROUSSEAU (D.), « Note sous décision n° 86-224 DC », *Cahiers de droit de l'entreprise*, 1987, n° s.n. ; VELLEY (S.), « La constituionnalisation d'un mythe : justice administrative et séparation des pouvoirs », *RDP*, n° 3, mai-juin, pp. 767-783 ; FROGER (C.), « Les interventions législatives après la décision Conseil de la concurrence. Que reste-il- du noyau dur ''de la compétence du juge administratif ? », *AJDA*, 23 janvier 2017, n° 2, p. 101-111 ; ARRIGHI de CASANOVA (J.), La réception par le Tribunal des conflits de la jurisprudence Conseil de la concurrence », AJDA, 23 janvier 2017, n° 2, pp. 95-100.

construction de la justice administrative, la consécration constitutionnelle du Conseil d'État dans les États africains étudiés est antérieure et a vocation de porter la construction du dualisme juridictionnel.

Au Burkina Faso et au Gabon, la création du Conseil d'État achève le processus de construction théorique du dualisme juridictionnel. Le point de départ du dualisme moderne gabonais réside dans la réforme judiciaire engagée par la loi n° 1/94 du 18 mars 1994 portant modification de la loi n° 3/91 du 26 mars 1991 portant Constitution de la République gabonaise. Elle entraine l'éclatement de la Cour suprême et l'érection de ses anciennes chambres en trois juridictions suprêmes : Cour administrative, Cour judiciaire et Cour des comptes. La loi organique n° 7/94 du 16 septembre 1994 qui en découle précise que les juridictions de degré supérieur et à compétence générale sont : la Cour de cassation pour l'ordre judiciaire[153], et la Cour administrative, pour l'ordre administratif[154]. Aussi prend-elle le soin de créer les tribunaux administratifs et la Cour administrative d'appel comme juridictions administratives du fond. La Cour administrative était, dans une certaine mesure, l'équivalent du Conseil d'État français c'est-à-dire juge suprême du contentieux administratif. Le tableau suivant résume cette organisation juridictionnelle.

---

[153] Cf. l'article 10 de la loi organique n°7/94 du 16 septembre 1994 portant organisation de la justice.

[154] Cf. l'article 45 de la loi organique n°7/94 du 16 septembre 1994 portant organisation de la justice.

Tableau illustrant le réaménagement de l'organisation juridictionnelle gabonaise à travers le passage de la loi n°1/94 du 18 mars 1994 portant modification de la loi n° 3/91 du 269 mars 1991 portant Constitution de la République gabonaise à la loi constitutionnelle n° 14/2000 du 11 octobre 2000

Loi n°1/94 du 18 mars 1994 portant modification de la loi n° 3/91 du 269 mars 1991 portant Constitution de la République gabonaise

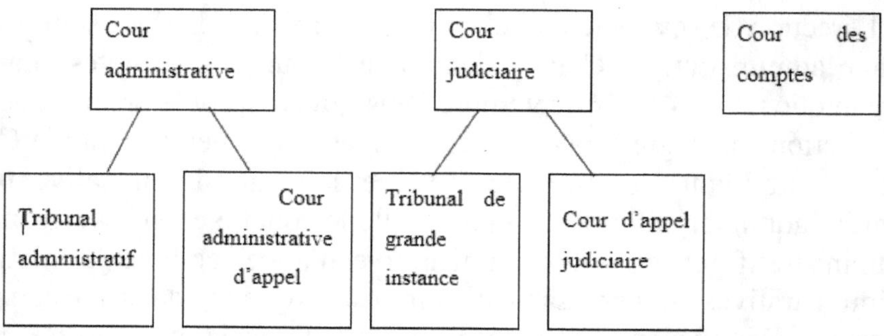

La loi constitutionnelle n° 14/2000 du 11 octobre 2000

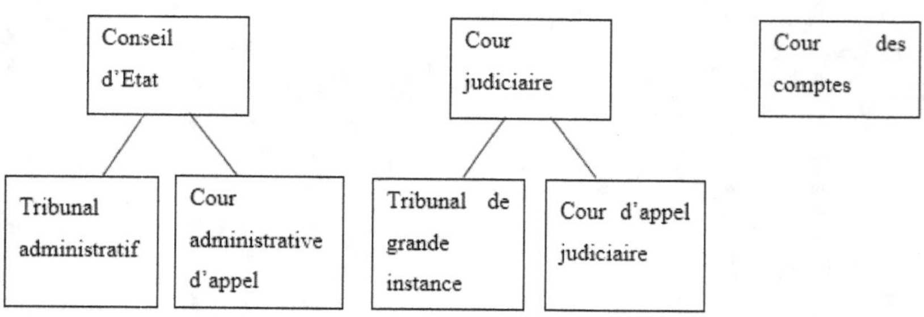

NB : La seule différence entre ces deux organisations est la substitution du Conseil d'Etat à la Cour administrative.

La reprise du dualisme français devient plus nette et débarrassée d'ambiguïté avec la substitution du Conseil d'État à la Cour administrative. La loi constitutionnelle n° 14/2000 du 11 octobre 2000 dont l'article 16 modifiant l'article 74 de la Constitution de 1991 opère ce remplacement, place logiquement le Conseil d'État au sommet de l'ordre administratif. Ce n'est donc pas ce baptême de la Cour administrative en Conseil d'État qui consacre matériellement le dualisme gabonais, mais il a le mérite de lui donner plus de visibilité ; d'épargner toute ambigüité sur le processus d'importation du modèle français. En témoigne la loi organique n° 5-2002 déterminant l'organisation, le fonctionnement, la composition et la compétence du Conseil d'État gabonais.

Au Burkina Faso, au contraire, mieux qu'une simple avancée formelle, la consécration du Conseil d'État marque une étape décisive du processus de reprise de la dualité inspirée du modèle français. Ce processus a, cependant, la particularité d'avoir été enclenché à la base par la création antérieure des tribunaux administratifs. Autrement dit, la création du Conseil d'État par la loi organique du 23 mai 2000 au Burkina Faso marque l'étape presqu' ultime du réaménagement structurel de la justice administrative. Déjà en 1991, le législateur ouvrait ce vaste chantier par l'ordonnance n°91-0051/PRES du 26 aout 1991 portant composition, organisation et fonctionnement de la Cour Suprême. Il y posait les premiers jalons du deuxième degré de la juridiction administrative. Aux termes de l'article 146 de cette ordonnance, la Chambre administrative de la Cour Suprême restait *« seule compétente pour statuer sur les recours en cassation »* contre les décisions rendues par les tribunaux administratifs.

C'est à la faveur de la loi du 16 mai 1995[155] que sont créés ces tribunaux administratifs en tant que juge de droit commun du contentieux administratif[156] et qu'est retiré le monopole du juge de cassation en matière administrative à la Chambre administrative au profit des chambres réunies de la Cour suprême. Ainsi, le processus d'évolution vers le dualisme est bien enclenché et a atteint un stade qualificatif avec la consécration constitutionnelle du Conseil d'État procédant de la loi constitutionnelle du 11 avril 2000 portant révision de la Constitution de 02 juin 1991. L'article 126 révisé de la loi fondamentale dispose désormais que *« les juridictions de l'ordre*

---

[155] Loi n° 21/95 ADP portant création, organisation et fonctionnement des tribunaux administratifs. JO n°29 1995.

[156] Cf. article 5 de la loi n°21/95 ADP portant création, organisation et fonctionnement des tribunaux administratifs.

judiciaire et de l'ordre administratif au Burkina Faso sont : La Cour de cassation, le Conseil d'État ... »[157].

La création du Conseil d'État par la loi organique du 23 mai 2000 portant organisation, attributions, fonctionnement du Conseil d'Etat et procédure devant lui est également importante. Outre l'existence pratique qu'elle assure à la juridiction administrative suprême, elle réaffirme, dès son premier article, l'existence d'un ordre administratif ainsi qu'il suit : *« Le Conseil d'État est la juridiction suprême de l'ordre administratif »*.

L'apport du Conseil d'État dans la construction du dualisme juridictionnel burkinabè est similaire à l'exemple gabonais, avions-nous affirmé. Au Gabon et au Burkina Faso, la consécration du Conseil d'État est précédée de l'existence des tribunaux administratifs contrairement à la France où le Conseil d'État a été le pôle de l'ordre juridictionnel administratif autour duquel se sont construites progressivement les juridictions administratives du fond. Quoi qu'il en soit, en créant, dans un premier temps, le Conseil d'État et les tribunaux administratifs, ces deux Etats reprennent la méthode de fabrication du dualisme français : une dualité initialement élémentaire voire essentielle. Toutefois, l'existence antérieure des tribunaux administratifs sur celle du Conseil d'État dans les États africains précités témoigne de ce que l'édification de l'ordre administratif reste un processus long, complexe et parfois vacillant. L'on peut partir d'une édification par la base ou d'une fabrication par le sommet pourvu notamment qu'au-dessous d'une juridiction administrative suprême se plient des juridictions administratives du fond.

L'un des traits caractéristiques du système français est la dualité fonctionnelle du Conseil d'État qui imprime à cet organe des attributions juridictionnelles et consultatives. Cette marque distinctive est aussi reproduite en droits des États africains sous étude.

La dualité fonctionnelle confère au Conseil d'État une double mission : il est, à la fois, juge et conseiller de l'Administration. Dans les États africains soumis à étude, ce particularisme du Conseill d'Etat français est largement imité[158]. Le problème de ce choix se rattache

---

[157] L'ancienne disposition était en substance la suivante : « *Les juridictions au Burkina Faso sont : la Cour suprême, les cours et tribunaux...* »

[158] Quasi-unanimement, de l'unité à la dualité juridictionnelle, les Etats africains francophones ont toujours consacré la fonction consultatice de la juridiction administrative autonome. Voir notamment en droit gabonais MBEMBO (P.-B.), « La

singulièrement au niveau de la fonction consultative du Conseil d'État. Celle-ci serait encombrante. Si les États étudiés recourent à ce dédoublement du juge administratif, l'examen de leurs textes démontre que la préoccupation de l'impartialité du juge administratif suprême s'y pose avec une grande acuité car la distinction entre section contentieuse et section consultative n'est guère observée.

Le choix pour la reconnaissance d'une fonction consultative au juge administratif a des ressorts historiques français qu'il faut rappeler avant d'examiner sa consécration notamment au Gabon et au Burkina Faso.

Historiquement, la juridiction administrative française s'est développée à l'intérieur de l'Administration. D'où la justesse de cette opinion de Michel DEBRE : « *A mon avis, la magistrature administrative n'existe pas ; il y a seulement des fonctionnaires administratifs qu'occupent des fonctions de juges* »[159]. Vérité d'hier, cette déclaration n'en est pas une aujourd'hui. Au fond, le Conseil d'État et les conseils de préfecture français ont commencé par être des conseils d'Administration avant d'être ses juges. La juridictionnalisation du Conseil d'État en 1872 n'a pas substitué la compétence juridictionnelle à la compétence consultative ; elle a procédé à un cumul des deux attributions aux mains de la haute juridiction administrative. Ce dualisme fonctionnel fabrique un juge-administrateur [160] à la fois censeur et collaborateur de l'Administration. Il est un produit du dualisme juridictionnel français importé dans la plupart des États africains francophones indépendamment de leur choix à l'unité ou à la dualité organique des ordres de juridictions[161].

La fonction consultative du Conseil d'État gabonais est précisée par l'article 36 de la loi n° 5/2002 qui dispose que les attributions de la haute juridiction administrative sont consultatives et contentieuses. Le législateur burkinabè adopte la même posture[162]. Les avis peuvent être rendus sur les projets de lois, d'ordonnances et de décrets soumis au Conseil d'État burkinabè et gabonais par leurs gouvernements respectifs. Ils concernent également toutes matières prévues par les

---

fonction consultative de la Chambre administrative de la Cour suprême », *H.I.*, n° 288 du 31 janvier 1994, pp. 9-10.

[159] DEBRE (M.), alors Garde des Sceaux, Intervention devant le Comité consultatif constitutionnel le 5 aout 1958.

[160] CHAPUS (R.), *Droit du contentieux administratif*, *op. cit.*, p. 44.

[161] BENABDALLAH (M.A.), « Justice administrative et dualité de juridictions », *Revue juridique, politique et économique*, n° 27, 1999, p. 37.

[162] Loi n° 032-2018 du 26 juillet 2018 relative au Conseil d'Etat, article 15.

dispositions législatives et règlementaires[163]. En outre, le texte précise que la haute juridiction administrative peut « *de sa propre initiative attirer l'attention des pouvoirs publics sur des réformes d'ordre législatif, règlemementaire, administratif ou sur toute autre situation qui lui paraissent conforme à l'intérêt général* »[164]. Il ressort des lignes qui précèdent que les fonctions consultatives du Conseil d'État burkinabè et de son homologue gabonais impriment deux attributs aux avis. Ceux-ci sont obligatoires ou facultatifs.

Plusieurs textes à valeur constitutionnelle et législative régissent les avis obligatoires en droit gabonais[165]. On retient essentiellement que « *Tous les projets de lois, d'ordonnances et de décrets réglementaires sont délibérés en Conseil des ministres après avis du Conseil d'État* »[166]. Les avis obligatoires entrainent des conséquences notables. D'une part, le gouvernement est contraint de solliciter l'avis du Conseil d'État. « *Il est ici dans une situation de compétence liée* »[167]. D'autre part, l'avis rendu oblige le gouvernement à adopter une certaine attitude. Il est tenu de présenter au Parlement le texte soumis pour avis au Conseil d'État ou la version du texte modifiée par ce dernier[168]. Toutefois, l'avis ne lie pas le Conseil d'État qui pourra adopter une position différente lorsqu'il est saisi en matière contentieuse relative à question sur laquelle il a émis cet avis.

Lorsque la consultation est facultative, l'Administration n'est ni obligée de consulter ni tenue de suivre l'avis émis si d'aventure elle y recourait. Dans l'affaire *Gnagna Dièye Fall contre Etat du Sénégal*, le Conseil d'État sénégalais énonce ceci : « *Considérant que sur demande du Conseil d'État, la demande d'avis adressée par le Ministre de la Santé au Conseil de l'Ordre national des Pharmaciens a été effectivement versée dans la procédure en cours d'instruction ; considérant ainsi que l'Administration s'est bien conformée à*

---

[163] Loi n° 032-2018 du 26 juillet 2018 relative au Conseil d'Etat, article 20.
[164] *Ibid.*
[165] Ce sont notamment : l'article 30 de la Constitution du 26 mars 1991 ; l'article 30 de la loi n° 17/84 du 29 décembre 1994 portant code des juridictions administratives ; l'article 18 de la loi n° 7/94 du 16 septembre portant organisation de la justice et les articles 36 et 37 de la loi n° 32-2018/AN du 2018 du 26 juillet 2018 portant composition, organisation, attributions, fonctionnement et procédure applicable devant lui.
[166] Article 30 de la Constitution du 26 mars 1991 précité.
[167] TSATSABI (E.), *La justice administrative gabonaise*, *op. cit.*, p. 35.
[168] TSATSABI (E.), « La dualité des fonctions du Conseil d'Etat : l'exemple du Conseil d'Etat gabonais », *RJP*, n° 4, 2014, p. 430.

l'obligation de consultation, l'avis requis n'étant que consultatif ; que cette branche du moyen est inopérante »[169]. Les avis facultatifs sont donc marqués du sceau « *d'autodétermination* »[170].

Le régime des avis suscite des débats sur l'opportunité de la fonction consultative du Conseil d'État. Tantôt les avis obligatoires sont considérés comme un frein à l'action gouvernementale ; tantôt la fonction consultative est perçue en tant qu'une complicité que le juge administratif tisse avec l'Administration. On craint que le juge ait du mal à se départir d'un avis qu'il a émis lorsque son application engendre une contestation juridictionnelle. C'est la question de son impartialité qui est ainsi controversée.

Les attributions en matière consultative du Conseil d'Etat se fondent sur la nécessité d'établir et de maintenir un dialogue entre les pouvoirs en général[171] et entre le juge administratif et l'Administration en particulier. Ce dialogue présente des avantages certains pour le droit administratif. Il rapproche juge et Administration et permet, de ce fait, d'atténuer la méfiance que celle-ci entretient à l'égard de celui-là. À mesure que l'Administration a confiance à l'office du juge, elle le saisit et se soumet à ses décisions.

De plus, la fonction consultative aiguise la connaissance du juge sur les difficultés, les motivations des actions de l'autorité publique voire la compréhension de l'univers de la gestion administrative ainsi que celui de chaque décision qui en résulte[172]. Nul doute que pareille connaissance participe de la clairvoyance et de la qualité aussi bien de la jurisprudence administrative que des actes administratifs. Les administrateurs peuvent ignorer l'existence de certains textes ; manquer de temps efficient pour procéder à des recherches juridiques nécessaires ; ils peuvent aussi douter de l'interprétation qu'impose le texte. Dans chacune de ces hypothèses, il est exact d'affirmer que « *Le juge-conseil évite à la puissance publique de voir ses actes presque systématiquement annulés pour illégalité à la suite de recours pour excès de pouvoir intentés par les administrés* »[173]. Mieux, le Conseil

[169] CE, *Gnagna Dièye Fall c/ Etat du Sénégal*, 29 mars 2006.
[170] TSATSABI (E.), *La justice administrative gabonaise, op. cit.*, p. 36.
[171] PRETOT (X.), « La Cour de cassation et le législateur. Réflexions sur la séparation des pouvoirs », *R.D.P*, n° 2-2019, p. 397.
[172] LABETOULLE (D.), « Sur la double fonction du Conseil d'Etat », *RJEP*, 2009, p. 2.
[173] MASSINA (P.), « Plaidoyer pour le fonctionnement de la juridiction administrative au Togo », *Revue de droit des pays d'Afrique*, *Penant*, n° 802, 1990, p. 405.

d'État se positionne comme un acteur du processus décisionnel, un participant actif de l'élaboration des lois et ordonnances[174]. Considérant la jeunesse, l'inexpérience, la faible culture juridique des Administrations africaines, la consultation du juge est salutaire[175]. À travers sa fonction consultative, le Conseil d'État dans chacun des États visés est, en principe, récepteur du dialogue engagé avec l'Administration en ce qu'il est saisi par une autorité administrative en vue de donner son avis sur la légalité d'un acte qu'elle entend accomplir.

Cependant, la compétence consultative n'est pas moins perçue comme une immixtion du juge administratif dans la gestion des affaires administratives que la compétence juridictionnelle dont elle constitue une manifestation[176]. En vertu du principe du privilège du préalable, le contrôle juridictionnel ne peut intervenir qu'*a postériori*, c'est-à-dire que l'Administration exécute ses décisions sans avoir recours au juge et ce dernier n'est amené à se prononcer sur la validité de ces décisions qu'en cas de recours. La compétence consultative enliserait donc « *le caractère agressif* »[177] du principe de séparation des autorités administratives et judiciaires. Cela peut être apprécié de deux manières : une concurrence entre le Conseil d'État et l'Administration dans la gestion administrative et un concours du Conseil d'État à l'action administrative. Dans tous les cas, et dans le second encore plus, un soupçon peut peser sur l'impartialité de la justice administrative.

Dans un contexte où le droit au procès équitable est largement garanti par les législations nationales[178] et les conventions régionales[179], le seul fait que certains membres d'une institution exercent successivement, à propos des mêmes décisions, les fonctions consultative et juridictionnelle, est de nature à mettre en cause

---

[174] CHALTIEL TERRAL (F.), *Le Conseil d'Etat, acteur et censeur de l'action publique*, Paris, LGDJ, 2017, p. 124.

[175] BINI (E.), « De la justice pour une administration efficiente en Afrique », *International Journal of Innovation and Applied Studies*, vol. 19, n° 2, mai 2020, p. 199.

[176] TSATSABI (E.), « La dualité des fonctions du Conseil d'Etat : l'exemple du Conseil d'Etat gabonais », *RJP*, n° 4, 2014, p. 431.

[177] Selon l'expression de WEIL (P.) et POUYAUD (D.), *Droit administratif*, Paris, PUF, 25e éd., 2017, p. 90.

[178] Indicativement : article 4 de la Constitution Burkinabè ; Préambule de la Constitution du Gabon.

[179] Article 6 du paragraphe 1 de la CEDH; CADHP, 1981.

l'impartialité de ladite institution[180]. Cette interpellation a entrainé une modification du dualisme fonctionnel du Conseil d'État luxembourgeois. Elle intéresse implicitement le Conseil d'État français ainsi que les juridictions administratives qui s'en inspirent.

En France, le problème semble être résolu par la répartition des affaires au sein des sections administratives du Conseil d'État et de la section du contentieux du Conseil d'État. De plus, l'article R. 122-21 du Code de justice administrative rassure en ces termes : « *lorsque l'assemblée du contentieux est saisie d'un recours contre un acte pris après avis du Conseil d'État, le président de la section administrative qui a eu à délibérer de cet avis ne siège pas (...)* ». Dans son arret du 6 novembre 2006, *Sacilor-Lormines c/ France*, la CEDH a décidé qu'ainsi aménagé en France, le cumul des fonctions administratives et des fonctions juridictionnelles n'est pas, en soi, contraire aux principes contenus dans l'article 6 de la CEDH. Mais l'aménagement du Conseil d'État au Burkina Faso ainsi qu'au Gabon n'assure pas une telle garantie.

En effet, si dans chacun de ces États, le Conseil d'État est composé d'une chambre contentieuse séparée de la chambre consultative[181], ce dernier peut se réunir en plénière[182] c'est-à-dire en chambres réunies. Or, il n'est nullement interdit aux membres ayant eu à délibérer sur l'avis de siéger en plénière contre un acte administratif pris en fonction de cet avis. La pratique ne fournissant pas d'exemples à ce sujet, on admet que rien n'empêcherait une situation pareille de se produire.

La fonction consultative des juridictictions administratives du fond semble moins tolérable. L'analyse du processus de construction de ces juridictions au Burkina Faso et au Gabon permettra de préciser ce point.

Paragraphe 2 - La création insatisfaisante des juridictions administratives du fond

L'ordre juridictionnel administratif, en France, s'est construit au fil du temps depuis la création puis la juridictionnalisation du Conseil d'État par la loi de 1872. L'encombrement du prétoire du Conseil d'État

---

[180] CEDH, 28 septembre 1995, *Procola*.

[181] Article 15 de la loi n° 32-2018/AN du 2018 du 26 juillet 2018 portant composition, organisation, attributions, fonctionnement et procédure applicable devant lui (Burkina Faso) ; article 11 de la loi organique n° 5/2002 du 27 novembre 2002, précitée (Gabon).

[182] Article 41 de la loi organique n° 5/2002 du 27 novembre 2002, précitée (Gabon).

a posé la nécessité de créer de véritables juridictions inférieures, en l'occurrence, les tribunaux administratifs, juridictions de premier degré en substitution des Conseils de préfecture. Le nombre croissant des affaires pendantes devant les tribunaux administratifs et la crainte de tomber dans un retard de la procédure judiciaire portée devant eux induisent la création des cours administratives comme juridiction de second degré. Le nombre de ces juridictions du fond a évolué en France qui compte quarante-deux tribunaux administratifs et huit Cours administratives d'appel.

Le Gabon et le Burkina Faso reprennent avec tâtonnement la logique de la création progressive des tribunaux et cours administratifs sur leurs territoires respectifs. Mais, la raison de leur démarche semble différente de ce qui a commandé les réformes françaises : plutôt que de désengorger les prétoires des juges administratifs, l'on veut stimuler le nombre d'affaires qu'ils devront connaitre. Cependant, force est de constater que la création de ces juridictions administratives du fond reste déficiente.

La création des tribunaux et cours administratifs marque inéluctablement le choix d'une spécialisation du juge administratif du fond. Matériellement l'importance des tribunaux administratifs et celle des cours administratives d'appel se valent. Mais les premiers précèdent les secondes en termes d'existence. Le temps qui sépare la création des tribuanux administratifs et la construction des cours administratives d'appel répond aux préoccupations conjoncturelles. C'est aussi le fruit d'une plannification guidée par des objectifs spécifiques. L'idée de création progressive comporte celle de la création des premiers tribunaux administratifs autonomes. La naissance de ces derniers est, à la fois, l'aboutissement d'un long processus et le début de l'édification de l'ordre juridictionnel administratif.

L'antériorité de l'existence théorique ou pratique des tribunaux administratifs est réelle à un double égard : à l'égard du Conseil d'État et à l'égard de la Cour administrative d'appel. Nous l'avions signifié, les tribunaux administratifs sont d'une création antérieure à celle du Conseil d'État au Burkina Faso et au Gabon. Un autre élément rapproche les deux États : le fonctionnement effectif de leurs juridictions administratives respectives. Ce qui les distingue des exemples ivoirien et sénégalais qui, pour l'un, ces juridictions n'ont qu'une existence nominale ; pour l'autre, leur création a été hypothéquée.

Le Gabon se présente comme l'un des premiers pays africains à introduire sur son espace un tribunal administratif au lendemain des indépendances. La loi du 22 juin 1959 créait le tribunal administratif de Libreville compétent en premier et dernier ressort de l'ensemble du contentieux administratif au Gabon. Cette juridiction relevait, par la voie de la cassation, du Conseil d'État français en raison de l'appartenance du Gabon à la communauté française. La loi de 1959 est une « *conséquence directe* »[183] de la loi n° 56-619 du 23 juin 1956 dite loi-cadre Defferre autorisant le gouvernement à mettre en œuvre les réformes et à prendre les mesures propres à assurer l'évolution des territoires relevant de la France d'Outre-mer[184].

Au Burkina Faso également, un tribunal administratif dans le même registre que le Gabon fut créé en 1962, mais il n'a pratiquement pas fonctionné puisque, dès 1963, il fut supprimé au profit de la Chambre administrative de la Cour suprême[185]. Après des modifications apportées à la loi de 1959 par un décret du 4 juin 1959 et la loi du 8 juin 1960, la Constitution du 21 février 1961 instituait la Cour suprême en prévoyant la suppression des tribunaux administratifs. Cela fut effectif avec la loi n° 24-62 du 20 novembre 1962.

Le législateur gabonais, du fait de la loi de 1962, adopte le système de monisme juridictionnel dont la Cour suprême est la haute juridiction administrative. Elle est divisée en quatre chambres compétentes chacune en matière civile, administrative, constitutionnelle et des comptes. Tout le contentieux se dénoue au sein de cette cour. La chambre administrative qui s'est substituée au tribunal administratif statue en premier et dernier ressort du contentieux administratif. Elle est, par ailleurs, juge en premier et dernier ressort de l'ensemble du contentieux électoral relevant du droit public sous certaines réserves en matière d'élections présidentielles et parlementaires.

---

[183] Selon l'expression de TSATSABI (E.), *La justice administrative gabonaise*, Paris, Connaissances et savoirs, 2017, p. 16.

[184] Cette loi adoptée sur l'initiative de Gaston Defferre, ministre français d'outre-mer dont il porte le nom, et Félix Houphouët-Boigny, premier président de la Côte d'Ivoire annonçait déjà en son article 1er que : « *Sans préjuger la réforme attendue du titre VIII de la Constitution, afin d'associer plus étroitement les populations d'outre-mer à la gestion de leurs intérêts propres, des mesures de décentralisation et de déconcentration administratives interviendront dans le cadre des territoires, groupes de territoires et des services centraux relevant du ministère de la France d'outre-mer* ». Cf. JORF du 24 juin 1956, p. 5782.

[185] Loi n°10-63/AN du 10 mai relative à la Cour suprême.

À l'évidence, les mesures constitutionnelles et législatives intervenues après l'indépendance du 17 août 1960 ont cassé l'élan du dualisme gabonais par la suppression du tribunal administratif. Le pouvoir du monisme juridictionnel a donc longtemps régné dans ce pays sans perturbations majeures. Même la loi n° 6-78 du 1er juin 1978 qui apportait des innovations au contentieux administratif gabonais n'a pu en constituer une menace[186].

Toutefois, à partir de 1994, le système juridictionnel gabonais va connaitre une grande révolution qui consacrera avec une vitesse que n'a même pas connue la France, toutes les juridictions de l'ordre administratif. Les tribunaux et la cour d'appel administratifs, rappelons-le, sont créés simultanément par la loi n°7-94 du 16 septembre 1994 portant organisation de la justice. Les tribunaux administratifs sont issus, en effet, de la transformation des sections administratives des tribunaux de première instance. Leur autonomie est affirmée aussi bien au regard de leur nouvelle situation géographique[187] que de leur fonctionnement. La Cour administrative d'appel ou reprenant l'expression de la loi, « *la cour d'appel de l'ordre administratif* »[188] est la juridiction de second degré.

Au Gabon, la création des juridictions administratives du fond ainsi qu'il vient d'être démontré a fait dire à des auteurs que le schéma normal du parachèvement de l'ordre administratif a été atteint[189]. Par normal, il faut entendre, ici, ce qui répond au standard du dualisme français et non une étape qui répondrait à certains principes ou contraintes juridiques. La doctrine a souvent recours à certaines expressions pour qualifier l'organisation de la justice administrative à l'aune du dualisme français. Des modèles de dualité sont, par exemple, qualifiés de parachevés, d'inachevés, d'imparfaits, de faux, d'intégraux et même de quasi intégraux. Ces qualifications peuvent être discutées parce qu'elles considèrent le dualisme français comme la seule véritable

---

[186] La loi n°6-78 du 1er juin 1978 introduisait une double innovation. D'une part elle étendait le double degré de juridiction au contentieux administratif. Les affaires étant portées en premier ressort devant les sections administratives des tribunaux judiciaires de première instance ; les appels contre les décisions rendues par celles-ci étant soumis à la chambre administrative de la cour suprême. D'autre part La généralité de la collégialité qui était seulement garantie au niveau des chambres judiciaire et administrative de la Cour suprême. Sur les avancées et les limites de cette loi : REMONDO (M.), *Le droit administratif gabonais*, Paris, LGDJ, 1987, p. 212 et s.

[187] Article 44 de la loi n°7/94du 16 septembre 1994portant organisation de la justice.

[188] Ibid·

[189] TSATSABI (E.), *La justice administrative gabonaise*, *op. cit.*, p. 18.

représentation d'un tel système. Modèle originaire certes, mais il a connu et est appelé à connaitre des transformations[190]. Le modèle burkinabè a quant à lui été considéré comme quasi intégral, car l'ordre administratif est, dans la pratique, à l'instar du Gabon, constitué de juridictions administratives de premier et second degré. En clair, ces qualifications démontrent que la construction de la dualité juridictionnelle est en gestation en Afrique subsaharienne francophone.

La création des tribunaux administratifs au Burkina Faso marque la gestation du dualisme juridictionnel burkinabè. En conséquence de la loi n°21/95/ADP du 16 mai 1995, la qualité de juge de droit commun est dévolue aux tribunaux administratifs. À cet égard, ils sont juges de premier ressort et leurs jugements sont susceptibles de recours portés devant la Chambre administrative de la Cour suprême alors régie par l'ordonnance de 1991[191]. L'architecture institutionnelle du dualisme juridictionnel se caractérisait, de ce fait, par une unité juridictionnelle au sommet et une dualité à la base[192]. La création des tribunaux administratifs ne présageait, en elle seule, aucune volonté irréversible et rassurante du législateur burkinabè à asseoir les fondements d'un ordre juridictionnel administratif[193].

Mais nous partageons le sentiment de Tidjani BA qui voudrait que la loi burkinabè de 1998 ait instauré une justice administrative de « *proximité* »[194]. Les textes ultérieurs à celui de 1995 vont mieux dessiner la trajectoire d'un ordre juridictionnel administratif burkinabè. La loi de 2000 susmentionnée consacrant le Conseil d'État induit une

---

[190] BENABDALLAH (M.A.), « Justice administrative et dualité de juridictions », *op. cit.*, p. 55.

[191] Les exceptions sont apportées à l'article 146 de l'Ordonnance n°91-005/PRES du 26 aout 1991.

[192] Il convient d'indiquer qu'à ce jour, certains pays africains subsahariens pratiquent une telle organisation de la justice administrative. Ce sont les cas notamment du Mali·

[193] L'exemple malien nourrit bien le doute à ce sujet. La Loi n°94-006/AN-RM du 18 mars portant organisation et fonctionnement des tribunaux administratifs a été modifiée par la Loi n°95-057/AN dans laquelle le législateur se limite uniquement à consolider la dualité à la base plutôt que d'évoluer vers une certaine autonomie de la juridiction administrative au sommet. En effet, il consacre l'existence de trois (3) tribunaux administratives situées respectivement à Bamako, Kayes et Mopti. Chacune d'elle jouit d'une compétence territoriale large couvrant plus de régions du pays. On a estimé qu'on était en présence de « pole de juridiction administrative ». Cf. OUEDRAOGO (O), « La crise du système de dualité de juridiction en Afrique francophone », *op. cit.* p. 41

[194] BA (A.T.), « Quelques aspects de la réforme du contentieux administratif au Burkina Faso », *op. cit.* p. 65.

compétence de premier et dernier ressort des tribunaux administratifs. Dès lors, un ordre juridictionnel minimum est construit et donne lieu, sur le plan organique, comme au Gabon en 1994, à une dualité juridictionnelle élémentaire dans lequel le Conseil d'État est simultanément juge en cassation et juge d'appel des décisions rendues par les tribunaux administratifs.

Alors qu'en France cet aménagement a connu une longévité d'environ deux cents ans, il n'a duré au Burkina Faso que quelques années. La création de la Cour administrative d'appel en 2016 en constitue la raison[195]. Il ressort de l'article deuxième de la loi de 2016 que la Cour administrative est « *la juridiction de second degré de l'ordre administratif* ». Elle décharge le Conseil d'État de sa compétence à connaître en appel des jugements des tribunaux administratifs et assure ainsi une meilleure garantie de l'effectivité du principe du double degré de juridiction[196]. On y voit, sans embûches, l'achèvement formel de la construction de l'ordre juridictionnel administratif burkinabè qui présente désormais trois niveaux : le Conseil d'État, juridiction suprême[197], la Cour administrative, juridiction d'appel[198] et les tribunaux administratifs, juridictions de première instance[199]. Présentement, là où l'on constate un certain dépérissement du dualisme français[200], les dualismes juridictionnels gabonais et burkinabè continuent leur difficile marche vers la maturation. Des lois plus récentes sont intervenues pour donner corps et vitalité aux juridictions administratives[201]. Cependant, la mission est

---

[195] Elle est le fait de la Loi n° 010-2016/AN du 26 avril 2016 relative à l'institution de la Cour administrative d'appel·

[196] Certes la formation du Conseil d'Etat qui siégeaient en appel des jugements des tribunaux administratifs étaient différents de celle qui qui statuaient en cassation des décisions rendues en appel, mais rien ne garantissait, en pratique, cette recomposition différente du Conseil d'Etat en cassation. Qui plus est, rien ne rassurait que les membres de la nouvelle formation seraient totalement indépendants des décisions prises en appel par leurs pairs.

[197] Loi organique n°15-2000, modifiée par la loi de 2018 relative au Conseil d'Etat.

[198] Loi organique n° 011-2016/AN portant création, composition, organisation, attributions, fonctionnement de la Cour administrative

[199] *Ibid.*

[200] TRUCHET (D.), « Réflexions sur la contestation actuelle du dualisme juridictionnel », *in* JOBERT (S.) (dir.), « L'avenir du dualisme juridictionnel : continuité ou rupture ? », n° 18, 2019, *RDA*, mai 2019, p. 47.

[201] Au Burkina Faso, la plus récente est la loi n° 032-2018/AN portant composition, composition, attributions, fonctionnement du Conseil d'Etat et procédure applicable devant lui.

loin d'être accomplie tant la création des juridictions administratives territoriales demeure quantitativement insuffisante.

Pour convaincre de ce qu'au Gabon et au Burkina Faso, le nombre des juridictions administratives du fond reste insuffisant, il convient d'analyser les résultats des ratios des couples juridiction/espace ; espace/population et juridiction/population. Le but de ces outils d'analyses est d'apprécier si les juridictions sont efficacement réparties sur les territoires concernés. Sur quelle(s) base(s) alors interpréter les résultats qui seront obtenus pour qualifier le nombre de tribunaux et cours administratifs de déficitaire ? Est-il cohérent, en la matière, de recourir à la pratique d'un pays comme référentiel ? Une voie plus évidente s'ouvre à nous : les prévisions législatives[202]. Ces prévisions seront confrontées à la réalité des juridictions effectivement créées. Elles seront également comparées à la pratique française et à l'expérience des juridictions judiciaires de chaque pays.

Les législateurs gabonais et burkinabè prévoient la création des tribunaux administratifs et des cours administratives d'appel respectivement dans chaque province[203] et chef-lieu de province. La nuance doit être soulevée : les tribunaux sont prévus d'être créés dans chaque province, c'est-à-dire un espace géographique d'une province qui peut être différent du chef-lieu de la province auquel il est rattaché. Il ne faut pas, en dépit de la similitude de leur prévision législative, s'attendre à une stricte égalité entre les tribunaux administratifs et les cours administratives d'appel. Avec une superficie de 274 400 km^2, le Burkina Faso compte quarante-cinq provinces[204] comparativement au Gabon qui, sur une superficie de 266 667 km^2, est composé de neuf provinces[205].

Quoi qu'il en soit, aucune prévision législative quant à la création des juridictions administratives territoriales n'est, à l'état actuel des choses, respectée ni au Burkina Faso ni au Gabon. On devrait dire que

---

[202] Les prévisions législatives le nombre de juridictions que le législateur prévoit créer

[203] Pour le Gabon, cf. l'article 75 de la loi n°7/1994 du 16 septembre 1994. En optant pour une possibilité de créer des tribunaux administratifs en dehors des chefs-lieux de provinces, la loi de 1994 se démarque de la loi n° 06-78 du 1er juin 1978 précitée. Cette dernière prévoyait que les sections administratives rattachées aux tribunaux judiciaires soient créées dans chaque chef-lieu de province. Cela s'explique par le fait que ces tribunaux eux-mêmes étaient fixés dans chaque chef-lieu de province.

[204] Voir http://www.burkinafaso-cotedazur.org . Consulté le 18/12/2018 à 23h 40 mn.

[205] Par ordre de la province la plus peuplée : Estuaire, Haut-Ogooué, Ogooué Maritime, Woleu Ntem, Ngounié, Moyen Ogooué, Ogooué Lolo, Ogooué Ivindo et Nyanga.

ces États sont à l'image de la France qui, non plus, n'est à jour sur ses prévisions notamment sur sa volonté de créer un certain nombre de cours administratives d'appel[206].

Une décennie après les interventions des législateurs burkinabè et gabonais, les tribunaux administratifs et les cours d'appel administratives sont insuffisamment fixés. À ce jour, il n'existe que trois tribunaux administratifs effectivement créés au Gabon[207] et vingt-quatre tribunaux administratifs créés au Burkina Faso bien que ceux-ci ne bénéficient de garanties acceptables au niveau de leur autonomie. Parce qu'elles sont exécutées au tiers au Gabon et à la moitié au Burkina Faso, des nombres initialement prévus, les tribunaux administratifs dans ces pays restent déficitaires.

<u>Nomenclature des juridictions de l'ordre administratif du Gabon</u>

Juridictions	**Ressorts territoriaux**	**Nombre prévu**	**Nombre effectif**
Conseil d'État	Territoire national (art. 17, al. 2)	1	1
Cour d'appel de l'ordre administratif	Provinces, départements, communes (art. 44)	9	1
Tribunaux administratifs	Provinces, départements, communes (art. 75)	9	3

[206] Voir à cet effet, SENAT (France), *Conséquences de la création des cours administratives d'appel sur la durée des procédures*, 12e législature, Question écrite n° 21443 de M. Jean Louis MASSON, JORF, Sénat du 02/02/2006, p. 250 ; Réponse du ministère de la Justice publiée dans le JO Sénat du 22/06/2006, p. 1730.

[207] Ce sont les tribunaux situés à Libreville, chef-lieu de la province de l'Estuaire ; à Port-Gentil, chef-lieu de la province de Ogooué Maritime et à Franceville, chef-lieu de la province de Haut-Ogooué.

Loi n° 7/94 du 16 septembre 1994 portant organisation de la justice (modifiée)

Le législateur gabonais pallie cette insuffisance en maintenant à titre transitoire l'effet de la loi de 1978[208] qui rattache des sections administratives aux mamelles des tribunaux de première instance installés dans chaque chef-lieu de province. Ces sections administratives statuant en matière administrative et en premier ressort qui sont au nombre de six ont fait admettre à certains auteurs gabonais de l'existence de neuf tribunaux administratifs[209]. Une telle considération ne méconnait point la faiblesse de l'autonomie des sections administratives, mais elle répond à l'esprit de la loi qui les considère, par défaut, comme des tribunaux administratifs.

Cette séquence de la réflexion qui évalue l'effectivité des lois créant les tribunaux administratifs n'a d'approche raisonnable que de considérer qu'au Gabon, à l'heure actuelle, il existe trois tribunaux administratifs effectivement créés. La cartographie des tribunaux administratifs au Burkina Faso est aussi morose que celle du Gabon. À la vérité, sur les vingt-quatre tribunaux créés, deux sont, comme nous le verrons dans les prochaines lignes de notre développement, réellement autonomes. Ce sont les tribunaux de Ouagadougou et de Bobo-Dioulasso. Les autres tribunaux installés dans les provinces ressemblent fortement aux sections administratives gabonaises. La différence fondamentale entre les uns et les autres se situent, on le perçoit, au niveau de la dénomination, car les tribunaux administratifs provinciaux burkinabè sont logés dans les mêmes enceintes que les tribunaux de première instance. Selon les propres termes de la loi n° 21/95/ADP du 16 mai 1995, le tribunal administratif est créé *« au siège »*[210]de chaque tribunal de grande instance avec qui, ils partagent un personnel identique.

À l'analyse de ces différents chiffres, il ressort que le nombre de tribunaux administratifs est en deçà des prévisions des législateurs

---

[208] « *Les sections administratives des tribunaux de première instance gardent leur compétence, jusqu'à la mise en place des tribunaux compétents en matière administrative* ». Cf. Article 89 de Loi n°7/94du 16 septembre 1994 portant organisation de la justice.

[209] KWAHOU (S.), *Le contentieux administratif gabonais en 13 leçons*, Publibook, Droit et Sciences politiques, 2016, p. 45.

[210] Article 1er de la loi n° 21/95/ADP du 16 mai 1995 portant création, composition, attributions, fonctionnement des tribunaux administratifs et procédures devant eux.

burkinabè et gabonais. La création des cours administratives d'appel n'échappe pas à une telle critique.

Le législateur burkinabè faisant preuve d'une certaine prudence disposait qu' « *Il est créé au siège de chaque Cour d'appel de l'ordre judiciaire, une Cour administrative d'appel* »[211]. C'est dire que le législateur burkinabè n'entend pas créer une Cour dadministrative d'appel « *dans chaque chef-lieu de province* »[212] comme le prévoit son homologue gabonais. Ce faisant, il doit être créé deux cours administratives d'appel correspondant aux deux cours d'appel judiciaire actuellement fonctionnelles au Burkina Faso[213]. Au Gabon, ce sont neuf cours administratives d'appel qui étaient prévues.

À l'instar des prévisions relatives aux tribunaux administratifs, l'état des lieux sur la création des cours d'appel n'est pas fidèle à la volonté des législateurs : aucune n'a été créée au Burkina Faso tandis qu'une seule est fonctionnelle au Gabon. Ainsi, « *l'unique cour d'appel de Libreville connait des recours contre les jugements du tribunal administratif de la même ville (donc de la province de l'Estuaire) et des huit sections administratives survivantes des tribunaux de première instance* »[214]. L'absence de cour administrative d'appel au Burkina Faso, fait du Conseil d'État le juge d'appel à titre transitoire[215].

Eu égard à ce qui précède, on déduit que les juridictions administratives territoriales sont inférieures aux nombres prévus. Est-ce à dire qu'elles sont vraiment insuffisantes ? Les prévisions législatives ne sont-elles pas excessives ?

Nul ne doute qu'au niveau de la création des cours administratives d'appel, le déficit est incontestable. Cependant, prévoir la construction de vingt-quatre tribunaux administratifs autonomes sur une superficie de 274 400 km^2 est quelque peu excessif. *A fortiori* quarante-deux tribunaux. Mais, ces prévisions ne sont pas d'application immédiate et leur matérialisation factuelle est évolutive, car celle-ci dépend des exigences du moment. Aussi ne peuvent-elles, seules, convaincre du

---

[211] Article premier de la loi n° 011-2016/AN du 26 avril 2016 relative aux tribunaux administratifs précitée.

[212] Article 44 de la loi n°7/94du 16 septembre 1994portant organisation de la justice.

[213] Le ressort territorial des cours administratives d'appel est déterminé par la loi. Actuellement, il n'existe que deux ressorts territoriaux déterminés par la loi : les ressorts territoriaux de Ouagadougou et de Bobo-Dioulasso.

[214] TSATSABI (E.), Le contentieux administratif gabonais, *op. cit.*, p. 42.

[215] Loi n°32-2018/AN du 26 juillet 2018 portant composition, organisation, attributions et fonctionnement du Conseil d'Etat et procédure applicable devant lui en son article 92.

caractère suffisant ou non des juridictions effectivement créées. Il importe donc d'apprécier leurs nombres par rapport à ceux des juridictions territoriales judiciaires.

Le Burkina Faso enregistre vingt-quatre tribunaux de première instance et deux cours d'appel judiciaires alors que le Gabon fixe sur son territoire neuf tribunaux de grande instance et trois cours d'appel judiciaires. Ces chiffres sont supérieurs à ceux des juridictions administratives territoriales. Certes le volume des affaires que connaissent et traitent les juridictions de droit privé est toujours plus important que celui des litiges soumis au juge administratif. Ce qui justifie la supériorité en nombre des juridictions privées de droit commun. Toutefois, ces juridictions privées sont elles-même en nombre insuffisant. En conséquence, l'on estime qu'elles sont géographiquement éloignées des justiciables et que cela entrave à la saisine du juge judiciaire[216]. Que dire alors des juridictions administratives si ce n'est que le problème est accentué. Dans la boucle du Mouhoun (34 333 km^2), qui compte six provinces, trois sections administratives sont créées au sein des tribunaux judiciaires et aucune cour administrative n'y est fonctionnelle. Pourtant, dans cette même région, les trois tribunaux judiciaires sont qualifiés d'insuffisants au regard de leur éloignement d'une importante frange de la population régionale. Dès lors, les trois sections administratives rattachées à ces tribunaux sont condamnées au même sort. C'est dire qu'aussi bien en capitale qu'en province, le juge est géographiquement éloigné des justiciables.

Au Gabon, plusieurs décisions de justice déboutant les plaideurs pour forclusion sont dues aux difficultés d'accès au prétoire du juge[217]. Ces exemples ne sont que symptomatiques de la rareté des juridictions

---

[216] Voir Ministère de la Justice et de la Promotion des Droits Humains et Système des Nations Unies, *Etude sur l'accès à la justice au Burkina Faso*, Rapport final, 2012, p. 25. En outre, l rapport du MAEP, au Burkina Faso, fait les observations suivantes : « *Les populations doivent parcourir de longue distance pour accéder à un tribunal. Ce qui pose un problème dans le contexte de pauvreté d'un pays comme le Burkina Faso. À titre d'illustration, pour une région comme la Boucle du Mouhoun qui comprend six provinces, il n'existe que trois tribunaux fonctionnels et un quatrième en construction. Au surplus, l'enclavement, l'absence de route, les trop grandes distances découragent les populations et les conduisent à recourir à d'autres modes de règlement de leurs différends.* »

[217] MISSANG-BIBANG (C.), *La justice administrative au Gabon et au Cameroun : contribution à l'étude de la réception des droits étrangers en Afrique noire frncophone*, *op. cit.*, p. 141

administratives du fond sur l'ensemble des territoires gabonais et burkinabè. Un tel déficit neutralise la portée des réformes qui entendaient créér des juridictions administratives de proximité. La proximité recherchée, en effet, met en relation deux paramètres : le nombre important de juridictions et la réduction des difficultés de déplacement. Le premier constitue un élément du second sans s'y confondre entièrement. On peut toujours trouver à redire sur l'efficacité d'une carte judiciaire[218] d'un Etat, mais l'amélioration de l'environnement de mobilité des usagers permet d'atténuer la teneur de la critique.

À ceux qui prétendraient que l'insuffisance des juridictions administratives dans les États africains soumis à réflexion serait justifiée par la faiblesse des affaires soumises au juge, on objecterait qu'« *au regard des objectifs recherchés, la réforme devrait adapter les structures de la juridiction administrative dans la perspective d'une évolution quantitative du contentieux administratif* »[219]. D'autant que la réforme du contentieux opérée au Burkina Faso se fondait sur le constat de l'éveil des mentalités « *qui a multiplié les plaintes des citoyens contre les actes de l'administration et de ses démembrements* »[220] et visait à asseoir une justice administrative de proximité[221].

Les lignes qui précèdent renseignent que les lacunes relatives à la construction des juridictions administratives obstruent la bonne marche de l'édification de l'ordre juridictionnel administratif dans les Etats africains visés. Dans le même prolongement, la garantie de l'autonomie de cet ordre qui constitue une autre condition d'existence d'une justice administrative autonome peine à être assurée.

---

[218] La carte judiciaire est avant tout une carte voire une représentation qui indique la répartition des juridictions sur l'étendue du territoire national. Elle renseigne, à la fois, sur le type ou la nature de la juridiction ainsi que la ville de sa fIxation.

[219] Cf. BA (A.T.), « Quelques aspects de la réforme du contentieux administratif au Burkina Faso », *op. cit.*, p. 45

[220] Exposé des motifs annexé au projet de loi portant création des tribunaux administratifs.

[221] *Ibid.*

SECTION II - LA FRAGILITÉ DE L'AUTONOMIE DES JURIDICATIONS ADMINISTRATIVES

Après avoir donné corps à l'ordre juridictionnel administratif, d'avoir attribué à chacun de ses membres un rôle et une place, il faut lui insuffler une âme qui lui permette de fonctionner et surtout de s'affirmer à l'égard de l'Administration et de l'ordre judiciaire. Il se pose ainsi la nécessité de l'autonomie de la justice administrative dans la construction du dualisme juridictionnel[222]. Comprise comme la reconnaissance de pouvoirs propres de gestion, l'autonomie de la justice administrative doit s'exercer aux plans interne et externe. En interne, les juridictions administratives de droit commun, d'appel et suprêmes disposent de personnel, de prérogatives et de domaine de compétence déterminés. L'ensemble de ces domaines relève de la matière administrative ou du contentieux administratif. L'autonomie externe, plus éprouvée, s'exprime aux niveaux fonctionnel et organique.

Au plan fonctionnel, il s'agit pour le juge administratif d'exercer son office en échappant à l'emprise du juge judiciaire et de l'Administration. Or le juge administratif africain issu du système dualiste demeure sous l'influence du juge judiciaire (paragraphe 1). Au plan organique, les juridictions administratives sont invitées à employer un personnel tout aussi différent que celui du corps judiciaire. Sur ce point, la pratique des États soumis à étude laisse à désirer : l'insuffisance des tribunaux administratifs entraine la greffe des tribunaux administratifs aux tribunaux judiciaires (paragraphe 2).

Paragraphe 1 - Une autonomie fonctionnelle éprouvée : de l'absence de spécialisation du juge administratif

Quand le Tribunal des conflits français, dans son historique arrêt *Blanco*, considérait que « *(...) la responsabilité qui peut incomber à l'État (...) ne peut être régie par les principes qui sont établis dans le Code civil (...) ; Que cette responsabilité n'est ni générale ni absolue ; qu'elle a ses règles spéciales...* »[223], il reconnaissait le principe de la

[222] FANDJIP (O.), *Les mutations récentes de la justice administrative en Afrique francophone : étude à partir du modèle camerounais*, Paris, L'Harmattan, 2019, p. 113.

[223] TC, 8 février 1873, *Blanco*, n° 00012, Rec. Lebon, p. 61.

spécialisation du juge administratif. Ce principe se traduit en termes de connaissance et de maitrise des règles et technique du contentieux administratif par le juge administratif. La spécialisation du juge est simultanément un objectif et un moyen de qualité de la justice administrative. Elle exige l'adoption de politiques cohérentes et concordantes favorables au renforcement des capacités et compétences du juge. Le fondement de ces politiques se situe au niveau de la formation du juge. La cohérence voudrait que, depuis l'école de magistrature, les futurs magistrats administratifs soient formés au contentieux administratif. Cet impératif n'est pas unanimement reconnu en droit et en pratique des Etats africains questionnés. Au sein de la plupart de ces États, ni un cadre formel de formation ni une pratique constante du contentieux qui devrait favoriser une autoformation du juge administratif ne sont assurés.

La question de la spécialisation présente des enjeux notables pour l'édification de l'ordre juridictionnel administratif. On y retrouve une partie des préoccupations liées au statut du juge administratif. S'y réfèrent, en outre, les conditions d'une protection efficace des droits des citoyens contre l'Administration[224]. Il s'ensuit que la spécialisation du juge administratif est une préoccupation permanente de l'ordre juridictionnel administratif. La permanence ainsi évoquée contraste avec l'instabilité et la rareté des cadres formels de spécialisation du juge administratif en Afrique. La rareté est saisie, en l'espèce, de la carence générale de cadre formel de spécialisation que l'exception gabonaise ne peut combler.

« *La spécialisation d'une formation en matière administrative n'a de sens véritable que s'il est possible d'y affecter un personnel apte à trancher des problèmes, souvent délicats et particuliers qui y sont évoqués* »[225]. Affirmé autrement, la création de juridictions administratives autonomes impose que soient affectés à ces juridictions, des magistrats formés au contentieux administratif. Pour les juges

[224] COULIBALEY (B.D.), « Le juge administratif, rempart de protection des citoyens contre l'Administration en Afrique noire francophone ? », *Revue électronique Afrilex*, 2013, p. 4.

[225] BOCKEL (A.), « Le contrôle juridictionnel de l'administration », *in* CONAC (G.) (dir.), *Les institutions administratives des Etats francophones d'Afrique noire*, Paris, Economica, 1979, p. 207.

Daniel CHABANOL[226] et Bernard STIRN[227] , la spécialisation du juge administratif est la raison technique en faveur du dualisme juridictionnel. Cette exigence, le Gabon l'a bien comprise dès qu'il institua la Cour administrative comme juridiction administrative suprême. Depuis 1994[228], le parcours au sein de l'École Nationale de Magistrature dresse désormais les lignes de cette spécialisation du juge administratif. Trois filières de formation existent désormais conformément aux ordres créés par la Constitution de 1991. Ce sont la filière judiciaire où sont formés les futurs magistrats de l'ordre judiciaire, la filière administrative, canal de spécialisation du juge administratif, et la filière des comptes où se forment les futurs magistrats de la Cour des comptes et des cours des comptes provinciaux. Mieux, à l'étape précédant l'entrée à l'École Nationale de Magistrature gabonaise, la logique de la spécialisation est requise aux différents candidats. Ainsi, les postulants doivent candidater dans l'une des filières selon qu'ils ont une maitrise en droit privé, en droit public ou en économie.

Pour la filière administrative, les matières soumises au concours sont les Finances publiques, le Droit constitutionnel ou les Libertés publiques selon le choix du candidat[229]. Après leur admission, les élèves de la filière administrative sont soumis à une formation essentiellement consacrée aux matières de droit public. En renfort à cette formation théorique, suit une formation pratique c'est-à-dire un stage dans une juridiction administrative. Ces mesures sont louables et doivent être soutenues en ce qu'elles donnent un intérêt à l'importation du dualisme juridictionnel. Elles reprennent d'ailleurs, hormis l'existence de la filière des comptes, les mesures prises en France. Leur importance se traduit par leur capacité à corriger également cette vieille critique, mais toujours sensée du déficit d'un personnel magistrat qualifié en matière administrative dans les États africains. Paradoxalement, dans la majorité des Etats, ce problème de non-spécialisation de magistrats administratifs est connu et la solution qu'il engendre est effectivement une des plus hypothétiques et précaires : c'est celle de ne pas en créer, de recourir aux juges essentiellement formés au contentieux privé. Telle est l'incompréhension des dualismes burkinabè, ivoirien et sénégalais.

---

[226] CHABANOL (D.), *Le juge administratif*, Paris, LGDJ, 1993, p. 27.
[227] STIRN (B.), « Quelques réflexions sur le dualisme juridictionnel », *Revue Justices*, n° 3, 1996, p. 42.
[228] Article 5 de la Loi n° 12 du 16 septembre 1994 portant statut des magistrats.
[229] Telles étaient les conditions fixées par le ministère de la Justice.

« *Le Président du tribunal administratif est toujours un magistrat de l'ordre judiciaire* »[230] cette « *restriction rédhibitoire* »[231] qui frappe le juge administratif burkinabè ne s'est pas significativement améliorée en dépit de l'adoption de la loi n° 11/2016/AN du 26 avril 2016 portant création, composition, attributions des tribunaux administratifs et de la procédure applicable devant eux. Excepté que le législateur burkinabè s'est montré moins catégorique et plus tolérant en prévoyant que : « *Le président, le vice-président, les juges, le commissaire du gouvernement, le premier commissaire du gouvernement adjoint sont nommés parmi les magistrats de carrière* ». Or ces magistrats de carrière, depuis l'accession à l'indépendance, sont les produits d'une formation essentiellement privatiste. Ce handicap précoce qui ne saurait se justifier dans le système africain postcolonial d'unité organique et de dualité fonctionnelle le serait moins après l'importation du dualisme français.

Pourtant, depuis l'enclenchement du processus d'importation du modèle français jusqu'à sa fixation sur la « *terre des hommes intègres* »[232], les modes de recrutement et de formation des futurs magistrats ne sont emprunts d'aucune démarche de spécialisation. L'ensemble des élèves de l'École Nationale d'Administration et de Magistrature (ENAM) burkinabè est soumis à un concours de recrutement exigeant de solides connaissances en droit privé et public. Les auditeurs sont ensuite formés à partir d'une maquette commune construite sous une logique de tronc commun.

Bien plus, l'examen de chacune des maquettes de première et de deuxième année confirment que la formation dispensée répond davantage aux besoins d'un juge privatiste qu'à ceux d'un juge publiciste. Dans ces conditions, il appartient au futur magistrat, sur la base de ses connaissances acquises dans les facultés de Droit, de se perfectionner au droit du contentieux administratif. Mais combien ont-ils acquis ces connaissances quand on sait que le droit public attire peu d'étudiants comparativement au droit privé ? Ces connaissances, en plus de celles acquises en formation, ne semblent pas suffisantes pour appréhender amplement les matières comme le droit des marchés

---

[230] Article 3 de l'ancienne loi n° 21/95/ADP portant création, organisation et fonctionnement des tribunaux administratifs, JOBF, 20 juillet 1995, p. 1747.

[231] Suivant l'appréciation de BA (T.A.), « L'avenir de la juridiction administrative au Burkina Faso », *RBD*, 2014, p. 11.

[232] Signification littérale de Burkina Faso qui a été préféré par les révolutionnaires du début des années 1980 dirigés par le Capitaine Thomas SANKARA.

publics[233] et des finances publiques dont le contentieux est davantage porté devant le juge[234].

Au surplus, cette volonté de renforcer ses capacités se fond aussitôt qu'elle nait car la probabilité que l'élève magistrat soit affecté, à la fin de la formation, à une juridiction de son choix, *a fortiori* dans une juridiction administrative dont le nombre se fait désirer est faible. L'affectation relève de la seule compétence du ministre de la Justice sur avis du Conseil supérieur de la magistrature[235] burkinabè. Ce faisant, l'édification des juridictions administratives sans magistrats spécialisés conduit à une dualité juridictionnelle sans âme, à un «*faux dualisme*»[236] ou du moins à un défaut d'autonomie de l'ordre juridictionnel administratif. Cette menace est aussi présente en Côte d'Ivoire. Bien que le modèle de justice administrative autonome y ait été consacré en 2000 et renforcé en 2016, aucun cadre formel n'a été aménagé pour produire des magistrats[237] devant siéger au sein des juridictions administratives[238]. Inévitablement, le problème de spécialisation des premiers juges de ces nouvelles juridictions administratives se posera comme ce fut le cas au Sénégal entre 1992 et 2008. L'aveu de la nécessité de la spécialisation du juge n'a pas suffi au constituant sénégalais à préparer en amont cette spécialisation[239]. De sorte qu'entre le passage du dualisme à l'unité, le contenu de la formation des auditeurs de justice sénégalais n'a point varié.

---

[233] KWAHOU (S.), « Le juge administratif, parent pauvre du contentieux des marchés des personnes publiques au Gabon », *RJP*, n° 2, avril-juin 2013, p. 140.

[234] OUEDRAOGO (O.), « La crise du système de dualité de juridiction en Afrique francophone : cas du Burkina Faso, du Sénégal et du Mali », *op. cit.* p. 45.

[235] L'article 15 de la loi organique n° 049-2015/CNT portant organisation, composition, attributions et fonctionnement du conseil supérieur de la magistrature dispose en effet que : « *Le Conseil supérieur de la magistrature fait des propositions sur les nominations et les affectations des magistrats du siège de la Cour suprême, du Conseil d'Etat et de la Cour des comptes et sur celles des premiers présidents des Cours d'appel. Il donne son avis sur les propositions du ministre de la Justice, relatives aux nominations des autres magistrats de siège* ».

[236] OUEDRAOGO (O.), « La crise du système de dualité de juridiction en Afrique francophone : cas du Burkina Faso, du Sénégal et du Mali », *op. cit.* p. 44.

[237] Voir Annexe 5. Maquette pédagogique de la formation initiale – promotion 2020 – Ecole de la Magistrature de Cote d'Ivoire.

[238] Comme au Burkina Faso, les élèves magistrats sont formés en Côte d'Ivoire à l'appui des maquettes communes sans qu'un départ ne soit établi entre futur magistrat administratif et judiciaire. Les maquettes se présentent ainsi qu'il suit :

[239] SY (D.), « La condition du juge en Afrique : l'exemple sénégalais », *Afrilex*, n° 3, 2003, p. 38.

Il est évident que si la spécialisation n'a pas été exigée au juge administratif, elle le serait moins à l'encontre des avocats intervenants dans le contentieux administratif. Aucune spécialisation n'est visée dans la formation de l'avocat des Etats afriains sous étude. À lui de se spécialiser suivant les affaires qu'il veut défendre. En général, les avocats se donnent une marge d'appréciation du fond du litige pour lequel ils sont sollicités avant de décider ou non d'assister les parties. Ainsi, il est fréquent de constater que les avocats renvoient à des cabinets partenaires un litige sur lequel ils ne veulent ou ne peuvent intervenir. Certes, se trouve dans cette pratique, une alternative à l'absence de spécialisation dont ne peuvent jouir les magistrats au risque d'être condamnés pour déni de justice.

Incidemment, l'analyse du défaut de spécialisation du juge administratif révèle le débat sur la corrélation entre la spécialisation et l'existence de deux juges. Autrement dit, en raison de la spécialisation du juge, ne faudrait-il pas deux juges pour appliquer deux droits différents que sont les droits privé et public[240] ? Jean-Marie WOEHRLING relativise ce postulat en ce qu'il trouve que « *la distinction entre les deux branches, l'une administrative, l'autre judiciaire au sein du service public de la justice ne traduit plus aujourd'hui qu'un aménagement technique et non, comme dans le passé, une option politique et une différence de nature* »[241]. Au mieux, même en admettant cette approche de l'auteur, on ne peut s'empêcher de soutenir que « *l'opportunité de ce choix technique tend à s'imposer, en dehors de toute considération doctrinale, dans un nombre croissant de pays pour des raisons évidentes de spécialisation du droit* »[242].

En tout état de cause, les États adoptant le modèle de justice administrative autonome ont, de ce seul fait, tranché le débat de la présence de deux juges spécialisés l'un et l'autre en matière administrative et judiciaire. Aussi l'absence de spécialisation en amont dans les États africains précités, contredit-elle cette volonté d'adoption

---

240 TRUCHET (D.), « Plaidoyer pour une cause perdue : la fin du dualisme juridictionnel », *AJDA*, 2005, p. 1767.

241 WOEHRLING (J.M.), « Réflexions sur une crise : la juridiction administrative à la croisée des chemins », *in* Mélanges, R.-E. Charlier, *Service public et Libertés*, 1981, p. 351.

242 BA (A.T.), « L'avenir de la juridiction administrative au Burkina Faso », *op. cit.*, p. 12. ; CARTIER (G.), COMTOIS (S.), « La reconnaissance d'une forme mitigée de dualité de juridictions en droit administratif canadien », *op. cit.*, p. 72.

du dualisme juridictionnel. D'autant que la pratique de l'exercice de magistrat ne présente pas d'alternative rassurante en la matière.

En dehors et/ou à travers les textes, la spécialisation du juge administratif est possible. Le résultat contraire est aussi plausible : certains actes peuvent rimer à contre-courant de l'objectif de spécialisation du juge. On songe à la problématique de la rotation des magistrats administratifs notamment. De même, la nomination des magistrats au sein des juridictions administratives ignore souvent cette nécessité de spécialisation.

Un aspect qui doit être considéré dans la recherche d'un personnel spécialisé est l'exclusivité constante ou principale de son affectation, car il est juste de penser que « *un personnel, même non spécialisé à l'origine peut parfaitement acquérir le minimum de formation nécessaire pour valablement trancher les problèmes évoqués s'il consacre toute son activité à cette tâche* »[243]. Le maniement exclusif et à long terme permet de découvrir, de s'approprier et d'améliorer les règles voire techniques du contentieux administratif. Cette situation pratique est souvent rattachée à un cadre formel c'est-à-dire à l'intervention de la loi *lato sensu*. Par exemple, le législateur peut garantir l'affectation d'un magistrat dans une juridiction répondant à sa qualification et à sa formation de base : c'est le cas au Gabon[244]. Il peut également, en renfort ou en correction du cadre formel de spécialisation, intervenir en faveur de l'inamovibilité plus précisément de la permanence des magistrats au sein d'une juridiction. C'est contrairement le cas au Burkina Faso.

Le législateur burkinabè a consacré un système de mutation ou de rotation des magistrats au sens où un juge administratif ayant servi dans une juridiction administrative après une durée plus ou moins longue, peut être affecté dans une juridiction judiciaire et vice-versa. Si dans le premier flux, l'on y voit un avortement de spécialisation, le flux inverse pourrait être perçu comme un empoisonnement de la spécialisation. Ces différents mouvements induisent l'inconvénient d'affecter au contentieux administratif un juge dont l'expérience ne permet guère de maitriser ses règles. Le faux secours ne pouvant venir que de sa formation initialement privatiste et faiblement publiciste. D'où la

---

[243] BOCKEL (A.), « Le contrôle juridictionnel de l'administration », *op. cit.*, p. 217-218.

[244] L'article 3 de la loi organique n° 8/94 du 17 septembre 1994 portant modification de la loi organique n° 2/93 du 14 avril 1993 fixant la composition, l'organisation et le fonctionnement du conseil supérieur de la magistrature.

tendance à une privatisation ainsi qu'à une faiblesse qualitative du contentieux administratif en Afrique francophone. Comment forger une jurisprudence propre si un magistrat après avoir exercé respectivement pendant trois ans au tribunal administratif de Bobo-Dioulasso et cinq ans au tribunal administratif de Ouagadougou est muté en 2017 au tribunal de grande instance de Ouagadougou ? Cet exemple n'est pas plus déplorable que celui de l'actuel ministre burkinabè de la justice qui après douze années passées au tribunal administratif de Ouagadougou a été, en 2012, affecté à la chambre sociale de la Cour d'appel judiciaire.

Le système de rotation des magistrats, parce qu'il empêche une spécialisation de fait, à long terme, compromet le développement et l'autonomie de la justice administrative. D'autant que, même au sein de l'ordre judiciaire, le passage du parquet au siège pose la difficulté d'adaptation dans le nouveau milieu d'intervention du magistrat. Ce système que consacre le législateur burkinabè favorise, au fond, ce climat banal où « *tout le monde touche à tout et n'importe qui fait n'importe quoi* »[245].

Mais certains auteurs ont pu déceler des vertus du système de rotation des magistrats. Ces vertus sur lesquelles il convient de revenir ne sont énoncées que dans le cadre de la mobilité s'opérant au sein d'un même ordre juridictionnel. Elles ne sauraient être admises dans une mobilité entre tribunaux en sens large d'ordres juridictionnels distincts. Par ailleurs, à supposer être dans la première perspective, la mobilité des magistrats dans un même ordre juridictionnel n'est pas toujours porteuse d'avantages : les intérêts présentés sont critiquables alors que des inconvénients constatés sont indéniables.

Le Conseil supérieur de la magistrature français a rendu public, le 12 septembre 2017, une étude sur la mobilité des magistrats menée en 2015 et 2016. L'étude éclaire sur l'économie générale de ce phénomène[246]. Il en résulte trois principales vertus de la mobilité des magistrats que l'on retrouve également dans les États africains soumis à étude.

La mobilité, qu'elle soit géographique ou fonctionnelle, est, avant tout, une pratique légale[247]. C'est un facteur considéré dans

---

[245] Propos recueillis lors de notre entretien avec Maitre GUITANGUI au Burkina Faso, le 17 juillet 2018.

[246] Etude menée par DARBET (J.), *Conseil supérieur de magistrature. Mouvements et mobilités d'un corps : une étude des « transparences » au siège et au parquet (années 2015 – 2016)*, 2017, 238 p.

[247] En France : article L.231-3 du CJA ; DUFOUR (O.), « La hausse de la mobilité des magistrats interpelle le CSM », *LPA*, n° 119, 10 août 2016, p. 4 ; en Côte d'Ivoire :

l'avancement et le passage au grade supérieur du magistrat[248]. Cet argument à lui seul ne suffit point pour réclamer le maintien de cette rotation en ce qu'elle demeure tributaire de la volonté du législateur. Une orientation nouvelle et dans un autre sens de la loi invalide un tel postulat. Loin d'être arbitraire, cette orientation du législateur devrait se fonder sur les limites de la mobilité.

La mobilité est, ensuite, vantée comme « *une source d'enrichissement pour le magistrat. Elle présente aussi une garantie contre les risques de pratiques routinières et de trop grande implication locale* »[249]. Au magistrat, la mutation devrait assurer la découverte de nouveaux outils, un nouvel espace et son indépendance en brisant les liens de familiarité que pourrait engendrer sa trop grande présence sur un espace donné[250]. La raison de briser la routine ou la monotonie résulte d'une gestion entrepreneuriale de la justice[251] ; elle vise à maintenir chez le magistrat la volonté de produire une œuvre jurisprudentielle innovante et dynamique, elle s'accommode mal à la fonction créatrice du juge. Cette fonction ne dépend pas uniquement de la volonté de son auteur.

Créer et innover commandent la maitrise et l'appropriation des techniques de base et le dépassement de celles-ci. Ce que réalise difficilement, dans le cadre d'une mobilité fonctionnelle, un juge en exercice entre cinq et sept ans[252]. La limite ainsi soulevée est certes atténuée dans le cadre d'une simple mobilité géographique, mais doit être accentuée concernant une mobilité intervenant dans un ordre juridictionnel différent. Cette pratique propre au Burkina Faso est

---

article 10, loi organique n° 2020-968 du 17 décembre 2020 déterminant les attributions, la composition, l'organisation et le fonctionnement du Conseil d'Etat ; au Burkina Faso : article 15 de la loi organique n° 049-2015/CNT, portant organisation, composition, attributions et fonctionnement du Conseil Supérieur de la Magistrature du 25 août 2015.

[248] Rapport Cour de cassation française, Le recrutement et l'avancement des juges français, 6 mars 2017, p. ix. Disponible à https://biblioteca.cejamericas.org/bitstream/handle/2015/2691/Lerecrutementetlavancementdesjugesfrancais.pdf?sequence=1&isAllowed=y. Consulté le 15/01/2019 à 20h 20mn.

[249] Cour de cassation, Rapport annuel 1999, p. 45.

[250] SY (D.), « La condition du juge en Afrique : l'exemple sénégalais », *Afrilex*, n° 3, 2003, p. 41.

[251] La question de la mobilité est d'abord une préoccupation sur laquelle se penchent régulièrement les syndicats, les institutions internationales du travail.

[252] Le juge français, en effet, est soumis à une obligation statutaire de mobilité géographique ou fonctionnelle qui est exercé, généralement, tous les cinq à sept ans.

regrettable pour le développement du contentieux judiciaire et administratif. Ce dernier présente encore des particularités et spécificités qui ne tolèrent guère l'amateurisme du juge administratif. Aussi son ignorance dépeint-elle sur l'indépendance du juge que veut garantir la pratique de la mobilité. L'indépendance ne doit pas être circonscrite dans son aspect relationnel, elle doit aussi être appréhendée dans sa réalité psychologique, dans le for intérieur du juge lui-même. Chose que ne peut réaliser un juge conscient de son inaptitude intellectuelle à exercer son office et dont la nomination soulève parfois des curiosités.

Des nominations opérées par les pouvoirs politiques des Etats importateurs de la dualité juridictionnelle montrent que l'affectation de magistrats spécialisés au sein des juridictions administratives est marginalisée. Cela est vrai pour le Gabon, le Burkina Faso comme à l'égard des autres Etats reproduisant le modèle français. La nomination récente d'un magistrat de formation civiliste à la présidence de la haute juridiction administrative ivoirienne en substitution à un enseignant de droit public dont les actions en vue d'une vulgarisation de la jurisprudence administrative étaient largement visibles a suscité des interprétations. Plus sérieusement, la nomination à la présidence du Conseil d'État gabonais d'un magistrat de l'ordre financier mis en position de disponibilité pendant plus de dix ans s'est faite au mépris de trois règles qui régissent la matière. Sa réintégration ne s'opérait pas au même niveau qu'il occupait avant sa mise en disposition[253] ; et n'a pas été précédée d'un test d'aptitude prouvant son aptitude à reprendre le service. De plus, la nomination portait frontalement atteinte à l'article 30 de la loi gabonaise régissant le Conseil d'État qui exige que le Président du Conseil d'État soit notamment un magistrat de l'ordre administratif de grade hors hiérarchie[254].

Entre nomination surprenante et nomination illégale, critiquée[255], les exemples ivoirien et gabonais qui viennent d'être rappelés donnent libre

[253] Monsieur René Aboghe ELLA était Magistrat de l'ordre de grade hors hiérarchie et président de chambre à la Cour des comptes avant sa mise en disposition.

[254] Il est disposé à cet article que : « *Le premier président du Conseil d'État et le commissaire général à la loi sont choisis parmi les magistrats de l'ordre administratif du grade hors hiérarchie, exerçant ou ayant exercé effectivement les fonctions de président de chambre, de commissaire général adjoint, de secrétaire général au Conseil d'État, de secrétaire général de la chancellerie ou d'inspecteur général des services judiciaires* ».

[255] La nomination a été fortement critiquée par le Syndicat national de la magistrature (SYNAMAG) qui dénoncait dénonçais son caractère illégal. Finalement, Monsieur

cours aux interprétations quelque peu génantes et non prouvées. La cessation des fonctions de l'ancien président de la haute juridiction administrative en Côte d'Ivoire intervenait plusieurs mois après les élections municipales suivies d'un contentieux électoral quelque peu défavorable aux candidats rattachés au parti au pouvoir. Au Gabon, on a interprété la nomination de l'ancien magistrat de l'ordre financier au Conseil d'État comme un retour de l'ascenseur. Ce magistrat, dans ses fonctions de président de la Commission électorale nationale et permanente (CENA), aurait été un artisan de la victoire contestée d'Ali BONGO à la présidentielle de 2016.

Le contraste de l'autonomie fonctionnelle est aussi dû, sans s'y confondre entièrement, au dysfonctionnement de l'autonomie organique dont souffrent les juridictions administratives.

Paragraphe 2 - Une autonomie organique discutée : la dualité dédualisée

L'autonomie organique précède l'autonomie fonctionnelle même si la considération de celle-ci commande la prise en compte de celle-là. L'existence propre et manifeste d'une institution découle de la réalité de son autonomie. L'autonomie confère à l'institution le pouvoir de déterminer librement les modalités de ses interventions. Appréhendée sous cet angle, l'autonomie organique des juridictions administratives suppose un corps de magistrats administratifs distincts des magistrats judiciaires et exerçant son office en dehors des locaux des tribunaux judiciaires. Il est tout aussi indispensable que cette autonomie soit exprimée à l'égard de l'Administration[256] qui demeure un justiciable de la juridiction administrative. Le respect de ces deux exigences en Afrique francophone connait une fortune variable selon que l'on se situe au niveau de la juridiction administrative suprême ou dans l'environnement des juridictions administratives du fond. En d'autres termes, quand l'autonomie organique de l'ensemble des juridictions administratives burkinabè et gabonaises est contrariée à l'égard de

René Aboghe ELLA a été remplacé de sa fonction de Président du Conseil d'Etat et nommé en tant que Président de la Cour des comptes depuis septembre 2021.

[256] Le terme de ''Administration'' s'emploie ici, également, à l'égard de ce qu'on a pu nommer Administration active. La distinction entre l'Administration active c'est-à-dire l'Administration justiciable et l'Administration tout court désignant l'autorité administrative qui connaissait du litige administratif est aujourd'hui obsolète et surannée.

l'Administration, celle des tribunaux et cours administratifs d'appel l'est particulièrement à l'égard de la juridiction judiciaire.

L'intrusion de l'Administration dans le fonctionnement des juridictions administratives est une pratique ancienne tant en France[257] que dans ses ex-colonies d'Afrique subsaharienne[258]. Elle s'est progressivement atténuée dans les États africains depuis les époques coloniales, postcoloniales jusqu'à l'importation du dualisme juridictionnel. Mais, elle demeure encore très présente. Cette technique de tour extérieur inspirée de la pratique française[259] tend, dans les cas d'espèce, à atténuer l'autonomie du Conseil d'État. Il suffit d'analyser la composition du personnel des différents Conseils d'État et des juridictions administratives du fond des Etats africains sous étude pour s'en convaincre.

À la lumière des différentes législations, nous découvrirons les portes d'accès du personnel de l'Administration aux Conseils d'État, avant d'analyser les raisons de cette présence et ses effets sur l'autonomie organique de la Cour suprême de l'ordre administratif[260].

Faisant l'économie de mentionner, ici, la structure du Conseil d'État logé à la capitale gabonaise[261], précisons néanmoins que son personnel est composé de membres ordinaires et de membres extraordinaires. Tandis que les premiers sont choisis parmi les magistrats de l'ordre administratif du grade hors hiérarchie exerçant ou ayant exercé des fonctions au moins équivalentes à celles de conseiller au Conseil

---

[257] BOSVIEUX-ONYEKWELU (C.), « Le service public au Conseil d'État : comment un grand corps se professionnalise en captant une idée (1872-1940) », *Sociologie du travail*, vol. 60, n°4, octobre-décembre 2018. Disponible à https://journals.openedition.org/sdt/8069. Consulté le 15/01/2022 à 20h 51mn. ; CE, 8 février 1924, *Sieurs Evesques et Lavila*, n° 72292, Rec. Lebon, p.145.

[258] Les articles 1er et 4 du Décret portant organisation des conseils d'administration des colonies, J.O.R.F, 16 janvier 1910, p. 449 ; Les articles 1er et 2 du Décret du 3 avril 1920 portant organisation du conseil d'administration des colonies de l'Afrique équatoriale française, J.O.A.E.F., 1920, 15 juillet 1920, p. 305.

[259] Sur l'interrogation de la pratique en France, voir : DEMAULES-BOUCHER (A.), *Les « Extérieurs » du Conseil d'Etat, leurs influences et leurs roles dans la fabrication du droit*, Mémoire de recherche, Spécialité Affaires Publiques et Gestion de Biens Communs, Sciences Po. Lille, 2020-2021, 140 p. ; DAMIEN (A.), « Le tour extérieur », *in* MASSOT (J.) (dir.), *Le Conseil d'Etat de l'an VIII à nos jours*, Paris, Adam Biro, 1999, p. 74-76 ;

[260] Selon l'expression de DEVOLVE (P.), « Le Conseil d'Etat, Cour suprême de l'ordre administratif », *Pouvoirs*, n° 123, novembre 2007, pp. 51-60.

[261] Loi organique n°005/2002 du 27 novembre 2002 fixant l'organisation, la compétence et le fonctionnement du Conseil d'Etat, articles 10 et suivants (Gabon).

d'État[262], les seconds n'ont pas statut de magistrat et ne jouissent point d'une présence régulière au sein du Conseil d'État. Certes, la méconnaissance d'un statut de magistrat ne traduit pas absolument que les membres extraordinaires ne soient pas magistrats de formation et soient issus de l'Administration.

La décision qu'a rendue le juge constitutionnel burkinabè sur une préoccupation similaire mérite d'être rappelée. En substance, le juge constitutionnel, saisi d'un recours en inconstitutionnalité a jugé inconstitutionnelle une disposition légale qui concédait le statut de magistrat à un corps du personnel du Conseil d'État burkinabè issu de la fonction publique. Cette solution a amené le législateur burkinabè, dans une nouvelle et récente loi organique de 2018, à clarifier sa position sur le régime juridique des membres du Conseil d'État non-magistrats. On y perçoit que sa démarche contient une nuance comparativement à celle du législateur gabonais.

Aussi bien parmi les membres ordinaires qu'extraordinaires du Conseil d'État gabonais, figurent les agents publics. Conscients de la carence en nombre des membres magistrats administratifs, le législateur gabonais a, sous certaines conditions énumérées par la loi n° 005/2002 sur le Conseil d'État, ouvert l'entrée au Conseil à des agents publics non-magistrats de formation. Ainsi, outre les magistrats du grade hors hiérarchie des Cours administratives d'appel, les conseillers et les commissaires à la loi peuvent être recrutés parmi les fonctionnaires. Ceux-ci doivent être titulaires d'au minimum une maîtrise ou d'un diplôme équivalent ; âgés au moins de quarante ans et totalisant au minimum quinze ans d'exercice dans leur profession. De plus, ne pouvant excéder le dixième du nombre total de magistrats de carrière, ils doivent être nommés par le Conseil supérieur de la Magistrature. Leur mode de recrutement notamment les distingue des membres extraordinaires qui, tout de même, sont aussi composés d'agents de l'Administration. Ces derniers sont nommés exceptionnellement par le Président de la République du Gabon et ne peuvent siéger que dans les formations consultatives[263] pour un mandat de cinq ans non renouvelable.

L'admission des agents de l'État au sein du Conseil d'État gabonais ; de même que les restrictions qu'elle impose sur leur nombre, leur mandat et la fonction à eux dévolus démontrent que la cohabitation

---

[262] *Ibid.*, article 30.

[263] Article 33 de la loi n° 005/2002 précitée.

magistrats et agents de l'Administration semble, à la fois, nécessaire et contingente. Tout est disposé de sorte que la présence des agents publics ne puisse pas troubler l'autonomie voire l'indépendance de la juridiction administrative suprême. Le législateur burkinabè épouse cette approche de son homologue gabonais avec une similitude certes relative, mais suspecte. Soyons-en juges : « *Outre les magistrats, les fonctionnaires en activité, titulaires au moins de la maitrise en droit et ayant une expérience professionnelle d'au moins quinze ans en matière juridique administrative peuvent être nommés membres non-magistrats aux fonctions de conseillers ou de commissaires du gouvernement adjoints au Conseil d'État, pour un mandat de cinq ans renouvelable une fois* »[264]. Même si cette disposition ne limite pas leur nombre ; étend les fonctions que peuvent exercer les fonctionnaires d'État et l'éventualité de leur présence au Conseil d'État, elle reste fidèle à la volonté du législateur de réduire l'influence de l'Administration sur les magistrats de la juridiction administrative. D'une simple éventualité, l'intrusion de l'Administration dans le fonctionnement de la juridiction administrative a pris l'allure d'une nécessité impérieuse[265]. Et, la carence des magistrats administratifs africains serait la cause[266].

Cette intrusion menace l'indépendance de la juridiction administrative et laisse, en conséquence, supposer une absence d'autonomie de la fonction juridictionnelle en ce sens que, le personnel non-magistrat n'est pas relevé de toute subordination hiérarchique à l'égard de l'Administration. L'intrusion porterait alors atteinte au principe de la séparation des autorités administratives et judiciaires, plus largement au principe de la séparation des pouvoirs[267].

Au Gabon, le Code des juridictions administratives établi en 1984 et qui continue de régir l'essentielle de la procédure applicable devant le Conseil d'État confère à l'Administration le pouvoir de muter à tout moment les juges non-magistrats vers un autre service[268]. Ce qui traduit

---

[264] Article 8 de la Loi n°32-2018/AN précitée.

[265] KWAHOU (S.), *La justice administrative au Gabon. Essai sur l'exercice de la fonction juridictionnelle en matière administrative*, *op. cit.*, p. 106.

[266] Ibid, p. 103. Voir également TSATSABI (E.), *La justice administrative gabonaise*, *op. cit.*, p. 32.

[267] TSATSABI (E.), *La justice administrative gabonaise*, *op. cit.*, p. 33.

[268] La Loi n°17/84 du 29 décembre 1984 portant Code des juridictions administratives dispose en son article 6 ce qui suit : « *(...) les magistrats autres que ceux de carrière sont nommés pour une durée de cinq ans renouvelable. En cas d'empêchement dû, soit à un changement d'affectation, soit à une maladie prolongée, ils sont remplacés dans les conditions fixées à l'article 103 de la loi 6/78 du 1er juin 1978* ». Certes,

parfaitement l'approche adoptée par le législateur burkinabè selon laquelle les membres non-magistrats du Conseil d'État, « *sont régis par la loi applicable à leur corps d'origine* »[269].

En maintenant le lien ombilical de l'agent public logé au Conseil d'État avec l'Administration, on retient par-là même, l'indépendance de ce dernier et l'autonomie de la juridiction administrative à l'égard de l'Administration. Et ce ne sont guère des atténuations apportées telles que « *Toutefois, pendant la durée de leur mandat, et sauf pour ce qui concerne l'âge de la retraite, ils ont les mêmes droits, avantages et obligations que les magistrats de carrière* »[270] qui garantiront cette autonomie.

En outre, le recrutement du personnel administratif au sein du Conseil d'État peut se muer en nomination de « *faveur* »[271], dépourvue de mérite[272] voire de « *pure opportunité* »[273]. Le tour extérieur est considéré comme « *La possibilité, pour le Gouvernement et de manière discrétionnaire, de nommer au Conseil des personnalités de son choix, pour services rendus ou pour des raisons de proximité politique* »[274].

Cependant, la présence des fonctionnaires au Conseil d'État ne devrait pas être strictement appréhendée comme une limite à son autonomie. Elle peut en constituer une vertu. C'est dire que les raisons de l'intrusion de l'Administration dans le fonctionnement de la juridiction administrative suprême ne sont pas seulement conséquentes de la faiblesse en nombre de magistrats administratifs. Elle obéit à d'autres considérations plus appréciables qui favoriseraient qu'elle soit tolérée.

Le juge administratif doit être proche de ses justiciables que sont l'Administration et les particuliers. Cela commande qu'il soit imprégné de leurs réalités respectives. Qui plus est, la fonction de conseiller de l'Administration que les Etats africains ont emprunté au modèle français impose au Conseil d'Etat l'immersion et la connaissance du

l'article 103 a été abrogé par la loi de 1994, mais la subordination des agents non-magistrats à l'administration demeure.

269 Article 9 de la loi n° 32-2018/AN précitée

270 *Ibid.*

271 BUI-XUAN (O.), « Faveur et tour extérieur », *in* GUGLIEMI (G.) (dir), *La faveur et le droit*, Paris, PUF, « Hors collection », 2009, p. 227.

272 *Ibid.*

273 DEMAULES-BOUCHER (A.), *Les « Extérieurs » du Conseil d'Etat, leurs influences et leurs roles dans la fabrication du droit*, *op. cit.*, p. 43.

274 BOSVIEUX-ONYEKWELU (C.), « Le service public au Conseil d'État : comment un grand corps se professionnalise en captant une idée (1872-1940) », précité.

monde qu'il conseille et qu'il juge[275]. Il y va de l'amélioration qualitative de la jurisprudence administrative[276] et de l'assurance dans l'exécution des décisions de justice[277]. L'isolement du juge de l'Administration ne serait-il pas pour lui une forme de suicide ? Certes la réponse affirmative[278] est critiquable, mais l'intérêt d'une présence de fonctionnaires au sein du Conseil d'État induit que la pratique soit tolérée. La même tolérance devrait-elle être requise pour l'intrusion de l'Administration au sein des juridictions administratives du fond ?

Avant d'indiquer à quel point la présence des fonctionnaires au sein des tribunaux et cours administratifs burkinabè et gabonais est attentatoire à l'autonomie de ces juridictions, il incombe, tout d'abord, de situer cette présence.

Au Burkina Faso, dans toutes les provinces, le Procureur de la République près du tribunal de grande instance exerce, en outre, la fonction de commissaire de gouvernement du tribunal administratif. Il ne s'agit donc pas d'une simple intrusion de l'Administration, mais d'un véritable dédoublement fonctionnel. Une telle situation est plausible au Gabon en ce qu'elle est implicitement prévue[279] ainsi qu'il suit : « *Les juges magistrats, les représentants du ministère public sont choisis à titre principal parmi les magistrats de l'ordre administratif* »[280]. Certes, le Procureur est magistrat, mais la fonction qu'il exerce le rattache au ministère de la Justice donc à l'Administration. Comment concilier cette fonction et celle du commissaire de gouvernement d'une juridiction administrative qui, rappelons-le n'est pas subordonnée au gouvernement comme son nom laisserait imprudemment croire[281] ? En dépit de ce qu'il agit sous une

---

275 CHABANOL (D.), *Le juge administratif*, LGDJ, 1993, p. 27 et s.

276 MODERNE (F.), « Origine et évolution de la juridiction administrative en France », *Revue Administrative*, numéro spécial, 1999, p. 20 : « *Le rapprochement entre les fonctions juridictionnelles et les fonctions administratives donne au contraire à cette jurisprudence le caractère concret et pragmatique qui permet d'assurer une conciliation adéquate entre l'intérêt général et les intérêts particuliers des administrés* » ; BA (A.T.), *Précis de Droit du contentieux administratif burkinabè*, Ouagadougou, coll. Précis de droit burkinabè, PADEG, p. 105.

277 « *Les administrations écoutent davantage ce juge qui fait partie d'elles-mêmes* », avoue STIRN (B.), « Le Conseil d'Etat après la réforme du contentieux », *RFDA*, mars-avril 1988, p. 34.

278 *Ibid.*

279 TSATSABI (E.), *La justice administrative gabonaise*, *op. cit.*, p. 41.

280 Article 77 de la loi n°7/94du 16 septembre 1994 portant organisation de la justice.

281 Le commissaire du gouvernement Xavier MODESERT précisait à cet effet en ces termes : « *Faut-il préciser à l'intention de ceux qui ne connaissent pas l'institution*

double casquette marquée par des régimes juridiques différents, toujours est-il que c'est le même agent appartenant initialement à l'Administration qui officie en qualité de commissaire de gouvernement dans les tribunaux administratifs. D'où l'atteinte à l'autonomie de ceux-ci. On sait complexe la manière dont le Commissaire du gouvernement d'attribution peut se défaire de son manteau partisan de représentant du Procureur de la République. Le ménage heureux de ces deux fonctions n'est pas évident et l'agent pourrait très vite être rappelé au galop par sa fonction initiale. Ni les statuts, ni les techniques employées encore moins les finalités poursuivies ne garantissent une symbiose entre les fonctions de représentant du procureur de la République et de commissaire du gouvernement.

Une revue littéraire relative à l'évolution historique de la fonction de commissaire du gouvernement en France[282] prouve qu'à travers

---

que, contrairement à ce que sa dénomination laisse entendre, le Commissaire du Gouvernement ne reçoit aucune instruction du ministre ? ». Extrait de son exposé lors de l'audience solennelle de rentrée du tribunal administratif de Caen, le 21 janvier 2008. Disponible à http://www.ta-caen.juradm.fr/ta/caen/pdf/actu-service-publ_mondesert_210108.pdf . Pour Rémi ROQUETTE, « le syntagme est complètement lexicalisé, et le mot gouvernement n'a plus, sauf exception, de pouvoir signifiant propre ». Cf. ROQUETTE (R.), *Dictionnaire du droit administratif*, Paris, Le moniteur, 2003, V° « gouvernement ». Il serait plus simple et juste d'affirmer qu'en France, commissaire de gouvernement des juridictions administratives a une fonction bien différente des commissaires de gouvernement intervenant en matière non contentieuse. En cette matière, comme l'affirme Gérard CORNU, ce sont des « *fonctionnaires placés auprès d'organismes ou d'entreprises privées semi-publics ou publics exerçant sur leurs activités, un contrôle qui s'exprime en général par le pouvoir d'opposer un veto aux délibérations des organes de gestion de ces entreprises ou organismes* ». De ce fait, ces commissaires agissent au nom et pour le compte du ministère qu'il représente. La levée de cette ambiguïté est d'ailleurs l'une des raisons qui ont amené à un changement de dénomination des commissaires de gouvernement des juridictions administratives que l'on nomme aujourd'hui par commissaires à la loi. La nouvelle appellation est également celle retenue par le législateur gabonais.

[282] A titre indicatif et de manière chronologique : TOLOZAN (J.F.D.), *Règlement du conseil, Précédé de l'explication des différents articles compris dans chacun des chapitres ; Avec des Formules de Procédures qu'on y fait et celle des Arrêts ou Jugements qui s'y rendent*, Paris, Imprimeur-Librairie de la REINE, 1786, 920 p. ; JUGUE (A.) *Le commissaire du gouvernement près les tribunaux militaires en tant de paix : son statut, son rôle dans la mise en mouvement de l'action publique et l'instruction préparatoire d'après le code de justice militaire de 1928*, Thèse de doctorat de droit, Université de Lyon, 1936, 236 p. ; BERNARD (A.), « Aperçu sur l'œuvre juridictionnelle des commissaires du gouvernement durant la deuxième moitié du XIXe siècle », *Livre jubilaire du Conseil d'Etat*, *Sirey*, 1952, p. 299 ;

l'évolution de son statut, le Commissaire de gouvernement s'est progressivement affranchi de l'autorité de l'Administration ou du Roi suivant un double mouvement : le passage du Commissaire du Roi[283] au Commissaire du gouvernement d'une part ; le passage du Ministère public à un orateur indépendant d'autre part.

Les législateurs burkinabè et gabonais restent silencieux sur la définition du commissaire du gouvernement (rapporteur public en France) quand leur homologue français, l'appréhende ainsi : « *un membre de la juridiction, chargé des fonctions de commissaire du gouvernement, expose publiquement, et en toute indépendance, son opinion sur les questions que présentent à juger les requêtes et sur les solutions qu'elles appellent* »[284]. Cette définition implicite et fonctionnelle est davantage précisée par le Conseil d'État français dans la détermination qu'il opère du rôle de la rapporteure à travers l'arrêt

---

GUILLIEN (R.), « Les commissaires de gouvernement près le Conseil d'Etat français », *RDP.,* 1955, p. 293 ; DUPEYROUX (O.), « Le ministère public auprès des juridictions » *in* Mélanges Achile MESTRE, *Sirey,* 1961; SAUVEL (T.), « Les origines des commissaires du gouvernement auprès du Conseil d'Etat statuant au contentieux », *RDP*, 1949, pp. 5-20 ; DE GAUDEMAR (H.), MONGOIN (D.), *Les grandes conclusions de la jurisprudence administrative*, vol. 1, 1831 – 1940, LGDJ, novembre 2015, 976 p.

[283] « Commissaires du Roi » ou « Sieurs commissaires », ces agents examinaient les affaires avant qu'elles ne fussent soumises au Conseil du Roi, sous l'ancien Régime. Voir TOLOZAN (J.F.D.), *op. cit.*, p. 763 ; SAUVEL (T.), « Les origines des commissaires du gouvernement auprès du C.E. statuant au contentieux », *op. cit.*, p. 7.

[284] Article L. 7 du CJA.

Gervaise[285], puis l'arrêt *Esclatine*[286] et récemment dans l'arrêt *Communauté d'agglomération du pays de Martigues*[287].

Il ressort de ces acceptions que la fonction de commissaire du gouvernement est caractérisée par deux éléments qui fondent son statut. Ce sont : l'impartialité et l'indépendance. L'impartialité s'impose dès lors que le commissaire ne défend la cause d'aucune partie au procès. On serait même tenté d'affirmer naïvement qu'il défend la cause de la loi[288], de la ''chose publique'.

L'indépendance du Commissaire du gouvernement ou à la loi - selon qu'on soit en droit burkinabè ou en droit gabonais - qui sert aussi aux Commissaires près les tribunaux et cours administratifs, s'exprime aussi bien à l'égard de l'Administration, du premier président[289] du Conseil d'État et des juges administratifs lors du procès. Aussi le Commissaire du gouvernement burkinabè a-t-il le même rang que celui du premier président du Conseil d'État bien que ce dernier ait la préséance[290]. C'est donc en toute indépendance qu'il « *fait part au Tribunal, en conscience, de ce qu'il pense des questions que le dossier contentieux présente à juger et (...) il propose une solution* »[291]. Le

---

[285] CE, 10 juillet 1958, *Gervaise*, n° 26517, Rec. Lebon, p. 466. Le juge administratif français ajoute que le rapporteur « *(...) a pour mission d'exposer au Conseil les questions que présente à juger chaque recours contentieux et de faire connaître, en formulant en toute indépendance ses conclusions, son appréciation, qui doit être impartiale, sur les circonstances de fait de l'espèce et les règles de droit applicables ainsi que son opinion sur les solutions qu'appelle, suivant sa conscience, le litige soumis à la juridiction* ».

[286] Conseil d'Etat, 29 juillet 1998, *Mme Esclatine*, n° 179635, Rec. Lebon, p. 320, concl. CHAUVAUX (D.), AIDA, 1998, p. 69, note. Le Conseil reprend essentiellement l'arrêt Gervaise en ces termes : « *Il a pour mission d'exposer les questions que présente à juger chaque recours contentieux et de faire connaître, en formulant en toute indépendance ses conclusions, son appréciation, qui doit être impartiale, sur les circonstances de fait de l'espèce et les règles de droit applicables ainsi que son opinion sur les solutions qu'appelle, suivant sa conscience, le litige soumis à la juridiction à laquelle il appartient* »

[287] CE sect, 21 juin 2013, *Communauté d'agglomération du pays de Martigues*, 21 juin 2013, Rec Lebon, 167.

[288] LAFERRIERE (E.), *Traité de droit administratif*, *op. cit.*, p. 236. L'auteur y présentait déjà le commissaire de gouvernement comme « concluant selon la loi et sa conscience ».

[289] Le premier président peut être considéré comme l'équivalent du Vice-président du Conseil d'Etat français mais ayant également les prérogatives comparables à ceux du président du conseil d'Etat français.

[290] Article 7 de la loi n° 032-2018 relative au Conseil d'Etat du Burkina Faso, précitée.

[291] Exposé de MONDESERT précité.

revers de cette indépendance du commissaire est l'indépendance des tribunaux et cours administratifs d'appel à son égard[292]. Tous ces points opposent frontalement le Commissaire du gouvernement ou à la loi au Procureur de la République.

En somme, autant le procureur de la République est initialement rattaché à l'Administration ; qu'il est techniquement difficile pour lui de se défaire de ce manteau pour exprimer, selon le Professeur René CHAPUS, son « *opinion personnelle de jurisconsulte* »[293], moins engagée qu'impose celui du commissaire du gouvernement, autant ce dédoublement qu'autorise le dualisme burkinabè porte atteinte à l'autonomie des tribunaux administratifs provinciaux. Ce faisant, le législateur burkinabè a littéralement ignoré cette interpellation du Professeur si clairement exprimée : « *Les Commissaires du gouvernement ne doivent pas être confondus avec les membres du ministère public, organisés hiérarchiquement et placés « près un tribunal », avec la mission de veiller à l'application de la loi* ». Toutefois, pourrait-on reconduire, ici, l'argument de nécessité d'ouvrir les juridictions administratives du fond aux fonctionnaires à l'instar du Conseil d'État ?

Précisons, au demeurant, que l'intrusion de l'Administration au sein des juridictions administratives du fond est inconcevable car elle ne répond à aucune cohérence, à aucune justification logique au regard des évolutions récentes de la justice administrative autonome burkinabè en particulier et africaine en général. On a estimé qu'en raison de la

---

[292] Voir en France, loi n° 86-14 du 6 janvier 1986 fixant les règles garantissant l'indépendance des membres des tribunaux administratifs et cours administratives d'appel, JORF, n° 0005, 07/01/1986, p. 332. Par ailleurs, pour prévenir tout manquement à l'impartialité et à l'indépendance, voire tout risque de suspicion à ce sujet, une affaire dont un magistrat a eu à connaître ne peut lui être confiée au titre de ses nouvelles fonctions de commissaire de gouvernement. Cf. CE Sect. 4 mai 1973, X…, p. 317. En l'espèce, il s'agit du conseiller du tribunal administratif ayant présidé la commission départementale des impôts directs lors de l'examen d'une affaire portée ensuite devant le tribunal ; CE, 30 mai 1973, *Elect. à la Commission instituée par la loi du 16 juillet 1971*, p. 384. Il s'agit d'un conseiller ayant présidé une commission de contrôle des opérations de consultation des populations des communes dont la fusion est déférée ensuite au tribunal. Il en va ainsi pour un magistrat qui a fait connaitre ses conclusions en sa qualité de commissaire de gouvernement sur une affaire, ne peut siéger plus tard dans une formation de jugement statuant sur cette affaire. Cf. CE Sect. 21 octobre 1966, *Société française des mines de Sentein*, p. 564 ; CE 30 novembre 1994, *Sarl Etude Ravalement Constructions*, p. 1125.

[293] CHAPUS (R.), *Droit du contentieux administratif*, Paris, Montchrestien, 13e éd., 2008, p. 903.

fonction consultative du Conseil d'État, il était important que siègent en son sein, des membres issus et ayant servi l'Administration ; que ceux-ci étaient aptes à comprendre ses techniques, ses réalités et contraintes pratiques pouvant échapper au droit. Cette justification ne saurait servir à permettre la présence de ces fonctionnaires au sein des juridictions administratives du fond.

Mais l'objection ne doit pas être surestimée : la fonction consultative n'est pas en divorce absolu avec la fonction juridictionnelle. Si le Conseil d'État peut mieux conseiller l'Administration en raison de la présence de fonctionnaires parmi ses membres, cela sous-entend qu'il peut mieux juger dans les mêmes conditions. Donc le motif de l'intolérance de la présence des agents publics au sein des tribunaux et cours administratifs doit-il être recherché ailleurs ? Pas nécessairement : il peut être formulé autrement.

Le motif d'une connaissance suffisante de l'Administration ne doit pas dénaturer les juridictions administratives par des usages qui se rapprocheront des pratiques du ministre-juge ou de l'administrateur-juge. Il est impératif qu'un certain équilibre soit préservé. Le Conseil d'État étant déjà imprégné d'agents publics et investi à statuer en cassation sur les décisions des tribunaux et cours administratifs, on estimerait que le besoin d'affecter des fonctionnaires à ces juridictions du fond est moins important. On peut déployer encore une objection relative à la participation des juges judiciaires dans le fonctionnement des juridictions administratives du fond.

De toute évidence, les termes actuels du débat sur l'opportunité de la dualité juridictionnelle ne sauraient laisser échapper du raisonnement l'analyse relative au degré d'autonomie des juridictions administratives à l'égard des juridictions judiciaires. Avant d'envisager une séparation des matières de chaque juridiction, il faut d'abord s'assurer que le juge administratif peut être distingué du juge judiciaire. Au Gabon et au Burkina Faso, l'autonomie des tribunaux administratifs est fortement éprouvée par deux phénomènes. Ce sont l'affectation des magistrats judiciaires au sein des formations juridictionnelles administratives et la confusion des locaux de ces juridictions.

La survivance des sections administratives dans les tribunaux de première instance de l'intérieur du pays gabonais, la création des tribunaux administratifs « *au siège des tribunaux de grande instance* » dans les provinces burkinabè ont eu pour fâcheux inconvénient de confondre le juge judiciaire au juge administratif du fond dans ces pays. Au fond, des formules législatives aussi précises qu'implicites opèrent soit un dédoublement fonctionnel entre juge judiciaire et juge administratif burkinabè soit une intrusion du juge judiciaire au sein des juridictions administratives gabonaises. À la fin, ces formules aboutissent à un même constat : un cumul, au profit du magistrat de juridiction judiciaire, des fonctions judiciaires et administratives.

Ainsi, si le Président du tribunal administratif était toujours le président du tribunal de grande instance au Burkina Faso, le juge judiciaire peut être affecté dans les juridictions administratives dans les pays susmentionnés. Certes la situation d'ouverture des juridictions administratives aux magistrats judiciaires est une pratique ancienne[294] maintenue jusqu'à un passé récent dans certains États africains[295], mais elle n'est pas une expérience à pérenniser pour les États à la conquête de l'autonomie de la juridiction administrative. Cet agissement crée ce que l'on évoque ironiquement au Burkina Faso une « *dé-dualisation* »[296] de la dualité juridictionnelle. Cette « *dé-dualisation* » était d'autant plus flagrante que le juge civil ou pénal du tribunal judiciaire provincial était le seul juge administratif de la province[297]. De même, le procureur près du tribunal judiciaire est le Commissaire de gouvernement du tribunal administratif[298] ; le greffier en chef du tribunal de grande instance cumulait la même fonction au sein du tribunal administratif[299].

« *On pourrait se borner à affirmer que nonobstant leurs diverses origines, tous les juges administratifs sont soumis, dans le cadre de l'exercice de leur fonction juridictionnelle, aux règles régissant le fonctionnement des juridictions administratives et atténuer ainsi la portée des critiques faisant de cette dépendance* », concède Sylvestre

---

[294] On songe au fonctionnement des Conseil du contentieux administratif sous la colonisation.

[295] A travers la composition Chambres administratives des Cours suprême africaines.

[296] Expression non formalisée mais qui revient dans les discours du milieu judiciaire et universitaire du Burkina Faso dans la qualification du système de dualité juridictionnelle créée.

[297] Deux facteurs favorisent la présence d'un seul juge judiciaire en tant que juge administratif dans toute une province. Ce sont : la consécration d'un magistrat de l'ordre judiciaire comme Pésident du tribunal administratif telle qu'il ressortait de l'article 3 de la loi n° 21/95/ADP du 16 juin 1995 relative aux tribunaux administratifs d'une part et la pratique du juge unique d'autre part.

[298] Article 2 de la loi n° 21/95/ADP du 16 juin 1995 portant création, organisation et fonctionnement des tribunaux administratifs précitée.

[299] *Ibid.*

KWAHOU[300]. Mais les juges administratifs provenant des juridictions judiciaires exercent, dans le même temps, des fonctions au sein de celles-ci[301]. Ce dernier constat fait par l'auteur est aussi valable pour le Burkina Faso. Nous sommes bien en situation d'un cumul de fonctions. Quel régime juridique encadre alors la carrière du magistrat spécialement affecté au à la juridiction administrative et demeurant rattaché à son service d'origine ? Ces juges sont-ils en situation de détachement ? Le silence des juges oblige à recourir à la teneur de la loi et à une certaine interprétation doctrinale.

Selon l'article 80 de la loi n° 8-91 du 26 septembre 1991 portant statut général des fonctionnaires au Gabon « *le détachement est la position du fonctionnaire placé hors de l'administration (...)* ». Plus précisément, « *la position du fonctionnaire placé hors de son corps d'origine, mais continuant à bénéficier, dans ce corps, de ses droits à l'avancement et à la retraite* »[302]. Le juge judiciaire intervenant dans une juridiction administrative n'est pas placé hors de son corps d'origine en ce qu'il demeure toujours un magistrat dans sa nouvelle fonction[303]. Nous partageons alors la pensée selon laquelle il conviendrait d'évoquer les situations d'« *affectations qui sont prononcées selon les nécessités de service et dans la mesure compatible avec ces services* »[304]. Aussi la loi de septembre 1996 clarifie-t-elle que « *Les magistrats du siège sont inamovibles. Cependant, ils peuvent recevoir, lorsque les nécessités du service l'exigent, des affectations...* »[305].

Qu'elle soit revêtue d'un caractère exceptionnel, contingent au Gabon ou plus ou moins permanent pour les présidents des tribunaux de grande instance au Burkina Faso, l'intrusion du juge judiciaire au sein des juridictions administratives témoigne d'une absence de séparation effective entre les ordres juridictionnels. C'est une expression de la persistance, en Afrique francophone, d'avatar de la

---

300 KWAHOU (S.), *La justice administrative au Gabon. Essai sur l'exercice de la fonction juridictionnelle en matière administrative*, Thèse de doctorat, Université Montesquieu-Bordeaux IV, 7 octobre 2004, p. 103.

301 Ibid.

302 Article 45 de la loi française du 11 janvier 1984, portant dispositions statutaires relatives à la fonction publique de l'Etat.

303 Voir KWAHOU (S.), *La justice administrative au Gabon. Essai sur l'exercice de la fonction juridictionnelle en matière administrative*, *op. cit.*, note 239.

304 Article 58 du statut général des fonctionnaires du Gabon

305 Article 9, alinéa 2 de la loi du 16 septembre 1994, portant statut des magistrats.

juridiction administrative en matière d'autonomie organique[306]. On pourrait polémiquer pour dire qu'en France, les premiers juges du Conseil d'État qui ont d'ailleurs écrit les lettres de noblesse de cette institution étaient de formation civiliste. L'on doit être bien conscient que les aptitudes des uns à pouvoir manier parfaitement les techniques et procédures des contentieux judiciaire et administratif, à une période où la question de la spécialisation des droits n'était pas aussi poussée, ne devraient pas être généralisées. Le génie étant à l'intérieur de chacun, mais le génie de chacun s'exprimant de façon et à des degrés différents.

Outre l'insuffisance des magistrats administratifs, l'affectation des magistrats judiciaires au sein des juridictions administratives est rendue possible et est davantage facilitée par la confusion des locaux des tribunaux judiciaires et administratifs.

La conséquence immédiate de la création progressive et insuffisante des juridictions administratives territoriales telle que démontrée au paragraphe précédent est l'aménagement d'un espace au sein des locaux des tribunaux judiciaires devant abriter tribunaux ou sections de tribunaux administratifs. La faiblesse du contentieux administratif que connaissent le Burkina Faso et le Gabon confère, à la vérité, une place résiduelle à ces juridictions administratives. En cela, l'expression du législateur burkinabè qui projetait de créer les tribunaux administratifs « *au siège de chaque tribunal de grande instance* » trouve, encore une fois, tout son sens.

La confusion indiquée est plus ou moins poussée selon que les juridictions administratives partagent un même site avec des bâtiments distincts ou ont des bâtiments communs. Nul besoin de préciser qu'il n'y a aucune confusion possible lorsque le tribunal administratif est fixé sur un site totalement distinct de celui d'un tribunal judiciaire. L'illustration de la première hypothèse est celle des tribunaux administratifs de Ouagadougou et de Bobo-Dioulasso qui sont fixés sur le même site que le tribunal de grande instance de ces villes bien que logés sur des bâtiments propres. À la vérité, ce sont des anciens bâtiments du tribunal de grande instance qui ont été concédés et transférés au tribunal administratif.

La seconde hypothèse est celle des tribunaux administratifs burkinabè et des sections de tribunaux administratifs gabonais provinciaux dont les bâtiments se confondent entièrement à ceux des

---

306 REMONDO (M.), « Réflexions sur le système juridictionnel gabonais », *RJP*, n° 771, 1981, p. 12.

tribunaux judiciaires. Le décor ainsi planté explique en deux points la manière dont la confusion des locaux est attentatoire à l'autonomie de la juridiction administrative territoriale. Ces points sont relatifs à la visibilité de ces juridictions ; à l'ignorance de leur existence qu'engendre ce défaut de visibilité et au blocage psychologique créé chez leurs magistrats.

Au demeurant, la fixation résiduelle des tribunaux administratifs qui donne l'allure d'une place négociée qu'ils occupent met en mal leur visibilité. On peine à distinguer les locaux du tribunal administratif de Ouagadougou de ceux de tribunal de grande instance. Pis, on confond même le tribunal administratif au tribunal de grande instance dans la mesure où ce dernier a une existence et une fixation antérieure sur le site. Ce qui entraine chez certains justiciables, une ignorance de l'existence de ces tribunaux administratifs. Nous n'affirmerons pas, ce qui relève d'une évidence, que le tableau est plus sombre dans les provinces burkinabè et gabonaise. Cette marginalisation physique de la juridiction administrative emporte une marginalisation psychologique de ses juges voire un frein psychologique à leur autonomie. Comment se sentiront-ils des égaux à leurs homologues judiciaires s'ils peinent à siéger dans un local accessible et propice à l'offre judiciaire ?[307] Il est évoqué que « *Les espaces dans lesquels les individus se meuvent et ceux, à l'inverse qui leur sont interdits aident à définir leur statut et leur pouvoir, ainsi que la nature de l'ordre social. Subtilement, mais avec force, ils suggèrent tantôt l'autorité, la dignité, l'indépendance, la compétence, la créativité tantôt leurs contraires* »[308].

La vie des institutions, organisations nationales et internationales nous enseigne que la fixation d'une institution, d'un siège sur des bâtiments ''imposants'', ''impressionnants'' n'est pas une obsolète exposition de luxe ou un simple souvenir d'un passé glorieux. La raison se trouve au-delà. L'importance architecturale de l'institution poursuit notamment deux objectifs capitaux : mettre en évidence l'institution et montrer sa force institutionnelle. La mise en évidence entraine la reconnaissance de l'institution ; établit le dialogue et la proximité entre l'institution et son public ; rassure sur la disponibilité de celle-ci à accompagner ceux-là. L'incarnation de la force institutionnelle procure,

---

[307] Exemple des magistrats tribunaux administratifs de Libreville et de Franceville qui, jusqu'à 2016 n'avaient pas encore siégé en raison de l'indisponibilité des locaux devant abriter les tribunaux.

[308] EDELMAN (M.), « L'espace et l'ordre social », Texte traduit de l'anglais par HABART (C.) et DESAGE (F.), *Politix*, n° 97, 2012/1, p. 10.

quant à elle, assurance, sécurité et sérénité aussi bien au niveau du personnel qui l'anime que du public cible à qui elle propose des services[309]. Aussi hormis la menace à leur autonomie, le confinement des juridictions administratives au sein des tribunaux judiciaires sape-t-il l'objectif de la proximité de la justice administrative d'avec les justiciables que poursuivent les réformes important le dualisme en Afrique francophone[310].

Le plaidoyer pour une effectivité de l'autonomie de l'ordre administratif ne vise pas à maintenir la juridiction judiciaire et administrative chacune cantonnée, isolée et renfermée dans son univers de compétence. L'analyse juridique qu'emporte l'exercice de la fonction juridictionnelle rapproche ces différentes juridictions. Elles ne sauraient s'ignorer bien que le dualisme soit marqué par une spécificité du contentieux administratif[311]. Voici ainsi dévoilé un autre défi que les États africains questionnés par l'étude s'efforcent de relever.

---

[309] « Qu'un homme reçoive ses collaborateurs dans le Bureau ovale de la Maison Blanche et cela lui rappelle aussitôt, ainsi qu'à son équipe et à tous ceux informé de leur réunion, son statut et sa responsabilité de président, tout comme cela élève ses collaborateurs et renvoie les membres du grand public à leur condition de non-participants , qui ne pénètrent jamais ce lieu », confirment EDELMAN (M.), « L'espace et l'ordre social », Texte traduit de l'anglais par HABART (C.) et DESAGE (F.), précité.

[310] Il ressort de l'exposé des motifs annexé au projet gouvernemental de création des tribunaux administratifs, loi n° 021/95/ADP du 16 juin 1995 précitée que « *la décentralisation va opposer de plus en plus administration et administrés ; et il est en conséquence utile de rapprocher la justice des justiciables* ».

[311] KOBO (P.-C.), « Les contrariétés de décisions entre les cours administratives, judiciaires et constitutionnelles », AOA-HJF, Colloque de juillet 2004, Bamako, *Revue d'informations juridiques et judiciaire*, n°80/2014, p. 282. Le président de la Chambre administrative de la Cour suprême ivoirienne mentionnent deux éléments du mouvement qui tend à rapprocher les juridictions administratives et judiciaires notamment l'exigence de simplicité et de cohérence demandée par le corps social d'une part et le processus de constitutionnalisation de l'ordre juridique qui place la juridiction constitutionnel au-dessus des deux cours suprêmes et qui, de ce fait, accentue leur rapprochement avec l'adoption de positions et méthodes identiques. A cela, il faudra adjoindre la sécurité juridique qui serait menacée si des décisions de ces juridictions venaient à se contredire constamment et sans arbitrage (pp. 278-286)

CHAPITRE II - LA RECONDUCTION INOPPORTUNE DE LA SPÉCIFICITÉ DU CONTENTIEUX ADMINISTRATIF

Évoquer la spécificité du contentieux administratif rappelle le lien entre dualité juridictionnelle et droit administratif[312]. Sans que ces notions ne soient irréductibles[313], elles entretiennent une influence réciproque l'une sur l'autre. C'est en prenant conscience de la spécificité de l'action administrative que l'histoire française a pensé le dualisme juridictionnel. En retour, cette forme d'organisation juridictionnelle est censée servir et développer le droit de l'action administrative[314]. Mais en quoi le contentieux administratif est-il spécifique[315] ? Notons que la spécificité du contentieux administratif réside dans sa spécialité institutionnelle et procédurale. La spécialité institutionnelle renvoie à l'Administration, personne de droit public, jouissant de prérogatives mais aussi contrainte à des sujétions exorbitantes de droit commun. Assurément « *Le contentieux administratif existe par cela seul qu'il existe des administrations publiques*... »[316].

Le principe de répartition des compétences entre les juges en matière administrative retenu en France et chanté en chœur par les droits burkinabè et gabonais reflète la négociation entre la spécificité du contentieux administratif et la transversalité de l'action administrative (Section 1). Le partage de compétence se justifie, de ce fait ; et les règles

---

[312] MOMO (C.), « L'évolution du modèle africain de justice administrative en Afrique subsaharienne francophone », *RJP*, vol. 67, n° 3, 2013, p. 321.

[313] Le dualisme juridictionnel est un des aspects plausibles du droit du contentieux administratif. Or, selon René Chapus, il est impérieux d'éviter de confondre le régime juridique du contentieux administratif et les règles de fond qui constituent le droit administratif. Cf. CHAPUS (R.), *Droit du contentieux administratif*, Paris, Montchrestien, 13e éd., 2008, p. 7.

[314] WEIDENFELD (K.), *Histoire du droit administratif, du XIVe siècle à nos jours*, Paris, Economica, 2010, 352 p. ; MESTRE (J.-L.), « Le contentieux administratif sous la Révolution française d'après les travaux récents », *RFDA*, 1996, pp. 289-304.

[315] Des élements de réponses sont apportées par MOUREAU (L.), « Notions et spécificités du contentieux administratif », Mélanges en l'honneur de Jean DABIN, Bruxelles, 1963, p. 185 et s.

[316] HAURIOU (M.), *Précis de droit administratif*, Paris, Sirey, 11e éd. 1927, p. 941.

qui en fixent les contours de même que les mécanismes sanctionnant leur violation connaissent des infortunes (Section 2).

SECTION I - LE PARTAGE DES COMPÉTENCES EN MATIÈRE ADMINISTRATIVE

La répartition des compétences évoque l'ensemble des mécanismes visant à distribuer le pouvoir de statuer aux juges judiciaires et administratifs dans un litige relevant du contentieux administratif. Elle revêt un caractère fondamental pour le juge[317] en ce qu'elle fonde son aptitude légale à instruire et à juger une affaire[318]. L'érection d'un ordre administratif autonome traduit déjà la démarcation entre les juridictions de cet ordre avec celles de l'ordre judiciaire notamment. On devrait donc s'attendre à cette catégorisation brutale qui confinerait celles-ci à connaitre les litiges de droit privé et celles-là, les litiges de droit administratif.

Mais l'action administrative a la particularité d'être transversale, comportant simultanément des aspects de la gestion privée et publique[319]. Dès lors, le principe de partage ou de concurrence des compétences entre les juridictions administratives et judiciaires en matière administrative semble justifié. Cette solution adoptée en France et reprise en Afrique francophone notamment au Gabon et au Burkina Faso pose le problème de la détermination du juge compétent. Le principe de partage des compétences recouvre deux dimensions : partage de compétences au sein de la juridiction administrative (paragraphe 1) et entre les juridictions suprêmes administrative et judiciaire (paragraphe 2).

Paragraphe 1 - La répartition des compétences au sein de l'ordre juridictionnel administratif

Au Burkina Faso et au Gabon, il a fallu, en fonction des juridictions disponibles, déterminer des critères de compétences de la juridiction

[317] Voir KWAHOU (S.), *Le contentieux administratif gabonais en 13 leçons*, *op. cit.*, p. 51.

[318] Voir TSATSABI (E.), *La justice administrative gabonaise*, *op., cit.*, p. 53.

[319] KOBO (P.-C.), « Les contrariétés de décisions entre les cours administratives, judiciaires et constitutionnelles », *op. cit.*, p. 284.

administrative suprême et des juridictions administratives du fond de sorte à couvrir une grande partie du contentieux administratif. La compétence qui est une notion d'ordre public[320] implique, pour la juridiction, une définition à la fois de la nature du litige et du ressort territorial. Relativement à la distribution des compétences entre les juridictions administratives burkinabè et gabonaise, nous éviterons de consacrer des parties différentes et renvoyant respectivement aux tribunaux administratifs, aux cours administratives d'appel et au Conseil d'État[321]. Les cours administratives d'appel bénéficient, en effet, d'une compétence de principe d'appel des jugements rendus en premier ressort par les tribunaux administratifs[322], l'examen de leur compétence « *ne nécessite point qu'on s'y étendre longuement* »[323]. Aussi analyserons-nous les compétences des cours et tribunaux administratifs gabonais et burkinabè sous un même titre avant l'examen des compétences de leurs Conseils d'État respectifs.

La compétence des tribunaux administratifs n'a jamais coïncidé avec celle des cours administratives d'appel. En dépit des transformations apportées par une maturation progressive du dualisme au Burkina et au Gabon, cet avertissement demeure. Tel n'est point le cas quand il s'agit de rapprocher, par une analyse historique, les compétences des tribunaux administratifs et celles du Conseil d'État ou les compétences de ce dernier avec celles des cours administratives. L'état du droit positif de ces pays confie d'une part, une compétence de droit commun

---

[320] C'est dire que ni le juge ni le juge ni les justiciables ne peuvent y déroger par des règles ou conventions particulières. En conséquence, un juge incompétent saisi doit avant tout notifier son incompétence et s'empêcher du connaitre du fond du litige. Ainsi, le juge du principal, administratif ou judiciaire, peut être confronté à une question incidente de nature préalable ou préjudicielle. Devant une question préalable, en vertu de la règle « *le juge de l'action est juge de l'exception* », le juge est compétent pour en connaitre. Dans le second cas, cependant, il doit surseoir à statuer jusqu'à ce que le juge compétent en espèce apporte la solution à la question soulevée·

[321] Cette indisposition est souvent commise par des auteurs notamment KWAHOU (S.), *La justice administrative gabonaise : essai sur l'exercice de la fonction juridictionnelle en matière administrative*, *op. cit.*, p. 61 et 63. Cependant, la nature de l'œuvre, un ouvrage présentant le contentieux administratif gabonais aux praticiens et théoriciens du droit, également au public censé y puiser le minimum des informations sur ce contentieux explique sans doute le choix davantage de compartimentage et d'usage d'intitulés. Yves GAUDEMET dans son ouvrage *Droit administratif*, page 96 fait l'économie de parler de la compétence de la Cour administrative.

322 Sous réserve des compétences d'appel dévolues directement au Conseil d'Etat·

[323] KWAHOU (S.), *La justice administrative gabonaise*, *op. cit.*, p. 61 et 63.

aux tribunaux administratifs ; et d'autre part, dans une approche différente de la France, une compétence d'attribution élargie aux cours administratives d'appel.

Les droits positifs gabonais et burkinabè consacrent la compétence de droit commun des tribunaux administratifs[324]. Lorsqu'une juridiction dispose d'une aptitude juridique à connaitre, sauf dérogation expresse, un ensemble de contentieux, on admet qu'elle jouit d'une compétence de droit commun. Ce qui signifie que la compétence de droit commun n'est pas absolue[325]. Elle repose sur des critères tenant notamment à l'objet du litige et à l'espace de fixation de l'autorité à qui l'acte litigieux peut être rattaché.

Les articles 80 de la loi n° 07/94 du 16 septembre 1994 au Gabon et 7 de la loi n° du 26 avril 2016 au Burkina Faso renvoient avec une similitude quasi complète à la reconnaissance de la compétence de droit commun des tribunaux administratifs en matière administrative. La seule différence qui sied dans l'usage des expressions de contentieux administratif au Burkina Faso[326] et de matière administrative au Gabon[327] ne contredit aucunement la compétence *ratione materiae* des tribunaux administratifs de ces États.

Toutefois, le législateur gabonais a dressé une liste de matières qui ressortissent à la compétence des tribunaux administratifs ; son homologue burkinabè s'en tient à la formule de juge de droit commun. On peut lire de la liste du législateur gabonais : des recours pour excès de pouvoir formés contre les décisions règlementaires, individuelles ou collectives des autorités provinciales, départementales, municipales ou autres de son ressort ; des litiges relatifs à la situation des agents nommés par arrêts provinciaux, départementaux, municipaux ou de toute autre collectivité publique assimilée ; le recours dirigé contre les actes administratifs dont le champ d'application ne s'étend pas au-delà de son ressort ; des actions en responsabilité dirigées contre les

---

[324] Loi n° 7/94 du 16 septembre 1994 portant organisation de la justice au Gabon, JORG, septembre 1994, n° 9, p. 190. L'article 7 reprend en tout point 5 de la loi du 16 mai 1995 relative aux tribunaux administratifs.

[325] L'admission même des exceptions rappelées dans les lignes suivantes qui côtoient l'affirmation de cette compétence est une illustration topique.

[326] Le législateur burkinabè est plus précis en employant le terme de contentieux administratif qui tout en entretenant un lien avec l'expression ''matière administrative'', consacre une approche juridictionnelle de la notion de contentieux comme nous avons eu à l'expliquer dans l'introduction.

[327] Expression retenue par le législateur gabonais. La matière administrative est définie en droit gabonais de manière énumérative.

collectivités locales et du contentieux de l'inscription sur les listes électorales. Cette liste n'est pas exhaustive. L'emploi du mot notamment qui précède l'énumération confirme la fonction purement illustrative des matières citées. En règle générale, seule l'exception à la compétence de droit commun qui restreint la compétence du juge doit être limitativement énoncée.

Aussi le tribunal administratif compétent pour connaitre d'une demande principale l'est-il pour connaitre de toute demande accessoire, incidente ou reconventionnelle ressortissant à la compétence des tribunaux administratifs[328]. À l'évidence, les matières qui ressortissent à la compétence des tribunaux administratifs gabonais et burkinabè sont à rechercher dans une énumération négative. Les matières qui ne sont pas expressément citées comme dévolues au Conseil d'État et aux juridictions administratives spécialisées relèvent de la compétence du tribunal administratif. Ces matières sont donc d'une importance quantitative et qualitative.

Théoriquement, la règle de la compétence *ratione materiae* des tribunaux administratifs est suffisamment consolidée dans les droits positifs des États susmentionnés. L'examen de la portée de cette compétence, vu sous deux de ces aspects à savoir sa nature d'ordre public et les exigences de la question préjudicielle soulevée devant le juge, confirme ce constat.

Sur la nature d'ordre public de la compétence matérielle des tribunaux administratifs, on retient que le silence des législateurs burkinabè et gabonais n'en constitue point une remise en cause en ce qu'elle demeure un principe général du droit qui, dès lors, s'applique sans texte. D'où l'encadrement strict de la question préjudicielle soulevée devant le juge administratif de premier degré. Au Burkina Faso, l'article 28 de la loi de 2016 impose au juge de surseoir à statuer lorsqu'une question préjudicielle est soulevée par les parties. Et, le tribunal administratif renvoie la partie intéressée à se pourvoir devant la juridiction compétente dans un délai qu'il fixe. A l'expiration du délai, sans diligence de la partie, le tribunal n'a d'autres pouvoirs que d'écarter la question préjudicielle afin de statuer sur le litige. C'est dire que le tribunal administratif ne saurait aucunement connaitre d'un litige échappant aux matières qui ne relèvent de sa compétence. La compétence territoriale est aussi rigoureusement aménagée.

---

[328] Confèrent les articles 9 de la loi de 2016 au Burkina Faso.

La consécration d'une compétence territoriale fonde et limite l'aptitude du juge à connaitre d'un litige en raison soit du lieu d'établissement du requérant à qui l'acte fait ou menace de faire grief soit du lieu où se trouve l'autorité administrative auteur de l'acte. Cette dernière alternative découle du principe selon lequel le demandeur doit poursuivre le défendeur devant le tribunal de son domicile. C'est ce critère qui fut retenu au Gabon[329]. En d'autres termes, c'est le tribunal administratif dans le ressort duquel se trouve l'autorité administrative à laquelle est imputable un dommage qui doit être saisi. En revanche, la solution de principe retenue par le législateur burkinabè est toute autre : « *(...) Le tribunal territorialement compétent est celui dans le ressort duquel le recourant a son domicile* »[330].

On comprend que la posture du législateur burkinabè se justifie par l'objectif qu'il s'est assigné depuis 1995 à savoir promouvoir une justice administrative de proximité[331]. Posture aussi bien inquiétante qu'encourageante. Elle est inquiétante en ce qu'elle peut déboucher sur « *des situations inextricables* »[332]. On note la difficulté de déterminer le tribunal compétent quand le litige met en cause une décision administrative à caractère collectif et concernant des requérants domiciliés dans le ressort de plusieurs tribunaux administratifs. Elle est encourageante tant elle réduit la distance géographique entre le requérant et le juge, et facilite, de ce fait, l'accès à ce dernier[333]. Pourquoi avoir alors exclu de l'application de la compétence du tribunal du lieu de domicile du recourant la matière foncière ainsi que l'hypothèse où ce dernier réside hors du Burkinabè Faso ?

Le principe de la compétence du tribunal rattaché au domicile de l'auteur de l'acte est rétabli en matière foncière et dans l'hypothèse où

---

[329] L'article 3 de la Loi n°17/84 du 29 décembre 1984 portant Code des juridictions administratives dispose, en effet, que : « *Les règles de procédure civile sont applicables en matière administrative lorsqu'elles ne sont pas écartées par une disposition législative formelle ou lorsqu'elles ne sont pas incompatibles avec l'organisation même de la juridiction administrative* ».

[330] Article 10 de la loi de 2010 précitée.

[331] Dans la réforme de 1995, le législateur burkinabè s'est fixé trois objectifs à savoir : l'éveil des mentalités qui a multiplié les plaintes des citoyens contre les actes de l'administration et de ses démembrements ; la volonté de respecter le principe du double degré de juridiction et l'instauration d'une justice administrative de proximité.

[332] BA (T.A.), *Précis du contentieux administratif burkinabè, op. cit.*, p. 121.

[333] DONIER (V.), LAPEROU-SCHENEIDER (B.), (dir.), *L'accès au juge. Recherche sur l'effectivité d'un droit*, Bruxelles, Bruylant, 2013, p. 17.

le recourant réside hors du Burkina Faso[334]. Si la seconde circonstance se comprend aisément, la première, au contraire, mérite quelques éclaircissements. En Afrique en général, le domaine foncier est l'espace privilégié de dialogue, de compromis et souvent de tensions entre les droits étatique et traditionnel[335]. Le droit foncier des États africains intègre souvent et tolère le plus souvent l'application de règles coutumières qui peuvent diverger d'une région à une autre au sein d'un même État[336]. En conséquence, le dénouement des litiges fonciers fait appel à une connaissance conjointe du droit positif et des règles coutumières. Il importe au juge de posséder ces outils qui imposent notamment sa proximité géographique avec le bien immobilier objet du litige. Cette exigence se perçoit amplement en zone rurale où les autorités administratives locales ont généralement compétence pour régir la matière foncière.

De ces restrictions, on voit bien que le législateur burkinabè adopte une position différente de sa propre orientation de 1995 à travers laquelle, échappaient à la règle du tribunal territorialement fixé au lieu du domicile du recourant, les matières de marché public et de contrat de concession[337]. On déduit également qu'il ne déclasse pas totalement le principe selon lequel le demandeur doit poursuivre le défendeur devant le tribunal de son domicile. Il se rapproche donc incidemment de son homologue gabonais. Excepté qu'en droit gabonais, les contrats passés par les autorités locales visées à l'article 80 de la loi n° 7/94 portant organisation de la justice précitée peuvent déroger à la compétence territoriale sus-indiquée[338]. À cela, il faut ajouter les litiges

---

[334] *Ibid.*

[335] NENEBI (S.B.) et al, *Le droit foncier ivoirien*, Abidjan, Centre National de Documentation Juridique, 2016, p. 45 ; BONI (S.), *Comprendre l'esprit de la loi n° 98-750 du 23 décembre 1998 portant code foncier rural en Côte d'Ivoire*, HAL archive-ouvert, 2015 ; DAGROU (T.), *Comprendre le code foncier rural de la Cote d'Ivoire*, 2e éd., Abidjan, Frat-mat édition, 2005 ; CHAUVEAU (J.-P), « La question foncière de 1998 en Côte d'Ivoire et construction nationale en Côte d'Ivoire, *Politique africaine*, vol. 78, 2002, pp. 2-36; « Une lecture sociologique de la loi ivoirienne de 1998 sur le domaine foncier », *IRD REFO*, Réglementations foncières politiques publiques logiques des acteurs, septembre 2002.

[336] CHAUVEAU (J.-P.), « La réforme foncière de 1998 en Côte d'Ivoire à la lumière de l'histoire des indépendances de sécurisation des droits coutumiers », *Institut de Recherche pour le Développement Associé à l'UMR MOISA*.

[337] Article 9 loi de 1995 précitée.

[338] Cf. Code de la justice administrative gabonaise. Le code précise également que les litiges relatifs au domaine public, à l'urbanisme, à l'habitat, aux permis de construire, et toutes les contestations en matière immobilière relevant de la juridiction

relatifs au domaine public, à l'urbanisme, à l'habitat, au permis de construire et d'une façon générale, toutes les contestations en matière immobilière relèvent de la compétence du tribunal administratif dans le ressort duquel se trouve l'immeuble objet du litige[339].

Par ailleurs, au plan formel, la compétence des tribunaux administratifs burkinabè et gabonais s'étend aux provinces. Mais la disproportionnalité entre le nombre de provinces et celui des tribunaux administratifs étend la compétence de certains tribunaux à plusieurs provinces. Quoi qu'il en soit, la protection de la compétence territoriale est, contrairement à la compétence matérielle, explicitement affirmée par les législateurs. On conviendrait alors avec Covaks MISSANG BIBANG que « *le critère de territorialité est au centre de la compétence des juridictions administratives provinciales* »[340].

Le code gabonais des juridictions administratives énonce que « *la compétence territoriale ne peut faire l'objet de dérogation, même en cas d'accord entre les parties* »[341]. Il n'a fait que précéder le législateur burkinabè qui l'imite en ces termes : « *La compétence territoriale des tribunaux administratifs est d'ordre public. Les règles de compétence lient les tribunaux administratifs qui doivent opposer même d'office leur incompétence* »[342].

Ces développements précédents démontrent, à bien des égards, l'enracinement de la compétence de droit commun des tribunaux administratifs burkinabè et gabonais autour des principes et règles empruntés au contentieux administratif français. Néanmoins, la persistance de la pratique du système du juge unique tend à fragiliser cette dynamique de reprise du système français.

L'idée de persistance de la pratique du juge unique dans le fonctionnement des tribunaux administratifs burkinabè renseigne de l'inefectivité de la réforme instituant la pratique de collégialité. À travers la loi de 2016, le législateur a institué le principe de

---

administrative sont de la compétence du tribunal administratif dans le ressort duquel se trouve l'immeuble objet du litige.

339 *Ibid.*

340 MISSANG BIBANG (C.), *La justice administrative au Gabon et au Cameroun. Contribution à l'étude de la réception des droits étrangers en Afrique noire francophone*, p. 188.

341 TSATSABI (E.), *La justice administrative gabonaise*, *op. cit.*, pp. 62-63.

342 Article 11 de la loi de 2016 précité. Cet article reprend au juste mot l'article 9 de la précédente loi n°21/95/ADP précitée.

collégialité[343] en lieu et place de la pratique du juge unique qu'il consacrait vingt et un ans plus tôt[344]. En attente de déployer tous ses effets, la loi de 2016 dispose que : « *titre transitoire, les tribunaux administratifs siègent à juge unique lorsque le nombre de juges affectés à la juridiction ne permet pas de constituer une formation collégiale...* »[345]. En clair, le système du juge unique est loin de disparaitre aussi promptement. D'où l'intérêt de revenir sur la portée du système du juge unique dans la fonction juridictionnelle des tribunaux administratifs burkinabè notamment sans que l'on ne puisse se plaindre « *Encore, les juges uniques !...* »[346].

Qualifiée de « *révolution juridique* »[347] ou de solution hasardeuse[348], l'apparition du juge unique dans le paysage du contentieux administratif burkinabè s'est faite quelque peu brutalement dès la réforme de 1995. Alors que le principe de collégialité était requis sous le monisme juridictionnel, la loi de 1995 crée une rupture nette avec ce principe. C'est dire que, contrairement à la France où le juge unique est entré, en toute discrétion, par des pas négociés, dans la demeure du contentieux administratif comme « *un voleur et presque par surprise* »[349], au Burkina Faso, il s'y est introduit à l'image d'un agresseur tellement son entrée et son mode opératoire furent brutaux. Les lignes qui suivent permettront d'appréhender ces propos.

---

[343] L'article 20 de la loi de 2016 dispose, en effet, que : « ... *Le tribunal administratif est une juridiction collégiale. En formation de jugement, il siège en nombre impair d'au moins trois juges* ». Cette disposition tire son explication dans la recomposition des membres du tribunal administratif qui sont désormais composés : d'un président ; d'un vice-président ; de juges ; d'un commissaire de gouvernement ; d'un premier commissaire de gouvernement ; de commissaires de gouvernement adjoints ; d'un greffier en chef, chef de greffe ; de greffiers en chef ; de greffiers et de secrétaire des greffes et parquets.

[344] Certes, le législateur burkinabè n'emploie pas le terme de juge unique, mais la composition du tribunal administratif qu'il décline à l'article 2 de la loi n° 21/95/ADP portant création, organisation et fonctionnement des tribunaux, JO n° 29, 1995, fait incontestablement référence au système du juge unique. Qu'on en soit juge : « *Le Tribunal Administratif comprend, un Président, un Commissaire du Gouvernement et un Greffier* ».

[345] Cf. article 57.

[346] DRAI (P.), Préfacier de CADIET (L.) et *al*, *Les juges uniques : dispersion ou réorganisation du contentieux ?* p. VII. L'auteur reprend cette formule plaintive avant de la déclasser en démontrant toute la pertinence et l'actualité du sujet.

[347] BA (T.A.), *Précis de contentieux administratif*, *op. cit.*, p. 121.

[348] *Ibid.*, p. 125.

[349] PACTEAU (B.), « Le juge unique dans les juridictions administratives », *Gaz Pal*, 1998, p. 7.

Mais avant, apportons réponses à ces questions guides : juge unique, juge inique ? Ou juge unique, juge sauveur ? L'affirmatif est vrai pour chacune de ces questions. Elle mérite d'être démontrée en traversant le temps et des contrées.

En France, l'on est passé d'une conception d'iniquité à une acceptation de nécessité de la fonction du juge unique dans le contentieux administratif. Ce passage est bien résumé en ces termes : « *Même s'il est entré un peu comme un voleur et presque par surprise dans le monde de la justice administrative qui l'ignorait, voire le rejetait, on peut songer sinon à l'acclamer en sauveur et en tout cas à l'accepter comme une chance et à l'aménager avec profit* »[350].

Le juge unique a longtemps été reçu comme un scandale en droit privé[351] encore plus en droit administratif[352]. On y voyait une menace à l'efficacité de la justice ou du moins aux vertus de la collégialité. Le système de collégialité qui, présenté comme un « *système*

---

[350] *Ibid.*

[351] PERROT (R.), « Le juge unique en droit français », *R.I.D.C*, vol. 29, n° 4, Oct-déc. 1977 ; VINCENT (J.), « Juridiction collégiale ou juge unique dans la procédure civile française », *Mélanges* Faletti in Ann. Fac, Dr. Lyon 1971, t. II, p. 561 ; Travaux du IXe Colloque des Institutions d'études judiciaires de Nice en 1974 avec les rapports de MM. NORMAND, ROUJOU DE BOUBEE, CHARLES et J. VINCENT ; SOLUS (H.), et PERROT (R.), *Droit privé judiciaire*, t. I, n° 541 et s. ; VINCENT (J.), *Précis Dalloz de la procédure civile*, 18e éd., n° 100 ; CATALA (P.) et TERRE (F.), *Procédure civile et voie d'exécution*, Paris, PUF, 1965, p. 61.

[352] « La solution du juge unique qui peut paraitre expédiente est, en contentieux administratif, une solution détestable ». Cf. ODENT (R.), *Cours de droit administratif*, Paris, Les cours de droit, 1980, p. 910. En témoigne également la résistance de la jurisprudence administrative française à admettre qu'une instance non collégiale puisse, dans le silence des textes, être qualifiée de juridiction. Cf. CE, sect. 20 nov. 1970, *Bouez et UNEF, AJDA* 1971, p. 483, note CHEVALLIER (J.). Pour CHAPUS (R.), « Qu'est-ce qu'une juridiction ? La réponse de la juridiction administrative », *in Mélanges Eisenmann*, Cujas, 1977, p. 269, la restriction en cause « *n'a pas de fondement avouable nous voulons dire : juridique* », il rejoint ainsi les conclusions du commissaire du gouvernement THERY (J.-F.), *AJDA* 1971, p. 519. Cela est d'autant soutenable que, même dans les hypothèses où la loi a admis que statue un seul juge au cours de la procédure administrative contentieuse, le Conseil d'Etat a propension à y voir une procédure particulière plutôt qu'un recours au juge unique car, pour lui, l'intervention de ce juge n'est ni subséquente ni annonciatrice de la création d'une juridiction distincte de celle au titre de laquelle se produit cette intervention isolée. Voir CE, 2 juill. 1982, *AJDA* 1982, p. 657, concl. J. Biancarelli, *Rev. adm.* 1982, p. 627, note B. PACTEAU. On devrait plutôt comprendre, par cette interdiction, la volonté du juge de ne pas créer l'opportunité d'un éventuel retour au système de l'administrateur juge. Au soutien de cette approche, voir : *Rec. CE*, p. 1148, concl. P.H. Jagerschmidt ; S. 1892. 3. 17, note M. HAURIOU.

d'organisation judiciaire selon lequel les décisions de justice sont en principe prises après délibération en commun par plusieurs magistrats... »[353], semble une « *garantie de bonne justice* »[354]. La raison de sa préférence se trouve dans le fait que « *la collégialité garantit la libre expression de sa conviction par chacun des juges qui concourent à la décision* »[355]. Les parties auront donc l'assurance morale et psychologique qu' « *une majorité au moins s'est dégagée en faveur de la solution retenue* »[356]. Elles seront, de ce fait, plus enclines à accepter la décision rendue et à recourir aux juges.

Alors, devant la juridiction administrative, la collégialité tient lieu de règle fondamentale et de garantie contre le risque de décision arbitraire[357]. À l'inverse, le juge unique était un symbole d'iniquité, de dysfonctionnement de la justice, de nuisance à l'équité du procès. Ces maux étaient alimentés par l'adage juge unique, juge inique[358]. Le procès fait au système du juge unique n'était curieusement pas dressé de façon intrinsèque contre ses propres résultats, mais contre les

---

353 CORNU (G.) (dir.), *Vocabulaire juridique*, Paris, PUF, 12e éd., 2018, p. 437.

354 CHAPUS (R.), Droit du contentieux administratif, *op. cit.*, p. 62.

355 DENOIX De SANT-MARC (R.), « La loi du 8 février 1995 – Présentation », *RFDA*, janv-fév. 1996, p. 2.

356 *Ibid.*

357 La collégialité entend préserver trois garanties de la justice : une justice mieux éclairée en ce que les décisions ne sont pas prises en catimini ; une justice plus impartiale car rendue après analyse de plus avis et adoptée le plus souvent par la majorité ; et une justice plus indépendante du moment que les juges ne sont pas formellement responsables des décisions prises.

358 Montesquieu affirmait que : « *Le Magistrat ne pouvait avoir lieu que dans le gouvernement despotique* ». Mais il ne faudrait pas se méprendre, l'origine de cet adage remonte bien loin. Il serait étroitement en lien avec une parabole biblique. D'après la traduction de la Bible Louis SEGOND, cette parabole est issue de l'Evangile selon Luc, chapitre 18, verset 1 à 8. On peut y lire : « *Jésus leur adressa une parabole, pour montrer qu'il faut toujours prier, et ne point relâcher. Il dit : il y avait dans une ville un juge qui ne craignait point Dieu et qui n'avait d'égard pour personne. Il y avait dans cette ville une veuve qui venait lui dire : Fais-moi justice de ma partie adverse. Pendant longtemps, il refusa. Mais ensuite, il dit en lui-même : Quoique je ne craigne point Dieu et que je n'aie d'égard pour personne, néanmoins, parce que cette femme m'importune, je lui ferai justice, afin qu'elle ne vienne pas sans cesse me rompre la tête. Le Seigneur ajouta : Entendez ce que dit le juge inique : Et Dieu ne fera-t-il pas justice à ses élus, qui crient à lui jour et nuit, et tardera-t-il à leur égard ? Je vous le dis, il leur fera promptement justice. Mais, quand le fils de l'Homme viendra, trouvera-t-il la foi sur la terre ?* ».

avantages plausibles de la collégialité[359]. Pourtant, la bonne justice n'est pas l'apanage de la collégialité encore moins une de ses conséquences immanquables.

La qualité de la justice rendue est-elle garantie si les juges qui composent le collège n'ont pas plein sens de leurs responsabilités ? Le débat s'impose-t-il inéluctablement ou se tient-il toujours même devant un litige ne présentant pas de difficultés juridiques particulières ? L'indépendance d'un collège de magistrats sans véritables prérogatives ne peut-elle pas être facilement écorchée comparativement à celle d'un seul magistrat dont les pouvoirs sont renforcés ? Ces différentes préoccupations auxquelles on ne peut qu'apporter des solutions nuancées tissent un nid fécond du sentiment que la collégialité n'est pas moins importante à assurer l'indépendance du juge que les règles de fonctionnement des juridictions[360].

En conséquence, le contournement de la règle de collégialité peut s'avérer nécessaire au regard de certains défis à relever pour un perfectionnement de la justice administrative. Ces défis se révèlent sous deux formes : l'efficacité et la modernisation de la juridiction administrative. L'efficacité devait permettre un traitement rapide des affaires pendantes devant les juridictions administratives, tandis que la modernisation de celles-ci s'entend de leur adaptation au besoin de leur environnement.

Certes, « *l'engorgement alarmant* »[361] du prétoire des juges administratifs[362] et un délai insatisfaisant de jugement[363] ; le succès croissant des procédures d'urgence sont des raisons ayant commandé

---

[359] Sur les avantages de la collégialité, voir à titre illustratif : BOITEAU (C.), « Le juge unique en droit administratif », *AJDA*, janvier-février 1996, p. 10 ; PERROT (R.), *Institutions Judiciaires*, 7e éd., Montchrestien, Précis Domat, 1995, n° 294.

[360] BOITEAU (C.), précité ; CADIET (L.), « Le juge unique en question », *in Les juges uniques : dispersion ou réorganisation du contentieux ?* p. 18, disait à cet effet : « *Quant à la collégialité comme garantie d'impartialité et d'indépendance, elle n'est pas acceptable que sous bénéfice d'inventaire : outre que ces arguments postulent un préjugé singulièrement négatif à l'égard pris individuellement, est-il nécessaire d'observer que les juridictions collégiales sont loin d'être inconnues des régimes totalitaires et que la France a eu, elle aussi, ses sections spéciales. La collégialité n'est donc pas aussi inhérente que cela à l'Etat de droit* ».

[361] PAILLET (M.), Le juge administratif, juge unique, *op. cit.*, p. 95.

[362] *Ibid.* 180 000 affaires étaient en stock pour l'ensemble tribunaux – cours administratives d'appel – Conseil d'Etat.

[363] D'après les chiffres cités par LONG (M.) devant le Sénat, Rapport n° 30, 1ère session ordinaire 1994-95, le délai moyen de jugement était égal à 23 mois pour le Conseil d'Etat et les Tribunaux et à 13 mois pour les Cours.

de tourner une page de l'histoire du régime contentieux français[364]. Il était alors indispensable d'adopter de nouvelles procédures permettant aux juridictions de statuer rapidement au cours d'une procédure allégée, inspirée du mécanisme du référé et du sursis. C'est alors que le juge unique s'est imposé comme une solution encourageante « *dans le cadre de cette nouvelle culture de l'urgence* »[365]. En d'autres termes, « *la recherche d'une plus grande efficacité pour la justice administrative a amené le législateur français à s'avancer dans deux directions qui l'ont porté à la rencontre du juge unique : d'une part, on a assisté à la multiplication des interventions d'un juge unique pour urgence ; d'autre part (...) le choix a été de faire trancher certains litiges considérés comme pouvant échapper à la collégialité par un juge statuant seul, ainsi promu juge de la simplicité* »[366]. Toutefois, les pouvoirs du juge unique sont doublement limités : il ne bénéficie pas de pouvoirs plus étendus que ceux du juge principal[367] et il ne peut prendre que des mesures provisoires dépourvues de force de la chose jugée[368].

Juge unique, juge inique ou juge unique, juge sauveur ? L'affirmative qui répondrait à chaque question repose, cette fois, sur l'espace géographique considéré. Alors qu'en France, le juge unique semble avoir « *sauvé l'honneur de la justice* »[369], au Burkina Faso, son omniprésence au sein des tribunaux administratifs de premier degré soulève nombre d'inquiétudes. L'intronisation du juge unique dans ce pays ne s'est point opérée progressivement : il est, d'une part, jusqu'à l'application effective de la loi de 2016, compétent pour connaitre de l'ensemble du contentieux administratif au premier degré ; et d'autre part, il est l'unique formation de jugement se confondant même au tribunal.

Par ailleurs, il statue par un véritable jugement rendu en audience publique et après auditions des conclusions du Commissaire du gouvernement[370]. Ses jugements sont revêtus de force de la chose jugée en toutes circonstances et sans aucune réserve de renvoi à une formation

---

[364] CHAPUS (R.), *Droit du contentieux administratif*, *op. cit.*, p. 1356.
[365] BA (T.A.), *Précis du contentieux administratif burkinabè*, *op. cit.*, p. 122.
[366] BA (T.A.), *Précis du contentieux administratif burkinabè*, *op. cit.*, p. 123.
[367] Article L511-1 du CJA.
[368] Article L521-1 du CJA.
[369] DRAI (P), préface *Les juges uniques : dispersion ou réorganisation du contentieux ?* précitée.
[370] Article 19 de la loi de 1995 relative aux tribunaux administratifs précité.

collégiale. Pour ainsi dire, « *c'est le tribunal qui statue par l'organe du juge unique* »[371]. Le législateur burkinabè ne se serait-il pas précipité bien que la collégialité ne soit constitutionnalisée au Burkina Faso et qu' « *aucun principe général du droit n'impose que les fonctions juridictionnelles soient exercées collégialement* »[372] ? La réponse possible qu'on pourrait alléguer pour sa défense est, encore une fois, le nombre très insuffisant de magistrats administratifs à l'aurore du dualisme burkinabè ainsi que des raisons d'impératifs économiques. Mais cette défense ne peut convaincre quand on sait qu'au regard de la loi qui instituait ce juge, le président du tribunal officiant en qualité de juge administratif unique était toujours un magistrat judiciaire. Se situe là, un pan du paradoxe du juge unique dans le contentieux administratif burkinabè.

Le caractère salutaire du juge unique en France a été possible, car celui-ci était loin d'être un généraliste touche-à-tout, mais plutôt un juge, fin spécialiste de techniques de plus en plus avancées[373]. On ne saurait exiger un tel exploit de célérité et d'efficacité de jugement à un juge de formation judiciaire statuant seul en matière administrative. En somme, le juge unique ne répond ni à un souci d'urgence ni à une volonté d'allègement de la procédure administrative contentieuse au Burkina Faso. Cette absence d'exigence de rapidité est perceptible à travers le maintien d'une procédure contentieuse classique, propre aux formations collégiales. Pis, on est fondé à craindre une justice expéditive en raison de l'absence de débat entre juges et de la non-spécialisation du juge statuant seul[374]. Ainsi, le risque est grand de voir se réaliser cette crainte d'Etienne PICARD : « *Mais il ne faudrait naturellement pas que ces décisions rendues par un juge unique suscitent, chez les justiciables, une suspicion telle qu'ils mettent à former davantage d'appels que lorsque ces litiges se voyaient régler en formation collégiale* »[375].

Le second aspect plus inquiétant de l'implantation brutale du juge unique au Burkina Faso est le danger de l'abandon de l'anonymat qui

---

[371] BA (T.A.), *Précis du contentieux administratif burkinabè*, *op. cit.*, p. 121.

[372] MASSOT (J.) et MARIMBERT (J.), *Le Conseil d'Etat, Notes et études documentaires*, n° 4869, 1988, p. 142.

[373] DRAI (P), préface *Les juges uniques : dispersion ou réorganisation du contentieux ?* précité.

[374] NGUECHE (S.), « Le juge unique dans le contentieux administratif des Etats de l'Afrique noire francophone », *RAMReS*, n° 1, janvier 2021, p. 280.

[375] PICARD (E.), « La loi du 8 février 1995 », *JCP*, I, n° 3840.

frappe la décision de justice. Cela est un problème lié au juge unique en général, mais qui présente plus d'effets pervers dans les sociétés africaines fortement relationnelles. Dans un tel contexte, le juge statuant seul, dont l'anonymat n'est point voilé, n'échappe pas aux poids des préjugés et aux influences sociales, culturelles ou ethniques qui menacent son indépendance[376].

Nous n'entendons aucunement, par ces propos, mettre en quarantaine le système de juge unique dans les jeunes modèles de dualisme juridictionnel africains. Nous n'encourageons ni un collégialisme intransigeant ni un unicisme complaisant[377]. Il s'agit plutôt d'inviter les législateurs à une véritable réflexion sur les moments d'intégration de ce juge, les modalités et surtout les matières qui fonderont sa compétence. Autrement dit, il faut « *savoir distinguer où il peut être utile, voire supérieur au système collégial (...)* »[378]. C'est d'ailleurs le sens du retour du législateur burkinabè au système de collégialité depuis la loi de 2016 qui tarde à être effective. La détermination de la compétence matérielle des cours administratives gabonaise et burkinabè parait-elle, néanmoins, plus tranquille ? Les lignes qui suivent nous renseigneront.

L'examen des droits positifs gabonais et burkinabè relatifs aux compétences des juridictions administratives du fond permet de conclure qu'en tant que juridictions de second degré, la compétence des Cours administratives d'appel constitue un prolongement de celle des tribunaux administratifs. La particularité des exemples gabonais et burkinabè réside dans l'absence de partage de la compétence d'appel entre la Cour administrative d'appel et le Conseil d'État.

Les Cours administratives d'appel burkinabè et gabonaises sont habilitées à connaitre de tous les pourvois contre les jugements des tribunaux administratifs[379]. Elles ne disposent pas de compétences particulières en dehors de ces jugements. Leur compétence s'établissant

---

376 FALL (A.B.), « Le juge, le justiciable et les pouvoirs publics : pour une appréciation concrète de la place du juge dans les systèmes politiques en Afrique », *Afrilex* n° 3, 2003, p. 39.

377 BA (T.A.), *Précis de contentieux administratif burkinabè, op. cit.*, p. 124.

378 PACTEAU (B.), « Le juge unique dans les juridictions administratives », *op. cit.*, p. 9.

379 Burkina Faso, confère article 10 de la loi n° 10-2016/AN portant création, composition, organisation, attributions, fonctionnement de la Cour administrative d'appel et de la procédure applicable devant elle ; au Gabon, c'est l'article 51 de la loi n° 7/94 du 16 septembre 1994 portant organisation de la justice.

dans le prolongement de celle des tribunaux administratifs[380], le commissaire général gabonais à la loi a conclu à l'incompétence de la Cour administrative au profit du tribunal administratif sur la base des dispositions 80 de la loi n° 7/94 du 16 septembre 1994 suite à l'action en responsabilité formée devant la Cour administrative et dirigée contre la Mairie de Libreville. Son postulat a été consolidé par la Cour qui a déclaré son incompétence[381]. Au fond, c'est l'ensemble du contentieux de l'excès de pouvoir ou du plein pouvoir qui peut être soumis en appel à la compétence des Cours administratives d'appel. C'est sous cet angle que l'on devrait saisir le sens de compétence élargie ou générale et non dans une extension arbitraire de cette compétence.

Le juge administratif gabonais précise pertinemment que la compétence de la Cour administrative « *ne peut s'étendre aux organismes privés gérant un service public* »[382] encore moins à un organisme international[383]. Dans l'affaire *Ngouangou Marcel c/ ASSECNA*, sa formule est sans appel : « *Que le champ de compétence réservé à cette juridiction est limitativement énoncé à l'article 35 du Code des juridictions administratives ; qu'en l'absence de toute autre disposition réglementaire ou législative spéciale, la Cour ne saurait être fondée à retenir sa compétence* »[384]. Par une telle disposition des choses qu'on observe aussi au Burkina Faso, il apparait que les limites de la compétence des Cours administratives d'appel découlent respectivement des compétences afférentes aux attributions du Conseil d'État et des tribunaux administratifs.

La compétence élargie s'entend, par ailleurs, de la plénitude de la compétence des Cours administratives burkinabè et gabonais en matière des pourvois formés contre les jugements des tribunaux administratifs.

La pratique du partage de compétence d'appel entre la Cour administrative et le Conseil d'État voudrait que, pour certaines matières, l'interjection d'appel contre les jugements des juridictions de premier degré soit portée devant la Cour administrative et pour d'autres,

---

[380] MISSANG BIBANG (C.), *La justice administrative au Gabon et au Cameroun. Contribution à l'étude de la réception des droits étrangers en Afrique noire francophone*, précitée, p. 188.

[381] Cour administrative (Gabon), 29 mai 1998, *Eteka Louis Serge c/Mairie de Libreville*, Répertoire n° 45.

[382] Cour administrative (du Gabon), 8 mars 2000, *Ankombié Céline c/Caisse Nationale de Sécurité Sociale* (CNSS), Rép. n° 2.

[383] Cour administrative (du Gabon), 8 mars 2000, *Ankombié Céline c/Caisse Nationale de Sécurité Sociale* (CNSS), Rép. n° 2.

[384] Cour administrative, 20 mai 1998, *Ngouangou Marcel c/ ASSECNA*, Rép. n° 40.

l'appel relève de la compétence du Conseil d'État. Cela étant, l'appel contre les jugements de ces juridictions de premier degré n'est pas l'apanage de la Cour administrative. C'est le cas en France[385]. L'état du droit au Gabon et au Burkina Faso démontre que les législateurs de ces pays en ont décidé autrement. La création de cours administratives y est accompagnée d'un transfert total, à leur profit, des compétences d'appel du Conseil d'État. La compétence des Cours administratives burkinabè et gabonaise résulte, dès lors, d'une ligne de démarcation entre la compétence des tribunaux administratifs et celle du Conseil d'État. Un tel aménagement pourrait trouver explication dans la volonté d'expliciter et d'éviter la complexité des règles de détermination de compétence au sein de l'ordre juridictionnel administratif. On pourrait y voir une mesure de prévention contre les conflits de compétences entre les juridictions administratives. Cependant, une telle garantie est loin d'être acquise au regard du mode de détermination des compétences territoriales des juridictions administratives provinciales et du Conseil d'État dans les Etats concernés.

La distribution de compétences entre les juridictions administratives gabonaises recèle des incohérences dont les principales sont la superposition maladroite de deux degrés de juridiction sur un même ressort territorial et l'existence des zones de confusion de compétences entre les tribunaux, les cours administratives et le Conseil d'État.

L'article 44 de la loi de 1994 relative à l'organisation de la justice dispose qu' « *il est institué une cour d'appel au chef-lieu de chaque province* ». Parallèlement, selon l'article 75, « *il est institué, dans chaque province, un tribunal administratif...* ». En logeant une cour administrative dans chaque ressort territorial des tribunaux administratifs, l'on s'inquiète sur la préservation de certaines vertus du principe de double degré de juridiction ainsi que sur l'opportunité même de la création des cours administratives d'appel au Gabon. Une raison juridique, une vision ethnographique et une appréciation pragmatique ne sont guère favorables à un tel aménagement.

Juridiquement, l'harmonisation des jugements des tribunaux est une des missions des Cours d'appel. Assurément, l'identité des ressorts territoriaux entre les cours et les tribunaux administratifs rend impossible cette mission parce que l'harmonisation commande qu'un

385 Depuis la loi du 23 décembre 1987, il est procédé à un transfert progressif des compétences d'appel du Conseil d'État vers les cours administratives sans déposséder entièrement le Conseil d'État de sa compétence d'appel.

organe placé au-dessus de plusieurs autres puisse, par son pouvoir de contrôle, donner une orientation unique et claire à l'ensemble du système. Dans la prévision des législateurs burkinabè et gabonais, il n'y a qu'une cour administrative compétente pour connaitre en appel des jugements d'un seul tribunal sur un ressort territorial ; et ce, sur l'ensemble des territoires nationaux.

Empruntant les lentilles à un ethnographe, l'analyse d'une telle organisation fonctionnelle permet d'observer une destruction psychologique de la symbolique d'une suprématie des cours administratifs d'appel sur les tribunaux administratifs. On a une sorte de projection renvoyant à l'image de deux juges qui se disputent une matière et un espace communs à des moments différés. Certes, en précisant les pouvoirs et instants de compétence des cours et tribunaux administratifs, les règles juridiques font perdre tout intérêt à cette inquiétude. Mais d'un point de vue pragmatique, le malaise demeure.

« *Est-il réaliste d'instituer dans la même ville, et de surcroît dans les mêmes locaux administratifs des juges appartenant à deux degrés de juridiction différents soumis à l'éventualité de connaître des mêmes litiges administratifs* ? » s'interrogeait-on sur la pratique gabonaise[386]. Ce faisant, le nombre des cours administratives d'appel n'est-il pas excessif pour des États en début d'expérimentation du dualisme juridictionnel où le volume du contentieux semble faible ? À tout le moins, les orientations des réformes dans les pays susmentionnés manquent de pragmatisme à deux égards.

D'abord, la faiblesse du contentieux administratif s'accommode difficilement avec autant de cours administratives d'appel que les législateurs burkinabè et gabonais entendent créer[387]. L'intérêt de la création de cours administratives dans un tel contexte serait davantage plus faible que le Conseil d'État pourrait être érigé en juridiction nationale d'appel en matière administrative. Toutefois, cette proposition inspirée de la pratique française qui a duré deux siècles ne doit pas être surestimée. La proximité des juridictions d'appel des justiciables peut contribuer au développement du contentieux surtout que la distance qui sépare ceux-ci de la capitale où est logé le Conseil

---

[386] MISSANG BIBANG (C.), *La justice administrative au Gabon et au Cameroun. Contribution à l'étude de la réception des droits étrangers en Afrique noire francophone, op. cit.*, p. 190.

[387] Pour rappel : il est prévu la construction de cours administratives dans chaque chef-lieu de provinces burkinabè et gabonaises.

d'État est difficilement parcourue[388]. D'où la solution d'opter plutôt pour une réduction rationnelle du nombre des cours administratives d'appel.

Ensuite, le nombre excessif des cours d'appel, l'identité de leur champ d'intervention avec celui des tribunaux administratifs constituent une voie de dépréciation du rôle de ces juridictions d'appel. Aussi la réduction de leur nombre doit-elle être suivie d'une extension de leurs ressorts territoriaux. La structure pyramidale qui supporte le projet de l'édification d'un ordre juridictionnel administratif en dépend.

La confusion créée par les articles susmentionnés est-elle une maladresse dans l'aménagement ou un aménagement maladroit sciemment mené ? La réponse est nuancée suivant les cas : l'excuse d'inattention qu'on pourrait prêter au législateur burkinabè ne saurait servir à son homologue gabonais. Les alinéas premier et deuxième de l'article 88 issue de la loi de 1994 dispose successivement que : « *Le ressort d'une cour d'appel peut couvrir plusieurs provinces* » ; « *Le ressort d'un tribunal administratif peut également couvrir plusieurs provinces* ».

La confusion semble entretenue à la lecture de l'alinéa 2 de l'article 35 de la loi n°10/94 du 17 septembre 1994 sur la Cour Administrative devenue Conseil d'État. Le législateur y fonde la compétence d'attribution de la Cour en matière de : « *recours dirigés contre les actes administratifs individuels dont le champ d'application s'étend au-delà du ressort d'une cour d'appel administrative* »[389]. La préoccupation est alors de savoir lequel des articles 88 et 35 prévaut sur l'autre. Posée autrement, quelle juridiction sera compétente si l'on considère que le Conseil d'État, les cours et tribunaux administratifs sont déclarés compétents pour connaître des actes administratifs dont le champ d'application s'étend au-delà du ressort d'un tribunal administratif ?

L'imprécision sur les actes administratifs qui relèveraient des juridictions provinciales et ceux dont le Conseil d'État serait exclusivement compétent constitue le nœud de la préoccupation. On comprend bien que l'extension du ressort territorial des tribunaux

---

[388] PANGOU-TATY, *La justice administrative au Gabon et au Cameroun. Contribution à l'étude de la réception des droits étrangers en Afrique noire francophone*, Thèse de doctorat en Droit public, Université Paris XII – Val de Marne, 2004, p. 76. ; NANG ONDO, *La protection du citoyen par le juge administratif au* Gabon, Thèse de doctorat en Droit public, Université Aix-Marseille 3, 1991, 340 p.

[389] Loi n° 10/94 du 17 septembre 1994 portant organisation de la justice.

administratifs et cours d'appel a un objet précis : la connaissance des actes administratifs des autorités administratives provinciales relevant du ressort territorial des juridictions administratives dont la mise en place est encore ineffective. L'imprécision sur le nombre de provinces que peut couvrir un tribunal administratif au Gabon est donc volontaire et vise à anticiper les disparités probables dans la mise en place des juridictions administratives locales. Elle a, néanmoins, l'inconvénient de placer les justiciables dans l'incertitude de déterminer le juge compétent. C'est donc à une démarche de compromis qu'a été invité le législateur gabonais. Son homologue burkinabè n'a pas été soumis à un tel dilemme. Que ce soit sous l'empire de la loi de 1995 que celui de 2016, la délimitation territoriale des tribunaux administratifs a toujours été explicite[390] ; les compétences de ceux-ci seraient bien fixées à l'image de celles du Conseil d'État.

Les compétences juridictionnelles du Conseil d'État issues des droits étudiés rapprocheraient cette haute juridiction administrative des juridictions administratives de droit commun qui viennent d'être analysées. La consécration d'une compétence du fond en faveur du Conseil d'État burkinabè et sénégalais fonderait ce rapprochement. Mais, outre que les matières à lui dévolues restent distinctes de celles que connaissent les tribunaux administratifs et les cours administratives d'appel, le juge administratif suprême a l'apanage de la compétence en cassation.

Les hautes juridictions administratives des États soumis à étude est juge de premier ressort en certaines matières. Cette approche ainsi que le domaine de compétence en premier ressort du Conseil d'Etat rapprochent chacun des États africains au modèle français. Elle se justifierait par la sensibilité et l'importance particulière desdites matières. Ce faisant, la compétence en premier ressort de la juridiction administrative suprême se distingue de sa compétence en appel des jugements rendus par les tribunaux. Celle-ci étant, à la fois, singulière et conjoncturelle.

---

[390] Rappelons que l'article 1er de la loi de 2016 fixe la compétence territoriale des tribunaux administratifs burkinabè au niveau des provinces. Mais en son article 58, le législateur précise qu'à titre transitoire, « *les tribunaux administratifs existant à l'entrée en vigueur de la présente loi conservent les compétences qui leur sont dévolues* ». Or aux termes de l'article 1er de la loi de 1995, « *Il est créé au siège de chaque Tribunal de Grande Instance, un Tribunal Administratif* » et la compétence territoriale du Tribunal de Grande Instance est explicitement définie.

Le juge bénéficiant d'une compétence de premier ressort est celui habilité à connaitre d'un litige en premier lieu. La décision rendue est susceptible ou non de recours devant un autre juge. Cela dépend du degré qu'occupe ce premier juge. Traditionnellement, les tribunaux administratifs jouissent de cette compétence susceptible d'appel ou de cassation. La compétence de premier degré du Conseil d'État prive le litige de toute voie de recours devant une autre juridiction administrative. C'est le partage de compétence de premier degré notamment entre tribunaux de premier degré et Conseil d'État qui fut retenu dans les États africains importateurs du dualisme français. L'on est en droit de se poser la question de savoir pourquoi avec la création des tribunaux administratifs, suivie de l'enlisement de certaines compétences du Conseil d'État, le législateur français n'a pas transféré la compétence de premier degré en toutes matières à ces nouvelles juridictions de droit commun. Il ressort de l'article 98 du code français de la justice administrative que cette orientation du législateur est dictée par « *l'objet du litige ou l'intérêt d'une bonne administration de la justice* ».

Cependant, cette compétence du Conseil d'État considérée comme des attributions par défaut n'a pas l'air de séduire certains de ses membres[391]. Sans l'annoncer aussi formellement, les législateurs burkinabè et gabonais semblent s'approprier ces justifications.

Les matières qui ressortissent, en premier lieu, à la compétence de leur Conseil d'État respectif sont particulièrement importantes soit en raison de l'étendue de leur portée soit au regard de l'importance de l'autorité administrative à qui est rattaché l'acte litigieux. Sur cette question, le Conseil d'État gabonais connait en premier et dernier ressort des recours pour excès de pouvoir formés contre les actes individuels des autorités administratives ; des recours contre les actes administratifs unilatéraux et individuels dont le champ d'application s'étend au-delà du ressort d'une cour administrative d'appel ; des recours en annulation dirigés contre les décisions administratives et

[391] Pour le Vice-président Jean-Marc SAUVE, il importe de parachever la réforme de 1953 en faisant des tribunaux administratifs les juges de droit commun du contentieux administratif en premier ressort. Plaidant pour que la compétence juridictionnelle du Conseil soit concentrée sur la cassation, il ne concède notamment que ne demeurent de la compétence en premier et dernier ressort de celui-ci « *outre le contentieux des ordonnances et des décrets, le contentieux des actes règlementaires des ministres et quelques contentieux spécifiques, en particulier électoraux ou ultra-marin...* ». Cf. SAUVE (J.M), *ibid.*

disciplinaires prises par des organismes collégiaux à compétence nationale et les ordres professionnels ; actions en responsabilité dirigées contre l'État ou ses établissements publics ; des recours en matière d'élections autres que les élections politiques et les opérations de référendum ; des recours en matière fiscale conformément aux lois et règlements régissant cette matière[392].

Également, les attributions du Conseil d'État burkinabè en premier ressort, bien qu'elles soient déclinées en moins de mots, embrassent un champ identique à celui du Gabon. En reconnaissant la compétence en premier et dernier ressort du Conseil d'État contre « *les décrets, les autres actes règlementaires dont le champ d'application s'étend au-delà du ressort d'un seul tribunal administratif* »[393], le législateur justifie son choix par l'objet du litige. Cet objet renvoie aux affaires de portée nationale voire d'une certaine importance. Ce choix serait-il motivé par l'intérêt d'une bonne administration de la justice ? Faisant l'économie des confluences et influences de l'usage de cette expression dans la pratique du contentieux administratif[394], nous pouvons retenir que l'intérêt d'une bonne administration de la justice se traduit particulièrement par les exigences d'efficacité, de célérité et de qualité de la justice[395]. Ces critères peuvent être étendus à tout environnement juridique et judiciaire.

Cependant, une rupture initiale entre le contexte français et ceux des États africains importateurs du dualisme est à relever. La création des tribunaux administratifs d'où est né le partage de compétence en premier ressort entre ceux-ci et le Conseil d'État en France a pour principale raison le désengorgement du prétoire du Conseil d'Etat. Ce tableau est différemment présenté au Gabon et au Burkina Faso dans lesquels les juridictions administratives sont les parents pauvres des justiciables. Qui plus est, les Conseils d'État qui se trouve dans leurs

[392] Cf. article 38 de la loi organique n° 5/2002 sur le Conseil d'Etat.

[393] Article 16 de la loi de 2016 relative au Conseil d'Etat.

[394] Dans le contentieux administratif français, l'expression « *l'intérêt d'une bonne administration de la justice* » est généralement utilisée pour justifier une dérogation de droit commun. En témoigne l'article L. 311-1 du Code de la Justice Administrative susmentionné. En témoigne également la décision du Conseil constitutionnel du 23 janvier 1987 dans laquelle le juge constitutionnel en se référant à cette expression, motive sa décision d'autoriser le législateur à attribuer au juge judiciaire certains contentieux relevant normalement de la juridiction administrative.

[395] BROYELLE (C.), *Contentieux administratif*, Paris, LGDJ, 6e éd., 2018-2019, p. 40.

capitales respectives sont difficilement accessibles comparativement aux tribunaux ou sections de tribunaux administratifs[396].

Toutefois, l'objectif de qualité de justice que poursuit, en outre, l'intérêt d'une bonne administration de justice semble plaider la cause de la reprise d'une compétence directe du Conseil d'État dans des matières importantes et à portée nationale au Burkina Faso et au Gabon. La délicatesse de ces matières s'aménage difficilement avec la pratique du juge unique ainsi que le faible niveau de spécialisation du juge administratif de droit commun observés dans ces États. En plus, il revient au Conseil d'État, juridiction administrative supérieure, de construire une jurisprudence, d'harmoniser les cadences de celle-ci voire d'assurer l'unité dans l'interprétation de la loi[397]. L'intérêt d'éviter les divergences de jugements et de décisions sur les questions à portée nationale est incontestable. Ce rôle est certes joué en appel ou en cassation, mais il l'est mieux quand le Conseil d'État intervient en premier ressort.

En dépit de ces nuances, l'analyse du fond du droit induit de constater un grand rapprochement des contentieux qui échoient en premier ressort au Conseil d'État de la France et de ces deux États africains[398]. Il en va ainsi de leur compétence d'appel.

En France, la création des cours administratives d'appel n'a pas entièrement dépossédé le Conseil d'État français de sa compétence

---

[396] Voir *infra*, p. 511.

[397] Pouvoir dont le juge administratif français se dit investi en vertus « *des pouvoirs généraux de régulation de l'ordre juridictionnel administratif* », CE, 10 novembre 1999, *Société Coopérative agricole de Brinon*. Lire aussi sur les fonctions d'une juridiction suprême : BORE (L.), « Les deux fonctions des juridictions suprêmes », *La semaine juridique*, n°1-2, 8 janvier 2018.

[398] Rappelons que le Conseil d'Etat français est principalement compétent en premier et dernier ressort pour connaitre des litiges dirigés : contre les ordonnances du président de la République et les décrets ; contre les actes règlementaires des ministres et des autres autorités à compétence nationale et contre leurs circulaires et instructions de portée générale ; contre les décisions prises par un certain nombre des autorités administratives indépendantes et contre les décisions ministérielles prises en matières de contrôle des concentrations économiques.

d'appel[399]. Certes il en conserve encore un pan moins important[400], mais il se redécouvre une nouvelle dynamique[401]. La distribution des compétences au sein des juridictions administratives entretient une liaison complice avec l'évolution historique de la construction du dualisme des ordres juridictionnels.

Le dualisme français est parti de la création du Conseil d'État et s'est édifié autour de celui-ci, dans une moindre mesure, suivant aussi l'expérience des conseils de préfecture. Les compétences des autres juridictions administratives sont le fruit d'un transfèrement progressif des compétences initiales du Conseil d'État. L'historicité récente de la création du dualisme dans les États africains est toute différente. Le dualisme africain s'est construit souvent à la base, par la création des tribunaux et cours administratifs, et parfois en bloc, à partir de la consécration formelle dans la même décennie de toutes les juridictions administratives. L'aménagement des compétences des cours administratives d'appel notamment n'est donc pas censé répondre aux mêmes contenus que le modèle français sans pour autant le condamner de s'en distinguer. Ainsi, si au Gabon, le Conseil d'État ne dispose d'aucune compétence d'appel en matière administrative, au Burkina Faso, la législation est en transition : la nouvelle loi mettant fin à la compétence d'appel du Conseil d'État est encore ineffective.

---

[399] Au regard de l'article L. 321-1 du Code de Justice Administrative, les cours administratives d'appel sont juges d'appel de droit commun des jugements rendus par premier ressort par les tribunaux administratifs. Cependant, les jugements rendus en premier et dernier ressort qui ne peuvent faire l'objet que d'un pourvoi en cassation devant le Conseil d'Etat échappent aux cours.

[400] Le Conseil d'Etat n'est compétent en appel que dans les hypothèses suivantes : à l'égard des jugements rendus en premier ressort par les juridictions spécialisées ou les juridictions arbitrales statuant sur un litige administratif, cf. article L. 321-2 du Code de Justice Administrative ; CE, 28 déc. 2005, *USMA*, n° 274527, Rec. 591 ; à l'encontre des jugements relatifs aux élections municipales et cantonales, cf. article R. 321-1 ; et contre les ordonnances prises dans le cadre du référé-liberté, cf. CJA article L. 523-1. La restriction de la compétence d'appel du Conseil d'Etat français en fait, dans la pratique, une compétence résiduelle : elle ne représente en 2017 que 2,5% des affaires dont il a été saisi.

[401] Le juge administratif a, en effet, une conception large de la notion de litiges relatifs aux élections municipales et cantonales. Il assimile à ces litiges, ceux que peuvent provoquer les opérations électorales. De même, il les assimile à des litiges provoqués par des mesures prises en matière électorale et qui affectent la composition des conseils municipaux ou généraux. Cf. CE, 5 février 1990, *Copel*, req. n° 102920, Rec. Lebon, p. 609. Par ailleurs, le contentieux de la révision des listes électorales relève de la compétence du Conseil d'Etat. Voir CE Ass, 3 février 1989, *Mairie de Paris*, n° 104680, Rec. Lebon, p. 47.

Nous précisions déjà dans les lignes précédentes que la compétence d'appel de la Cour administrative gabonaise est d'ordre général. En d'autres termes, cette juridiction de second degré jouit d'une compétence exclusive pour connaitre des pourvois formés contre les jugements des tribunaux administratifs. Aussi la confusion sur la compétence territoriale des juridictions provinciales et du Conseil d'État ne constitue-t-elle aucune entrave à la compréhension encore moins à l'application de la compétence exclusive de la Cour administrative d'appel gabonaise. C'est dire que le Conseil d'État n'en dispose d'aucune compétence. Choix autrement judicieux qu'uniquement motivé par la recherche de simplification dans la répartition des compétences au sein de l'ordre administratif ? La réponse peut-elle être fournie par le droit burkinabè ?

D'après la loi de 2000, le Conseil d'État était juge d'appel à titre exclusif, du contentieux administratif au Burkina Faso. La raison en est simple et réside d'une part en l'inexistence des cours administratives d'appel et d'autre part au respect du principe du double degré de juridiction[402]. L'ordre administratif étant constitué de tribunaux administratifs et du Conseil d'État. Toutefois, cette apparente simplicité est ponctuée d'incommodités.

La loi consacre en effet la compétence du Conseil d'État en appel des jugements des tribunaux administratifs et en cassation de ses propres décisions rendues en appel. Certes, en tant que juge de cassation, le Conseil d'Etat burkinabè délibère en plénière,[403] mais rien

[402] Le principe de double degré de juridiction se perçoit comme une garantie contre les erreurs des juges du premier degré en ce qu'il permet au justiciable insatisfait de la décision du premier juge, de voir rejuger le litige par un autre juge appartenant à un rang hiérarchique supérieur. Néanmoins, la valeur juridique ainsi que la portée de ce principe doivent être situés pour expliciter le sens de notre propos. Le principe de double degré n'est pas d'application absolue, il est souvent mis en veilleuse. En France, les juges ont rappelé qu'en dépit de son importance, que ce principe : « n'a pas, en lui-même, valeur constitutionnelle », cf. CC, n° 2004-491 DC 12 février 2004, *Loi complétant le statut d'autonomie de la Polysénie française* ; les règles d'un procès équitable n'impose pas l'institution d'un deuxième degré de juridiction, cf. CEDH 17 janvier 1970, *Delcourt c/ Belgique*, PELLOUX (R.), « L'arrêt de la Cour des droits de l'homme dans l'affaire Delcourt », *Annuaire Française De Droit International*, n° 17, 1971, p. 343 ; relève d'un principe général de procédure dont l'application ne s'impose que par une consécration expresse de la loi. Cf. CE, Section, du 16 décembre 1977, *Lehodey*, req. n° 04895, Recueil Lebon, p. 508.

[403] Article 16 de la loi organique de 2018.

n'indique, contrairement à l'état du droit français[404], que les membres ayant siégé en appel sont interdits de siéger en cassation. D'ailleurs, si tel était le cas, des risques d'influence des premiers juges sur leurs pairs n'en demeurent pas moins réels. Au fond, le cumul, en toutes matières, des compétences d'appel et de cassation du Conseil d'État tel qu'aménagé au Burkina Faso menace l'impartialité des juges statuant en cassation. Aussi, la nouvelle loi de 2018 relative au Conseil d'État y apporte-telle une modification en mettant totalement fin à la compétence d'appel du Conseil d'État. Tout de même, la rupture avec l'ordonnancement est négociée. L'article 92 de loi dispose en effet que : « *En attendant la mise en place effective des cours administratives d'appel, le Conseil d'État continue d'exercer les compétences qui sont dévolues à ces juridictions* ».

À l'évidence, le législateur burkinabè n'envisage pas un partage de compétence d'appel entre les cours administratives et le Conseil d'État. Ce qui porterait à croire qu'admettre une compétence d'appel du Conseil d'État serait une option par défaut sinon une incongruité. Bien au contraire, on y trouve deux manifestations de l'intérêt d'une telle compétence. D'une part, elle serait «*justifiée par la nécessité d'apporter rapidement une réponse définitive à certains litiges, en les détournant du circuit normal des voies de recours* »[405] ; et d'autre part, elle devrait aider à éviter la redondance que constituerait le contrôle de cassation du Conseil d'État dans le contentieux de l'excès de pouvoir des actes règlementaires[406]. D'où le maintien d'une compétence d'appel exclusive du Conseil d'État du contentieux des actes réglementaires par la loi de 1987[407]. Mais la pratique a démontré que la pertinence de ces justifications doit être relativisée.

Sous la formule de partage de compétence d'appel entre le Conseil d'Etat et la Cour administrative, les justiciables pouvent rencontrer des

[404] Le Conseil d'Etat dans l'arrêt *Dlle Arbousset* a posé le principe empêchant qu'un membre d'une juridiction administrative participe au jugement d'un recours relatif à la décision dont il est l'auteur, ou qui a été prise par un organisme collégial dont il a participé. CE, Section, 2 mars 1973, *Demoiselle Arbousset*, req. n° 84740, Rec. Lebon.
[405] BROYELLE (C.), *Contentieux administratif*, *op. cit.*, p. 41
[406] Idem, note 77. Voir aussi sur le caractère redondant de la compétence d'appel et de cassation dans le contentieux de l'excès de pouvoir : MARTINEZ (J.C.), J.O. déb., Ass. Nat. 1ere session ordinaire 1987-1988, 2e séance du 4 déc. 1987, p. 6810 ; CHABANOL (D.), « Une réforme inachevée », *AJDA*, 1988, n° 2, p. 105.
[407] Il s'agit précisément de l'article 1 de la loi n°87-1127 du 31 décembre 1987 portant réforme du contentieux administratif.

difficultés à déterminer le juge administratif d'appel compétent[408]. Le législateur français a semblé partager cette opinion en consacrant, par la loi du 8 février 1995, la compétence de principe de la Cour administrative d'appel en contentieux de l'excès de pouvoir des actes réglementaires[409]. L'on tend ainsi progressivement à un caractère résiduel de la compétence d'appel du Conseil d'État en France[410]. Sur ce point, on dirait que le dualisme français emboite les pas des modèles gabonais et burkinabè[411].

La similitude entre les compétences de la juridiction administrative en France, au Gabon et au Burkina Faso est également traduite dans la compétence de cassation du Conseil d'État.

La logique que supporte la compétence de cassation visait davantage à distinguer le droit et le fait[412], elle n'entend aucunement exclure les faits des préoccupations du Conseil d'État[413]. La compétence de

---

408 SAUVE (J.M), « La répartition des compétences dans la juridiction administrative », *op.cit.*, p. 4.

409 L'article 75 de la loi n° 95-125 du 8 février 1995 relative à l'organisation des juridictions et à la procédure civile, pénale et administrative déclare en effet que : « *Dans le premier alinéa de l'article 1er de la loi n°87-1127 du 31 décembre 1987 portant réforme du contentieux administratif, les mots « et sur les recours pour excès de pouvoir formés contre les actes réglementaires » sont supprimés…* ».

410 Ce contentieux ne représente que 0,5% à 6% selon les années des activités contentieuses du Conseil d'Etat.

411 Mais on n'est pas encore au stade où le Conseil d'Etat ne dispose d'aucune compétence d'appel. Le Conseil d'Etat, lui-même, par la voix de son Vice-président SAUVE, plaide pour un maintien de cette compétence minimum dont il jouit aujourd'hui. Voir SAUVE (J.M), « La répartition des compétences dans la juridiction administrative », *op.cit.,* pp. 6-7. L'avenir nous renseignera certainement sur le sort que donneront les pouvoirs publics à cette doléance.

412 Par définition, la juridiction de cassation se prononce que sur la légalité et non sur les faits des décisions rendues par les juridictions de premier et second degré. Ce qui exclut le fait qu'elle soit considérée comme une juridiction de troisième degré en dépit de la position de J.C. Martinez pour qui, lorsque la Conseil d'Etat intervient en cassation contre un arrêt rendu en excès de pouvoir par la Cour d'appel, on n'est en présence de trois degrés de juridiction. Cf. MARTINEZ (J.C.), J.O. déb., Ass. Nat. 1ere session ordinaire 1987-1988, 2e séance du 4 déc. 1987, p. 6810.

413 STIRN (B.), « Le Conseil d'Etat et la réforme du contentieux », *RFDA*, n°4(2), 1988, mars-avril, p. 32, disait à cet effet : « *Droit réaliste, proche de l'action des services, le droit administratif donne, en effet, une large place aux faits. Le contrôle du juge de l'excès du pouvoir, en particulier, pénètre au cœur du processus de décision parce qu'il exclut un contrôle des motifs de fait qui ont conduit à prendre une mesure* ». Quant à BA (A.T.), *Précis du contentieux administratif, op. cit.,* p. 110, il opine ainsi : « *On voit mal, en effet, que même en cassation, un débat sur la légalité*

cassation n'opère pas une césure absolue avec les autres compétences[414]. Sa particularité essentielle réside dans l'insusceptibilité de recours adressé contre l'arrêt qui en résulte[415]. Néanmoins, ces compétences sont déployées à une échelle variable comparativement au droit français : le système de cassation est empreint d'incohérence au Burkina Faso tandis qu'il est restreint au Gabon.

La nouvelle loi burkinabè de 2018 sur le conseil d'État n'a pas contredit la réforme du contentieux enclenchée en 2000 qui organise une coexistence de deux juges de cassation au sein de la juridiction administrative suprême. D'une part, il s'agit de la Chambre du contentieux, perçue comme le juge de cassation normale ; et d'autre part, il est question des chambres réunies, juge de cassation exceptionnel contre les décisions du juge de cassation normal[416]. La composition du Conseil d'Etat burkinabè varie donc suivant qu'il intervient en cassation des décisions des autres juridictions administratives ou de ses propres arrêts. Le véritable juge de cassation est incontestablement la formation réunissant les chambres. Cette formation comprend « *sous la présidence du premier président du Conseil d'État, les présidents de chambres et les conseillers n'ayant pas connu de l'affaire* »[417].

Un tel procédé répond-il au besoin d'un renforcement de la fonction de régulation du Conseil d'État ? À tout le moins, il fait présager une forme de hiérarchisation dans l'exercice de cette fonction. Qui plus est, il est de pratique qu'un juge logé au sommet d'un ordre juridictionnel et qui statue en premier et dernier ressort rend des décisions insusceptibles de recours ; il statue souverainement. Ce qui le distingue notamment d'autres juridictions de degrés inférieurs, investies d'une compétence en premier et dernier ressort en certaines matières.

---

d'une décision individuelle exclue toute discussion sur l'appréciation de fait qui a conduit à cette décision ».

414 Sur le rapprochement compétence d'appel et compétence de cassation, précisément pour ce qui est de la garantie de l'unité du droit par le Conseil d'Etat, voir CHAPUS (R.), *Droit du contentieux administratif*, *op. cit.*, p. 989.

415 « *Lorsqu'un recours en cassation est rejeté, la partie qui l'avait formé ne peut plus se pourvoir en cassation dans la même affaire, sous prétexte et quelque moyen que ce soit* ». Cf. Article 71 de la loi n°032-2018 précitée du Burkina Faso. Au Gabon : loi n° 5/2002 du 27 novembre 2002, article 38, alinéa 2. Au Burkina Faso : loi n°038-2018 du 26 juillet 2018, article 17.

416 BA (T.A.), *Précis de contentieux administratif*, *op. cit.*, p. 111.

417 Article 22 loi n°038-2018 précitée.

L'exception que consacre la pratique burkinabè est empreinte d'incohérence car elle consacrerait « *un juge de cassation de premier degré et un juge de cassation de second degré* »[418].

Le Conseil d'État burkinabè à l'instar de son homologue français dispose d'un pouvoir en cassation contre les décisions prononcées à l'égard des décrets, des actes règlementaires, des élections locales notamment ; il n'est point le cas au Gabon.

Des limitations sont portées à la compétence du Conseil d'État gabonais par la loi de 1990 et pour donner suite aux différentes modifications constitutionnelles. Ces restrictions se rapportent à une double restriction des compétences du juge administratif gabonais : l'exclusion du contentieux des élections politiques[419] et l'exclusion du contentieux des actes administratifs règlementaires[420].

L'exclusion du contentieux des élections politiques du juge administratif gabonais appelle des éclaircissements relatifs à l'identification des élections politiques, la portée ainsi que la pertinence d'une telle restriction. D'emblée, qu'est-ce qu'une élection politique ? Est considérée d'élection politique, l'élection qui a pour but de désigner des responsables politiques et à laquelle ne peuvent participer, sauf quelques exceptions, que les nationaux[421]. Elle se distingue, de ce fait, à d'autres types d'élections dont les élections professionnelles et les élections universitaires. Au Burkina Faso, le Conseil d'État connait du contentieux électoral local[422]. Il importe alors d'identifier si l'élection locale est une élection politique.

On penserait à tort que le caractère politique d'une élection rime avec son caractère national. Tant s'en faut. Le Conseil constitutionnel français l'a si bien précisé dans sa décision du 18 novembre 1982[423]. Le juge constitutionnel y rappelle que les élections locales, au même titre que les élections nationales, sont des élections politiques auxquelles s'appliquent les prescriptions d'universalité, d'égalité et de secret du

---

[418] BA (T.A), *Précis de contentieux administratif*, *op. cit.*, p. 112.

[419] Cf. Article 38, alinéa 1 de la loi n° 5/2002 sur le Conseil d'Etat, précité.

[420] CC, Déc n° 16/CC, du 15 septembre 1994, relative à la loi organique fixant l'organisation, la composition, le fonctionnent de la Cour administrative (Gabon).

[421] L'Etat du droit français par exemple autorise que les ressortissants des Etats membres de l'Union Européenne résident en France à participer aux élections municipales sans pour autant éligibles ; de même qu'ils peuvent être électeurs aux élections européennes.

[422] Article 19 de loi n° 032-2018/AN du 26 juillet 2018 relative au Conseil d'Etat (Burkina Faso).

[423] CC, Déc. n° 82-146 DC du 18 novembre 1982.

suffrage consacrées à l'article 3 de la Constitution française. Il n'en saurait autrement tant les élections locales visent l'élection des responsables politiques et sont généralement réservées aux nationaux. Aussi ces élections se rapportent-elles essentiellement aux élections municipales, départementales et régionales. En conséquence, leur exclusion du contentieux administratif au Gabon atrophie le domaine de celui-ci de même que les compétences du Conseil d'État gabonais.

La portée de la restriction est alors évaluée à la fois au niveau de l'objet que de la dynamique du contentieux administratif. En effet, la compétence du Conseil d'État gabonais en matière électorale n'est pas totalement nulle : elle est foncièrement réduite car elle se limite au contentieux de l'inscription sur les listes électorales[424]. L'on comprend aisément que la sensibilité du contentieux électoral impose qu'il soit vidé rapidement[425] ; et que de ce fait, il ne saurait connaitre le même sort qu'un contentieux administratif classique.

Aussi dans la plupart des États, relève-t-il de la compétence de premier et dernier ressort du Conseil d'État. Le Conseil constitutionnel burkinabè l'a récemment signifié à un candidat aux élections municipales qui lui demandait de valider la liste de son parti à la suite de l'invalidation prononcée par la Commission ad hoc compétente en la matière. Après avoir rappelé la compétence des tribunaux administratifs pour contrôler la régularité et la transparence des élections locales, le juge constitutionnel burkinabè ajoute que « *La proclamation des résultats définitifs de ces élections relève de la compétence du Conseil d'État* »[426]. Il s'est, en toute logique, déclaré incompétent. Ce faisant, le juge constitutionnel fait une application fidèle de la loi.

Par contre, on ne pourrait affirmer, avec certitude, qu'un motif identique a fondé le choix du législateur gabonais à confier ce

---

[424] Voir article 118 loi n° 7/96 portant Code électoral du 12 mars 1996 portant dispositions communes portant dispositions communes à toutes les élections politiques, modifié par la loi n° 10/38 du 10 juillet 1998. (Gabon).

[425] KEUTCHA TCHAPNGA (C.), « L'émergence d'une entente conceptuelle en matière électorale entre les juridictions constitutionnelle et administrative au Cameroun », *in* KAMTO (M.), DOUMBE-BILLE (S.), METOU (B.M.) (dir.), *Regards sur le droit public en Afrique*, Mélanges en l'honneur du Doyen Joseph-Marie BIPOUN WOUM, Paris, L'Harmattan, 2016, p. 34.

[426] Conseil constitutionnel du Burkina Faso, Décision n° 2016-06/CC sur le recours de monsieur DOBLONI Ollo Tiamourè portant demande de validation de la liste de candidature de l'Union pour le Progrès et le Changement (UPC) / NAKO, province du Poni.

contentieux au juge constitutionnel plutôt qu'au juge administratif. Le législateur a peut-être considéré que le juge de la légalité comparativement au juge de la constitutionnalité est moins outillé ou moins légitimé à connaitre du contentieux des élections politiques locales qui demeurent particulièrement contestées et violentes en Afrique[427]. Cette supposition vaut-elle pour la contestation de la compétence du Conseil d'État en matière du contentieux des recours des actes règlementaires ?

L'exclusion de la compétence du Conseil d'État gabonais des recours formés contre l'ensemble des actes règlementaires constitue la plus sérieuse restriction au champ d'intervention de celui-ci. Pis, on prétendrait qu'elle est une violation choquante occasionnée et entretenue par la pratique juridictionnelle y compris celle de la justice administrative elle-même.

Le point de départ de cette mésaventure loge dans l'interprétation de l'article 84 de la Constitution de 1994 qui, énumérant l'ensemble des matières sur lesquelles la Cour constitutionnelle statue obligatoirement y mentionne « *les actes règlementaires censés porter atteinte aux droits fondamentaux de la personne humaine et aux libertés publiques* ». La compréhension qui en dérive tout naturellement est de considérer que le constituant gabonais s'est inspiré de ses homologues allemand et autrichien en confiant, à la justice constitutionnelle, la protection des droits fondamentaux[428]. Qu'ainsi, ce n'est qu'un aspect, un pan des contentieux des actes règlementaires qui échappe à la compétence du juge administratif. Ce dernier ne serait donc pas entièrement dépossédé de ses compétences en matière de recours contre les actes

[427] En témoignent les récentes élections couplées municipales et régionales en Côte d'Ivoire. Elles ont été marquées par des violences et des contestations. Au total cent deux recours ont été déposés devant la Chambre Administrative de la Cour suprême ; les élections municipales à Port-Bouet (une commune d'Abidjan) et régionale dans le département de Facobly (région du Guémon Ouest) ont été invalidées en raison d'incidents. Dans leur ensemble, ces élections couplées ont causé quatre morts.

[428] DITMANN (V.A.), « Le recours constitutionnel en droit allemand », *Les Cahiers du Conseil constitutionnel*, n° 10, 2001, disponible à https://www.conseil-constitutionnel.fr/nouveaux-cahiers-du-conseil-constitutionnel/le-recours-constitutionnel-en-droit-allemand. Consulté le 24/09/2019 à 00h52 ; KUCSKO-STADLMAYER, « Les recours individuels devant la Cour constitutionnelle en droit constitutionnel autrichien », Les Cahiers du Conseil constitutionnel, n° 10, 2001, disponible à https://www.conseil-constitutionnel.fr/nouveaux-cahiers-du-conseil-constitutionnel/les-recours-individuels-devant-la-cour-constitutionnelle-en-droit-constitutionel-autrichien. Consulté le 24/09/2019 à 01h25

règlementaires ; le juge constitutionnel n'en détiendrait pas une compétence exclusive.

Pourtant, les neuf sages de Libreville ont procédé à « *une interprétation foncièrement erronée* »[429] de l'article 84. La Cour constitutionnelle gabonaise a, en effet, dans sa décision du 15 septembre 1994, exclu le contrôle du contentieux de la régularité de tous les actes règlementaires du champ de compétence du Conseil d'État. La lecture du considérant principal suffit à partager la perplexité qui habiterait plus d'un théoricien du droit public[430]. On y découvre qu' « *aux termes de l'article 84 (...) ; qu'il en résulte que le contrôle de la régularité juridique des actes règlementaires relève de la compétence de cette Haute instance ; qu'il suit de là qu'en énonçant que la Cour administrative (actuel Conseil d'État) connait en matière contentieuse, en premier et dernier ressort, des recours pour excès de pouvoir formés contre les décrets règlementaires, l'article 35, premier et deuxième tirets du texte déféré à la Cour est contraire à la Constitution* »[431].

« *Interprétation foncièrement erronée* »[432] ou la manifestation d'une « *révolution* »[433], d'une « *autoattribution des actes règlementaires par le juge constitutionnel* »[434], d'une « *aventure ambiguë* »[435] voire d' « *un*

---

[429] TSATSABI (E.), *La justice administrative gabonaise*, *op. cit*., p. 64.
[430] Ibid.
[431] Il convient de rappeler qu'en espèce, il s'agissait d'une saisine de la Cour par le premier ministre en phase avec les articles 60 et 85 de la Constitution. La Cour constitutionnelle était invitée à apprécier la conformité à la Constitution de la loi de l'article 35 de la loi organique relative à la Cour Administrative, ancêtre du Conseil d'Etat. Cet article mentionnait, en effet, la compétence de la Cour « en matière contentieuse, en premier et dernier ressort, des recours pour excès de pouvoir formés contre les décrets à caractère règlementaire et les actes unilatéraux règlementaires ».
[432] TSATSABI, *Le contentieux administratif gabonais, op. cit.*, p.64.
[433] KWAHOU (S.), *La justice administrative au Gabon : essai sur l'exercice de la fonction juridictionnelle en matière administrative, op. cit.*, p. 135.
[434] *Ibid.*
[435] MOUDOUDOU (P.), « Réflexion sur le contrôle des actes réglementaires par le juge constitutionnel africain : cas du Bénin et du Gabon », *Annales de l'Université Marien NGOUABI*, 2011-2012 ; 12-13 (3), p. 65 ; *Jus Politicum*, n° 13. Disponible à : http://juspoliticum.com/article/Reflexions-sur-le-controle-des-actes-de-l-executif-par-le-juge-constitutionnel-africain-cas-du-Benin-et-du-Gabon-ARTICLE-RETIRE-DE-LA-PUBLICATION-EN-LIGNE-913.html. Si cet article reste toujours disponible sur le site des Annales de l'Université de Marien à l'adresse suivante www.annales-umng.org , il a été, au contraire, retiré de la deuxième source à savoir la revue *Jus Politicum* « en raison des emprunts illégitimes à d'autres écrits que l'auteur a commis ». Cf. la Direction et le Comité de rédaction de *Jus Politicum* sur le lien renvoyant à l'article.

déni de justice »[436], la décision ainsi critiquée par la doctrine est loin d'être un accident de parcours. Elle est désormais bien enracinée dans le droit gabonais en ce qu'elle est confirmée par le juge constitutionnel[437] et acceptée par le juge administratif[438]. De plus, le législateur a fini par suivre la voix de ce dialogue improprement entretenu entre ces juges[439].

Nées du regain d'intérêt pour la protection constitutionnelle des droits et libertés sur le continent africain, les Cours constitutionnelles africaines ont souvent tendance à faire preuve d'une grande audace[440]. Le juge constitutionnel gabonais entendait surement saisir une

---

[436] TSATSABI (E.), *La justice administrative gabonaise*, *op. cit.*, p. 56.

[437] Cf. CC, Déc. n° 008/96 du 3 mai 1996, Loi relative à la décentralisation, Recueil et avis, 1996, p. 33 ; CC, Déc., n° 008/2001 du 17 avril 2001 concernant une demande en annulation de l'arrêté n° 00139/MTMM/DGTT relatif à la production de plaques d'immatriculation de véhicules automobiles par le comptoir gabonais de pneumatique. Le juge constitutionnel, reprenant le considérant principal de sa décision de 1994, conclût que c'est à bon droit que la Cour administrative, alors juridiction administrative suprême, s'est déclarée incompétente au profit de la Haute juridiction. CC, Déc. n° 144/2002 du 28 octobre 2002 relative à la loi organique n°5/2002 sur le Conseil d'Etat dans laquelle on peut lire : « ... *à la différence de l'article 61 de la Constitution (...) le constituant gabonais a confié la compétence de la régularité des actes réglementaires à la seule Cour constitutionnelle* »

[438] CA, 23 juin 2000, *Comptoir gabonais du pneumatique c/ Etat Gabonais*, *Rép. n° 36* : « *Cons., s'agissant de la compétence de la Cour administrative à connaitre du recours pour excès de pouvoir formé contre cette décision dont le caractère réglementaire est acquis, qu'il résulte des motifs essentiels au dispositif de la Décision n° 16/CC du 15 septembre 1994 de la Cour constitutionnelle que le contrôle de la régularité juridique des actes réglementaires relève de la compétence de cette haute instance ; qu'il s'ensuit que la Cour administrative est désormais incompétence pour connaitre des recours pour excès de pouvoir formés contre tous les actes réglementaires, comme le confirme du reste l'écriture subséquente de l'article 35 de la loi organique n° 10/94 du 17 septembre 1994 ...*».

[439] Article 35 de la loi n° 10/94 sur la Cour administrative ; Article 38 de la loi n° 5/2002 relatif au Conseil d'Etat.

[440] DOSSO (K.), « Les pratiques constitutionnelles dans les pays d'Afrique noire francophone : cohérences et incohérences », *RFDC*, n° 90, 2012/2, p. 63 ; KEUTCHA TCHAPNGA (C.), « Le juge constitutionnel, juge administratif au Bénin et au Gabon », *RFDC*, n° 73, janvier 2008, p. 551 ; VIGNON (Y.B), « La protection des droits fondamentaux dans les nouvelles constitutions africaines », *RND*, n° 3, décembre 2000, p. 77-135 ; SINDJOUN (L.), *Les grandes décisions de la justice constitutionnelle africaine. Droit constitutionnel jurisprudentiel et politiques constitutionnelles au prisme des systèmes politiques africaines*, Bruxelles, 2010, p. 10.

opportunité d'un contrôle « *rénové et osé* »[441] de la constitutionnalité des lois. Cependant, à supposer qu'elle soit régulière, la dévolution au juge constitutionnel d'une nouvelle fonction administrative contentieuse mérite un examen approfondi. « *Constitue-t-elle une avancée ou un recul dans le mouvement général en cours visant la protection juridictionnelle des droits fondamentaux* »[442] ? Telle est l'un des questionnements pertinents à traiter. Ce qu'il convient singulièrement de mettre en évidence, c'est le caractère contestable aux plans théorique et pratique de l'élimination de tous les actes règlementaires de la compétence du Conseil d'État par le juge constitutionnel gabonais.

La situation consacrée par la Cour constitutionnelle est contraire à la Constitution gabonaise fut-elle l'émanation de la Haute juridiction constitutionnelle. L'article objet d'interprétation établit sans équivoque une distinction entre les actes réglementaires attentatoires aux droits et libertés fondamentaux et ceux qui violeraient d'autres droits des administrés. De cette distinction résulte la répartition des compétences en matière de contentieux des actes réglementaires entre la Cour constitutionnelle et le Conseil d'État. Dès lors, l'inconstitutionnalité de la décision de la Haute juridiction constitutionnelle se saisit au regard de deux négations qu'elle établit : d'une part, elle nie la distinction entre droits fondamentaux et autres droits ; et d'autre part, elle dénie au Conseil d'État sa compétence à connaitre des recours pour excès de pouvoir formés contre les décrets règlementaires attentatoires aux droits non fondamentaux. Le débat doctrinal que nourrit la classification des droits en fondamentaux ou non, les incertitudes théoriques et pratiques qui fragilisent cette division de droit ne constituent guère un prétexte au juge constitutionnel à se substituer au constituant gabonais.

Ensuite, l'autre aspect contestable de la décision de la Cour constitutionnelle est plus pratique. Cette décision atrophie le prétoire du juge administratif qui est faiblement fréquenté. Dit différemment, le juge constitutionnel prive le Conseil d'État gabonais d'un volume

---

441 Selon l'expression de HOLO (T.), « Démocratie revitalisée ou démocratie émasculée ? Les Constitutions du renouveau démocratique dans les Etats de l'espace francophone africain : régimes juridiques et systèmes politiques », *RBSJA*, n° 16, 2006, p. 25.

442 KEUTCHA TCHAPNGA (C.), « Le juge constitutionnel, juge administratif au Bénin et au Gabon », *op. cit.*, p. 552.

important de son activité juridictionnelle déjà peu dynamique[443]. Plus curieux est que ce juge de la constitutionnalité sait pertinemment que, dans la plupart des États ayant choisi le dualisme juridictionnel, le Conseil d'État reste le juge naturel du contrôle de la légalité des actes règlementaires. C'est dire que l'approche du constituant n'est pas, non plus, exempte de critiques. « *Que reste-t-il de la grande famille des actes réglementaires une fois ceux-ci (les droits fondamentaux) extraits ?* » s'est-on logiquement inquiété[444]. À l'évidence, « *pas grande chose* »[445].

Si le dépouillement du juge administratif d'une partie du contentieux administratif en faveur du juge constitutionnelle est une originalité de certains États africains[446], le partage de compétences en la même matière entre juge administratif et juge judiciaire est inspiré de la pratique française.

Paragraphe 2 - La concurrence des compétences entre les juridictions administrative et judiciaire en matière administrative : la reprise du principe de dualité de la justice administrative

Le juge administratif autonome n'a jamais joui d'un monopole de la justice administrative. La reconnaissance des compétences au juge judiciaire en matière administrative ainsi que les règles de délimitation qui en découlent, expriment le principe de la dualité de la justice administrative. L'existence du modèle de dualité juridictionnelle n'en est pas conditionnée ; mieux, pour certains auteurs, elle devrait s'en défaire[447].

Le partage des compétences entre les ordres juridictionnels administratif et judiciaire, importé par les États africains est ancien et

---

[443] Selon les statistiques officielles du 1er octobre 2009 au 30 juin 2010, le Conseil d'Etat a été saisi de quatre cent vingt-deux affaires dont trois cent vingt-deux ont été jugé au 30 juin 2010.

[444] TSATSATBI (E.), *La justice administrative gabonaise*, *op. cit.*, p. 66.

[445] *Ibid.*

[446] Outre le Gabon, le constituant béninois consacre la compétence de la Cour constitutionnelle à l'égard des litiges nés des actes administratifs règlementaires portant atteinte aux droits et libertés fondamentaux. Cf. articles 3 alinéa 3 ; article 117 alinéa 3 de la loi n° 90-32 du 11 décembre 1990 portant constitution de la République du Bénin de la Constitution béninoise.

[447] UNTERMAIER-KERLEO (E.), « Le juge judiciaire : quel gardien de la liberté individuelle ? » *in Le juge judiciaire*, AFDA, Dalloz, p. 24-25.

précède la renaissance du dualisme juridictionnel sur leurs territoires respectifs. Même sous le monisme, ceux-ci n'ont jamais abandonné cette particularité française[448]. Ce partage est guidé par des principes assortis d'exceptions. On peut retenir que les litiges mettant en cause les personnes publiques sont confiés au juge administratif tandis que les litiges opposant les personnes privées relèvent de la compétence du juge judiciaire. Ce principe est assorti de deux importantes exceptions. Premièrement, des personnes privées peuvent relever du juge administratif[449]. En second lieu, les personnes publiques sont souvent soumises au contrôle du juge judiciaire[450]. En clair, les juges administratifs burkinabè et gabonais jouissent d'une compétence de principe en matière administrative tandis qu'au juge judiciaire, est dédiée une compétence exceptionnelle.

En Afrique francophone, la compétence de principe de la juridiction administrative a un fondement essentiellement textuel. Ce fondement résulterait du caractère foncièrement écrit du droit administratif africain francophone[451]. La prééminence du législateur relative à la détermination des compétences du juge administratif africain est en déphasage avec l'expérience française où les règles desdites compétences sont largement construites sous la toile de la jurisprudence administrative. C'est dire que le juge administratif africain joue un rôle secondaire dans la reconnaissance de sa propre compétence.

En droit des Etats africains francophones sous étude, c'est la Constitution qui pose le principe de la compétence naturelle de la juridiction administrative en matière administrative[452]. Prenant appui sur la loi fondamentale, les législateurs de ces États se sont incontestablement imposés comme les principaux acteurs de la

---

[448] Voir ACOUETEY (E.M.), *Le contrôle juridictionnel de l'Administration en Afrique Noire Francophone*, Thèse d'Etat en Droit, Université de Nancy II, 1974, p. 21.

[449] CE (France) 31 juillet 1912, *Société des granits porphyroïdes des Vosges*, Rec. Lebon, p. 909, concl. Blum. 54.

[450] CE (France), TC 15 janvier 1968, *Compagnie Air France c/Epoux Barbier*, Rec. Lebon, p. 789.

[451] LATH (Y.S.), « Les caractères du droit administratif des États africains de succession française. Vers un droit administratif africain ? », *RDP*, n° 5, 2011, p. 1255.

[452] Il en va ainsi des articles 67 puis 74 à 75 C de la loi fondamentale gabonaise.

détermination de la compétence de ladite juridiction[453]. Cette compétence de principe est fixée suivant deux procédés : l'énumération législative et la clause générale.

Lorsque le législateur rattache la compétence de la juridiction administrative à une liste de matières qu'il décline, fut-ce-t-elle non exhaustive, il adopte l'option de l'énumération législative. Cette option a l'avantage de la précision de sorte que les justiciables et les juges soient en mesure, sans ambiguïtés majeures, de connaitre les contentieux qui relèvent de la compétence du juge de la légalité. Il y va de l'assurance dans la transaction juridictionnelle[454] ainsi que de la sécurité juridique[455].

La législation gabonaise n'a jamais varié son approche quant à la méthode de détermination de la compétence de la juridiction administrative. Qu'il reprenne, en toutes les étapes de son histoire, les matières fondant la compétence du juge administratif français, il procède ainsi par l'établissement d'une liste non exhaustive. L'examen des compétences des tribunaux administratifs et des cours administratives d'appel, à l'instar de celles du Conseil d'État mené plus haut, témoigne de la constance du législateur gabonais à indiquer nommément les domaines de compétence de ces juridictions. Les matières sont presqu' identiques à celles qui relèvent du contentieux administratif burkinabè. Pour ainsi dire, « *le procédé de l'énumération législative est partiellement employé au Burkina Faso pour la détermination de la compétence de la juridiction administrative* »[456].

Les lois n° 37-63 du AN du 24 juillet 1963 fixant la réglementation applicable aux organismes d'assurance de toute nature et aux opérations d'assurance[457] ; n° 15-64 AN du 30 octobre 1964 portant réorganisation

---

[453] Au Gabon, l'article 75 c de la Constitution dispose que : « *Une loi organique fixe l'organisation, la composition, la compétence et le fonctionnement du Conseil d'Etat* ».

[454] Nous appelons transaction juridictionnelle, les conditions facilitant d'une part le rapport entre le juge à sa clientèle dont on compte les justiciables et les pouvoirs publics ; et d'autre part le dialogue entre les juges indispensables à la bonne exécution de l'offre de justice.

[455] AKENDENGUE (M.), « L'organisation de la justice administrative au Gabon », *La Revue administrative*, n° 6, numéro spécial, 1999, Paris, PUF, p. 45.

[456] BA (A.T.), *Précis de Droit du contentieux administratif, op. cit.*, p. 156.

457 Loi n° 37-63 du AN du 24 juillet 1963, J.O.R.H.V du 17 août 1963, p. 52. Son article 9 mentionne qu'en cas de suspension, retrait de l'agrément, « un recours contre les décisions prévues aux articles 6, 7 et 8 peut être introduit devant les juridictions administratives compétentes dans les formes et délais fixés par la loi ».

des collectivités locales[458] ; n° 77-63 AN du 12 juillet 1960 portant réglementation des terres du domaine privé de la Haute-Volta[459] ; la loi n° 51/98 AN du 4 décembre 1998 portant réforme du secteur des télécommunications au Burkina Faso[460] et la loi n° 55-2004/AN du 21 décembre 2004[461] sont symptomatiques de la constance de l'usage de l'énumération législative dans la détermination de la compétence du juge administratif. Les avantages de cette méthode justifieraient cet état de fait.

Certes, l'on peut admettre que le risque d'un conflit de compétences et d'une contrariété de décisions entre le Conseil d'État et la Cour judiciaire en raison de l'énumération assez claire des matières où le Conseil d'État est juge d'attribution est considérablement atténué[462]. Mais, outre le fait que ce procédé ne peut prévoir tous les litiges susceptibles de se produire *a fortiori* d'échoir à la compétence du juge administratif, il entrave l'œuvre créatrice de ce juge. Se bornant majoritairement à appliquer les textes même approximatifs et obscurs, le juge administratif africain participe ainsi à maintenir les caractères d'un droit administratif textuel plutôt que de promouvoir ceux d'un droit administratif essentiellement jurisprudentiel sur le continent[463].

On ne peut prendre position pour l'une ou l'autre orientation tant les sources du droit administratif ne sauraient être totalement textuelles ou

---

[458] Loi n° 15-64 AN du 30 octobre 1964 portant réorganisation des collectivités locales, J.O.R.H.V du 5 novembre 1964, p. 515. L'article 28 de cette loi stipule que : « *si la décision, confirmée par le conseil est à nouveau annulée par le Ministre de l'Intérieur, le Conseil peut se pourvoir devant la juridiction administrative…* ».

[459] Loi n° 77-63 AN du 12 juillet 1960 portant réglementation des terres du domaine privé de la Haute-Volta : article III : « *Toutes contestations relatives à l'application de la présente loi sont de la compétence du Conseil juridique et du contentieux* ».

[460] Loi n° 51/98 AN du 4 décembre 1998 portant réforme du secteur des télécommunications au Burkina Faso, JOBF du 28 janvier 1999, p. 244. Article 72 : « *Les décisions administratives prises par l'autorité (de régulation des télécommunications] peuvent faire l'objet d'un recours en annulation auprès de la chambre administrative de la Cour suprême* ».

[461] Loi constituant Code général des Collectivités territoriales dont l'article 279 laisse entrevoir que « Toute décision de l'autorité de tutelle portant suspension ou révocation du Maire ou d'un adjoint est susceptible du recours pour excès de pouvoir devant la juridiction administrative ». Quant à l'article 70, il dispose que : « Le juge administratif est juge du contentieux né de l'exercice du contrôle de légalité ».

[462] AUBY (J.M), DRAGO (R.), *Traité de contentieux administratif*, Paris, L.G.D.J, 3e éd., 1984, n° 393.

[463] LATH (Y.S.), « Les caractères du droit administratif des Etats africains de succession française. Vers un droit administratif francophone ? », *op. cit.*, p. 1255.

exclusivement jurisprudentielles. L'apport du législateur devrait stimuler l'effort du juge à faire œuvre de création. Autrement dit, entre les mots des textes, la cadence des faits et le détachement de ceux-ci des textes, se trouvent des passerelles où peuvent s'exercer le pouvoir normatif du juge administratif africain[464].

Eu égard aux insuffisances de l'énumération législative, les législateurs gabonais et burkinabè recourent, à l'image de leur homologue français, à la technique de la clause générale de compétence.

Pareil procédé « *consiste dans l'énonciation d'un principe qui, sans viser spécialement aucun objet concret, vient déterminer d'une façon abstraite le domaine d'une compétence juridictionnelle* »[465]. Selon Jean-Marie AUBY et Roland DRAGO, la clause générale présente un caractère exhaustif et apporte une solution à la question de compétence susceptible de se poser au sujet de quelconque type de litige[466]. C'est dire que ce procédé n'intervient pas à titre subsidiaire dans la détermination de la compétence juridictionnelle. Mieux, c'est uniquement à titre d'exception posée par la clause générale que peuvent être mobilisées des clauses spéciales fixant la compétence pour des catégories de litiges déterminés.

Cependant, le caractère abstrait qui particularise la clause générale constitue une sérieuse source de crainte sur son efficacité. Le caractère équivoque des mots, le silence des textes ou le bruit des contradictions entre les textes peuvent entrainer une perturbation dans la détermination de la juridiction compétente ; et induire, de ce fait, une préférence pour l'énumération législative. Au fond, il est presqu' impossible de ne retenir qu'un seul procédé entre l'énumération législative et la clause générale pour fixer les compétences de principe du juge administratif en matière administrative. La combinaison des deux techniques telle qu'opérée en France et reprise au Burkina Faso ainsi qu'au Gabon est la mieux adaptée.

Les juges burkinabè et gabonais s'approprient le principe de la compétence du juge administratif en matière administrative.

La compétence de principe du juge administratif bénéficie aussi d'une reconnaissance jurisprudentielle dans les Etats importateurs du

---

[464] NGAH NOAH (M.U.), « Quelques réflexions sur le silence et le droit : essai de systématisation », *Les Cahiers de Droit*, 2015, vol. 56, n° 3-4, p. 610.

[465] BONNARD (R.), *Précis de droit administratif*, Paris, L.G.D.J., 4e éd., 1943, p. 192.

[466] AUBY (J.M.), DRAGO (R.), *Traité de contentieux administratif*, *op. cit.*, p. n° 393.

dualisme français[467]. Ainsi, les juridictions administratives gabonaises et burkinabè ont forgé leurs compétences suivant les critères très classiques du contentieux administratif français à savoir le service public, la gestion publique et la nature du litige et du droit applicable.

Le débat sur la prééminence entre les critères de service public et de puissance publique pour fonder la compétence du juge administratif est ancien[468]. Certes, il n'a jamais disparu des réflexions doctrinales[469] mais son intérêt a considérablement baissé aujourd'hui. Il ne sera donc pas rappelé dans ces présentes lignes.

Il est vrai que la compétence de la juridiction administrative ne couvre que les activités de l'Administration. Toutefois, elle ne concerne pas toutes ces activités. Seules ressortissent à la compétence du juge administratif, les activités qui constituent des services publics au détriment de celles qui sont de simples manifestations privées de l'Administration[470]. Ce critère consacré par l'arrêt *Blanco*[471] n'a jamais été abandonné, depuis lors, par les juges administratifs gabonais et burkinabè notamment.

Cependant, le critère de service public n'est pas seul suffisant pour déclencher la compétence administrative. Aussi la jurisprudence administrative des États africains questionnés retient un autre critère : la distinction gestion publique et gestion privée

« *Il y a gestion publique, lorsque l'administration accomplit une opération ou gère un service en usant les prérogatives spéciales, exorbitantes, qu'elle lie de sa qualité de puissance publique, lorsqu'elle*

---

[467] Elle emporte que « *les litiges mettant en cause l'administration sont en principe de la compétence administrative. Soit qu'ils naissent à l'occasion d'un acte administratif ; soit qu'ils naissent à l'occasion d'un service public* ». Cf. PANGOU-TATY (A.), *La transposition de la justice administrative française dans les pays d'Afrique noire francophone*, Thèse pour le doctorat en droit, Université Paris XII – Val de Marne, 2004, p. 128.

[468] LOUVARIS (A.), « Puissance publique, service public et droit administratif : éternel retour ou fin de l'histoire ? », *in permanence et variations d'un couple mythique : service public, puissance publique,* Mélanges en l'honneur du professeur Alain-Serge MESCHERIAKOFF, Bruylant, Bruxelles, 2013, p. VIII-282

[469] CHAPUS (R.), « Le service public et la puissance publique », *AJDA*, 1968, pp. 235-282.

[470] De LAUBADERE (A.), *Traité élémentaire de droit administratif*, LGDJ, Paris, 8e éd., 1980, p. 467.

[471] Par l'arrêt Blanco, la jurisprudence abandonna définitivement, comme critère de répartition de compétence, à la fois, la théorie de l'Etat débiteur et la distinction des actes d'autorité et de gestion.

use des modes de gestion qui n'ont pas cours en droit privé »[472] nous confie René CHAPUS. Conséquemment, « *(...) il faut réserver, pour les départements et les communes tout comme pour l'État, les circonstances où l'administration est réputée agir dans les mêmes conditions qu'un simple particulier et se trouve soumise aux mêmes règles comme aux mêmes juridictions* »[473]. Ce qui revient à distinguer la gestion privée de la gestion publique dans le service public[474]. Posée par l'arrêt *Terrier*[475], cette solution jurisprudentielle est largement ancrée dans les jurisprudences gabonaises et burkinabè.

A maintes reprises, le juge administratif burkinabè a décliné sa compétence dans des litiges opposant les agents non-fonctionnaires à l'Administration[476] au motif que l'Administration qui engage un agent temporaire pour l'exécution d'un service public agit comme un particulier car elle n'utilise point ses prérogatives exorbitantes de droit commun.

L'attitude du juge administratif burkinabè qui consiste à retenir sa compétence pour tout litige né de la relation entre le fonctionnaire et l'Administration dans l'exécution d'un service public et à recuser sa compétence pour les conflits émanant des rapports entre l'Administration et les agents temporaires indique deux orientations. D'une part, elle démontre que le service public demeure un critère

---

472 CHAPUS (R.), *Responsabilité publique et responsabilité privée. Les influences réciproques des jurisprudences administrative et judiciaire*, Paris, LGDJ, 1957, n°113.

473 Cf. Le Commissaire du Gouvernement ROMIEU dans ses conclusions sur l'affaire Terrier. En parallèle, il y a gestion privée et compétence des tribunaux judiciaires toutefois que : « *l'administration accomplit une opération dans les mêmes conditions qu'un simple particulier (...) en faisant abstractions des droits et prérogatives spéciaux qu'elle tient de la puissance publique* ». Cf. HAURIOU (M.), *Précis de droit administratif*, Paris, 12e éd., 1933, 1064.

474 Voir notamment : QUIOT (G.), *Aux origines du couple ''gestion publique-gestion privée'' : recherche sur la formation de la théorie de la gestion privée des services publics*, Thèse de doctorat de Droit, Université de Nice, 1992, 842 p. ; CROZIET (M.) et al, « Gestion publique, gestion privée », *RFAP*, 1991, n° 59, pp. 345-505.

475 CE, 6 février 1903, *Terrier*, n° 07496.

476 Ch. adm. 25 avril 1969, *TONDE Yamba Hamidou en service au projet Tombao c/ République de Haute-Volta*, arrêt n° 25 ; Ch. adm. 8 avril 1983, *Didoro Tiaho Robert c/ Etat de Haute-Volta*, arrêt n° 11 ; *Haute Cour d'Etat (Ch. adm)*, 19 mars 1986, *Koura Amadou c/ Etat burkinabè*, arrêt n°12 ; 25 mars 1988, *Zerbo Lankoé c/ Gouvernement Haute-Volta*, arrêt n°8 ; 12 décembre 1989, *Zongo Tambi Jean-Marie c/ Etat burkinabè*, arrêt n° 19 ; Ch. adm ; Ch. adm. 26 juin 1998, *Mme Zampaligré née Oubouda Aissata c/ Office Nationale des Postes, Etat burkinabè*, arret n° 48/97-98.

important dans la détermination de la compétence administrative au Burkina Faso. D'autre part, elle illustre bien que la compétence des tribunaux judiciaires s'impose en cas de gestion privée du service public. Cette dernière orientation se détache de l'itinéraire de la jurisprudence française qui impose au juge d'examiner particulièrement les fonctions et les conditions de recrutement des agents afin de déterminer leur régime juridique[477].

L'examen des critères retenus par les législateurs gabonais et burkinabè permet de s'interroger sur leur pertinence. On ne peut réfuter que la combinaison des critères de service public, de gestion publique auxquels s'ajoute une liste de matières est une démarche complexe dans la détermination de la compétence du juge administratif. D'où le questionnement des raisons qui ont conduit ces législateurs à ignorer l'option du critère organique d'après lequel tout litige tenant à la présence ou à la mise en cause d'une personne morale de droit public relève de la compétence administrative. Ce critère qui a fondé pendant des décennies la compétence du juge administratif ivoirien est plus digeste aussi bien pour le juge que pour les justiciables.

Incontestablement, quels que soient les critères retenus, le dualisme juridictionnel impose que la compétence du juge administratif en matière administrative soit le principe et que la reconnaissance d'une compétence du juge judiciaire soit exceptionnelle.

La compétence d'exception du juge judiciaire en matière administrative livre deux réalités à considérer : l'existence effective de cette compétence et le caractère restreint de son étendue. De façon sous-jacente, ces réalités suscitent le questionnement sur l'opportunité d'une telle compétence. Son ancrage historique et juridique n'éclipse pas la pertinence de la contradiction s'y rapportant. Nous reviendrons de manière plus approfondie sur ce point. Avant, précisons qu'à l'instar de la France, la compétence du juge judiciaire en matière administrative au Burkina Faso et au Gabon est déterminée par la loi et par fidélité aux matières qui lui sont traditionnellement réservées.

Sans prétention de décliner une liste exhaustive de matières échappant aux juridictions administratives au profit du juge judiciaire, nous nous contenterons, à titre indicatif, de rappeler quelques-unes qui sont révélatrices de l'imitation du législateur français par ses

---

477 Cela est dû en la présence de trois catégories de personnes intervenant au sein des administrations : les fonctionnaires, les agents soumis au droit public et les agents dont le statut est déterminé par le droit privé. La solution burkinabè est plus simple : tout le personnel non-fonctionnaire est régi par les règles et principes de droit privé.

homologues burkinabè et gabonais. Ainsi ressortissent de la compétence des juges judiciaires gabonais burkinabè les contentieux des accidents causés par des véhicules[478] ; les contentieux des dommages causés aux élèves ou par les élèves des écoles publiques à la suite d'un défaut de surveillance[479] ; les actions contre les communes en matière de responsabilité pour les dommages commis par les attroupements ou rassemblements armés et non armés[480] ; les contentieux en matière de responsabilité des services postaux[481] ; les contentieux des poursuites en matière d'imposition[482] ; les litiges à la

[478] Gabon : Loi n°15/70 du 17 décembre 1970 ; Burkina Faso : Loi du 31 décembre 1957 en matière de responsabilité de l'administration pour les dommages causés par les véhicules. Certes, un débat de fond est posé quant à l'applicabilité immédiate de cette loi dans les territoires d'Outre-mer comme le Burkina Faso. Voir à cet effet, LAMPUE (P.), « Note sur l'arrêt de la Chambre administrative de la Cour suprême de Cote d'Ivoire, 14 janvier 1970, Société des Centaures routiers », *Penant*, 1972, p. 258. Mais, le juge judiciaire burkinabè a incorporé la loi de 1957 dans l'ordonnancement juridique interne dès lors que la Cour d'appel a pu juger que : « *(...) il y a donc lieu en principe à l'application de la loi du 31 décembre 1957 qui a donné aux tribunaux judiciaires compétence pour statuer sur les dommages causés par les véhicules de l'Etat et les personnes morales de droit public...* ». Cf. Cour d'appel de Haute-Volta, 4 décembre 1970, *DIAKITE Salifou c/ Etat de Haute-Volta.*

[479] Au Gabon et au Burkina Faso, Loi française du 5 avril rendue applicable dans ces pays par le Décret du 3 juillet 1937 portant extension aux colonies, excepté les Antilles et la Réunion, ainsi qu'au pays de protectorat et aux territoires sous mandat relevant du ministère des colonies des dispositions de la Loi du 5 avril 1937 sur la responsabilité civile des membres de l'enseignement public, J.O.R.F du 8 juillet 1937, p. 8040.

[480] Au Gabon : article 140 de l'ordonnance du 6 avril 1963 portant organisation des municipalités gabonaises ; Au Burkina Faso : article 106 et s. de la Loi française du 5 avril 1984 relative à l'organisation municipale, rendue applicable dans les colonies par la Loi n° 55-1489 du 1er novembre 1955 portant loi municipale en Afrique occidentale française, J.O.A.O.F. n° 2796 du mardi 29 novembre 1955.

[481] Au Gabon : article 56 du Code des PTT annexé à l'ordonnance n°45/71 du 23 aout 1971 ; au Burkina Faso : Loi n° 26-63 AN du 14 juillet 1963 portant code de l'enregistrement, du timbre et de l'impôt sur les valeurs mobilières.

[482] Au Gabon : Loi n° 27/2008 du 22 janvier 2009 portant Code Général des Impôts ; au Burkina Faso : Loi n° 26-63 AN du 14 juillet 1963 portant code de l'enregistrement, du timbre et de l'impôt sur les valeurs mobilières.

police de la conservation du domaine public[483] et les contentieux des décisions et délibérations du Conseil de l'ordre des avocats[484].

L'explication de cette similitude de matières se perçoit aisément. Elle résulte d'une reconduction ou d'une nationalisation de lois coloniales françaises fixant la compétence des juridictions judiciaires en matière administrative au Gabon et au Burkina Faso après les indépendances[485]. En outre, le juge judiciaire burkinabè est compétent pour des litiges nés des contraventions douanières soulevées par voie d'exception[486] ; les contentieux relatifs à l'application des législations et règlementations de sécurité sociale visant les assurés, les employeurs et la Caisse, à l'exception des affaires pénales et des litiges appartenant, par leur nature, à un autre contentieux[487].

L'attribution de compétences aux juridictions judiciaires qui devraient être dévolues au juge administratif ne traduit pas seulement la volonté des législateurs, elle reflète également la fidélité à des considérations ''naturelles''.

Depuis longtemps, on a estimé que le juge judiciaire est le protecteur naturel de la propriété privée et de la liberté individuelle[488]. D'où sa

---

[483] Au Gabon : articles 5, 11 et s. de la Loi n° 6/61 du 10 mai 1961 règlementant l'expropriation pour cause d'utilité publique et instituant des servitudes pour l'exécution des travaux publics ; au Burkina Faso : article 8 du décret du 29 septembre 1928 portant règlementation du domaine public et des servitudes d'utilité publique en Afrique occidentale française, Bulletin officiel des Colonies, octobre, p. 1522 ; Décret n° 73-201/MTP du 1er septembre 1973, J.O.R.H.V du 13 septembre 1973.

[484] Gabon : article 31, alinéa 3 de la Loi organique 9/94 du 17 septembre 1994 fixant l'organisation, la composition et le fonctionnement des juridictions de l'ordre judiciaire.

[485] « La législation actuellement en vigueur reste applicable en ce qu'elle n'a rien de contraire à la présente Constitution sauf intervention de textes contraires ». Cf. article 76 de la Constitution de 1960 ; article 112 de la Constitution de 1970 ; article 116 de la Constitution de 1977 burkinabè.

[486] Article 188, 189 et 190 de la Loi n° 24-62 AN du 22 juillet 1962 déterminant le régime douanier applicable en Haute-Volta, J.O.R.H.V du 7 juillet 1962, p. 614.

[487] Article 86 de la Loi n° 13-72 AN du 28 décembre 1972 portant code de la sécurité sociale. Toutefois, le juge administratif a compétence pour connaitre le contentieux des mesures individuelles prises par l'autorité de tutelle concernant le personnel dirigeant. Ainsi ressort-il de l'arrêt de la Chambre administrative burkinabè du 14 décembre 1973, *SAWADOGO Jean-Marie c/ Rép. de Haute-Volta.*

[488] A titre illustrative, voir dans la littérature classique : De LAUBADERE (A.), *Traité élémentaire de droit administratif*, *op.cit.*, n° 777 ; BRETTON (P.), *L'autorité judiciaire, gardienne des libertés individuelles et de la propriété privée*, Paris, LGDJ., 1964, 293 p. ; HUET (P.), « La juridiction administrative gardienne de la liberté individuelle », *AJDA.*, 1973, p. 507 ; ROBERT (J.), « Le juge administratif et la

compétence reconnue aussi bien par les textes que la pratique jurisprudentielle pour connaitre des litiges impliquant l'Administration et concernant l'état des personnes ; les atteintes aux libertés fondamentales ou de la propriété privée ; et les atteintes conséquentes de voie de fait et d'emprise.

D'abord, le juge judiciaire burkinabè et son homologue gabonais sont seuls compétents pour trancher les litiges relatifs à l'état des personnes. Cette compétence renferme les questions d'état civil, nom, domicile, mariage, filiation, capacité, nationalité[489]. Son fondement textuel est l'article 326 modifié par l'article 311-5 du Code civil français encore en vigueur au Burkina Faso et au Gabon. Il en résulte que : « *les tribunaux civils seront seuls compétents pour statuer sur les réclamations d'état* ».

Aussi le juge administratif burkinabè, dans sa décision du 5 août 1985, a-t-il prononcé son incompétence en ces termes : « *Attendu que les actes d'état civil ne constituent pas des actes administratifs, mais des actes instrumentaires constatant des faits constituant ou modifiant l'état des personnes. Qu'il échet de se déclarer incompétent en la matière* »[490]. Avec une vigilance particulière, il avait déjà déclaré le 9 juin 1972 son incompétence à apprécier la validité d'un certificat de tutelle et d'hérédité. Saisie en effet d'une requête aux fins d'annulation d'un permis urbain d'habiter et de deux certificats d'hérédité et de

---

liberté individuelle » *in* Mélanges Waline, p. 719. La perception du juge judiciaire comme gardienne des libertés individuelles a, par ailleurs, été constamment renforcée par la Constitution burkinabè ainsi qu'il suit : « *Nul ne peut être arbitrairement détenu. Tout prévenu est présumé innocent jusqu'à ce que sa culpabilité ait été établie à la suite d'une procédure offrant les garanties indispensables à sa défense. Le pouvoir judiciaire, gardienne de la liberté individuelle, assure le respect de ce principe dans les conditions prévues par la loi* ». Cf. article 62 de la Constitution de 1960 ; article 94 de la Constitution de 1970 ; article 98 de la Constitution de 1977. Voir aussi au Gabon, article 1er du Préambule de la Constitution du 26 mars 1991. Dans la littérature contemporaine, voir notamment : UNTERMAIER-KERLEO (E.), « Le juge judiciaire, quel gardien de la liberté individuelle ? », *in Le juge judiciaire*, Actes du colloque organisé à l'Université Jean Moulin – Lyon 3, les 3, 4 et 5 juin 2015 par l'Association Française pour la recherche en droit administratif (AFDA), Dalloz, 2016, pp. 19-36.

[489] Il faut toutefois signifier que le juge administratif burkinabè peut connaitre des actes administratifs d'acquisition ou de perte de nationalité à savoir les décrets de naturalisation, les actes de refus de naturalisation et les décisions de déchéance de la nationalité.

[490] Haute Cour d'Etat (Ch. adm.) 5 aout 1985, *TRAORE Kounkou c/Etat Burkinabè*, arrêt n° 10.

tutelle dressés par le tribunal de la subdivision de Bobo-Dioulasso en prélude à la confection du permis litigieux, la Chambre administrative burkinabè distingue les deux matières. Si elle reconnait sa compétence au contentieux d'annulation du permis urbain d'habiter, elle déclare, par contre, son incompétence au second chef ainsi qu'il suit : « *Attendu qu'en ce qu'ils prétendent des liens de parenté, filiation ou alliance susceptible d'entrainer vocation successorale, ils touchent étroitement à une question d'état des personnes et que la juridiction administrative ne saurait apprécier leur validité sans outre passer les limites de sa compétence* »[491].

Au fond, le juge administratif burkinabè établit implicitement un départ entre les actes de gestion privée et ceux de gestion publique. Les premiers relevant de la compétence du juge judiciaire. Cette conduite est identiquement observée par le juge administratif gabonais qui a toujours décliné sa compétence au profit du juge judiciaire en matière de gestion privée de l'Administration.

Ensuite, à l'instar du juge français, la compétence des juges judiciaires gabonais et burkinabè en cas d'atteintes aux libertés fondamentales ou de la propriété privée est suffisamment ancrée dans l'ordonnancement juridique de chacun de ces États. En Afrique, la traduction de cette compétence en langage jurisprudentiel se mène à travers les théories de l'emprise et de la voie de fait[492].

L'emprise s'appréhenderait comme la prise de possession d'une propriété privée par l'Administration. La compétence du juge judiciaire ne jouerait qu'en situation d'emprise irrégulière c'est-à-dire lorsque la possession est attentatoire aux règles de forme ou de fond requises. Se limitant à la propriété immobilière, le domaine d'application de l'emprise irrégulière ne commanderait pas une irrégularité aussi sévère que la voie de fait.

La voie de fait s'entend d'une « *mesure manifestement insusceptible de se rattacher à l'exercice d'un pouvoir appartenant à l'Administration* »[493]. Qu'elle résulte d'un manquement au droit ou

---

[491] CSCA. 9 juin 1972, *Dames TRAORE Diarra et Dioulasso SAMAKE c/ Commune Bobo-Dioulasso*, arrêt n° 16.

[492] ROUSSET (M.), « Consécration et évolution de la notion de voie de fait dans le contentieux administratif marocain », *RJPIC*, vol. 51, n° 1, 1997, p. 12.

[493] TC (France), 17 juin 2013, *M. Bergoend c/ Société ERDF annecy Léman*, n° C3911. Rec. Lebon.

d'une atteinte procédurale[494], la voie de fait est doublement caractérisée : une opération administrative matérielle[495] correspondant à une grave illégalité et portant atteinte à la propriété privée ou à un droit fondamental. En conséquence, l'action administrative est qualifiée de dénaturée et ne saurait bénéficier de la protection du juge administratif[496]. Dans ce cas, comme en situation d'emprise irrégulière, l'Administration doit être jugée à l'image d'un particulier par les juridictions judiciaires. Cette tradition est bien préservée dans les offices des pouvoirs judiciaires au Gabon et au Burkina Faso.

Confrontés à l'emprise irrégulière et à la voie de fait, les juges administratifs de ces États se sont toujours déclarés incompétents au profit des juges judiciaires. « *Considérant que l'occupation par l'administration des autres immeubles appartenant à la succession Anziano Sauveur ne résulte de l'exercice d'aucun droit et constitue une emprise sur une propriété immobilière privée ; que cette occupation revêt un caractère irrégulier et entraine de ce fait la compétence de l'autorité judiciaire gardienne de la propriété privée* », a ainsi jugé la Chambre administrative de la Cour suprême gabonaise[497]. De même, la Chambre confirme la compétence du juge judiciaire en matière de voie de fait en ces termes : « *Considérant qu'il appartient à l'autorité judiciaire, gardienne de la liberté individuelle, de statuer sur les conséquences de tous ordres des atteintes à cette liberté, celles-ci ayant par elles-mêmes le caractère d'une voie de fait* »[498].

Au Burkina Faso, le silence du juge burkinabè quant à la consécration jurisprudentielle de l'emprise ne conclut guère à la contestation de cette théorie tant est-il que des textes de loi opèrent son ancrage en droit burkinabè.

Quant aux situations de voie de fait soumises au juge administratif, la pauvreté de la jurisprudence burkinabè en la matière permet tout de même de constater la consécration des solutions qui étaient celles du

[494] Sur les deux variétés de voie de fait, voir TC 8 avril 1935, *Actions françaises*, n° 00822, Rec. Lebon, p. 1226.

[495] Les actes juridiques de l'administration qui sont considérés sans aucun lien avec leur exécution ne pourraient constituer des voies de fait. A moins que l'acte administratif porte en lui-même son exécution comme le précise le Tribunal des conflits français, TC, 27 juin 1966, *GUIGNON*, Rec. Lebon, 830.

[496] DRAGO (R.), « Juge judiciaire, juge administratif » *RFDA*, 6(5), sept.-oct. 1990, Bicentenaire la loi des 16-24 aout 1790, p. 761.

[497] CSCA 26 février 1988, *Kuentz Anziano*, rép. 8.

[498] CSCA 18 décembre 1981, *Bobebe*, rép. 207. Voir également CACS 25 juin 1982, *Bernard*, rép. 83.

juge français. Dans l'affaire *Zangreyanogo Gabriel* et autres, le juge administratif considéra qu'il eut voie de fait lorsque l'autorité administrative exécuta une décision annulée pour excès de pouvoir. Il tire ensuite la conséquence que « *(...) la voie de fait dont se put rendre la défenderesse (...) ressort de la compétence exclusive des tribunaux de l'Ordre judiciaire et que n'en saurait connaitre la Chambre Administrative* »[499].

On voit bien les juges administratifs des États africains reprenant le dualisme juridictionnel marcher dans les pas du juge français dans la détermination de leurs compétences en cas de voie de fait et d'emprise. Mais, l'imitation ici devient complexe depuis la nouvelle définition de la voie de fait issue de l'arrêt du Tribunal des conflits français du 13 juin 2013. La voie de fait est désormais appréhendée au sens d' « *une atteinte à la liberté individuelle ou aboutissant à l'extinction d'un droit de propriété* »[500]. Il en découle, désormais, une restriction de la voie de fait, car, auparavant, toute liberté fondamentale était considérée pour reconnaitre l'existence d'une voie de fait. De plus, depuis la décision *Commune de Chirongui*, le Conseil d'État français[501] n'interdit plus la saisine du juge administratif que pour la réparation du préjudice. En d'autres termes, le juge administratif du référé-liberté et le juge judiciaire se trouvent en concurrence pour constater la voie de fait et pour la faire cesser.

L'arrêt *Bergoend* aurait le mérite de pallier le risque de chevauchement entre la compétence administrative et la compétence judiciaire qui résulterait de l'équivalence entre les libertés protégées dans le cadre du référé-liberté et celles protégées au titre de la voie de fait[502]. Elle présente aussi, pour le juge administratif français, l'avantage d'élargir son espace de compétence. Ce qui nourrirait les appétits de ses homologues burkinabè et gabonais dont les jurisprudences restent quantitativement très insuffisantes. La pénétration de nouvelles matières dans le domaine de compétence de ces juges n'est pas seule rassurante pour un développement de leurs jurisprudences ; encore faudrait-il qu'ils fassent preuve de création et qu'ils soient initialement saisis par les justiciables. Cette remarque vaut

[499] CSCA., 26 janvier 1973, *Zangreyanogo Gabriel et autres c/ Commune de Ouagadoudou*, n° 3.
[500] TC 17 juin 2013, *Bergoend c/ ERDF Annecy Léman*, n° C3911.
[501] CE, ordonnance du 23 janvier 2013, n° 365262.
[502] UNTERMAIER-KERLEO (E.), « Le juge judiciaire : quel gardien de la liberté individuelle ? », *in Le juge judiciaire*, *op. cit.*, p. 23.

également pour les conséquences qu'on pourrait tirer du nouvel itinéraire de la jurisprudence française au sujet de l'emprise irrégulière.

Par une application combinée des jurisprudences *Bergoend* et *Panizzon*[503], le Tribunal des conflits français a déclassé la théorie de l'emprise irrégulière. Le juge administratif devient, de ce fait, compétent pour faire cesser et réparer des situations résultantes d'une emprise régulière ou irrégulière. Le juge judiciaire n'intervient qu'en cas d'atteinte au droit de propriété. À ce jour, l'on ne saurait prédire si la conduite des juges administratifs et celle des législateurs des États africains épouseront cette nouvelle orientation dans la détermination de la compétence du juge judiciaire en matière administrative.

En dehors des cas sus-indiqués, d'autres contentieux traduisent encore l'imitation des règles françaises relatives à la fixation de la compétence du juge judiciaire en matière administrative au Gabon et au Burkina Faso. Ce sont les litiges relatifs aux actes de gestion privée de l'Administration[504] ainsi que les litiges inhérents au fonctionnement du service public de la justice[505].

La concurrence des juges judiciaire et administratif en matière administrative est caractéristique du dualisme juridictionnel français sans constituer une condition d'existence de la dualité de juridictions. Autant elle a toujours existé sous le monisme juridictionnel africain autant elle semble émerger dans la pratique de l'unité de juridiction anglo-saxonne. Telle que définie en France et reprise dans des États africains, elle recèle des complications si bien qu'on peut remettre en cause son utilité.

En effet, comme a pu le soutenir « *La frontière qui sépare les deux ordres de juridictions est tourmentée, souvent encore mal définie, et parfois poreuse* »[506]. Dans les États où le juge peine à s'approprier les outils et techniques du contentieux administratif des solutions moins

---

[503] TC 9 décembre 2013, *Panizzon c/ Commune de Saint Palais sur mer*, req. n° 3931, Rec. Lebon, p. 376.

[504] Au Gabon, voir CACS 3 novembre 1967, Nzeh, rép. n° 95, à propos des contrats de droit privé entre l'administration et certaines catégories de ces agents ; CACS 22 juillet 1983, Koussadji-Etho, rép. n° 79, idem ; CA 22 décembre 1999, Medza Ndemezogo c/ CNSS, rép. n° 2, à propos des litiges des personnes morales de droit privé gérant un service public et leurs personnels ; CE 11 janvier 2002, Liamidi c/ CNBG, rép. n° 1, à propos des litiges entre les spic et leurs personnels.

[505] CE gabonais, 7 juin 2002, *Alandji Raphaël c/ Etat gabonais*, rép. n°14 ; CA Ass. 27 février 1998, *Edzodzomo Ella c./ Ministère de la justice*, rép. n° 28.

[506] CHABANOL (D.), *La pratique du contentieux administratif*, Paris, 13e éd. LexisNexis, 2020, p. 13.

hermétiques tenant certes compte de la transversalité de l'action administrative et de la fragilité des acteurs de la justice administrative sont plutôt opportunes. Pour ainsi dire, tout n'est pas transposable dans le système de dualisme juridictionnel français. Ses règles de répartition de compétence connaissent des infortunes et peuvent être améliorées.

SECTION II - LES INFORTUNES DU SYSTÈME DE PARTAGE DES COMPÉTENCES

La reprise du système de partage des compétences entre les juridictions administratives et les juridictions judiciaires pose d'énormes difficultés. Les critères sont cloisonnés, peu lisibles et complexes. La reprise de la dualité française n'impose pas que soient reproduits ces traits déplorables. À moins qu'il soit prouvé que ceux-ci sont indispensables au succès du modèle importé ou que ces inconvénients soient indépassables. Ce qui revient à s'interroger ainsi qu'il suit : que faire face à la complexité des règles de partage des compétences entre juridictions administratives et juridictions judiciaires en matière administrative ? Autrement dit, comment pallier « *la parcellisation du contentieux de l'Administration* »[507] ?

Déjà, l'expérience française dont ne se sont jamais départis les États africains francophones fournit un début de solution : la mise en œuvre d'un organe de règlement des différends. Organe bien connu de la pratique de l'unité juridictionnelle, son importance semble avoir été oubliée avec l'institutionnalisation de la dualité dans les États africains sous étude (paragraphe 2). Mais avant, il convenait de penser à une simplification des critères de partage de compétences en matière administrative entre les ordres de juridictions. C'est une solution empruntable qui sera proposée dans les lignes suivantes (paragraphe 1).

[507] AUTIN (J.-L.), « Réflexions sur le système français de dualité juridictionnelle », *op. cit.*, p. 770.

Paragraphe 1 - Un partage ignorant des possibilités de simplification des règles compétences entre les ordres juridictionnels

Des pistes de simplification des règles de compétence du juge administratif peuvent être défrichées si l'on ne condamne pas le système dualiste à la complexité. A cet effet, le Professeur François JULIEN-LAFERRIERE avait suggéré que : tout juge ait la préoccupation de la stabilité et de la simplicité dans la fixation de sa compétence ; il faut davantage mettre en œuvre la méthode des blocs de compétences ; la dénomination du juge compétent soit autant que possible liée au droit applicable ainsi que la compétence suive le fond[508]. L'analyse de cette proposition donne de constater qu'elle est vague et court le risque de faire retomber dans les mêmes travers que les critères classiques sus-indiqués. Aussi, des voies de rupture plus nette avec ceux-ci ont été envisagées. S'y inscrit la proposition formulée par le Sénat français et expérimentée en droit sénégalais dans le sens d'une attribution exclusive du contentieux de la responsabilité au juge judiciaire. Si l'efficacité de cet aménagement semble particulièrement douteuse dans le contexte africain, on peut, dès lors, songer à la voie de disparition ou quasi- disparition du principe de concurrence des compétences entre juridictions de différents ordres en matière administrative. On postulerait donc pour une exclusivité de la compétence des juridictions administratives.

Le départ entre les voies de solutions formulées se situe au niveau du degré d'intervention du juge judiciaire dans le contentieux administratif. Le Senat français trouvait en 1999 qu'il serait judicieux de confier le contentieux de l'annulation au juge administratif et celui de la responsabilité au juge judiciaire. Le constituant sénégalais avait semblé faire sien cet appel lorsqu'il attribua, avant de se rétracter, le plein contentieux à la Cour de cassation. Les deux idées maitresses qui émergent de cette proposition retiendront notre attention. Ce sont le maintien du principe du partage de compétence entre les juridictions des différents ordres et l'élargissement du domaine de compétence du juge judiciaire.

Quoique l'objectif des solutions proposées semble être de parvenir à une simplification des règles de détermination du juge compétent en

---

[508] JULIEN-LAFERRIERE (F.), « La dualité de juridiction, un principe fonctionnel ? », *in L'unité du droit*, *Mélanges* en hommage à Roland DRAGO, 1996, p. 426

matière administrative, son atteinte ne se fait pas à tout prix. En appui à cette simplification, il y a une cohérence du contentieux administratif que chaque proposition devrait préserver. Il s'agit de protéger l'autonomie et l'efficacité de ce contentieux. L'appréciation du respect de ladite autonomie porterait sur les conséquences probables ou avérées des aménagements proposés ou expérimentés.

Depuis la naissance du dualisme juridictionnel français, le juge judiciaire a toujours conservé une compétence dans le règlement des litiges auxquels l'Administration est partie[509]. Son rôle de gardien traditionnel de la liberté individuelle et de la propriété, la théorie de la voie de fait sont autant de considérations qui ont milité en faveur de cette compétence. On le sait, la loi des 16-24 aout 1790 interdisant au juge judiciaire de connaitre un litige auquel l'Administration est partie n'a jamais été d'une application absolue[510]. D'ailleurs, la compétence du juge de droit privé en matière administrative serait aujourd'hui nécessaire au regard de la complexité de l'action administrative, de la transversalité des règles et concepts applicables à l'Administration[511].

Aujourd'hui, cette complexité s'analyse en termes de mutation de l'action publique, de l'intrusion de celle-ci dans des domaines qui lui étaient traditionnellement difficiles d'accès. La détermination du juge compétent dans un litige où l'Administration est partie devrait donc être en phase avec cette distinction des modes et modalités d'intervention de la puissance publique appréhendée au prisme du couple gestion privée / gestion publique. Commandées par la loi du marché et la tendance à une gestion entrepreneuriale du service public, ces mutations de l'action publique justifieraient la compétence du juge judiciaire en matière administrative. Le maintien de cette compétence telle que déduite de la proposition du Sénat français répond à une démarche objective. Dès lors, il n'apparait pas inéquitable, par exemple, d'appliquer des règles de responsabilité différentes à la victime d'un accident médical selon que ce dernier se produit à l'hôpital ou dans une

[509] C'est d'ailleurs la méconnaissance persistante du juge judiciaire du principe de séparation que s'est chargée de corriger la loi des 16 fructidor an III dont il n'est pas inutile de rappeler les termes : « *Défenses itératives sont faites aux tribunaux de connaître des actes d'administration de quelque espèce qu'ils soient, aux peines de droit* ».

[510] La compétence même du juge judiciaire dans la protection des libertés individuelles et la théorie de la voie de fait en était, depuis l'origine, une atténuation.

[511] MAMBO (P.), « L'OHADA ou la privatisation du droit public », *in* ONDOA (M.), EDGARD (P.), ABANE (E.) (dir.), *L'exception en droit*, Mélanges en l'honneur de Joseph OWONA, Paris, L'Harmattan, coll. Etudes africaines, 2021, p. 17.

clinique privée[512]. Pour ainsi dire, quoique cela ne soit pas une approche obligée, le principe de la responsabilité peut exiger de se doter d'un système différent de droit et de procédure applicables à l'Administration[513] suivant la nature de l'intervention de celle-ci.

Certes on ne peut ignorer que la transversalité classique et la conduite managériale actuelle des affaires publiques rappellent fortement les inquiétudes relatives à une disparition du droit administratif[514], à la sortie de l'Administration du système de droit administratif[515]. Mais elles ne concluent pas nécessairement au maintien de deux ordres juridictionnels en ce que la formule d'un seul juge appliquant soit le droit public soit le droit privé est envisageable[516].

---

512 GUETTIER (C.), « Disparition, maintien ou réformation de la dualité de juridiction ? », *in* Sénat, *Vers de nouvelles normes en droit de la responsabilité*. Actes de colloque du Sénat, Palais du Luxembourg, 11 et 12 mai 2001, p. 149.

513 Atténuant ainsi l'opinion selon laquelle « *Le principe de la responsabilité publique n'exige pas de se doter d'un système distinct de droit et de procédures applicables à l'Administration et doté de tribunaux spéciaux de droit public ou administratif. Chaque Etat applique le principe de la manière la mieux adaptée à son système juridique* ». Cf. Conseil de l'Europe, *L'Administration et vous : Un manuel. Principes de droit administratif concernant les relations entre l'Administration et les personnes*, Strasbourg, Editions du Conseil de l'Europe, 2018, p. 45.

514 BOULOUIS (J.), « Supprimer le droit administratif ? », *Pouvoirs*, 46/98, p. 5.

515 CAILLOSSE (J.), « L'administration française doit-elle s'évader du droit administratif pour relever le défi de l'efficience ? » *in* LACASSE (F.) et THOENIG (J.-C.), (dir.), *L'action publique*, Paris, L'Harmattan, 1997, p. 307 et s.

516 Bien que ne préférant pas cette option, le Professeur François JULIEN-LAFERRIERE n'a pu s'empêcher de l'admettre comme alternative plausible. Cf. JULIEN-LAFERRIERE (F.), « La dualité de juridiction, un principe fonctionnel ? », *op. cit.*, p. 425.

Les inquiétudes portant sur l'existence[517] ainsi que la mutation[518] de l'intérêt général, sur déclin de l'exorbitance du droit administratif[519] sont réelles. Elles sont le reflet de « *la suppression des frontières érigées entre droit public et droit privé (...) particulièrement significative sur le continent africain* »[520]. Pourtant, une explication technique est donnée et tente de minimiser la portée de la crainte. En effet, pour atteindre un objectif fixé, l'Administration peut agir sous l'emprise du droit privé entrainant la compétence du juge judiciaire ou par le canal du droit public impliquant ainsi la compétence du juge administratif[521].

Plus concrètement, d'autres matières et principes fournissent des arguments au maintien de la compétence du juge judiciaire en matière administrative. C'est notamment le partage entre le droit public et le droit privé dans le système juridique de la fonction publique territoriale[522]. La gestion publique locale recoure progressivement à l'externalisation et à la délégation de service public[523]. Ces

---

517 PONTIER (J.M.), « L'intérêt général existe-t-il encore ? », *Dalloz*, 1998, chron., p. 327 et s.

518 Conseil Economique, Social et Environnemental de France et *al*, *L'intérêt général : dès aujourd'hui, l'affaire de tous ? Une réflexion collective pour agir*, Actes de colloque, organisé le 12 janvier 2018 au Conseil Economique, Social et Environnemental à Paris, 2018, p. 1. Disponible à https://www.avise.org/sites/default/files/atoms/files/20180801/actes_colloque_interet-general_2018.pdf. Consulté le 08/09/2020 à 16h45mn. Voir également, HEIDSIECK (C.-B.), LAVIGNE (L.) (rédacteurs), *Intérêt général : nouveaux enjeux, nouvelles alliances, nouvelle gouvernance*, Rapport Collectif sur l'Intérêt Général, 2015, p. 22. Disponible à https://co-constructionterritoriale.plateformecapitalisation.org/wp-content/uploads/2016/07/kit-cct_bao_connaissance-2_rapport-intc3a9rc3aat-gc3a9nc3a9ral.pdf.

519 KEBE (A.A.D.), « Le déclin de l'exorbitance du droit administratif sénégalais sous l'effet du droit communautaire », *Revue électronique Afrilex*, p. 17. Disponible à http://afrilex.u-bordeaux4.fr/sites/afrilex/IMG/pdf/Le_declin_de_l_exorbitance_du_droit_administratif_senegalais.pdf. Consulté le 08/09/2020 à 19h21mn.

520 MAMBO (P.), « « L'OHADA ou la privatisation du droit public », précité.

521 « La définition du droit administratif : à la recherche du critère perdu » p. 20. Disponible à https://www.lepetitjuriste.fr/wp-content/uploads/2011/06/A%20la%20recherche%20du%20crit%25C3%25A8re%20perdu.pdf. Consulté le 08/09/2020 à 20h 59mn.

522 SENAT (France), *L'avenir de la fonction publique territoriale : les 14 propositions du Sénat*, Rapport de la Commission des lois, Paris, Sénat, 2018.

523 Le LIDEC (P.), De MONTRICHER (N.), « Décentraliser et gérer. Analyse rétrospective et prospective de l'emploi public dans les collectivités territoriales », *La*

transformations de paradigmes induisent une certaine banalisation de la division classique droit public / droit privé[524] ou une requalification de la responsabilité administrative en responsabilité civile[525]. On évoque ainsi les questions de *« privatisation du service public de l'État »*[526], de « *travaillisation* » du droit de la fonction publique[527] ou plus globalement celles de pénalisation[528], d'internationalisation[529] voire de communautarisation[530] ou constitutionnalisation [531] du droit

---

Documentation française, coll. « Perspectives », 2004, 116 p. Disponible à https://www.vie-publique.fr/sites/default/files/rapport/pdf/044000528.pdf.

[524] CAILLOSSE (J.), La constitution imaginaire de l'administration : recherches sur la politique du droit administratif, Paris, PUF, 2008, p. 116.

[525] CHAPUS (R.), *Responsabilité publique et responsabilité privée. Les influences réciproques des jurisprudences administrative et judiciaire,* Paris, 1953, édité 2010, Mémoire du Droit, 584 p. ; EISENMANN (C.), « Sur le degré d'originalité du régime de la responsabilité extra-contractuelle des personnes publiques », *JCP*, 1949, I, 742.

[526] DEVOLVE (P.), « La privatisation du service public de l'Etat », *Pouvoirs*, n° 117, 2006, pp. 107-120. Dans le contexte africain, voir : SAMB (M.), « Privatisation des services publics en Afrique subsaharienne. A l'heure des bilans », *Revue électronique Afrilex*, pp. 1-38. ; PLANE (P.), « Privatisation des services publics en Afrique subsaharienne : enjeux et incertitudes », *Revue économique*, vol. 47, n° 6, 1996, pp. 1409-1421.

[527] CAILLOSSE (J.), *La constitution imaginaire de l'administration : recherches sur la politique du droit administratif, op. cit.*, p. 117 ; AUBIN (E.), « Les dispositions relatives à la formation professionnelle des fonctionnaires tout au long de la vie », *AJDA*, 2007, p. 511-515.

[528] PREBISSY-SCHNALL (C.), *La pénalisation du droit des marchés publics*, Thèse de Droit public, Université de Paris 10, 2001, 617 p.

[529] GUGLIELMI (J.), COSSALTER (Ph.), *L'internationalisation du droit administratif*, Paris, Editions Panthéon-Assas, LGDJ, coll. Colloques, 1ère éd., p. 316 p.

[530] FLAUSS (J.-F.), « L'influence du droit communautaire sur le droit administratif français », *LPA*, 9 janvier 1995, n° 4, p. 4.

[531] FAVOREU (L.), « Le droit constitutionnel, droit de la Constitution et constitution du droit », *RFDC*, 1990, n° 1, p. 71. Pour le Doyen Louis FAVOREU, la constitutionnalisation aboutit à l'unification du droit public, et au-delà, à l'unification du droit général. Embrassant cette idée d'unification du droit, le Doyen VEDEL, quant à lui, préfère plutôt évoquer le phénomène d' « *administrativisation du droit constitutionnel* » ou d'une « constitutionnalisation à fronts renversés ». Il estime, en effet, que « ce n'est pas dans la Constitution que les notions fondamentales puisent leur existence, c'est la Constitution qui s'enracine dans des notions fondamentales préexistantes ». Voir en ce sens VEDEL (G.), « Les bases constitutionnelles du droit administratif », *in* AMSELEK (P.) (dir), *La pensée de Charles Eisenmann*, Paris, Economica – PUAM, 1986, pp. 133-145. Une littérature florissante animant le débat de la constitutionnalisation du droit administratif peut être revisitée. Lire à cet effet : EISEIMMAN (C.), « La théorie des bases constitutionnelles », *RDP*, 1972, pp. 1345-

administratif. Toutefois, l'ouverture du droit administratif à d'autres influences n'en fait pas perdre l'identité. Ce droit et son contentieux continuent d'être nourris par l'office du juge administratif ou du législateur en Afrique francophone. L'autonomie du contentieux administratif semble encore résister aux différentes influences dont certaines viennent d'être rappelées. Cependant, la menace sur cet aspect est sérieuse si l'on s'en tient à la seconde implication de la proposition du Sénat français plaidant pour une compétence exclusive du juge judiciaire dans le contentieux de la responsabilité administrative.

Le maintien de la compétence du juge judiciaire en matière administrative tel que sous-entendu par la proposition du Sénat français est empreint de logique et de réalisme. En revanche, l'exclusivité de cette compétence dans la mise en œuvre de la responsabilité administrative parait démesurée. L'argument portant ce projet s'avère inconsistant autant sa conséquence sur le contentieux administratif est dommageable.

Sans s'y fonder expressément, le Sénat français et le constituant sénégalais reprenaient chacun pour son compte l'ancien débat relatif à la fragilité de la dualité juridictionnelle dans le contentieux de la responsabilité[532]. La proposition de consacrer la compétence exclusive du juge judiciaire n'en est qu'une résultante. En effet, l'argument de la fragilité part de l'identification des objets où se manifeste davantage la complexité de la détermination du juge compétent pour arriver à la proposition d'octroyer la connaissance du contentieux de la responsabilité au juge judiciaire. Le motif allégué est la similitude des contentieux des responsabilités civile et administrative. Nous suivrons cet itinéraire dans les lignes explicatives suivantes avant de soulever les menaces sur le contentieux administratif d'un tel aménagement.

La complexité des règles de détermination du juge compétent porte essentiellement sur la dualité de juridiction pour connaitre du contentieux de la responsabilité administrative[533]. Ainsi, à défaut

---

1441; SCHRAMECK (O.), « Droit administratif et droit constitutionnel », *AJDA*, 1995, p. 34 ; MARTINEZ-CRUS (A.C.), *La constitutionnalisation en Droit administratif : L'expérience colombienne*, Thèse de doctorat en Droit public, Université de Bordeaux, 2018, 453 p.

532 Voir notamment CHAPUS (R.), *Responsabilité publique et responsabilité privée. Les influences réciproques des jurisprudences administrative et judiciaire*, Thèse de doctorat en Droit, Paris, 1953, édité 2010, Mémoire du Droit, 584 p.

533 GUETTIER (C.), « Disparition, maintien ou réformation de la dualité de juridiction ? », *in Vers de nouvelles normes en droit de la responsabilité*, précité.

d'envisager la disparition de ce contentieux, le Sénat français, dans son rapport de 2000, propose comme palliatif à l'égarement des justiciables et des juges sur les règles de compétence que soit attribué au juge judiciaire, l'ensemble du contentieux de la responsabilité administrative. Bien que cette démarche soit moins extrême que la voie de la suppression dudit contentieux, elle n'est pas totalement dépourvue de rigidité.

De plus, on admit que la responsabilité administrative remplit la même fonction réparatrice que la responsabilité civile. D'ailleurs, le juge administratif recourt aux trois caractéristiques fixées par le juge judiciaire que sont l'existence d'un préjudice, le fait générateur et le lien de causalité entre les deux[534]. En outre, des questions soulevées devant le juge administratif parce que relevant prioritairement du droit public en ce qu'il s'agit de déterminer la responsabilité d'une personne publique, sont enluminées de droit civil. Il en va ainsi du rapprochement récent de la jurisprudence administrative des solutions déjà adoptées par le juge judiciaire relativement à la patrimonialisation du droit à réparation des préjudices personnels subis par la victime[535].

S'appuyant sur cette double similitude, la proposition du Sénat français privilégierait la solution raisonnable au détriment d'une originalité inopérante de la mise en œuvre de la responsabilité administrative. Elle répondrait au vœu selon lequel il serait mieux de confier tout le traitement du contentieux de la responsabilité réparatrice à un unique et même juge.

Hormis ces aspects matériels et fonctionnels, une analyse rétrospective de l'histoire de naissance de la justice administrative autonome en France renseigne mieux sur la question de la fragilité de

---

534 A titre indicatif, voir CSCA (Cote d'Ivoire), 20 décembre 2006, *Madame KOUA Ama Marie-Agnès c/ Etat de Côte d'Ivoire et Société IGS, Agence France Immobilier*, Les grands arrêts de la jurisprudence administrative ivoirienne, p. 461.

535 CE, sect., 29 mars 2000, *Assistance publique - Hôpitaux de Paris,* D. 2000, J., p. 563, note BOURREL (A.) ; JCP 2000, II, 10360, note DERRIEN (A.) ; CE, 27 octobre 2000, *Assistance publique - Hôpitaux de Paris, Petites Affiches* 2001, n° 132, p. 19, obs. C. GUETTIER (C.). Dans le premier arrêt, celui du 29 mars 2000, le Conseil d'État français admit que les héritiers puissent exercer une action tendant à l'indemnisation des préjudices subis par la victime. Ainsi, il a considéré qu'une cour administrative d'appel ne commet aucune erreur de droit en jugeant que le droit à réparation des préjudices matériels et personnels subis par la victime, contaminée par le virus de l'hépatite C lors d'une transfusion sanguine, est entré dans le patrimoine de ses héritiers même si, avant son décès, la victime n'avait, introduit aucune action réclamant la réparation de ces préjudices.

la dualité de juridiction dans le contentieux de la responsabilité. Il n'est point douteux, comme ressortant des travaux de Jacques CHEVALLIER, que la loi des 16 et 24 août 1790 avait moins voulu interdire aux tribunaux judiciaires de juger l'Administration que de faire œuvre d'administration[536]. Plus précisément, c'est pour des raisons tenant à la méfiance à l'égard des tribunaux judiciaires que le pouvoir politique écartera la compétence de ces derniers en matière administrative. Cet aménagement d'opportunité a survécu, non sans heurts[537], en s'appuyant sur des positions bien plus dogmatiques.

On a estimé qu'en dépit de la similitude des deux types de responsabilités, le régime juridique de la responsabilité administrative serait singulier. Et ce, pour deux principales raisons dont l'une tenant à l'intérêt général et l'autre à la légitimation du contrôle du juge administratif en matière de responsabilité. Le juge administratif a fait une application constante et conquérante de l'arrêt *Blanco* à travers laquelle le Tribunal des conflits a écarté le droit civil comme source générale de la responsabilité administrative[538]. Déjà en 1855, le Conseil d'État français avait considéré que les rapports résultant du fonctionnement des services publics de l'État ne pouvaient « *être réglés selon les principes et les dispositions du seul droit civil* »[539]. Il ajoutait que seuls l'Administration et le juge administratif devaient en apprécier les conditions et la nature. Si cette solution n'écarte pas entièrement la compétence du juge judiciaire, elle dégage la règle de la compétence de principe du juge administratif en matière de responsabilité administrative. Renforcé par la jurisprudence *Blanco*, le juge

---

[536] CHEVALLIER (J.), « Du principe de séparation au principe de dualité », *RFDA*, 1990, p. 712 ; *L'élaboration historique du principe de séparation de la jurisprudence administrative et l'administration active*, Paris, LGDJ, Lextenso-éditions, coll. Anthologie du droit, 2015, 324 p.

537 Avant l'avènement de l'arrêt *Blanco*, les deux ordres de juridiction ont multiplié les querelles de partage de compétence pendant une bonne partie du XIXe siècle. A l'origine, avant la création du Tribunal des conflits en France en 1848, ces conflits positifs qui opposaient les Conseils de préfecture et les tribunaux judiciaires étaient tranchés par le Conseil d'Etat.

[538] En guise de rappel : « *Considérant que la responsabilité qui peut incomber à l'État, pour les dommages causés aux particuliers par le fait des personnes qu' `il emploie dans le service public, ne peut être régie par les principes qui sont établis dans le Code civil* ». Cf. TC, 8 février 1873, *Blanco*, précité.

[539] CE, 6 décembre 1855, *Rotschild c/ Larcher et Administration des postes*, Rec. Lebon, p. 705

administratif trouvait l'opportunité de légitimer son contrôle qui était originellement contesté du fait de sa proximité au pouvoir public.

On le voit, que ce soit sous le fondement de l'intérêt général ou celui de la légitimité du juge administratif, l'argument tiré de la fragilité de la dualité de juridiction dans le contentieux de la responsabilité est contestable à bien des égards. Le rapport qu'il ménage avec la compétence exclusive du juge judiciaire en matière de responsabilité administrative est assez invraisemblable. Hier, l'argument était énoncé pour fixer la compétence du juge administratif ; aujourd'hui, il semble porter la proposition du Sénat français pour une compétence du juge judiciaire sur le même contentieux. Au fond, il est opéré une confusion entre similitude des contentieux et fragilité de la dualité de juridiction dans le contentieux de la responsabilité. Qui plus est, les arguments tirés de la différence entre l'intérêt général et les intérêts particuliers et fondés sur la légitimité du juge administratif sont plus proches de solutions dogmatiques que pragmatiques. Aussi, les politiques jurisprudentielles qui suivirent l'arrêt *Blanco* n'eurent-elles point pour effet d'attribuer le contentieux de la responsabilité à un seul ordre juridictionnel. Au contraire, elles ont abouti à un système de compétence « *quadruple bipolaire* »[540] repris en droit des Etats africains sous étude. Ce système renvoie à la compétence des juges administratif et judiciaire avec application, par chacun d'eux, soit du droit privé soit du droit public[541].

En outre, l'ancrage historique de même que la constitutionnalisation de la dualité de juridiction en matière de responsabilité administrative feraient dire que le débat y relatif est « *dépassé* »[542]. Toutefois, ce postulat nous parait insuffisant pour condamner aussi longtemps des solutions qui iraient dans le sens de la proposition du Sénat. La critique allant au-delà des arguments évocables doit en effet s'appuyer sur les

---

[540] GUETTIER (C.), « Disparition, maintien ou réformation de la dualité de juridiction ? », *op. cit.*, p.160.

[541] D'une fois les deux ordres peuvent connaitre du contentieux de la responsabilité administrative ; d'autre part, le droit applicable peut être le droit administratif comme le droit civil. Plus précisément, la responsabilité administrative peut être engagée devant le juge administratif qui applique majoritairement le droit administratif. Cependant, il applique occasionnellement le droit civil. Ce contentieux est aussi connu par le juge judiciaire qui y applique principalement le droit civil et parfois le droit administratif

[542] GUETTIER (C.), « Disparition, maintien ou réformation de la dualité de juridiction ? », *op. cit.,* p. 165.

enjeux qu'une telle proposition représenterait pour le contentieux administratif.

L'orientation proposée par le Sénat français et brièvement expérimenté et droit positif sénégalais[543] est enchanteresse en ce qu'elle contribue à la simplification de l'identification du juge du contentieux administratif. Mais, elle affaiblit le positionnement du juge et du droit administratifs déjà fragile en Afrique francophone subsaharienne. D'où son abandon par le constituant sénégalais[544]. On penserait qu'il serait impropre d'évoquer la menace à l'autonomie du droit administratif et moindrement celle du juge administratif si d'aventure le législateur reprenait la proposition du Sénat français. L'autonomie du juge s'exprimant, dans ce cas, à travers le cadre légal que définirait le législateur à savoir le champ du contentieux de la responsabilité. La légalité détermine et conditionne l'autonomie[545]. Toutefois, on ne saurait dire autant de l'autonomie du droit administratif : soumettre la responsabilité administrative au régime du contentieux civil porte atteinte à l'essence même de ce droit. Partant, la proposition du Sénat entraine un recul de l'autonomie du juge et du droit administratifs. C'est dire que si l'orientation proposée a le mérite de la simplicité, elle s'oppose à l'exigence de cohérence du contentieux administratif dont nous faisions allusion. On pourrait même y voir un déclenchement du processus de dépérissement du dualisme juridictionnel[546]. Cela est d'autant plus exact qu'on ne puisse ignorer la difficile coexistence entre la responsabilité publique et l'unité juridictionnelle en Afrique francophone[547].

---

[543] Voir *infra*, p. 222.

[544] Loi n° 96-30 du 21 octobre 1996 modifiant la loi n° 92-24 du 30 mai 1992 relative à la création du Conseil d'Etat notamment en son article 33. Voir JO (Sénégal) du 16 mars 1999, p. 841.

[545] Sur le rapport complexe entre la légalité et l'autonomie, voir CLARENNE (J.), ROMAINVILLE (C.), « La légalité face à l'autonomie d'organisation des assemblées parlementaires et des gouvernements. Une logique de contrepouvoirs face à la séparation organique des Pouvoirs », *in* DETROUX (L.) et *al*, *La légalité : un principe de la démocratie belge en péril ?* Bruxelles, Larcier, 2020, pp. 423-476.

[546] BIGOT (G.), « L'Etat du droit administratif au XIXème siècle. Les leçons du droit de la responsabilité administrative », p. 2. Disponible à https://www.academia.edu/38771007/LEtat_du_droit_administratif_au_XIX_%C3%A8me_si%C3%A8cle_Les_le%C3%A7ons_du_droit_de_la_responsabilit%C3%A9_administrative.

[547] FALL (A.B.), *La responsabilité extra-contractuelle de la puissance publique : essai de transposition des règles de droit administratif dans un pays d'Afrique noire francophone*, Thèse de doctorat, Université de Bordeaux, 1994, p. 24.

Par ailleurs, en reprenant la logique même des arguments évoqués, on ne peut souscrire à leur incontestabilité. La responsabilité administrative se distingue de la responsabilité civile. Les techniques particulières et étrangères au droit privé développées par le juge administratif sur l'appréhension de la faute[548], le cumul de responsabilité[549] et les règles d'indemnisation de la victime[550] sont

548 Entre fondement initial, résistance et effritement de la place de la faute dans la mise en œuvre de la responsabilité administrative voir à titre indicatif : GAZZANIGA (J.-L.), « Les métamorphoses historiques de la responsabilité », *in* MICHAUX (P.) (dir.), *Les métamorphoses de la responsabilité,* Colloque, Sixièmes Journées René SAVATIER, Poitiers, 15 et 16 mai 1997, PUF, 1997, p. 3 ; BURDEAU (F.), *Histoire du droit administratif français,* PUF Thémis, 1995 ; PAILLET (M.), *La faute du service public en droit administratif français,* LGDJ, 1980, no 136 ; *La responsabilité administrative,* Dalloz, 1996, p. 90 et s ; AMSELEK (P.), « La responsabilité sans faute des personnes publiques d'après la jurisprudence administrative », *Mélanges Charles Eisenmann,* Cujas, 1975, p. 233-262.

549 CE, Sect, 3 février 1911, *Anguet*, req. n° 34922, Rec. p. 146 ; HAURIOU (M.), « Note sous Conseil d'Etat, 20 janvier 1911, Epoux Delpech-Salgues et Conseil d'Etat, Section, 3 février 1911, Anguet, requête numéro 34922, S. 1911.3.137 », *Revue générale du droit on line*, 2013, n° 12205. Disponible à https://www.revuegeneraledudroit.eu/blog/2013/11/06/le-cumul-des-responsabilites-pour-fait-de-service-et-pour-fait-personnel/.

550 Précisons qu'outre son caractère indemnitaire, le système de responsabilité en droit administratif, à la différence du droit privé, est sanctionnatrice ; il est aussi guidé par une préoccupation de moralisation de l'action administrative. Revenant concrètement à la fonction réparatrice voire indemnisatrice, la technique d'indemnisation appliquée par le juge administratif singularise la responsabilité de l'Administration. Certes le juge a opéré une extension du préjudice indemnisable par l'extension des catégories de personnes susceptibles de demander réparation de préjudice subi (Les personnes publiques : CE (France) Ass. 8 janv. 1988, *Ministre chargé du Plan et de l'Aménagement du territoire contre CU de Strasbourg et autres,* req. n° 74361, Rec. Lebon, RFDA 1988.25, concl. DAEL (S.) ; les proches : CHAPELARD (R.), *Le préjudice indemnisable dans la responsabilité extra-contractuelle de la puissance publique*, Thèse de Doctorat de Droit, Université de Grenoble, 1981, p. 64.). Egalement, le juge administratif procède à une plus grande considération de la personne, victime directe en ce prend en compte la souffrance (CAA Nantes 3e ch., 18 nov. 1999, *Mme Dominique Vorilhon,* req. n° 95 NT 00 588) ainsi que l'atteinte à l'intégrité physique résultant d'actes médicaux (CE (France), Ass. 9 avril 1993, *Bianchi,* Rec. 17, concl. DAEL (S.), AJDA 1993 p. 349, chron. MAUGUE (C.) et G. TOUVET (G.), D. 1994, SC, p. 65, obs. p. Bon et p. Terneyre, JCP 1993, 1, n° 3700, chron. PICARD (E.), JCP 1993 n° 22061, note MOREAU (J.), *LPA*, 13 juin 1994, p. 15, note PAULIAT (H.), RDP 1993, p. 1059, note PAILLET (M.) comme des préjudices indemnisables. Cependant, d'autres considérations ou éléments amoindrissent la portée de la réparation indemnitaire en contentieux administratif. Ces éléments constituent surtout une particularité des règles d'indemnisation de la victime dégagées par le juge administratif. On pourrait rappeler, elliptiquement, la mise en

révélatrices de la différenciation des deux types de responsabilités. Qui plus est, l'approche selon laquelle les contentieux de la responsabilité judiciaire et administrative partagent la finalité de la réparation doit être nuancée aujourd'hui. En effet, les victimes sont davantage tournées vers l'indemnisation que la réparation[551]. De ce fait, la responsabilité administrative semble, le plus souvent, être convoquée en vue de l'indemnisation plutôt que de la réparation *lato sensu*[552].

En clair, l'attribution de tout le contentieux de la responsabilité administrative au juge judiciaire conteste la nécessité de soumettre l'Administration à des règles spéciales de la responsabilité[553]. Il serait, dès lors, incohérent de réclamer une telle solution dans les États africains où l'espoir d'une effectivité de la dualité juridictionnelle continue d'être nourri en dépit des obstacles rencontrés.

Outre son essence, l'autonomie du contentieux serait en recul dans sa densité voire son expression[554]. En effet, même si le juge judiciaire est juge de l'Administration, le contentieux administratif est fondamentalement porté par l'office du juge administratif. Lui ôter, donc, une part considérable de ce contentieux constitue une restriction du champ d'autonomie du contentieux administratif. Au fond, l'autonomie tient à des prérogatives dont la réalité se traduit dans

---

œuvre partielle, selon la nature du dommage, de la réparation intégrale ; l'anomalie du préjudice en tant que condition de réparation des dommages et l'existence de l'indemnisation forfaitaire.

551 POIROT-MAZERES (I.), « Réflexions sur l'évolution de l'indemnisation (où le droit de la responsabilité publique rencontre, brièvement, l'analyse économique…) », *in* HECQUARD-THERON (M.), KRYEN (J.), *Regards critiques sur quelques r(évolutions) récentes du droit* ; Tome 1 : bilan, Toulouse, Presse universitaire de Toulouse, LDGJ, Lextenso Editions, 2005, p. 287.

552 Si la réparation a un sens plus large, elle ne devrait, en conséquence etre réduite à la l'indemnisation bien que des auteurs utilisent indifféremment ces deux notions. En effet, la réparation est vise à compenser les dommages ou torts par divers moyens parmi lesquels se trouve l'indemnisation. Partant, l'indemnisation est un moyen de réparation sans que la réparation n'impose nécessairement l'indemnisation. Lire sur ce point, notamment, SOUSSE (M), *La notion de réparation de dommages en droit administratif français,* LGDJ, no 174, 1994, p. 7.

553 *Ibid.*, p. 43.

554 Autrement dit, on évoquerait l'idée d'une perte de densité du principe d'autonomie telle qu'employée par les auteurs CLARENNE (J.), ROMAINVILLE (C.), « La légalité face à l'autonomie d'organisation des assemblées parlementaires et des gouvernements. Une logique de contrepouvoirs face à la séparation organique des Pouvoirs », *op. cit.,* p. 431.

l'expression. Ainsi, une autonomie non manifestée, inexprimée ne convainc point autant une autonomie fortement limitée est regretable.

Ce second inconvénient de la proposition du Sénat français renforce la position de son inopportunité dans les États africains sous étude où la faiblesse quantitative du contentieux et la timidité du juge administratif provoquent déjà une faible expression du juge administratif. Les réformes instituant le modèle de justice administrative autonome devraient, à la recherche des critères pour une détermination simple du juge compétent, être dirigées vers un élargissement raisonnable du champ d'expression du juge administratif. N'est-il pas judicieux de consacrer en Afrique francophone une compétence exclusive du juge administratif en matière administrative ? Que recouvrira alors la matière administrative ? Ne renverrait-elle pas au critère classique de service public ou celui de puissance publique de sorte à ressusciter le classique débat sur le fondement du droit administratif ? Ou serait-elle, peut-être, la reprise de toutes les règles de détermination de compétence actuellement en vigueur dans les Etats sous étude ?

Sans doute, les pistes de solution placent toute initiative dans un inconfort et révèlent la difficulté d'obtenir un consensus de la doctrine autour d'une formule. Le choix qui sera opéré par un État ou proposé par un auteur sera, de ce point de vue, arbitraire[555] et soumis à des rudes épreuves évaluatives. Il en va ainsi pour celui qui sera exposé dans les très prochaines lignes.

La plume de la critique dénonciatrice est féconde, souvent légère ; celle de la proposition constructive est, en revanche, lourde et contrainte à la mesure. Aussi répondre aux préoccupations posées plus haut reste-t-elle une initiative délicate. Aucun des critères traditionnels de dévolution de la compétence du juge administratif n'est suffisant. On peut, néanmoins, repartir de ceux-ci pour aboutir à une proposition constructive. De cette démarche, peuvent émerger des solutions

---

[555] La répartition des compétences entre les juridictions administratives et les juridictions judiciaires n'émanent pas toujours de logique rigoureuse. Certaines compétences tiennent plus à la volonté du législateur qu'à une explication rationnelle. Il en va ainsi de la compétence juridictionnelle pour connaître des dommages causés par des attroupements ou rassemblements qui était confiée aux tribunaux judiciaires, avant d'être transférée par simple opportunité à la juridiction administrative avec l'article 27 de la loi du 9 janvier 1986. Voir article 27 de la loi du 9 janvier 1986 portant dispositions statutaires relatives à la fonction publique hospitalière, JORF du 11 novembre 1986.

audacieuses qui doivent éviter d'être purement fantaisistes. Aussi notre proposition devra-t-elle être juridiquement fondée, pratiquement réaliste et conséquemment avantageuse.

Fondement s'entend ici des justifications juridiques ou purement circonstancielles qui expliquent le choix d'une exclusivité de la compétence du juge administratif en matière administrative. Il porte sur des raisons ou motifs qui justifieraient la proposition[556]. La justification se rapporte d'une part à la précarité des causes des transferts législatifs des compétences du juge judiciaire en matière administrative ; et d'autre part, sur le caractère suranné du « *principe sacralisé* » [557] faisant du juge judiciaire le gardien de la propriété et des libertés individuelles.

Le législateur français anticipant sur l'ouverture du juge constitutionnel a constamment transféré des matières dans les compétences du juge judiciaire. Nous le soulignions, s'il fut timidement suivi par ses homologues africains francophones, les juges administratifs de ceux-ci ont servi de relai à ce mimétisme si bien que les contentieux qui ressortissent de la compétence du juge judiciaire en matière administrative sont quasi identiques en France et dans les États africains étudiés. Or, les causes des transferts des compétences en matière administrative au juge judiciaire français sont loin de justifier incontestablement ce choix voire de militer pour leur maintien. Elles sont doublement marquées et chacune de leurs empreintes ne rassure guère sur leur pertinence.

En effet, eu égard à la nature des contentieux transférés au juge judiciaire, nous souscrivons que ces transferts sont frappés d'une « *absence de motivation uniforme* »[558] que tente, sans grand succès, de combler le recours à la notion de bonne administration de la justice[559].

C'est Edouard LAFERRIERE qui avait décelé les premières causes des transferts législatifs dont la mutation au gré des circonstances conforte l'idée d'une absence de motivation uniforme. Analysant les

---

[556] Autre sens de la notion de fondement. Il renvoie aux arguments rationnels justifiant un postulat. Voir REY (A.), REY-DEBOVE, *Le Petit Robert de la langue française*, *ibid.*

[557] CARL (I.), *La compétence judiciaire en matière administrative en droit libanais et en droit français*, Thèse de doctorat en Droit public, Université Grenoble Alpes, 2014, p. 59.

[558] BRACQ (S.), « Les causes des transferts législatifs de compétence en faveur de juge judiciaire », *Petites affiches*, n° 251, 17 décembre 1999, p. 5.

[559] BRACQ (S.), « Les causes des transferts législatifs de compétence en faveur de juge judiciaire », *Petites affiches*, n° 251, 17 décembre 1999, p. 8.

contentieux des contributions indirectes[560], les contestations relatives aux élections des membres des tribunaux de commerce[561] et une partie du contentieux de la petite voirie[562], il rattachait ces matières transférées au juge judiciaire à « *l'administration des intérêts généraux* »[563]. Il en découle une sorte de distinction entre les actes d'autorité et les actes de gestion[564]. Les contentieux précités seraient dévolus au juge judiciaire en ce qu'ils ne mettraient pas en jeu, du moins à titre principal, la puissance publique[565]. Toutefois, si une telle systématisation empreinte de pragmatisme[566] n'est pas exempte de critiques[567], c'est surtout sa constante perturbation par le législateur français lui-même qui révèle le

---

[560] LAFERRIERE (E.), *Traité de droit administratif, op. cit.*, p. 634.

[561] *Ibid.* p. 645.

[562] *Ibid.* p. 647.

[563] *Ibid.* p. 634.

[564] BRACQ (S.), « Les causes des transferts législatifs de compétence en faveur de juge judiciaire », *op. cit.*, p. 6.

[565] *Ibid.*

[566] *Ibid.* Pour M. Stéphane BRACQ, le pragmatisme viendrait du fait que le législateur, dans chacun des contentieux en question, « *tient compte de la position du justiciable vis-à-vis de l'acte proprement dit* ». Plutôt que l'organe institutionnel, ce serait la matière concernée qui importerait.

[567] Relativement au contentieux des contributions indirectes, il est loisible de croire que la compétence du juge judiciaire était plutôt commandée par des considérations historiques et politiques en ce que, la juridiction administrative n'existait point quand la nécessité s'est posée de rétablir les impôts indirects condamnés par la Révolution. Cette thèse est défendue par TROTABAS (L.), COTTERET (J.M.), *Droit fiscal*, Paris, Dalloz, Droit public, 8e éd., p. 247. Cependant, leur postulat n'est, lui non plus, pas à l'abri de limites. La position du législateur français n'ayant aucunement varié depuis l'avènement des juridictions administratives en dépit de nombreuses occasions de réformes dont il fut l'acteur notamment à l'issue de la Loi n° 63-1316 du 27 décembre 1963 portant unification ou harmonisation des procédures, délais et pénalités en matière fiscale, JORF du 29 décembre 1963, p. 11827. Mieux, le rapporteur du projet de loi avait indiqué que cet instrument n'entendait point altérer « *les règles traditionnelles du partage de compétence, en matière de contentieux de l'impôt, entre les tribunaux administratifs et les tribunaux judiciaires* ». Cf. « Unification et harmonisation des procédures, délais et pénalités en matière fiscale », discussion du projet de loi, intervention du rapporteur général Louis VALLON, Assemblée nationale 1963, 1ere séance du 9 juillet 1963, JORF débats, Assemblée Nationale, p. 3942. Concernant la motivation de la compétence du juge judiciaire relative aux contentieux de la petite voirie et de l'élection au tribunal du commerce, l'approche de Laferrière est remise en cause par des auteurs préconisant des réformes dans le simple d'une simplification des règles de compétence en la matière. Voir dans ce sens : « Unification des compétences en matière de police de circulation et de la conservation des voies publiques », JORF, lois et décrets du 30 décembre 1926, p. 13698, rapport de Raymond POINCARE.

caractère non uniforme des raisons de la compétence judiciaire. Ce dernier a, en effet, été guidé par des circonstances de fait plus que de droit pour transférer des compétences administratives au juge judiciaire. Il en va ainsi, entre autres, des contentieux nés des réquisitions militaires[568], de la distribution d'énergie[569], du régime des calamités agricoles[570], de la législation relative aux troubles mentaux[571], de la situation des pupilles de l'État[572], des risques nucléaires[573]. Il s'agit surtout du contentieux de la responsabilité des membres de l'enseignement public ainsi que le contentieux de la responsabilité du fait des dommages causés par des véhicules. Sur ces deux derniers contentieux, marquons un arrêt afin de démontrer le caractère contingent des motivations qui ont commandé le transfert législatif.

Dans sa note sous la Loi du 5 avril 1937,[574] le Doyen Marcel WALINE situe le contexte et les raisons de l'intervention législative[575]. Il en résulte que deux éléments majeurs à savoir les différences de jurisprudences administratives et judiciaires en matière de contentieux de la responsabilité des instituteurs de l'enseignement public ainsi que la sévérité du juge administratif à l'égard de ces instituteurs sont à l'origine de la modification de régime dudit contentieux. Affirmé autrement, le législateur devait répondre à la critique sociale formulée contre ce régime de concurrence des compétences dans lequel le contrôle du juge administratif était particulièrement défavorable aux instituteurs.

---

[568] Loi 5 juillet 1877 relative aux réquisitions militaires, JORF du 6 juillet 1877, p. 5053.

[569] Art 12 de la Loi du 15 juin 1906 sur la distribution d'énergie, JORF du 17 juin 1906, p. 11523.

[570] Loi n° 64-706 du 10 juillet 1964 organisant un régime de garantie contre les calamités agricoles, JORF du 12 juillet 1964, p. 6204.

[571] Code de la santé publique, article L. 351.

[572] Loi n° 84-422 du 6 juin 1984 relative aux droits des familles dans leurs rapports avec les services chargés de la protection de la famille et de l'enfance, et au statut des pupilles de l'Etat, JORF du 7 juin 1984, p. 1762.

[573] Loi n° 90-188 du 16 juin 1990 modifiant la Loi n° 68-943 du 30 octobre 1968 relative à la responsabilité civile dans le domaine de l'énergie nucléaire, JORF du 17 juin 1990, p. 7069.

[574] Loi du 5 avril 1937 modifiant les règles de la preuve en ce qui concerne la responsabilité civile des instituteurs et l'article 1384 (paragraphe 5, dernier al.) du code civil relatif à la substitution de la responsabilité de l'Etat à celle de membres de l'enseignement public.

[575] WALINE (M.), note sous Loi du 5 avril 1937, Dalloz, 4e partie, lois et décrets, 1938, p. 41.

On comprend, dès lors, que l'unification du contentieux fondé sur la compétence exclusive du juge judiciaire et la substitution de la responsabilité de l'État à celle des instituteurs[576] n'avait qu'un caractère contingent et circonstanciel visant à contenir les critiques sociales. Adopter un régime particulièrement protecteur à l'égard des enseignants semblait être alors la solution idoine[577]. Si les critiques sociales n'eurent existé, rien ne garantit que le législateur français se soit interrogé sur la pertinence juridique du régime de responsabilité initial. De ce point de vue, le système où le juge administratif se montrerait plus protecteur des intérêts des membres de l'enseignement public devrait pouvoir lui attribuer la connaissance d'un tel contentieux. Ces variantes prouvent le caractère précaire des raisons qui fondent la compétence du juge judiciaire dans le contentieux de l'enseignement public. C'est également le cas pour le contentieux de la responsabilité du fait des dommages causés par des véhicules.

Au demeurant, précisons que ce contentieux relevait, avant la loi n° 57-1424 du 31 décembre 1957[578], de la compétence du juge administratif[579]. Son transfert dans le domaine du juge judiciaire résulte de la parcimonie dont se rendait coupable le juge administratif lorsqu'il allouait des indemnités aux victimes d'accidents de véhicules[580]. Analysant le débat parlementaire et à lettre de cette loi, Jean-Marie AUBY avoue que les raisons de la dérogation qu'elle apporte à l'article

---

[576] A son article 2, la loi du 5 avril 1937 dispose, en effet, que : « *Dans tous les cas où la responsabilité des membres de l'enseignement public est engagée à la suite ou à l'occasion d'un fait dommageable commis soit par les enfants ou jeunes gens qui leur sont confiés à raison de leurs fonctions, soit à ces enfants ou jeunes gens dans les mêmes conditions, la responsabilités de l'Etat sera substituée à celles desdits membres de l'Enseignement, qui ne pourront jamais être mis en cause devant les tribunaux civils par la victime ou ses représentants (...)* »

[577] Sur la portée de la loi, voir notamment : TC (France), 30 juin 2008, *Préfet des Alpes-Maritimes c/ Caisse régionale Groupama*, C3671, publié au bulletin. Saisi par la Cour de cassation aux fins de déterminer le juge compétent, le juge des conflits procède à une explicitation quelque peu surprenante de la loi du 5 avril 1937. Il insiste sur les conditions pour qu'une personne soit qualifié d'enseignant et le caractère éducatif qu'aurait l'activité à l'origine du dommage.

[578] Loi n° 57-1424 du 31 décembre 1957 attribuant compétence aux tribunaux judiciaires pour statuer sur les actions en responsabilité des dommages causés par tout véhicule et dirigés contre une personne de droit public, JORF du 5 janvier 1958, p. 196.

[579] Selon que le commandait l'article 13 de la loi des 16 et 24 aout 1790 sur l'organisation judiciaire.

[580] HUGUES (P.), « Chronique législative », *Dalloz*, 1958, I., p. 45-46.

13 de la loi des 16-24 août 1790[581] sont foncièrement circonstancielles[582]. On voit mal comment aurait-elle été envisagée si le juge administratif avait, alors, fait preuve d'une protection suffisante des victimes d'accidents de véhicule.

Il est à préciser également que soulever la précarité des causes qui fondent certaines compétences judiciaires en matière administrative ne renvoie pas à conclure à leur incongruité[583]. Le droit, à la fois régulateur et produit social, ne saurait mépriser, dans ses ressorts, les exigences permanentes ou circonstancielles qu'impose la société. Mais, la viabilité des règles juridiques dépend de la permanence des préoccupations qu'elle entend encadrer. Alors, le sort des réformes suit celui des circonstances dont elles sont issues.

Aussi, suivant sa volonté de fixer la compétence judiciaire en matière administrative, le Conseil constitutionnel français s'accroche-t-il à une « *matrice* »[584] plus ou moins solide. Les transferts de compétence trouveraient leur salut « *dans un souci bonne administration de la justice* »[585]. L'expression de bonne administration

---

[581] L'idée de dérogation à l'article 13 de la loi des 16 et 24 aout est expressément formulé dans les termes de l'article 1er de la loi du 31 décembre ainsi qu'il suit : « *Par dérogation à l'article 13 de la loi des 16-24 août 1790 sur l'organisation judiciaire, les tribunaux de l'ordre judiciaire sont seuls compétents pour statuer sur toute action en responsabilité tendant à la réparation des dommages de toute nature causés par un véhicule quelconque (...)* ».

[582] AUBY (J.-M.), « Commentaire de la Loi n° 57-1424 du 31 décembre 1957 [attribuant aux tribunaux judiciaires compétence pour statuer sur les actions en responsabilité des dommages causés par tout véhicule et dirigées par une personne morale de droit public] », *Dalloz*, 1958, Législation, p. 229-302.

[583] Jean-Marc SAUVE affirmait, à cet effet, « *Que l'acte administratif puisse être placé sous le regard du juge judiciaire est une hypothèse qui n'a rien d'incongru...* ». Cf. SAUVE (J.-M.), Intervention, *in L'acte administratif sous le regard du juge judiciaire*, colloque organisé par la Cour de cassation du vendredi 4 avril 2014. Disponible à https://www.conseil-etat.fr/actualites/discours-et-interventions/l-acte-administratif-sous-le-regard-du-juge-judiciaire. Consulté le 20/11/2020 à 12h27 mn.

[584] GUYOMAR (M.), DOMINO (X.), « Renvois préjudiciels et bonne administration de la justice », Chronique général de jurisprudence administrative française, *AJDA*, 2012, p. 27.

[585] Conseil constitutionnel (France), Décision 96-378 DC du 23 juillet 1996, Lois de règlementation des télécommunications. Disponible à https://www.conseil-constitutionnel.fr/decision/1996/96378DC.htm. Consulté le 23/11/2020 à 18h48 mn ; Conseil constitutionnel (France), « Commentaire de la décision Commentaire de la décision n° 96-378 DC du 23 juillet 1996 », Loi de réglementation des télécommunications, *Les Cahiers du Conseil constitutionnel*, Cahier n° 2, p. 3. Disponible à https://www.conseil-

de la justice quoique rationalisant les transferts législatifs n'est pas une marque indélébile. Elle demeure difficilement reconnaissable, voire saisissable. En dépit de ses garanties et enjeux[586], la bonne administration de la justice a des caractères flottants et incertains.

Comment présager qu'au nom de la bonne administration de la justice tel litige administratif ou tel autre doit ou non être déféré à la compétence du juge judiciaire ? Entendue comme un principe assurant le bon fonctionnement des services publics et la préservation des droits des administrés, la bonne administration de la justice reste un objectif et un moyen. Saisie comme un objectif, la pertinence d'un transfert ne peut être nécessairement saisie sans avoir observé ses résultats. C'est dire que l'expression ne saurait guider judicieusement toutes les initiatives de transfert. D'ailleurs cette incertitude a constitué l'enjeu du dialogue[587] tripartite entre le juge, le Sénat et le gouvernement français conduit autour de la décision du 23 juillet 1996 relative à la loi de règlementation des télécommunications[588].

Les sénateurs signataires de la saisine du juge estimaient qu'on ne saurait exciper de l'intérêt d'une bonne administration de la justice une justification permettant au juge judiciaire de connaitre des décisions prises par l'Autorité de régulation des télécommunications[589]. Quant au gouvernement, il alléguait qu' « *il était plus pertinent d'envisager la notion de bloc de compétences sous l'angle de la matière traitée et de la situation du requérant que sous celui de l'organisme dont les*

---

constitutionnel.fr/sites/default/files/as/root/bank_mm/commentaires/cahier2/ccc_378 dc.pdf. La décision fondatrice de la notion demeure : Cons. const. 23 janv. 1987, n° 86-224 DC, *GDCC*, 15e éd., 2009, n° 32 ; *GAJA*, 18e éd., 2011, n° 89). Voir également MONTALIVET (P.), *Les objectifs de valeur constitutionnelle*, Thèse de droit public, Université Panthéon-Assas, Paris II, 2004, p. 288.

586 Voir notamment sur ces points : MEYNAUD (A.), *La bonne administration de la justice et le juge administratif*, Mémoire de Droit public, Université Panthéon-Assas, 2012, p. 78 p. BOUSTA (E.), *Essai sur la bonne administration de la justice*, L'Harmattan, coll. « Logiques juridiques », 2010, 566 p. ; GABARDA (O.), « L'intérêt d'une bonne administration de la justice, *RDP*, 2006. 153, spéc. p. 156. L'auteur retient deux utilités de la bonne administration de la justice : une utilité organique et une utilité fonctionnelle ; FAVRET (J.-M.), La « bonne administration de la justice » administrative, *RFDA*, 2004, p. 943.

587 Entendu que chaque décision de justice est un cadre de dialogue entre notamment le juge et les parties.

588 Voir note 1753.

589 Saisine du Conseil constitutionnel par plus de soixante sénateurs, Loi de règlementation des télécommunications en date du 24 juin 1996, Loi de règlementation des télécommunications, JORF du 27 juillet 1996, p. 11404.

décisions sont contestées »[590]. Pour lui, le législateur aurait recherché la préservation de l'unité du contentieux de la matière considérée. C'est dans ce sens que s'est orientée la décision du juge constitutionnel bien qu'admettant que l'unification « *peut être opérée tant en fonction de l'autorité dont les décisions sont contestées, qu'au regard de la matière concernée* »[591].

Cet épisode démontre à quel point la notion de bonne administration de la justice peut être différemment mobilisée par les acteurs. Cela est encore vrai même si ceux-ci sont constitués de juges essentiellement. La diversité des termes que ceux-ci utilisent pour la définir constitue un point d'analyse probant.

Le Conseil d'État français évoque indistinctement les expressions de « *motifs de bonne administration de la justice* » ou de « *bon fonctionnement du service public de la justice* » faisant ainsi allusion à « *l'intérêt d'une bonne justice* »[592]. Or le juge constitutionnel a souvent recours à « *l'intérêt de la bonne administration de la justice* »[593] ou « *souci de bonne administration de la justice* »[594] pour désigner la même expression. Quant à la Cour de cassation, elle emploie, entre autres, les termes de « *notion de bonne administration de justice* », « *exigences de bonne administration de la justice* », « *principe d'ordre public de la bonne administration de la justice* » ou dans une autre variante « *principes de sécurité juridique et de bonne administration de la justice* »[595]. Assurément, la diversité sémantique ainsi mise en exergue participe du caractère flou de la notion de bonne administration de la justice[596].

Par ailleurs, l'incertitude sur la nature juridique de la notion constitue un autre point d'achoppement et de précarité. Serait-il un principe général du droit ? Si finalement le Conseil constitutionnel

---

590 *Ibid.*

591 Conseil constitutionnel, Décision 96-378 DC du 23 juillet 1996 précitée.

592 GABARDA (O.), « L'intérêt d'une bonne administration de la justice », *op. cit.*, p. 175.

593 Cons. const. 10 juin 2009, n° 2009-580 DC, *AJDA*, 2009, p. 1132.

594 Cons. const. 20 janv. 2005, n° 2004-510 DC, D. 2006, p. 826. Obs. V. Ogier-Bernaud et C. Severino

595 GARBARDA (O.), « L'intérêt d'une bonne administration de la justice », précité.

596 APTCHAIN (H.), « Retour sur la notion de bonne administration de la justice », *AJDA*, n° 11, mars 2012, p. 587.

français l'a reconnu comme un objectif à valeur constitutionnelle[597], il importe de signifier que plusieurs principes généraux sont évoqués et appliqués au nom de la bonne administration de la justice. On y a adjoint le principe d'impartialité[598], l'indépendance des juges[599], mais aussi la célérité de la justice[600]. Ses potentielles implications sont tellement variées qu'on postulerait que la notion est trop flottante[601] pour constituer une mesure dérogatoire sûre à la compétence du juge administratif en matière administrative. Sans prétention aucune d'épuiser toute la question, nous conclurons sur une espèce du Tribunal des conflits français confortant ce postulat.

D'après les jurisprudences *Conseil de la Concurrence*[602] et *Septfonds*[603], la bonne administration de la justice est un mécanisme dérogatoire aux règles de répartition des compétences entre les ordres juridictionnels. Toutefois, l'arrêt *SCEA du Chéneau*[604] du tribunal des conflits s'oppose à cette interprétation. Le juge des conflits consacre la compétence du juge judiciaire concurremment à celle du juge administratif[605] en cas d'illégalité manifeste d'un acte administratif. Il motive sa décision par « *l'exigence d'une bonne administration de la justice* » et les « *principes qui gouvernent le fonctionnement des*

---

[597] Cons. Const., Décision n° 82-141 DC du 27 juillet 1982, *Loi sur la communication audiovisuelle*. Disponible à https://www.conseil-constitutionnel.fr/decision/1982/82141DC.htm.

[598] FAVRET (J.-M), *op. cit.*, p. 943.

[599] CEDH 27 nov. 2003, *Slimane Kaïd c/ France*, req. n° 48943/99, où la Cour a jugé que la participation de l'avocat général de la Cour de cassation à la procédure était contraire aux exigences de bonne administration de la justice. v. aussi, CEDH 7 juin 2001, *Kress c/ France*, req. n° 39594/98. Concernant cette fois-ci le commissaire du gouvernement et le Conseil d'Etat, *AJDA*, 2001, p. 675.

[600] TC, 17 octobre 2011, *SCEA du Chéneau, Préfet d'Ille-et-Vilaine, SCEA du Chéneau contre Interprofession nationale porcine, M. C et autres contre Centre national interprofessionnel de l'économie laitière*, n°3828 et 3829, Rec. Lebon, 2011, p. 1133.

[601] LAVAL (N.), « La bonne administration de la justice », *LPA*, 1999, août, n° 160, pp. 12-21, emploie l'expression de « notion gigogne ».

[602] Cons. Const. 23 janvier 1987, Loi transférant à la juridiction judiciaire le contentieux des décisions du Conseil de la concurrence, n° 86-224 DC.

[603] TC, 16 juin 1923, *Septfonds*, Rec. Lebon p. 498.

[604] TC, 17 octobre 2011, *Préfet de la Région Bretagne, Préfet d'Ille-et-Vilaine, SCEA du Chéneau contre Interprofession nationale porcine, M. C et autres contre Centre national interprofessionnel de l'économie laitière*, n°3828 et 3829, Rec. Lebon, SRCELETA (J.-D.), Conclusions, RFDA, 2011, p. 1122.

[605] SEILLER (B.), Note sous TC, 17 octobre 2011, *SCEA du Chéneau*, n° 3828 et 3829, *RFDA*, 2011, p. 1133.

juridictions, en vertu desquels tout justiciable a droit à ce que sa demande soit jugée dans un délai raisonnable ».

On comprend, dans la mise en opposition du terme « *en vertu desquels* » à l'aide d'une virgule, que le délai raisonnable ne découle pas immédiatement de la bonne administration de la justice. En d'autres termes, il n'existerait qu'un simple rapport entre les deux notions de sorte que la bonne administration de la justice pourrait être alternativement un moyen et une fin du délai raisonnable. D'où l'incertitude de sa portée et, en conséquence, son impertinence en tant que fondement à la compétence du juge judiciaire en matière administrative[606].

Le second fondement au transfert législatif est la théorie de la voie de fait et de l'emprise alimentée au générateur du vieux principe considérant le juge judiciaire comme le protecteur naturel des libertés et droits individuels. Ce fondement possède également des ressorts vétustes susceptibles de provoquer une éjection de la logique des transferts législatifs.

Les divergences sur le sens et la portée du principe selon lequel le juge judiciaire est le gardien de la liberté individuelle tel qu'il ressort des articles 64 et 66 de la Constitution française de 1958 repris par les différentes constitutions des États africains francophones existent[607]. Elles portent sur l'étendue ou le contenu qu'on prête aux notions d'autorité judiciaire et de liberté individuelle. La première renverrait-elle exclusivement au juge judiciaire ? La seconde embrasserait-elle toutes les libertés ou devrait-elle être appréhendée restrictivement ?[608] L'éclaircissement de ces zones de doute est d'intérêt et a suscité des apports doctrinaux[609]. Nous interrogerons particulièrement

---

606 MEYNAUD (A.), *op. cit.*, p. 18.

607 DIA (O.), « Le juge administratif sénégalais et la construction de l'Etat de droit », *LEJA*, vol. 12, n° 27, 2012, p. 79.

608 LOUVEL (B.), « L'autorité judiciaire, gardienne de la liberté individuelle ou des libertés ? », Réflexion à l'occasion de la rencontre des premiers présidents de Cour d'appel et de Cour de cassation. Disponible à https://www.courdecassation.fr/publications_26/prises_parole_2039/discours_2202/premier_president_7084/gardienne_liberte_33544.html .

609 Voir à titre purement indicatif : PICARD (E.), « Dualisme juridictionnel et liberté individuelle : le principe selon lequel l'autorité judiciaire est gardienne de la liberté individuelle », *in* Centre d'Etudes et de Recherches sur l'Administration Public (CERAP), *Le contrôle juridictionnel de l'Administration. Bilan critique*, Paris, Economica, 1991, pp. 165-180. Pour l'auteur, trois caractéristiques mineraient ce principe : ses origines douteuses, sa portée incertaine et sa valeur équivoque.

l'application faite de ce principe qui a favorisé l'intervention du juge judiciaire en matière administrative.

D'un point de vue théorique, le débat sur l'appréhension de la notion d'autorité judiciaire ne se posait véritablement pas en Afrique francophone subsaharienne en ce que les constitutions évoquant plutôt le terme de pouvoir judiciaire précisaient bien qu'il renvoyait à la justice judiciaire et administrative. Mais l'analyse de la question n'intéresse pas moins ses États. Dans la pratique, on l'a vu, ceux-ci se sont alignés sur les principes dégagés en France et gouvernant la compétence du juge judiciaire en matière administrative. Ce faisant, ils reprennent notamment ce débat relatif à la conception du juge judiciaire en tant que gardien de la liberté individuelle. Assurément, la reprise du principe de séparation des autorités administratives et judiciaires a constitué un pas décisif à cet alignement[610].

Le principe fondant l'autorité judiciaire comme gardienne de la liberté individuelle a induit une sorte de monopole de la compétence du juge judiciaire en toutes matières fondées sur une violation des libertés. Deux grands temps ont marqué cette intervention judiciaire. On admettra qu'au début, le juge était à « *l'assaut* »[611] de la protection de

---

[610] Le lien entre la séparation des autorités administratives et judiciaire avec le principe faisant du juge judiciaire le gardien des libertés a des relents historiques et politiques. Avant l'arrêt *Cadot*, le contrôle de l'Administration était l'œuvre de l'Administration elle-même. La disparition de la pratique de ministre-juge ne rendait pas plus le Conseil d'Etat indépendant de l'appareil administratif. A travers son œuvre, c'était encore l'Administration qui se jugeait. Le principe de la séparation des autorités intervenu plutôt ne favorisait guère une intervention du juge judiciaire, pouvoir indépendant de l'Administration. Or se trouvait là une faille à combler. L'encadrement, en toute impartialité, de l'action administrative en certains domaines s'est avéré impérieuse. Ainsi les questions d'importance politique et juridique comme la protection des libertés contre l'activité administrative devraient échapper à l'administration voir au Conseil d'Etat qui en était lié. Exerçant cette protection dans les rapports entre sujets de droit privé et traditionnellement indépendant, souvent opposé à l'Administration, le juge judiciaire est alors perçu comme l'autorité compétente. A l'autel de cette nécessité, fut concédée, en conséquence, une atténuation au principe de la séparation des autorités administratives et judiciaires et le principe faisant du juge judiciaire gardien des libertés en dépit de la nature du contentieux. Dans une autre approche, voir WASCHMANN (P.), « Le Conseil constitutionnel et principe de séparation des autorités administrative et judiciaire », *Jus Politicum*, n° 20-21, juillet 2018, La jurisprudence du Conseil constitutionnel, pp. 237-260.

[611] DESGORCES (R.), « Les armes du juge judiciaire dans la protection des libertés fondamentales : le point de vue de la doctrine », *in* ÉVEILLARD (G.) (dir.), *La guerre des juges aura-t-elle lieu ? - Analyse comparée des offices du juge administratif et du*

la liberté individuelle. Puis, éprouvé par les différentes controverses susmentionnées, il marque désormais un « *repli* »[612] en faveur d'un positionnement du juge administratif désormais habillé de la toge de gardien des libertés et droits individuels[613]. Le sens de notre raisonnement est de démontrer que le principe visé n'impose pas une compétence obligée du juge judiciaire en matière administrative.

Aussi notre démarche s'articulera autour des explications tirées dudit principe qui légitimeraient la compétence du juge judiciaire en matière administrative. Elle sera également guidée vers le caractère suranné de ces considérations dont la conséquence déboucherait sur une ouverture : celle d'envisager une compétence exclusive juge administratif dans le contentieux administratif relatif à la protection des libertés et droits individuels.

C'est l'article 64 de la Constitution française de 1958 qui construirait explicitement le périmètre de la compétence du juge judiciaire comme gardien de la liberté individuelle. Il dispose en effet que « *Le Président de la République est garant de l'indépendance de l'autorité judiciaire. Il est assisté par le Conseil supérieur de la magistrature (...)* ». La confusion du juge judiciaire à l'autorité judiciaire obéit à une triple légitimité à savoir une légitimité constitutionnelle justifiée par l'indépendance qui lui est garantie[614] et surtout une légitimité historique. Cette dernière reprenant les caractères des deux précédentes mérite explications.

Le juge judiciaire a toujours été investi comme gardien de la propriété privée. Le lien que ce droit fondamental entretient avec les

---

juge judiciaire dans la protection des libertés fondamentales, 2016, p. 3. Disponible à https://www.revuegeneraledudroit.eu. Consulté le 26/11/2020 à 11h 43mn.

612 *Ibid*., p. 7.

613 Lire sur ce sujet DIA (O.), « Le juge administratif sénégalais et la construction de l'Etat de droit », *op. cit*., p. 72.

614 La loi constitutionnelle du 3 juin 1958 traduit l'approche que le constituant français de 1958 eût de l'étendue de l'indépendance du pouvoir judiciaire.

Adopté par le dernier parlement de la IVème République l'article unique de cette loi dispose ainsi en son alinéa 4:

« *Le gouvernement de la République établit un projet de loi constitutionnelle mettant en œuvre les principes ci-après 4° L'autorité judiciaire doit demeurer indépendante pour être à même d'assurer le respect des libertés essentielles telles qu'elles sont définies par le préambule de la Constitution de 1946 et par la Déclaration des droits de l'homme à laquelle il se réfère.* »

Deux idées se dégagent principalement de ce texte : le respect des libertés essentielles est assuré par l'autorité judiciaire ; - pour ce faire, l'autorité judiciaire doit demeurer indépendante.

autres droits fondamentaux telle que la liberté individuelle commanderait d'étendre la compétence du juge judiciaire en cette dernière matière[615]. La Cour de cassation française va faire sienne ce raisonnement par analogie en ces termes : « *si les tribunaux judiciaires sont institués pour être la sauvegarde du droit de propriété, la liberté de la personne et ses accessoires sont bien plus précieux encore* »[616]. Raisonnement contestable et d'ailleurs contesté[617], mais semble être justifié par des considérations historiques.

Il est constant que le rôle du juge en matière de protection des libertés soit, avant tout, une question politique en France[618] comme en Afrique[619]. Confiant les libertés fondamentales à la garde de l'autorité judiciaire, le constituant français entendait placer ces libertés sous la protection d'un juge indépendant du pouvoir exécutif et présentant des garanties statutaires certaines. Ce qui paraissait plus convenable au juge judiciaire qu'au juge administratif.

Certes, dès sa naissance, le juge administratif entretenait un rapport suspect émaillé de dépendance avec le pouvoir politique[620]. Le Conseil d'État fut longtemps considéré comme un rouage du pouvoir censé limiter ce dernier de l'intérieur. Bien que cette approche ait évolué dans le sens d'une plus grande indépendance du juge administratif, sa fonction serait réduite, du moins elle ramènerait principalement à la

---

[615] CHAPUS (R.), *Responsabilité publique et responsabilité privée. Les influences réciproques des jurisprudences administrative et judiciaire*, Paris, LGDJ, 1953, n° 132. Sur ce lien, lire également BRETTON (P.), *L'autorité judiciaire, gardienne des libertés essentielles et de la propriété privée*, Thèse de doctorat en Droit, Université de Poitiers, 1963, dact., IX-404 f°; 295 p.

[616] Cass. civ., 12 février 1901.

[617] Voire : TC (France), 5 novembre 1880, *Marquigny c/ Préfet du Nord*, Rec., p. 80 ; PICARD (E.), « Dualisme juridictionnel et liberté individuelle : le principe selon lequel l'autorité judiciaire est gardienne de la liberté individuelle », *op. cit.*, p. 169 et s.

[618] PETIT (J.), « Les armes du juge administratif dans la protection des libertés fondamentales », *in* ÉVEILLARD (G.) (dir.), *La guerre des juges aura-t-elle lieu ? - Analyse comparée des offices du juge administratif et du juge judiciaire dans la protection des libertés fondamentales*, 2016, p. 2. Disponible à https://www.revuegeneraledudroit.eu. Consulté le 26/11/2020 à 11h 43mn.

[619] DOUNKENG ZELE (C.), « L'instrumentalisation ou les usages politico-juridique de l'Etat de droit », *Annales de la Faculté des Sciences Juridiques*, Ed. Spéciale Droits de l'Homme, tome 4, Presses Universitaires d'Afrique, 2000, p. 24.

[620] KANTE (P.F.), « Essai sur les causes de l'ineffectivité du principe de la séparation des pouvoirs dans les rapports entre le pouvoir exécutif et le pouvoir judiciaire dans le Sénégal post alternance », *LEJA*, vol. 12, n° 27, 2012, p. 55 et s.

satisfaction de l'intérêt général. Alain BOCKEL n'avait pas manqué de souligner que le droit administratif africain était un droit engagé plutôt en faveur de la rationalisation de l'action administrative qu'à constituer un contrepoids au profit des droits individuels[621]. C'est dire que l'enchanteresse formule émise par Gaston JESE considérant le recours pour excès de pouvoir comme « *l'arme la plus efficace, la plus économique et la plus pratique qui existe au monde pour défendre les libertés* »[622] devait être prise avec quelques mesures.

A l'origine, ce recours constituerait une expression d'esprit républicain octroyée aux citoyens aux fins de la défense de la légalité. Ce serait de façon incidente, suite à l'avènement de la IIIe République consacrant les libertés, que le recours pour excès de pouvoir s'est révélé protecteur des libertés[623]. En outre, le recours pour excès de pouvoir n'a pas d'effet suspensif et, d'après le droit positif de plusieurs États africains francophones, reste commandé par des conditions d'exercice défavorables aux justiciables[624].

Cependant, ces données historiques si exactes soient-elles ont connu aujourd'hui un véritable dépérissement. Le régime de la responsabilité sans fautes, l'affaissement de la théorie de voie de fait et de l'emprise, la découverte des principes généraux à valeur constitutionnelle[625], le renforcement de son indépendance[626], la consécration du référé-

---

621 BOCKEL (A.), *Droit administratif*, tome 2, *op. cit.*, p. 36. Lire également MAMOUDOU (P.), « Les tendances actuelles du droit administratif dans les Etats africains francophones », *op. cit.*, p. 46.

622 JESE (G.), « Les libertés individuelles », Rapport de l'Institut International de Droit Publique, Annuaire, 1929, p. 180. Lire aussi TEITGEN (P.-H.), « Avis et débats du Comité consultatif constitutionnel », *La Documentation française*, 1960, p. 77. Il affirmait en substance que « *De l'avis unanime des juristes et des hommes politiques du monde entier, il n'est pas de meilleur système de garantie des libertés individuelles que le recours pour excès de pouvoir devant le Conseil d'État français* ».

623 PETIT (J.), « Les armes du juge administratif dans la protection des libertés fondamentales », in ÉVEILLARD (G.) (dir.), *La guerre des juges aura-t-elle lieu ? - Analyse comparée des offices du juge administratif et du juge judiciaire dans la protection des libertés fondamentales*, *op. cit.*, p. 4.

624 SALAMI (I.D.), « L'efficacité du contentieux de pleine juridiction en droit administratif béninois et camerounais », *op. cit.*, p. 15 ; AHIPEAUD (A.), *Le contentieux de la légalité au moyen du recours pour excès de pouvoir en droit ivoirien : contribution à l'étude du contrôle juridictionnel de l'administration*, Thèse de Doctorat en Droit, Université de Toulouse 2005, 360 p.

625 CE (France), 3 juillet 1996, *Koné*, req. n° 169219.

626 En Afrique subsaharienne francophone, l'indépendance à l'égard du pouvoir exécutif du juge administratif n'était pas moins garantie formellement que celle du

liberté[627] positionnent le juge administratif comme un véritable protecteur des droits et libertés individuels[628]. Désormais, il est erroné d'affirmer que « *Rien n'égale le désespoir des plaideurs quand on leur annonce qu'ils seront jugés par le Conseil d'État* »[629]. L'on devrait se souvenir encore longtemps du symbole que représente l'arrêt *Canal* du 19 octobre 1962 du Conseil d'Etat. En l'espèce, le Conseil d'État français a annulé une ordonnance du Président de la République prise en application de l'article 16 de la Constitution. L'effet majeur de l'arrêt fut de rendre caduque une condamnation à mort prononcée par la juridiction créée par le texte annulé.

Mieux, c'est la portée restreinte de l'interprétation de l'alinéa 2 de l'article 66 qui est remise en cause. Disposition dérogatoire au principe de la séparation des autorités administratives et judiciaires et rendant complexe la répartition des compétences, sa survie est menacée[630]. Pour le juge constitutionnel français, la garantie effective des droits des intéressés peut être satisfaite aussi bien par la juridiction judiciaire que par la juridiction administrative[631]. Ainsi, sous l'autorité d'Étienne PICARD, nous convenons que, ce qui doit orienter le choix de la compétence du juge administratif ou du juge judiciaire est bien la garantie qu'il offre à la protection de la liberté individuelle[632]. Cela

---

juge judiciaire. Les deux juges faisant partie intégrante du pouvoir judiciaire. En France, cette indépendance fut renforcée à travers...

[627] LE BOT (O.), *La protection des libertés fondamentales par la procédure du référé-liberté. Étude de l'article L. 521-2 du Code de justice administrative*, Fondation Varenne, 2007, préface Bernard STIRN, 698 p.

[628] FALL (S.), « Le juge administratif sénégalais et la protection des droits et libertés », in DEMBA (SY), BADARA FALL (A.) (dir), *Les nouvelles tendances du droit administratif en Afrique*, Troisièmes rencontres de Dakar, Presse de l'Université Toulouse 1 Capitole, 2018, p. 86.

[629] DUPIN (M.J.-J.), Propos tenus à la Chambre en séance du 10 avril 1828. Cité par KELLER (R.), « La mission constitutionnelle de l'autorité judiciaire », *in* Cour de cassation, *La Cour de cassation sur la place de l'Autorité judiciaire*, colloque de la Cour de cassation du 26 mai 2016. Disponible à https://www.conseil-etat.fr/actualites/discours-et-interventions/la-mission-constitutionnelle-de-l-autorite-judiciaire. Consulté le 08/02/2021 à 21h 05mn.

[630] PICARD (E.), « Dualisme juridictionnel et liberté individuelle : le principe selon lequel l'autorité judiciaire est gardienne de la liberté individuelle », *op. cit.*, p. 177.

[631] CC (France), Décision n° 89-260 DC du 28 juillet 1989, JORF du 1er août 1989, p. 9676 Rec, p. 71.

[632] PICARD (E.), « Dualisme juridictionnel et liberté individuelle : le principe selon lequel l'autorité judiciaire est gardienne de la liberté individuelle », précité·

pourrait, par exemple, être apprécié à l'aune de l'accessibilité et de la rapidité de l'un ou l'autre juge.

Quoi qu'il en soit, le dépérissement du principe de la compétence réservée du juge judiciaire en matière de liberté individuelle commande d'envisager des réformes peu ou prou profondes. Le Président de la Cour de cassation française Bertrand LOUVEL situait déjà les enjeux ainsi qu'il suit : « *Le temps est venu que la société s'interroge sur cette évolution qui a consisté à diminuer la position du juge judiciaire dans l'État et à assurer la promotion du juge de l'administration* ». L'importance de l'enjeu serait telle qu' « *On ne peut plus différer un débat de clarification : quelles sont aujourd'hui les spécificités irréductibles du juge judiciaire ? Quels justificatifs fondent encore l'existence de deux ordres de juridiction distincts ?* »[633]. Évitant de marcher entièrement dans les pas du Président, nous relativiserons la dernière préoccupation. Il s'agit plutôt de s'interroger sur les justificatifs qui fondent encore la compétence du juge judiciaire en matière administrative.

Le questionnement s'impose eu égard à la démonstration qui vient d'être menée et de laquelle on retient que la pratique de transfert de compétence judiciaire en matière administrative ne repose point sur une logique juridique qui obligerait son maintien. Si cela est vrai en France, il l'est aussi dans les États soumis à étude où les règles de répartition de compétences demeurent une gageure à l'éclosion d'une justice administrative. Sans conclure à son inefficacité, la disparition de la concurrence des compétences peut être au moins envisagée. Plus clairement, c'est le système de répartition de compétences qui ne doit pas être prisonnier d'un choix idéalisé. Les ajustements répondant à des besoins pratico-juridiques peuvent varier selon l'espace et l'époque[634]

---

[633] LOUVEL (B.), « L'autorité judiciaire gardienne de la liberté ou des libertés individuelles », *op. cit.*, p. 8.

[634] L'idée est suffisamment exprimée par le Professeur Chapus en ces termes : « *Tout partage du contentieux du contentieux des services publics entre les juridictions administratives et judiciaires est privé de justification, quelles que soient les bases sur lesquelles il est fait et quel que soit l'esprit dont il procède : ou bien ce partage est assuré de façon à traduire exactement la part respective des différentes règles en présence, et alors le respect de ce qui doit revenir à chaque juridiction n'est assuré que par la méconnaissance d'une réalité qui est faite de l'union d'éléments différents et au regard de laquelle le respect des compétences apparaît comme procédant d'un excès d'analyse ; ou bien le partage est aménagé de façon à répondre à cette union , et dans ce cas l'unité du régime n'est respectée que par la soustraction à la compétence de l'une des juridictions ce qui devrait normalement lui revenir, si bien*

ou suivant les aspirations et objectifs que se fixent le constituant ou le législateur.

En définitive, l'élargissement du domaine de compétence du juge administratif très faiblement saisi en Afrique constituerait un autre souffle de la dualité juridictionnelle importée sur cet espace. Mais, pour éviter de tomber dans les travers d'une réforme fantaisiste ou purement symbolique, la proposition mérite de présenter des intérêts pratiques en vue du développement du contentieux administratif.

En quoi la fin de la compétence du juge judiciaire en matière administrative constitue-t-elle une visibilité du juge administratif ? Ce dernier est-il armé pour assurer efficacement son office à l'égard des matières administratives traditionnellement réservées au juge judiciaire ? Telles sont les deux questions dont les réponses justifieront l'intérêt d'une éventuelle compétence exclusive du juge administratif en matière administrative.

Parce qu'elle est le résultat premièrement recherché par la solution proposée, la détermination aisée du juge compétent en matière administrative est la première garantie que celle-ci doit offrir. L'exclusivité de la compétence du juge administratif aura pour conséquences immédiates de pallier deux voies de difficultés dans l'identification du juge compétent en matière administrative. Elle permettra en effet de lever l'équivoque sur le juge seul compétent pour connaitre d'un litige donné ainsi que le juge particulièrement compétent à une étape précise de la procédure dans les cas où les deux juges sont variablement compétents. La préoccupation sera alors de définir la matière administrative[635] qui serait l'apanage du juge administratif. La clarification que porte notre proposition n'est pas fortuite en ce que l'appréhension de cette notion est souvent controversée.

La matière administrative a été déterminée à l'aune tantôt du critère organique tantôt du critère matériel. Ces critères fondés sur la nature de l'organe ou l'objet du contentieux ont chacun le mérite de faciliter la détermination du juge compétent, mais présentent l'inconvénient de restreindre son domaine de compétence. Autrement dit, ces critères

---

que le respect de cette unité apparaît, au regard du système de répartition des compétences, comme résultant d'un excès de synthèse. On a le choix entre l'abus de la complication et l'abus de la simplification ». Cf. CHAPUS (R.), « Le service public et la puissance publique », *RDP*, 1968, p. 276.

[635] Sur la genèse de cette notion, voir SANDEVOIR (P.), *Etudes sur le recours de pleine juridiction, l'apport de l'histoire à la théorie de la justice administrative*, Thèse de doctorat, Droit public, Lille, 1962, dact., 427 f°; Paris, LGD J., 1964, 461 p.

écartent du contentieux administratif les litiges administratifs qui ressortissent de la compétence du juge judiciaire[636]. Alors qu'on a estimé que la matière administrative était clairement définie par les droits positifs des États sous étude en ce qu'elle reposait sur le critère organique, l'analyse de la jurisprudence expose, au fond, que la notion embrasse aussi un critère matériel. Nous nous bornerons à l'illustrer à partir des exemples ivoirien et sénégalais desquels la clarification de la notion par le juge s'est opérée inversement.

Au Sénégal, si le juge s'est constamment référé au critère matériel[637], il s'engage progressivement vers la conception organique[638]. On le sait, aucun de ces critères n'est incontestable. Qui plus est, cette évolution traduit les hésitations du juge sénégalais quant à la qualification de la matière administrative. Le dommage qui en découle est l'entrave des avantages de chacun des critères[639].

L'arrêt fondateur de l'approche jurisprudentielle de la matière administrative au Sénégal part d'une affaire quelque peu anodine. Le juge sénégalais était saisi à la suite de la blessure au bras d'une écolière causée par le bris d'un carreau de la porte de la salle où elle avait déposé son cartable. Son père Abdourahmane N'DOYE introduisit un recours en responsabilité unique divisé en deux branches[640]. Dans le raisonnement de la seconde branche, le juge sénégalais a estimé ceci : « *tant en ce qui concerne le mauvais entretien des bâtiments que l'organisation défectueuse du service* » prétendu par le demandeur. Pour lui, « *(...) la responsabilité de l'État ne peut être recherchée qu'au titre du contentieux administratif* »[641]. Il en résulte une définition

---

[636] AUBY (J.-M.), DRAGO (R.), *Traité de contentieux administratif*, LGDJ, 1962, p. 13.

[637] Tribunal de Première Instance de Dakar, 23 mai 1970, *Abdourahmane Ndoye* ; CA (Sénégal), 20 mai 1977, *Mor Tall et autres*.

[638] « La revanche du critère organique ». Tel était d'ailleurs les termes employés par N'GAIDE (M.), « La notion de matière administrative : évolution de la jurisprudence sénégalaise », Communication au Centre de Formation Judiciaire (CFJ) de Dakar, août 1998, p. 10. Disponible à file:///E:/La%20notion%20de%20matière%20administrative-volutiondelajurisprudencesngalaise.pdf.

[639] *Ibid.*, p. 2.

[640] Le fondement de la première branche est l'article 146 du Code des Obligations de l'Administration. Cette disposition est relative à la responsabilité des membres de l'enseignement pour donner suite à un dommage dont sont victimes les enfants placés sous leur responsabilité.

[641] Tribunal de première instance de Dakar, 23 mai 1970, *Abdourahmane N'doye*.

matérielle de la matière administrative suffisamment enracinée dans la jurisprudence sénégalaise[642].

Une telle conception longtemps émise par Edouard LAFERRIERE[643] et rejoint par Raymond ODENT[644] est constamment remise en cause en ce qu'elle induit une restriction du domaine de ladite matière[645]. Y étaient exclus des litiges relevant de la compétence du juge judiciaire bien que ceux-ci ne soient résolus qu'au regard des règles et procédures du droit public[646]. À cette critique classique, s'ajoute une défaillance particulière à la jurisprudence sénégalaise. Le juge confond en effet la matière administrative à la procédure administrative.

A ce sujet, la Cour d'appel de Dakar a infirmé un jugement du Tribunal de 1ère instance qui déclarait recevable l'action des héritiers Abdou Lo sur le fondement des articles 118, 119 et 137 du Code des Obligations civiles et commerciales[647]. Elle considérait que : « *Le préjudice causé aux demandeurs résulte d'une action de police des douaniers en service commandé (...) qu'ainsi donc, ne s'agissant pas d'un dommage causé par un véhicule administratif, réparable selon les principes de droit commun* ». Elle en déduit que « *les demandes des héritiers Abdou Lo ne sauraient prospérer que sur le fondement de la responsabilité de la puissance publique* »[648]. Pour la Cour, s'inscrivant dans la matière administrative, la demande devait respecter la procédure prévue par les articles 729 et suivants du Code de Procédure civile. Ainsi, on pourrait résumer la conception que le juge sénégalais a de la matière administrative en deux éléments à savoir une tentative de

---

642 FALL (A.B.), *La responsabilité extra-contractuelle de la puissance publique au Sénégal : Essai de transposition des règles de droit administratif français dans un pays d'Afrique Noire francophone*, Thèse de doctorat en droit public, Université de Bordeaux I, Faculté de Droit, des Sciences Sociales et Politiques, 1994, T.I., p. 259.

643 LAFERRIERE (E.), *Traité de la juridiction administrative et des recours contentieux*, *op. cit.*, p. 13.

644 ODENT (R.), *Les cours de droit*, 1970, p. 67 et s.

645 FALL (A.B.), *La responsabilité extra-contractuelle de la puissance publique au Sénégal : Essai de transposition des règles de droit administratif français dans un pays d'Afrique Noire francophone*, *op. cit.*, p. 261 ; AUBY (J.-M.), DRAGO (R.), *Traité de contentieux administratif*, *op. cit.*, p. 13.

646 N'GAIDE (M.), « La notion de la matière administrative : évolution de la jurisprudence sénégalaise », *RSDP*, 1997-1998, n° 5-6-7-8, p. 151.

647 Tribunal de 1ère instance (Sénégal) 11 mars 1982, *Héritiers de LO*.

648 Cour d'appel (Sénégal), 18 février 1983, *Etat du Sénégal c/ Héritiers Abdou Lo*.

correction de la lacune des textes et une limitation du domaine de ladite notion.

Cependant, l'évolution de la jurisprudence sénégalaise laisse entrevoir une « *revanche du critère organique dans la qualification de la matière administrative* »[649].

La conception organique de la matière administrative se rapporte à l'ensemble des litiges mettant en cause une personne publique. Elle a le mérite d'embrasser des litiges exclus de la conception matérielle de la notion de matière administrative. Aussi est-elle appréhendée comme une acception large de celle-ci et favorable à une identification moins complexe du juge[650]. Ses garanties à l'égard d'un contentieux administratif relativement jeune ont certes commandé au juge sénégalais de préciser que : « *La notion de matière administrative rendant impératif le recours hiérarchique s'entend non pas seulement des litiges dans lesquels le droit applicable, quant au fond est le droit administratif, mais aussi, et surtout de l'ensemble des litiges dans lesquels une personne publique est partie* »[651].

L'évolution entre critère matériel et critère organique de la matière administrative est également perceptible en droit ivoirien. Mais à une différence près de l'exemple sénégalais en ce qu'elle est menée en sens inverse. Au début était consacrée la conception organique de ladite matière[652] avant, très récemment, une prise en compte de l'acception organique par le juge administratif ivoirien. Le contentieux des actes parlementaires sera retenu pour illustrer cette évolution.

Par continuité législative des décisions du Conseil d'État français *Dame Coursaget*[653] et *Vouters*[654], les actes pris par les organes des assemblées jouissaient d'une immunité juridictionnelle en Côte

---

[649] N'GAIDE (M.), « La notion de matière administrative : évolution de la jurisprudence sénégalaise… », *op. cit*, p. 151.

[650] *Ibid.*, p. 157.

[651] Tribunal régional de Dakar, 17 octobre 1986, *Dame Dieynaba Diallo*.

[652] DEGNI-SEGUI (R.), *Droit administratif, L'action administrative*, tome 2, *op. cit.*, p. 44.

[653] CE, 6 juillet 1928, *Dame Coursaget*, req. n° 98666, Rec. Lebon, p. 868. La juridiction administrative suprême décida que l'application des règlements en matière de pensions des employés de la Chambre des députés échappait aussi bien à la compétence du ministère des Pensions qu'à celle du Conseil d'Etat.

[654] CE Sect., 26 mai 1950, *Sieur Vouters*, req. n° 2562, Rec. Lebon, p. 316. Le Conseil d'Etat ayant prononcé son incompétence pour connaitre du litige inhérent à la décision du secrétaire général de l'Union française refusant l'accès au concours d'administrateur de cette assemblée.

d'Ivoire. Le *critérium* qui gouvernait les décisions du juge administratif ivoirien était celui de l'approche organique de la matière administrative. Autrement dit, ces actes échappaient au contrôle juridictionnel administratif parce qu'ils n'émaneraient point d'autorités administratives. Jugeant ainsi, le juge ivoirien reste fidèle aux termes de la loi qui appréhende la matière administrative qu'au prisme de la nature de l'organe[655]. De ce point de vue, le Professeur DEGNI-SEGUI avait pu croire que « *les actes de l'Assemblée Nationale, qui vont des lois formelles « aux actes parlementaires », en passant par les règlements intérieurs, ne sont pas des actes administratifs* ». Selon lui, il en irait de même « *des actes ou décisions pris par les organes administratifs des assemblées parlementaires...* »[656].

Le 28 mars 2012, un important arrêt dit *Anzan Niamiké c/ Président de l'Assemblée Nationale*[657] intégrait l'arsenal du juge ivoirien car il mit fin à l'immunité totale des actes parlementaires, cette sorte de déni de justice[658] ou de « *conception obsolète de la séparation des pouvoirs* »[659]. Saisi par voie de recours pour excès de pouvoir contre la décision du Président de l'Assemblée nationale admettant à sieur Anzan Niamiké à faire valoir ses droits à la retraite pour atteinte à la limite d'âge règlementaire fixée à 55 ans, le juge administratif ivoirien devait, avant toute analyse de fond, déterminer sa compétence à connaitre du litige. Pour y parvenir, il procède, pour la première fois, à un départ entre l'activité strictement dite de législation[660] et celle de gestion

---

655 L'article 54 de la Loi n° 94-440 du 16 août 1994, déterminant la composition, l'organisation, les attributions et le fonctionnement de la Cour suprême modifiée et complétée par la Loi n° 97-243 avril 1997 disposait en effet que : « La Chambre administrative connait : « *des pourvois en cassation dirigés contre les décisions rendues en dernier ressort dans les procédures où une personne morale de droit public est partie (...)* ».

656 DEGNI-SEGUI (R.), *Droit administratif, L'action administrative*, tome 2, *op. cit.*, p. 45. Voir spécifiquement sur ce sujet : POLLET-PANOUSSIS (D.), Les actes inattaquables devant le juge administratif, Thèse de doctorat, Université de Lille, 2006, 759 p.

657 CSCA (Côte d'Ivoire), 28 mars 2012, *Anzan Niamiké c/ Président de l'Assemblée nationale*.

658 QUESRONNE, obs. sous arrêt *Vouters*, Dalloz, 1952, p. 217

659 BERGEAL (C.), conclusion, CE, 15 mars 1999, Président de l'Assemblée nationale, req. 163328, Rec., p. 42, *RFDA*, n° 2, 1999, p. 335.

660 Ces actes sont insusceptibles de recours devant le juge administratif. On peut rappeler suivant le droit français : l'acte par lequel le Président d'une assemblée parlementaire rend public le rapport d'une commission d'enquête ; les mesures relatives à l'admission du public et/ ou de la presse dans la salle des séances ainsi que

administrative dont les actes sont soumis à son contrôle[661]. Ce faisant, il opte pour une compétence fondée sur l'objet de l'acte c'est-à-dire le critère matériel.

En dépit de son étendue et de la détermination moins complexe du juge qu'il favorise, le critère organique présente aussi des limites que tente de compenser le recours à une approche matérielle de la matière administrative[662]. Dès lors, quel critère devrait guider la proposition pour une compétence exclusive du juge administratif ? L'objectif de la compétence exclusive étant, d'une part, d'intégrer dans le champ du juge administratif africain autant de litiges dont il peut techniquement connaitre et d'autre part, de faciliter sa saisine, l'exemple béninois serait un début de solution à la question posée.

Le législateur béninois a très tôt enserré la matière administrative autour d'un critère organico-matériel dont la manifestation n'est pas incontestable. Deux dispositions sont porteuses de cette définition organico matérielle. L'article 31-3 de l'ordonnance n° 21/PR du 26 avril 1966 dispose que : « *La Chambre administrative est juge (...) en matière administrative. Relèvent du contentieux administratif (...) tous litiges de plein contentieux mettant en cause une personne morale de droit public...* »[663]. Le critère organique dégagé est complété par un critère matériel par l'alinéa 4 du même article. Il en résulte que le plein contentieux repose également sur les « *réclamations des particuliers contre les dommages causés par le fait personnel des entrepreneurs, concessionnaires et régisseurs de l'Administration* »[664].

Pourtant, tous les actes pris par les collaborateurs de l'Administration ne doivent pas inéluctablement être qualifiés d'actes administratifs. C'est justement sur cet aspect que se nourrit la critique

---

celles en interdisant l'accès à une personne déterminée. Cf. respectivement CE (France), 16 avril, *Fédération chrétienne des témoins de Jehova*, req. 304176, Rec. Lebon ; TA Versailles, 1er mars 1954, *Ferdinand Lop*, D. 1954, p. 198.

[661] Pour une explication plus étendue de l'arrêt, voir KISSIEDOU (S.C.), « Retour sur une importante décision passée inaperçue : l'arrêt n° 50 du 28 mars 2012, *Anzan Niamiké c/ Président de l'Assemblée Nationale* », *La tribune de la Chambre Administrative*, 2017, pp. 69-73.

[662] FALL (A.B.), *La responsabilité extra-contractuelle de la puissance publique au Sénégal : Essai de transposition des règles de droit administratif français dans un pays d'Afrique Noire francophone*, *op. cit.*, p. 259.

[663] Ord. n° 21/PR portant Composition, Organisation, et Fonctionnement de la Cour Suprême (Bénin).

[664] *Ibid.*, article 31-4.

du critère matériel tel que défini par le juge administratif béninois[665]. Une amélioration de cette approche organico formelle s'impose donc à nous. La voie de correction n'est pas totalement nouvelle, mais elle conviendrait aux résultats escomptés à travers l'éventuelle exclusivité de la compétence du juge administratif en matière administrative. Elle émane de la conception du litige de plein contentieux que se font les professeurs Roland DRAGO et Jean-Marie AUBY. Le litige administratif serait « *(...) d'une part au point de vue organique celui dans lequel une personne publique est partie (...) et d'autre part, au point de vue matériel, celui qui concerne une activité administrative, quelles que soient les parties en litige* »[666].

Nous ne saurions ignorer que cette définition intègre les matières qui ressortissent à la compétence du juge judiciaire. Mais ce point n'entrave aucunement l'efficacité ou la cohérence de l'adoption de la définition dans la mise en œuvre d'une compétence exclusive du juge administratif en matière administrative. A moins que l'on considère que le juge administratif ne peut techniquement connaitre des contentieux relatifs aux poursuites pénales nées d'une activité administrative. On songe notamment aux contraventions de voirie qui, pensons-nous, restent différentes des autres matières traditionnellement contrôlées par le juge judiciaire. Les techniques employées par le juge pénal semblent quelque peu loin du juge administratif. L'on devrait, dans la mise en œuvre d'une éventuelle exclusivité ou quasi-exclusivité du juge administratif, soit retenir la définition sus-indiquée à l'exception des litiges visant une condamnation pénale soit préciser l'idée d'une quasi-exclusivité du juge administratif en matière administrative.

La reconsidération du lien entre propriété privée de la personne publique et compétence du juge judiciaire[667] pourrait s'appuyer sur notre modeste proposition. En vérité, ces ajustements apportés à chaque approche de la matière administrative révèlent l'incertitude de toute initiative de simplification des règles de répartition des compétences. Ces règles se situent « *entre l'abus dans la complication et l'abus dans*

---

665 KPENONHON (C.F.S.), *Contribution à l'étude du contentieux administratif au Bénin : 1990-2010*, Thèse de doctorat en Droit public, Université Cheick Anta DIOP de Dakar (Sénégal), 2012, p. 273.

666 AUBY (J.-M.), DRAGO (R.), *Traité de contentieux administratif*, *op. cit.*, p. 14-15.

667 Voir l'intéressante réflexion de FALGAS (A.), *Le dualisme juridictionnel en matière de propriété*, Thèse de doctorat, Droit public, Université de Toulouse 1, 2017, 850 p.

la simplification »[668]. On pourrait en atténuer le risque si la solution proposée est suffisamment objective. En espèce, l'objectivité porterait notamment sur les aptitudes du juge administratif à connaitre des litiges traditionnellement réservés au juge judiciaire en matière administrative.

Le juge administratif ne sera pas mal outillé s'il lui revient de connaitre des litiges qui ressortissent à la compétence du juge judiciaire. La fixation de l'indemnité relative à l'expropriation pour cause d'utilité publique, le contentieux de la responsabilité du fait des agents de l'enseignement et le contentieux d'accident de véhicule peuvent bien être assurés par le juge administratif. Cela ne relève aucunement d'un naïf vœu. Outre son indépendance, le juge administratif a la maitrise des outils et techniques utilisés par le juge judiciaire dans la protection des droits et libertés individuels[669]. Au fond, la fabrique des solutions jurisprudentielles aussi bien par le juge judiciaire que par le juge administratif recourt à un emprunt réciproque de techniques et de raisonnement entre ceux-ci[670]. Jean-Louis AUTIN renvoyait cet emprunt au rapprochement des jurisprudences dont la convergence des moyens et l'équivalence des solutions en constituent les piliers[671].

D'abord, l'astreinte et l'injonction sont désormais les armes dont le juge administratif peut légitimement se servir pour se positionner comme un véritable gardien des libertés et droits individuels. Ces pouvoirs qui intègrent le procès administratif ne sont plus l'apanage du juge judiciaire. Aussi convient-il d'inviter les législateurs africains encore hésitants à les intégrer aux moyens du juge administratif et d'exhorter celui-ci, le cas échéant, à s'approprier ces armes qui seraient une manifestation de son office. En tout état de cause, les juges administratifs africains et français manifestent une volonté conquérante de la protection des libertés et droits individuels. Le recours à l'injonction par le juge administratif ivoirien avant même une intervention législative[672], le recours intensifié au pouvoir d'injonction

---

[668] KPENONHON (C.F.S.), *Contribution à l'étude du contentieux administratif au Bénin : 1990-2010*, Thèse de doctorat en Droit public, *op. cit.*, p. 276.

[669] SEKOULA (S.), *Le juge gabonais et la protection des droits et libertés*, Mémoire de Master, Droit public, Université Amadou Hampaté Ba de Dakar, 2017, p. 80.

[670] KOBO (P.-C.), « Le juge ivoirien et le contentieux des contrats administratifs », *Revue ivoirienne d'informations juridiques et judiciaires*, Actualité juridique, n° 19, 2021, p. 5.

[671] AUTIN (J.-L.), « Réflexions sur le dualisme juridictionnel français de dualité juridictionnelle », *op. cit.*, p. 778 et s.

[672] Voir supra, p. 188 et s.

en cette période de crise sanitaire du covid-19 en France[673], la censure de la décision administrative portant atteinte au droit de la propriété par le juge administratif sénégalais[674] ainsi que dépassement de l'injonction et des procédures d'urgence classiques par le juge, sont révélateurs de cette volonté conquérante des juges administratifs africains et français au service des droits et libertés individuels.

Le dépassement jurisprudentiel de l'injonction et des procédures d'urgence classiques a consisté, pour le juge administratif français, à prononcer des injonctions alors même qu'il n'est pas saisi de conclusions en ce sens sur le fondement de la loi de 1995. Cette injonction jurisprudentielle ou prétorienne selon les termes de la doctrine[675] trouve maintenant place auprès de l'injonction légale.

De plus, les pouvoirs sus-indiqués s'exercent aussi bien dans les contentieux ordinaires que dans les contentieux administratifs spéciaux dont la consécration rapproche le juge administratif du juge judiciaire. En effet, l'institution du référé-liberté[676], la transformation du sursis d'exécution en référé suspension ou l'adjonction du premier au second devraient garantir la protection des justiciables[677] et conférer l'image de juge de l'urgence au juge administratif. Certes, l'urgence n'est pas une fin en soi, mais sa considération témoigne à plusieurs égards de la prise en compte de l'intérêt des justiciables et la protection de leurs droits. N'est-ce pas d'elle que se justifie, en partie, l'irruption de l'oralité dans

---

[673] BARTOLUCCI (M.), « Le pouvoir d'injonction du juge administratif revisité par les circonstances exceptionnelles de la crise sanitaire du covid-19 », *LPA*, n° 143, 2020, p. 10.

[674] CE (Sénégal), n° 30/4 du 29 juillet 2004, *Abdou Fouta Diakhoumpa et Mama Diakhoumpa c/ Conseil rural de Malicounda et Etat du Sénégal*, inédit.

[675] BROYELLE (C.), « De l'injonction légale à l'injonction prétorienne : le retour du juge administrateur », *Droit administratif*, 2004, chron. n° 6, pp. 8-14.

[676] Sur les variantes et la consécration différenciée du référé administratif en Afrique, voir NDIAYE (A.), « Le référé administratif en Afrique », *Afrilex*, janvier 2020, p. 27 et s.

[677] Si l'intégration du référé à l'arsenal du juge administratif est salutaire, il faut néanmoins préciser que certaines mesures qui les accompagnent tendent à limiter leur efficacité. Au Niger, aux termes de Loi organique n° 2013-02 du 23 janvier 2013, déterminant la composition, l'organisation, les attributions et le fonctionnement du Conseil d'État, le référé-suspension est soumis à l'exigence du recours administratif préalable. Ce qui neutralise le caractère urgent de ce contentieux. Au Burkina Faso, l'efficacité du référé suspension a été altérée par la limitation relative à l'ordre public aux termes de l'article 50 de la loi de 2016 reconduite par l'article 88 de la dernière loi de 2018 relative chacune au Conseil d'Etat.

les procédures administratives de reconduite aux frontières en France[678] ?

Mieux, l'expansion à la fois matérielle[679] et organique[680] de la technique de l'oralité dans les procédures contentieuses administratives en France contredit l'idée d'un juge administratif mal armé à protéger la liberté individuelle. C'est dire qu'en positionnant ce dernier en phase avec les mutations actuelles du contentieux administratif, les législateurs africains lui fourniront des arguments nécessaires à se substituer au juge judiciaire dans les matières administratives qui lui sont traditionnellement réservées.

Conséquemment à l'usage de ces techniques et moyens arrimés à la volonté du juge administratif, il est observé un réel recul de la voie de fait bien longtemps annoncé par le juge sénégalais[681] et où résidait une exclusivité de la compétence judiciaire[682]. La jurisprudence *Commune de Chirongui*[683] devance de quelques mois une orientation adoptée par le Tribunal des conflits français dans le sens d'une fragilisation de la

---

678 Voir Ordonnance du 02 novembre 1945 relative à l'entrée au séjour des étrangers en France, JORF, Lois et décrets, n° 259, 4 novembre 1945, p. 7221 ; Loi n° 90-34 du 10 janvier 1990 modifiant l'ordonnance du 02 novembre 1945, JORF, Lois et Décrets, n° 0010 du 12 janvier 1990, pp. 489-490.

679 Après son irruption dans les procédures de reconduite aux frontières, l'oralité a été progressivement introduite dans les contentieux sociaux ainsi que dans les contentieux ordinaires.

680 En droit du contentieux administratif français, les parties ont de plus en plus droit à la parole à l'audience. Mieux, dans le contentieux de reconduite aux frontières, les avocats de la partie civile prennent désormais la parole en dernier position, c'est-à-dire après le rapporteur public.

681 « *Si l'Etat a commis une voie de fait, cela ne saurait être qu'une manière de créer une situation préjudiciable aux intérêts ou aux droits des tiers, manière qui ne saurait déterminer ni la compétence, ni la procédure à suivre ; ... d'ailleurs même peut , relever du contentieux administratif, donc de, la matière administrative, la voie de fait qui pourrait être commise par la puissance publique; qu'en l'espèce, outre la présence de la puissance publique à l'instance, il y a que la matière elle-même est administrative* » Cf. Tribunal Régional de Dakar 23 juillet 1986, *Modou DIOP*, inédit.

682 HAMEL (G.), « Voie de fait : compétence du juge administratif en l'absence de dépossession définitive », 2018, Dalloz, Disponible à https://www.dalloz-actualite.fr/flash/voie-de-fait-competence-du-juge-administratif-en-l-absence-de-depossession-definitive#.YCBI7-hKjIU.

683 CE (France), 23 janvier 2013, *Commune de Chirongui*, req. n° 365262, Rec. Lebon.

voie de fait[684]. Ce recul est également constaté dans les Etats africains francophones notamment au Maroc[685].

Outre la similitude des moyens et techniques qu'il partage avec le juge judiciaire, le juge administratif se trouve légitime à s'introduire dans le domaine administratif traditionnellement réservé au juge judiciaire en ce qu'il comprend le langage de ce dernier. Bien plus, leurs jurisprudences respectives ne sont points étrangères les unes des autres. On évoque même l'idée d'une équivalence ou convergence des solutions des juges judiciaires et administratives.

Il ne s'agit point ici de dresser un répertoire des solutions juridictionnelles administratives et judiciaires afin de démontrer des points de convergence. Le sens de la démarche est de prouver que l'unité de la justice et l'identité de ses principes cardinaux favorisent la rencontre desdites solutions. Pour ainsi dire, de la convergence se perçoit comme une légitimité du juge administratif à faire siennes les préoccupations qui pèsent sur le juge judiciaire lorsqu'il est investi de connaitre d'un litige administratif portant souvent sur la liberté individuelle. Que les juges soient saisis à intervenir successivement ou concomitamment sur des litiges ou encore séparément chacun sur un objet différent, l'ombre de convergence ou du moins de « *coordination* »[686] de leurs jurisprudences se ressent parfois.

Ainsi en matière sociale notamment le contentieux des licenciements collectifs, les deux juridictions se rejoignent d'une part sur le cadre d'appréciation des difficultés–économiques[687] ; et d'autre part sur le motif de nature à justifier une réorganisation de l'entreprise autour de la notion de sauvegarde de la compétitivité de l'entreprise[688]. Il en va de même pour le contentieux des salariés protégés au sujet duquel l'on a évoqué d'ailleurs une jurisprudence de partition à quatre mains. Sans

---

684 TC (France), 17 juin 2013, *Bergoend c/ Société ERDF, Annecy Léman*, n° C3911, Rec. Lebon.

685 Lire à cet effet ROUSSET (M.), « Consécration et évolution de la notion de voie de fait dans le contentieux administratif marocain », *RJPIC*, vol. 51, n° 1, pp. 12-22.

686 Empruntant l'expression de AKAMDJI-KOMBE (J.-F.), « Le rapprochement entre juge judiciaire et juge administratif en matière sociale », *in* Colloque CGT – Montreuil, 5 et 6 juin 2014, *Le Droit ouvrier*, novembre 2014, n° 796, p. 756. L'auteur y recourt au terme de « Coordination des jurisprudences ».

687 Voir CE, 26 avril 1985, *Sté Dragage du Nord* ; Cass. Soc. 20 février 1991 ; Cour cass., 5 avril 1995, n° 93-42.690, PB, 5 avril 1995, *Sté Thomson Tubes et Displays*.

688 En espèce, c'est le juge administratif qui se fait le relai de la solution jurisprudentielle judiciaire. Voir CE, 8 mars 2006, *Mme Moranzonni*, Droit ouvrier, 2006.545n.F.Saramito.

nul doute, cette métaphore illustre que dans la concurrence des compétences en la matière nait « *l'impératif de coordination* »[689] ou de convergence des solutions.

Le rapprochement des solutions entre juges s'opère par coordination. Une autre technique favorise ce rapprochement : c'est l'emprunt réciproque des solutions. L'emprunt intervient généralement lorsqu'un juge se prononçant sur un objet qui lui est entièrement dévolu s'appuie sur les solutions déjà dégagées par son homologue de l'autre ordre. En cela, on soutiendrait que ce n'est point la règle de droit privée qui est appliquée par le juge administratif ou vice-versa, mais les principes dont cette règle s'inspire. Justification quelque peu forcée quoique n'éclipsant point la réalité des emprunts.

Le Conseil d'État français, depuis l'arrêt *Trannoy*[690], visait les articles 1792 et 2270 relatifs à la garantie décennale[691]. Il estimait que ces dispositions du Code civil ne sont que la tradition de principes qui s'appliquaient légitimement en droit administratif. Aussi, suite à la suppression de l'article 2270 par la réforme du 17 juin 2008[692], les changements terminologiques n'ont-ils pas altéré le fond du droit appliqué. La haute juridiction administrative française renonce désormais à se référer aux « *principes dont s'inspirent les articles 1792 et 2270* »[693] au profit de « *principes régissant la garantie décennale des constructeurs* »[694]. C'est dire que la technique d'emprunt consiste pour le juge administratif en la découverte des principes « *inhérents à tout ordre juridique* »[695] issus du droit civil.

Inversement, le juge judiciaire emprunte au droit administratif son régime et son mécanisme dans le dénouement d'un litige à lui soumis. Le juge pénal notamment investi d'un contrôle des actes administratifs servant de fondement aux poursuites applique les normes identiques à

---

[689] AKAMDJI-KOMBE (J.-F.), « Le rapprochement entre juge judiciaire et juge administratif en matière sociale », *op. cit.*, p. 757.

[690] CE, 2 février, *Trannoy*, req. n° 82706, Rec. Lebon, p. 94.

[691] La loi n ° 2008-561 du 17 juin 2008 portant réforme de la prescription en matière civile supprime l'article 2270 relatif au délai décennal.

[692] Loi n ° 2008-561 du 17 juin 2008 portant réforme de la prescription en matière civile, JORF n°0141 du 18 juin 2008

[693] CE, 2 février 1973, *Trannoy*, précité.

[694] CE, 9 novembre 2018, Commune de Saint-Germain-le-Chatelet, req. n° 417595 ; 15 juin 2018, Communauté de communes du Cher à la Loire, req. n° 417595.

[695] RIVERO (J.), « Le juge administratif français : un juge qui gouverne », *Dalloz*, 1951, Chronique VI, p. 21.

celles dont recourt ce dernier[696]. Dans certaines espèces, les décisions du juge pénal éclairent celles du juge administratif[697].

L'utilisation du droit civil dans les rapports d'obligation en matière administrative se manifeste à travers les contrats administratifs et le régime des obligations en droit administratif[698]. Elle témoigne de l'inspiration du Code civil[699] par le juge administratif. D'où l'aptitude de ce dernier à connaitre des contentieux administratifs traditionnellement attribués au juge judiciaire. C'est le postulat défendu par la présente démonstration. On ne peut perdre de vue le rôle joué par les formations consultatives du Conseil d'État français dans l'élaboration du Code civil et ses différentes révisions[700].

---

[696] RIBEYRE (C.). État d'urgence et procédure pénale : le juge pénal compétent pour contrôler les perquisitions administratives : à propos de : Cass. crim., 13 déc. 2016, n° 16-84.794 et 16-82.176 », *Droit Pénal*, LexisNexis, 2017, pp. etude.6 ; NIQUEGE (S.), *Juge administratif et droit pénal*, Thèse de doctorat de droit public, Université de Pau et des Pays de l'Adour, 2007, 711 p.

[697] AKENDENGUE (M.), « L'organisation de la justice administrative au Gabon », *La Revue administrative*, n° 6, n° spécial, 1999, p. 47 ; GIRARD (D.), « Juge administratif spécialisé et juge pénal : vade-mecum de coexistence pacifique », Note sous CE Ass., 30 décembre 2014, *Bonnemaison*, req. n° 381245, Rec. Lebon, *Revue générale du droit on line*, 2015, n° 19382. Disponible à https://www.revuegeneraledudroit.eu/blog/2015/02/01/juge-administratif-specialise-et-juge-penal-vade-mecum-de-coexistence-pacifique/. Il ressort des faits qu'en violation des règles légales et déontologiques, le docteur Bonnemaison a provoqué, durant la période 2010-2011, la mort d'au moins sept de ses patients afin de « soulager » leurs souffrances. Le Conseil d'Etat fut saisi par le Dr Bonnemaison formant un pourvoi en cassation contre la décision d'appel de la Chambre disciplinaire de l'ordre des médecins d'Aquitaine qui avait prononcé sa radiation définitive de l'ordre des médecins. Au fond, le juge administratif suprême français devait faire face à l'articulation de l'office du juge disciplinaire avec celui du juge pénal qui, par ailleurs, avait acquitté sieur Bonnemaison des crimes pour lesquels il était poursuivi par un arrêt du 25 juin 2014 dont le ministère public a interjeté appel. Même si le pourvoi formé devant le Conseil d'Etat a été rejeté, la portée de la décision du juge administratif reste entière. En effet, l'on en retient que l'autorité de la chose jugée au pénal s'impose au juge administratif lorsque la légalité d'une décision administrative est subordonnée à la condition que les faits servant de fondement à cette décision constituent une infraction pénale.

[698] PLESSIX (B.), *L'utilisation du droit civil dans l'élaboration du droit administratif*, Thèse de doctorat, Université Panthéon-Assas (Paris II), 2003, Paris, LGDJ, p. 190 et s.

[699] MONDESERT (X.), « Le code civil et le juge administratif », *Revue CRDF*, n° 2, 2005, p. 179.

[700] Le processus de codification est marqué du rôle de cheville ouvrière tenu par le Conseil d'Etat français. Investi du pouvoir de rédaction des projets de loi aux termes de l'article 52 de la Constitution de 1958, il fut, en effet, l'organe de liaison entre la

Partie de la faiblesse des arguments justifiant la compétence du juge judiciaire en matière administrative, la démonstration ne pouvait échapper à trancher entre deux questions conséquentes du premier constat. L'une se rapporte à l'utilité de maintenir l'existence de deux ordres juridictionnels tandis que l'autre ouvre la voie à une possible exclusivité de la compétence du juge administratif en matière administrative. Les deux solutions sont envisageables avec des enjeux juridiques variables. Si l'on veut s'inscrire dans le maintien de la dualité en Afrique francophone, la seconde proposition mérite clarification. Elle permet une identification simple du juge compétent et garantit un développement du contentieux administratif. Elle favorise également un autre intérêt dont la valeur est discutable suivant que le juge administratif soit ou non régulièrement saisi : c'est l'élargissement du champ de compétence du juge administratif.

L'élargissement du champ de compétence du juge administratif permettrait une dynamique du contentieux administratif par un possible accroissement des affaires soumis à son juge. Toutefois, dans un contexte français où la fécondité de l'activité jurisprudentielle a commandé la création des juridictions administratives de fond, leur augmentation quantitative, l'élargissement serait porteur d'un risque de regain de l'engorgement du prétoire du juge administratif.

Le but de toute initiative de simplification serait de mettre fin à ce qui dans le système constituerait « *une inutile complexité* »[701]. Le débat

---

commission du gouvernement et les assemblées. Le plan du Code en trois parties qui devait structurer le travail législatif est un résultat de son implication dans l'élaboration du Code civil. Pour des réflexions mieux approfondies, lire notamment SAFATIAN (S.), « La rédaction du Code civil », *Napoleonica. La Revue*, n° 16, mars 2013, pp. 53-54. ; PORTALIS (J-E-M), PORTALIS (F.), *Discours et rapports sur le Code civil : Précédés de l'Essai sur l'utilité de la codification, Juin 2010*, Presses Universitaires de Caen, Centre de philosophie politique et juridique, 203 p. ; HALPERIN (J.-L.), « Le Projet de l'an IX, matrice du Code civil ? », *Droits*, 2006, pp. 19-29 ; DALLOZ, *Le Code civil 1804-2004*, Livre du Bicentenaire, Paris, Dalloz, 2004, 718 p. ; NIORT (J.-F.), *Homo Civilis. Contribution à l'histoire du Code civil français*. Tome I et II, Aix-Province, Presses universitaires d'Aix-Marseille, 2004, 931 p. ; EWALD (F.), (dir.), *Naissance du Code civil – An VIII – an XII – 1800-1804*, Paris, Flammarion, 1989, 409 p. ; CARBONNIER (J.), « Le Code civil », *in* PIERRE (N.), (dir.), *Lieux de mémoire*, II, La Nation, Paris, Gallimard, 1986, pp. 17-37; MALEVILLE (J.), *Analyse raisonnée de la discussion du Code civil au Conseil d'État*, Librairie de la Cour de Cassation, Paris, 4 vol., 1805, 2e éd. 1807, 3e éd. Réimprimé Hachette Bnf, Mars 2020.

[701] Pour reprendre le propos de PELLISSIER (G.), « A propos d'une inutile complexité : développements récents du contentieux du permis à points (C.E.D.H., 23

quant à savoir si le système actuel de répartition de compétences transposées dans les États africains francophones relève d'une inutile complexité ne cessera pas sitôt. On retiendra aussi que la dualité opère, au sein des États africains, un transfert de la difficulté du juge aux justiciables dans la détermination du juge compétent. Le mieux serait de tendre vers une plus grande simplification des critères voire du recours à un critère unique fondant la compétence du juge administratif. Mission impossible ou irréaliste ? Les termes du débat peuvent éclore en ayant à l'esprit que quelle que soit la clarté des règles de partage des compétences, il se produira toujours des contrariétés de décisions. Cela est davantage persistant dans le système de partage des compétences repris par les États africains sous étude. Aussi la défaillance du mécanisme de règlement des différends installé révèle-t-elle la reprise laborieuse du système français.

Paragraphe 2 - Un partage faiblement garanti : la défaillance du système de règlement des différends

La séparation des contentieux et des juges impose le respect des règles de dévolution des compétences des juges judiciaires et administratives. Cette nécessité est une garantie de la stabilité de la dualité juridictionnelle. Un tel besoin s'est aussi ressenti au niveau de l'application du système de monisme juridictionnel africain dans lequel, d'une part, le juge du recours pour excès de pouvoir était distinct du juge de la responsabilité, et d'autre part, la dualité matérielle était consacrée. Le respect des règles de compétence se justifie dès lors que les risques de violation de celles-ci sont réels autant leurs conséquences sont regrettables. En conséquence, l'existence et l'efficacité du système de règlements des différends qui naitraient de l'interprétation des règles de compétence est tout aussi légitime et indispensable. Ce système doit être conçu de sorte à prévenir et à sanctionner les atteintes auxdites règles. Le Gabon a fini par adhérer au procédé français de règlement de conflits alors que le Burkina, à l'instar d'une ancienne réalité ivoirienne, semble paradoxalement avoir oublié la nécessité de l'existence même d'une juridiction arbitre de règlement des conflits.

Le paradoxe burkinabè se saisit à travers deux étapes marquées par les réformes consolidant la dualité des ordres de juridiction dans cet

---

septembre 1998 ; CE, 16 octobre 1998 ; Trib. Adm. Lille, 29 octobre 1998), *Petites affiches*, n° 234, 24 novembre 1999, pp. 9-21.

État. Au départ était l'oubli de prévoir une juridiction des conflits. Cette incohérence suscite plusieurs interrogations relatives aux raisons et conséquences d'un tel oubli. La manière dont les juges judiciaires et administratifs burkinabè se sont accomodés à la situation de sorte à éviter les cas de conflits de compétence laisse penser que le silence du législateur était bien volontaire. Ce silence voire cet oubli a finalement été corrigé, mais l'organe de règlement des conflits reste ineffectif.

Après son indépendance, sous le régime de l'unité juridictionnelle, le Burkina Faso a adopté un système de règlement de conflits à mi-chemin entre les solutions préexposées. Son option consistait à confier la connaissance des conflits de compétence à une formation spéciale au sein de la Cour suprême qui n'était pas une juridiction autonome à l'image du Tribunal des conflits français. Cette formation était constituée par la réunion des chambres administrative et judiciaire de la Cour suprême. Le Président de la Cour suprême en assurait la présidence.

Le contexte que voilà sera suivi par celui de la maturation de la dualité des ordres de juridictions occasionnant un éclatement de la Cour suprême. Cependant, la loi organique n° 015-2000/AN porteuse de ce projet reste muette sur le conflit de compétence entre le Conseil d'Etat et la Cour de cassation. Au fond, la nouvelle réforme du contentieux emporte la disparition du mécanisme de règlement des conflits instauré après l'indépendance, car elle ne prévoyait ni un organe ni une procédure de règlement des conflits de compétence entre les juridictions administratives et judiciaires burkinabè. Le législateur burkinabè aurait trouvé le moyen d'oublier ces aspects quand bien l'existence de la dualité juridictionnelle est profondément liée à la détermination des règles de compétence de chaque ordre et à la sanction qu'impose la violation de ces règles. Dès lors, on est fondé à affirmer que la construction du dualisme juridictionnel burkinabè est un processus encore mal maitrisé.

Au délà, on peut s'interroger sur le réel sens de l'oubli du législateur burkinabè. S'agissait-il d'un véritable oubli ou d'un silence sciemment voire savamment entretenu ? La faiblesse du volume du contentieux administratif au Burkina Faso expliquerait que le législateur n'ait pas voulu créer un mécanisme de règlement de conflits qui engagerait d'importants moyens matériels, humains et financiers. Sous cet angle, on serait tenté d'encourager ce silence du législateur burkinabè. Cette défense est fragilisée par la correction que le législateur burkinabè apporte à ce silence. La position d'oubli se défend alors plus que celle du silence.

L'oubli du tribunal des conflits dans la reprise du dualisme français au Burkina Faso contraste avec l'important rôle qu'assure cette juridiction des conflits dans la protection des règles de compétence, la construction du droit du contentieux administratif et dans la sauvegarde de la dualité juridictionnelle[702]. Si cet oubli semble avoir été corrigé, l'effectivité du tribunal des conflits burkinabè est encore attendue.

Le vide juridique ainsi critiqué a été comblé par la révision constitutionnelle de juin 2012[703] laconiquement devrons-nous préciser. Si, en effet, un tribunal de conflits est désormais connu dans les textes, il n'est à ce jour pas encore reconnu par la pratique. C'est dire que le Conseil d'État et la Cour de cassation burkinabè fonctionnent avec des risques de survenance de conflits depuis plus d'une décennie sans que, ne soit fonctionnelle le tribunal de conflits. L'absence de jurisprudences mettant à nu ce dysfonctionnement traduit moins la perfection des règles de répartition de compétences que le dialogue entretenu entre les ordres juridictionnels de même que la faiblesse quantitative du contentieux administratif au Burkina Faso.

Avant l'intervention de la loi organique devant fixer la composition, l'organisation, les attributions et le fonctionnement du Tribunal des conflits burkinabè, on peut garantir sur sa proximité avec le tribunal des conflits français en ce qu'il emprunte deux de ces traits importants : l'autonomie et la permanence de la juridiction de conflits. Sur ce point, le droit gabonais, *a contrario*, parait être guidé par sa propre expérience.

Des questions peuvent être posées face à l'ineffectivité de la juridiction des conflits burkinabè. Des cas de conflits de compétence entre les juges judiciaire et burkinabè ont-ils pu etre observés ? Dans l'affirmative, comment ont-ils été traités ? Le cas contraire, l'on mériterait de comprendre les raisons pour lesquelles il n'existerait aucun cas de conflits de compétence entre les juges judiciaire et administratif burkinabè. Relativement à la première curiosité, aucune trace de jurisprudence burkinabè ne renseigne sur la survenance de cas

---

[702] Voir sur ces questions BROCHARD (A.), Une histoire de Tribunal des conflits : le Tribunal des conflits et la protection de l'administration, Thèse de doctorat en droit public, Université Paris II – Panthéon-Assas, 2017, 437 p. ; OBERDORFF (H.), « Dualité de juridictions », *in* KADA (N.) éd., *Dictionnaire d'administration publique.* FONTAINE, Presses universitaires de Grenoble, « Droit et action publique », 2014, pp. 175-176.

[703] Article 127 de la Constitution.

de conflits entre les juges administratif et judiciaire. L'explication d'un tel résultat est simple : les juges burkinabè entretiennent un dialogue de sorte à éviter les conflits de compétence. Ce dialogue est si discret qu'il n'est point corroboré d'échanges directs entre les juges. En effet, pour éviter les conflits négatifs, quand le premier juge saisi d'une affaire se déclare incompétent pour la connaitre, le second prononce toujours sa compétence. Quant au conflit positif, il est toujours évité par le fait que le juge se déclare incompétent à connaitre une affaire au sujet de laquelle un premier juge burkinabè s'est déjà déclaré compétent.

Cette solution de fortune mérite-t-elle d'etre encouragée ? La pratique gabonaise apporte une réponse qui s'en écarte. C'est une véritable juridiction de règlement des conflits qui y est consacrée.

À la recherche d'un équilibre entre simplification du système français de règlement des conflits de compétence et aboutissement à de véritables prérogatives juridictionnelles de l'organe devant s'en charger, le droit gabonais accouche d'une juridiction de conflit non permanente. Un tel caractère tend à contester la nature juridictionnelle de cet organe. Cependant, les attributions à lui reconnues rassurent de l'existence d'une véritable juridiction. Certes ces données encore théoriques présentent des insuffisances tout aussi théoriques que pratiques.

Le système de sanction aux violations des règles de répartition de compétences entre les juridictions administrative et judiciaire mises en œuvre après l'accession à la souveraineté internationale du Gabon est identique à celui qui était applicable au Burkina Faso. Pour rappel, la compétence de conflit n'était ni attribuée à une juridiction distincte de la Cour suprême ni concédée à une des chambres qui composaient la Cour. Elle ressortit à la compétence des chambres réunies. Cette approche originale était largement appliquée dans les Etats d'Afrique subsaharienne francophone après les indépendances[704]. Au Gabon, elle fut consacrée par la loi n° 24 du 20 novembre 1962 portant création de la Cour suprême. A l'analyse, il s'agissait d'une formation juridictionnelle assujettie à la Cour suprême et intermittente.

Le caractère de l'assujettissement n'est pas maintenu ; et celui de l'intermittence de la juridiction des conflits conserve toute sa vigueur dans la réforme dictée par l'importation du dualisme juridictionnel. Aux termes de la loi n° 7/94 du 16 septembre 1994 portant organisation de

---

[704] A titre indicatif, voir : République démocratique du Congo : Loi n° 4-62 du 20 janvier 1962 portant création de la Cour suprême

la justice, les conflits de compétences entre les juridictions administrative, judiciaire et financière sont tranchés par le Conseil d'État, la Cour de cassation et la Cour des comptes réunis[705]. La juridiction est alors formée de façon ponctuelle c'est-à-dire chaque fois que survient un conflit de compétence. En outre, son président et ses conseillers peuvent varier d'un conflit à un autre, car leurs fonctions respectives sont assurées par la juridiction non concernée par le conflit[706]. Les pouvoirs confiés à cette juridiction s'assimilent à des pouvoirs juridictionnels. Le caractère évanescent de la juridiction des conflits gabonais a peut-être le mérite d'alléger les charges financières et structurelles qu'engendreraient l'organisation et le fonctionnement d'un tribunal des conflits permanent. Mais il fragilise les traits juridictionnels de cette formation.

Malgré son caractère non permanent, la juridiction des conflits gabonaise est dotée d'un ministère public représenté par le chef du parquet près la Cour qui assure la présidence des conflits[707]. Il est suppléé par un adjoint en cas d'empêchement[708]. Participe également du fonctionnement de la juridiction, un greffe qui fonctionne selon le même principe que le chef de paquet[709]. Ainsi, les organes vitaux d'une juridiction se trouvent réunis.

Sur le plan substantiel, des garanties existent pour préserver la nature juridictionnelle de la juridiction gabonaise de règlement des conflits. Les arrêts qui y sont rendus sont en effet revêtus de l'autorité absolue de la chose jugée et sont, en conséquence, insusceptibles de recours[710]. Alors, quelles sont les différentes hypothèses de règlement de conflits en droit gabonais ? Tenter de satisfaire cette curiosité fait naitre chez le comparatiste des mécanismes de règlement des conflits entre juridiction administrative et judiciaire en France et au Gabon un gout d'inachevé.

La loi reste toujours muette quant à savoir les hypothèses de règlement des conflits[711]. Ce déficit peut éventuellement être corrigé

---

[705] Article 29.

[706] La juridiction de conflit est, en effet, composée d'un président assisté de deux vice-présidents et d'un conseiller. Les conseillers sont choisis par le président parmi les membres les plus anciens de la juridiction dont il est issu.

[707] Cf. article 30 de la loi n°7/94 précitée.

[708] Cf. article 31 de la loi n°7/94 précitée.

[709] Cf. article 32 de la loi n°7/94 précitée.

[710] Cf. article 34 de la loi n°7/94 précitée.

[711] En dépit de l'invitation expresse formulée à l'article 33 de la loi n°7/94 en ces termes : « Les règles de règlement et d'élévation de conflit sont déterminées par la loi ».

par la juridiction des conflits elle-même. Encore faudrait-il qu'elle soit saisie. À ce stade d'évaluation de la jurisprudence de la juridiction des conflits gabonaise, l'on ne retiendra que sa seule création. C'est dire qu'aucune saisine de cette juridiction ne s'est encore produite. Ce constat qui est identique avec la pratique burkinabè induit une réflexion plus approfondie sur la problématique de la saisine quasi nulle de la juridiction des conflits dans ces États. Les hypothèses d'un dialogue savamment nourri entre les juridictions administratives et judiciaires et la clarté des règles de répartition de compétences doivent être non pas déclassées mais dépassées ou du moins profondément étudiées. Par ailleurs, la probabilité que le législateur et le juge des conflits s'écartent de la solution française d'après laquelle la juridiction des conflits peut être saisie en cas de conflit positif et négatif est faible[712].

Ces observations sur la création et le fonctionnement des tribunaux de conflits en droit burkinabè et gabonais cristallisent à elles seules l'idée que la fabrication du dualisme juridictionnel dans ces États n'est pas encore inscrite dans une politique *lato sensu* habilement évaluée et menée. Il en fallait peu pour se convaincre de l'importance d'une juridiction de conflits dans la création et le fonctionnement des juridictions administratives et judiciaires autonomes les unes des autres. Des réflexions doctrinales ne tarissent pas en la matière[713].

---

[712] Selon le pari de TSATSABI, *La justice administrative gabonaise*, *op. cit.*, p. 61.

[713] La littérature classique : ARRIGHI (P.), « Le Tribunal des conflits et la Révolution de 1948 », Dalloz, 1949, Chroniques XIII, pp. 57-60 ; AUGER (B.), *Le Tribunal des conflits sous la Deuxième République,* thèse de doctorat, Droit, Paris, L. Larose et L. Tenin, 1911, 204 p. ; BIDON (L.), *Le Tribunal des conflits. Son rôle et son activité depuis sa reconstitution en 1872*, Thèse de doctorat, Droit, Paris, Rousseau, 1917, L. Larose et L. Tenin, 216 p. ; DUFOUR (G.), *Tribunal des conflits*, Droit, 17 novembre 1849 ; BOURGEOIS (J.), « Le Tribunal des conflit », *Revue catholique des institutions et du droit*, 8e année, 1880, 2e semestre, 1ere série, vol. 15, pp. 137-141 ; AUGER (B.), GABOLDE (C.), « Un projet de réforme de la juridiction des conflits », *Revue administrative*, n° 30, 1952, pp. 588-591 ; BOULOUIS (J.), « La jurisprudence du Tribunal des conflits de 1962 à 1972 », *in* Mélanges en l'honneur du Professeur Stassinopoulos, Paris, LGDJ, 1974, pp. 307-315 ; CHABANOL (D.), « La dualité des ordres de juridiction : faut-il bruler le Tribunal des conflits ?», *AJDA*, 1988, p. 736 ; PETIT (S.), Le Tribunal des conflits, Paris, PUF, Que sais-je ?, n°2866, 1994, 128 p. ; LAIDIE (Y.), « Le Tribunal des conflits », in La constitution du 4 novembre 1848. L'ambition d'une république démocratique », Actes du colloque de Dijon, E.U.D., 2000, pp. 363-391 ; WAQUET (P.), « Regard sur le Tribunal des conflits, Recueil Dalloz, 2002, Chronique, 742-747 ; ROBINEAU (Y.), « Regard sur dix années d'activité du tribunal des conflits (1994-2003) », *RFDA.*, 2004, n° 6, novembre-décembre, pp. 1167-1169.

La juridiction de conflits a diverses fonctions qui sont d'intérêt parmi lesquelles on pourrait retenir deux. D'emblée, on dirait que sa raison d'être relève de l'évidence du dualisme juridictionnel en ce qu'elle veille à la séparation des autorités administratives et judiciaires d'une part et à la séparation des juridictions suprêmes administrative et judiciaire d'autre part. De ce fait, elle arbitre les contrariétés de décisions. En prévention à cette situation, la juridiction des conflits induit un cadre d'harmonisation des actions des juridictions des deux ordres. En clair, elle constitue une instance de rencontre et de dialogue entre ces juridictions suprêmes afin de préserver la sécurité juridique et l'utilité de l'existence des ordres juridictionnels. Toute contrariété, toute jurisprudence novatrice serait prétexte à échange entre leurs membres respectifs.

On retient des développements précédents que les États africains subsahariens francophones à l'instar du Gabon et du Burkina Faso qui ont opté pour l'imitation aussi fidèle que possible du système français de dualité des ordres de juridiction semblent découvrir l'importance de leur initiative à mesure qu'ils construisent l'autonomie organique et matérielle de leur justice administrative. Leur situation est parfaitement décrite par le Babacar KANTE en ces termes : « *Ces derniers se retrouvent dans la situation d'un peintre qui tente de reproduire un modèle qui se métamorphose à chaque pose* »[714]. La création insuffisante des juridictions administratives et les atteintes à leur autonomie traduisent deux réalités qui déduiraient de l'impertinence de leur volonté à reprendre fidèlement le modèle français.

La première évidence est de considérer que ces États reproduisent un système français en mutation et dont la reproduction est de plus en plus incertaine[715]. La seconde se rapporte aux justifications qui commandent le choix de la fidèle reprise du modèle français. Certainement, la construction de la dualité juridictionnelle n'est ni au Gabon ni au Burkina Faso la conséquence d'une interprétation du principe de séparation des pouvoirs ou de la séparation des autorités administratives et judiciaires. Serait-elle l'aboutissement normal d'un long processus de maturation ou l'adhésion à l'idée d'État de droit ?

---

[714] KANTE (B.), « Rapport général », *in Conseil d'Etat et Etat de droit. La contribution des Hautes juridictions à l'édification de l'Etat de droit*, Actes de colloques sur le bicentenaire du Conseil d'Etat français, organisé au Sénégal (Dakar), 1999, *RA*, *Les juridictions administratives dans le monde : France – Afrique*, n° spécial 6, 1999, p. 114.
[715] *Ibid.*

Une réponse affirmative au premier aspect de la question parait moins évidente. L'atteinte à des principes fondamentaux tels que l'absence de juridiction de conflits ne peut défendre que le processus soit arrivé à maturation encore moins que la reprise de la dualité française ait été précédée d'une interrogation profonde sur ses chances de succès au Gabon et au Burkina Faso. Par contre, quant à savoir si le choix serait justifié par l'adhésion de ces États à l'État de droit, la réponse doit être positive. Les garanties de la justice administrative autonome pour la consolidation de l'État de droit ne peuvent être contestées.

Aussi, peut-on encourager la mise en œuvre progressive de la dualité française dans les États sus-indiqués sans omettre que l'adaptation du modèle importé est une solution plausible.

TITRE II - UNE INFRUCTUEUSE ADAPTATION DU DUALISME FRANÇAIS

Au titre des causes d'échecs de la reprise d'un modèle étranger, les études relatives à la greffe institutionnelle et normative en Afrique dénoncent les différences des milieux politiques, socio-juridiques entre État importateur et Etat exportateur[716]. Elles accusent également les effets pervers du mimétisme[717] et l'application étriquée fondée sur une représentation plus symbolique que concrète du modèle importé dont l'inconvénient est de vider celui-ci de certaines de ses essentielles substances[718]. Les situations ainsi décriées renvoient à deux extrêmes que la réforme d'imitation du modèle étranger devrait éviter : une fidélité démesurée et une extraversion du modèle de référence. La voie de secours semble se trouver dans l'adaptation du modèle étranger à son environnement d'importation.

L'adaptation de la dualité juridictionnelle aux réalités juridiques et sociologiques des États africains importateurs est un gage de son succès sur ce continent. Pourquoi et comment espérer que l'adaptation de la dualité juridictionnelle produise des résultats satisfaisants ? Ne faudrait-il pas envisager une disparition de la logique même de dualité juridictionnelle ?

L'adaptation répond certes à des besoins et finalités ; elle est, avant tout, une démarche technique et stratégique. Elle peut donc s'avérer maladroite et instrumentalisée. Ce qualificatif est retenu à l'égard des réformes d'organisation juridictionnelle ivoirienne de 2016[719] et sénégalaise de 1992[720] tant celles-ci semblent avoir été appliquées à des fins détournées des objectifs poursuivis (Chapitre I). Si la reprise de la dualité française n'a duré que seize ans au Sénégal avant d'être

---

716 Voir les contributions issues de DARBON (D.), De GAUDUSSON (J.D.B.) (dir.), *La création du droit en Afrique*, Paris, Karthala, 1997, 247 p.

717 *Ibid.*, p. 13.

718 DARBON (D.), « L'Etat prédateur », *Politique africaine*, n° 39, 1990, p. 44.

719 Loi n° 2016-886 du 8 novembre 2016 portant constitution de la République de Côte d'Ivoire, JORCI, 9 novembre 2016.

720 La réforme sénégalaise d'organisation juridictionnelle de 1992 est introduite par la loi n° 92-22 du 30 mai 1992 portant révision de la Constitution, JORS du 1er juin 1992, p. 238. Le constituant consacrait l'éclatement de la Cour suprême en trois juridictions suprêmes et autonomes à savoir la Cour de cassation, le Conseil constitutionnel et le Conseil d'Etat.

transformée en un modèle proche de l'unité juridictionnelle, l'expérience ivoirienne avait prévu la construction d'un modèle *sui generis* qui vient d'être abandonné par une récente révision constitutionnelle (Chapitre II).

CHAPITRE I - UNE ADAPTATION INSTRUMENTALISEE

Les réformes en Afrique sont souvent marquées du sceau du symbolisme plutôt que du pragmatisme[721]. Elles sont parfois guidées par des stratégies servant les intérêts personnels des gouvernants ou des partis politiques[722], parfois téléguidées par l'image que les décideurs entendent projeter au monde extérieur[723]. Le plus souvent d'ailleurs la concrétisation des réformes en Afrique dépend d'appuis techniques et financiers des partenaires au développement[724]. Les réformes sont alors engagées soit au service de la consolidation des pouvoirs politiques[725] soit en vue de la captation de ressources[726], mais constamment au moyen de soutiens ou les promesses de soutiens des partenaires au développement[727]. La consécration de la dualité juridictionnelle en

---

[721] Une pratique, un texte juridique recouvre souvent des aspects symboliques et pragmatiques. L'aspect symbolique d'une institution, norme ou organe, tend aussi à renforcer son efficacité, c'est-à-dire sa dimension pragmatique. Lire pour illustration GAUDREAULT (L.), « Ecrit pragmatique, écrit symbolique : le premier registre de délibérations communales de Brignoles (1387-1391), *in L'écrit et la ville*, *OpenEdition Journals*, n° 12, 2008, pp. 149-190. Disponible à https://journals.openedition.org/memini/144. C

[722] DIOP (E.H.O.), *L'instrumentalisation de la constitution dans les régimes politiques africains*, Dakar, CREDILA-OVIPA, 2017, 362 p. ; « *L'initiative de démocratisation ne vient pas – sauf exception – des forces sociales mais est issue des détenteurs du pouvoir (...). Ceux-ci espèrent ainsi redonner à leur Etat – à eux-mêmes – une crédibilité non pas nationale mais internationale dont dépendent les subsides et la survie. Les sociétés ne sont pas concernées et se contentent de faire avec. Comme elles le font depuis toujours, elles n'inscrivent pas leurs stratégies dans l'Etat mais par rapport* ». Cf. DARBON (D.), « L'Etat prédateur », *op. cit.*, p. 44-55.

[723] MOYRAND (A.), « Réflexions sur l'introduction de l'Etat de droit en Afrique noire francophone », *RIDC*, vol. 43, n° 3, octobre-décembre 1991, p. 863 et s.

[724] KASSI (O.B.), *Francophonie et Justice : contribution de l'organisation internationale et de la Francophonie à la construction de l'Etat de droit*, Paris, L'Harmattan, 2020, 700 p.

[725] OULD BOUBOUTT, (A.S.), « Libre propos sur la réforme de la justice dans les pays en transition démocratie », *in* Mélanges Edmond Jouve, Bruxelles, Bruylant, T.I., p. 1147.

[726] LAVIGNE DELVILLE (P.), « Les réformes de politiques publiques en Afrique de l'Ouest, entre *polity, politics* et extraversion. Eau potable et foncier en milieu rural (Bénin, Burkina Faso) », *GAP*, vol. 7, n° 2, 2018, p. 53.

[727] DJE BI DJE (C.), *L'Etat et le financement du développement en Côte d'Ivoire*, Thèse de doctorat, Université de Lille 2, 1980, p. 177.

Algérie[728] et au Maroc[729] aurait subi cette marque d'instrumentalisation.

Ramenée à notre étude, elle supposerait un divorce entre le caractère opportun de la réforme d'adaptation (Section 2) et sa concrétisation de façon fidèle aux objectifs recherchés (Section 1).

SECTION I - UNE ADAPTATION JUSTIFIÉE

L'adaptation du modèle français de dualité des ordres juridictionnels poursuivie par les réformes sénégalaises de 1992 et ivoiriennes de 2016 indique deux attitudes : l'abandon du monisme juridictionnel jusqu'alors appliqué et une reprise partielle de la dualité juridictionnelle. C'est dire qu'elle ne donne pas lieu à la création d'un modèle qui soit totalement étranger au monisme africain ou entièrement confondu à la dualité française. Ce qui revient à justifier l'usage du terme d'adaptation qu'on lie aux réformes.

D'abord, certains fondements de la dualité[730] sont clairement définis en objectifs de la réforme. Ensuite, dans la concrétisation des réformes, des traces de la dualité sont visibles : la création de juridictions administrative et judiciaire suprêmes autonomes. Ces acquis rapprochent les nouvelles organisations du système français, mais certains traits laissent découvrir un décalage avec le modèle référentiel français : la cohabitation de la Cour suprême avec le Conseil d'État et la Cour de cassation en Côte d'Ivoire et l'absence totale de juridictions administratives du fond spécialisées en contentieux administratif. La réalité d'une politique d'adaptation étant établie, il se pose, en outre, la question de son opportunité. Celle-ci semble se construit autour d'une combinaison de justifications classiques qui avaient engendré le choix du monisme (paragraphe 1) et des nouvelles raisons militant pour un rapprochement de la dualité française (paragraphe 2).

---

[728] MAHIOU (A), « Remarques sur l'évolution du système politique algérien », *Congrès international d'Estudis Africans*, Barcelona, del 12 al 15 de encro 2004, www.africa-catalunya.org/congrès. Consulté le 24/01/2022 à 15h 38 mn.

[729] MIDOUN (M.), « La dualité de juridictions dans les pays du Maghreb », *in Francophone, Vers un nouveau monde*, Mélanges Edmond JOUVE, Bruxelles, Bruylant, 2010, p. 468. Pour l'auteur, le choix de la dualité au Maroc avait aussi « *un caractère emblématique* ».

[730] On note le principe de spécialisation et la construction de l'État de droit.

Paragraphe 1 - La résurgence des justifications classiques favorables à l'unité juridictionnelle

Nul n'ignore que la loi et son application n'épuisent pas l'univers du droit en Afrique ; que celles-ci sont concurrencées par la tradition. Ainsi, les effets de la loi se font sentir souvent très lentement[731] ; la loi opère plus en tant qu'idéal qu'en tant qu'instrument immédiat[732]. Au niveau des Etats africains à l'instar des autres Etats, la loi est un plan de développement ; elle fixe des objectifs à atteindre[733]. Les adaptations de la dualité juridictionnelle instituées en Côte d'Ivoire et au Sénégal n'échappent pas à ces enjeux.

L'expérience peu convaincante du système unitaire antérieurement appliqué autorisait les réformateurs ivoirien et sénégalais à aborder la réorganisation de leurs systèmes juridictionnels respectifs avec prudence. Si l'option pour le système dualiste ne faisait aucun doute, sa construction devait tenir compte d'un certain équilibre : la prise en compte de la différence des milieux sociologiques de chacun de ces États africains avec le milieu français ainsi que des capacités de chaque État à appliquer le modèle français.

La justice est le produit de la société ou de la matière qu'elle se propose de réguler. Ce qui ne signifie pas qu'elle se confonde à son objet. Sa finalité lui procure une portée plus grande tendant à transformer les rapports qu'elle encadre. Dans l'Etat, la justice s'enrichit d'emprunts de principes appréhendés comme des valeurs universelles. La justice administrative des Etats africains peut donc être inspirée du système français. La complexité du dualisme français a commandé un réajustement de l'organisation juridictionnelle sénégalaise et ivoirienne. La différence de milieux se ressent également au niveau de l'intensité de la saisine du juge administratif africain qui demeure largement en dessous de l'activité de son homologue français.

---

[731] ALLIOT (M.), « Un droit nouveau est-il en train de naitre en Afrique ? » *in* CONAC (G.), *Dynamiques et finalités des droits africains*, Paris, Economica, 1980, p. 485 ; Actes de colloque sur *La vie du droit en Afrique*, organisé à Paris le 30 septembre 1977 sous l'égide de la Section Droits africains du Centre d'étude juridique comparatives de l'Université de Paris, p. 485.

[732] *Ibid.*

[733] *Ibid.* p. 488.

La complexité du dualisme français est connue[734]. Il ne s'agit pas de la reprendre ici en ce qu'elle fait l'objet d'analyse sous d'autres angles dans cette étude. Après une brève situation de ce trait caractéristique du modèle français, l'idée est de démontrer qu'une telle difficulté était difficilement surmontable au Sénégal et en Côte d'Ivoire. La complexité du dualisme devrait être regardée avec une certaine réserve. Si elle se concentre au niveau de la détermination du juge compétent en matière administrative, la détermination même de cette matière relevait aussi des difficultés.

Qui plus est, la complexité va au-delà du juge compétent : elle touche la nature du droit applicable. On peut convoquer l'assertion suivant qui regroupe les difficultés qui viennent d'entre mentionnées : « *(...) La multiplicité des hypothèses dans lesquelles le juge judiciaire applique le droit administratif, ce qui superpose à la dualité des ordres de juridictions judiciaires et administratives une dualité contrariante de la justice administrative (...)* ». Le droit administratif étant appliqué tantôt par le juge administratif tantôt par le juge judiciaire[735]. Le justiciable devrait savoir à quel moment le dualisme juridique est étanche et à quelles conditions il est « *tempéré* »[736]. Le nombre important d'irrecevabilités prononcées par le juge sous le monisme juridictionnel africain traduisait, outre l'application rigide des règles de procédure par celui-ci[737], la non-maitrise des justiciables et même de leurs conseils de cette technicité qui précède la saisine du juge et des aspects de la procédure contentieuse. Assurément, le faible contact des populations africaines avec le juge en général et le juge de l'Administration en particulier accentue les effets de la complexité de la dualité juridictionnelle. La reprise de ce point était alors une mauvaise raison de reproduire fidèlement le dualisme français[738].

---

[734] DRAGO (R.), FRISSON-ROCHE (A.-M.), « Mystères et mirages des dualités des ordres de juridictions et de la justice administrative », *in Le Public et le Privé*, *APD*, tome 41, 1997, p. 136.

[735] DRAGO (R.), « Le juge judiciaire, juge administrative », *in La dualité de juridictions en France et à l'étranger*, *RFDA*, 1990, p. 761.

[736] CHAPUS (R.), « Dualité de juridictions et unité de l'ordre juridique », *in La dualité de juridictions en France et à l'étranger*, *RFDA*, 1990, p. 741.

[737] FALL (A.B.), *La responsabilité extra-contractuelle de la puissance publique au Sénégal : essai de transposition des règles de droit administratif français dans un pays d'Afrique noire francophone*, *op. cit.*, p. 169.

[738] En référence à l'article TRUCHET (D.), « Mauvaises et bonnes raisons de mettre fin au dualisme juridictionnel », *in Justice et pouvoirs*, *Justice*, n° 3, 1996, p. 53.

Aussi les adaptations de la dualité juridictionnelle au Sénégal et en Côte d'Ivoire bien que différemment menées ont-elles tenté de trouver un point d'équilibre entre le moniste et le dualisme français. Si la dualité matérielle a été conservée dans chacun de ces États, la dispersion du juge a voulu être limitée. Ce serait la raison d'ailleurs contestable, comme nous le verrons, d'un maintien d'une unité organique à la base et la consécration de la dualité au sommet c'est-à-dire au niveau des juridictions administrative et judiciaire suprêmes au Sénégal et du schéma inverse en Côte d'Ivoire opérée par la Constitution de 2016. En outre, la différence quantitative des litiges portés au prétoire du juge administratif français et ses homologues ivoirien et sénégalais découlant de la différence de leurs environnements respectifs provoquait une différence d'approches de la construction de la justice administrative au sein de ces Etats africains.

L'une des finalités de l'office du juge administratif est d'assurer l'équilibre entre l'efficacité de l'action administrative et la protection des droits et libertés individuels. Cette finalité motive sa fonction consultative et juridictionnelle d'ailleurs reprise par les États questionnés dans cette séquence de la réflexion. Mais les fonctions ainsi rappelées sont déclenchées principalement à partir de la saisine du juge. La création des juridictions administratives, leur nombre et leur fonctionnement sont fortement influencés par l'importance du nombre de saisines du juge administratif. Ainsi, la structuration de la dualité juridictionnelle tient compte de cette réalité. L'histoire de la construction organique progressive de la justice administrative en France en est un cas explicatif concret.

Le passage du Conseil d'État français en tant que juridiction de droit commun en matière administrative en juridiction d'appel puis finalement en juge de cassation et juge en premier et dernier ressort de certains contentieux rappelle deux réalités importantes. D'une part, les attributions de la juridiction administrative suprême française ont subi des transformations qui ont évolué en fonction de la création des juridictions administratives du fond. D'autre part, la création des tribunaux puis des cours de comptes ont été motivées par la crainte ou le constat d'un engorgement du prétoire du Conseil d'État. Il est évident que les États africains francophones désireux d'imiter le modèle de la justice administrative française tiennent compte de cette donnée. Or, sur cet espace, la faiblesse du recours au juge administratif[739] est constante à mesure que les modes alternatifs de règlements des conflits sont sollicités[740].

Particulièrement, l'institutionnalisation et le recours au Médiateur de la République retiendront notre attention à ce niveau. La raison en est simple : cette institution symbolise, à la fois, une cause et une manifestation du « *déclin du contentieux administratif* »[741] en Afrique. Le Médiateur de la République, ce « *palabreur* »[742] réclamé par une partie de la doctrine est institué partout en Afrique francophone[743]. Bénéficiant d'un statut d'autorité administrative indépendante dans les Etats africains sous étude[744], le Médiateur de la République est invité à symboliser le « *dialogue qui vise à introduire l'esprit d'échange dans les rapports entre l'Administration et les usagers* »[745].

S'ils sont issus du phénomène de la généralisation des ombudsmans et des médiateurs dans les systèmes juridiques contemporains[746], les Médiateurs de la République en Afrique francophone interviennent dans un contexte particulier : la maladministration ; la sous-administration, la faiblesse quantitative et qualitative du contrôle

---

739 FALL (A.B.), « Le juge, le justiciable et les pouvoirs publics : pour une appréciation concrète de la place du juge dans les systèmes politiques en Afrique », *op. cit.*, p. 40.

740 NGANGO YOUMBI (E.M.), « Les modes alternatifs de résolution des litiges administratifs en Afrique noire francophone », *RIDE*, vol. t. XXXIII, n° 4, 2019, p. 468.

741 DAGRA (M.), « Le déclin du contentieux administratif au profit d'autres modes de règlement des différends. Le Médiateur de la République au Niger », *in* SY (D.), FALL (A.B.) (dir.), *Les nouvelles tendances du droit administratif en Afrique*, Presses de l'Université Toulouse 1 Capitole, Troisième Rencontre de Dakar, 2018, pp. 153-169.

742 PAMBOU-TCHIVOUNDA (G.), *Essai sur l'Etat post-colonial*, Paris, LGDJ, coll. « Bibliothèque africaine et Malgache », 1982, p. 139.

743 Le Sénégal fut le premier à instituer le Médiateur de la République en 1991 à travers la loi n° 91-14 du 11 février 1991. Au Gabon, c'est le Décret du 16 juillet 1992 portant création du Médiateur de la République qui fonde son existence juridique. Au Burkina Faso, il est consacré par la loi organique n° 22/94/ADP du 17 mai 1994 portant institution d'un Médiateur du Faso. Sur le médiateur burkinabè, voir YONABA (S.), « Le médiateur du Faso », *Revue de droit des pays d'Afrique*, vol. 105, pp. 22-34.

744 BOUMAKANI (B.), « Les médiateurs de la République en Afrique Noire francophone », *RIDC*, vol. 51, n° 2, p. 313.

745 PAMBOU-TCHIVOUNDA (G.), *Essai sur l'Etat post-colonial*, précité.

746 AICARDI DE SAINT-PAUL (M.), « L'Ombudsman en Afrique », *Afrique contemporaine*, *op. cit.*, p. 226.

juridictionnel ainsi que l'importance de l'équité en droit négro-africain[747]. De ce fait, leur institutionnalisation ne relèverait pas du mimétisme français[748] et la volonté des pouvoirs publics africains quant à leurs missions est sans équivoque. Elle transparait dans les termes de l'exposé de motifs du projet de loi adopté par le Conseil des Ministres burkinabè du 2 février 1994. Il en ressort que : « *dans le contexte de l'État de droit, la protection des citoyens contre les fautes, les négligences et les abus divers de la part des structures administratives doit faire l'objet d'un intérêt constant en vue de garantir à chaque Burkinabè, un traitement respectable et de mettre l'Administration publique au service de la société* ».

Par ailleurs, il est de plus en plus régulier que les justiciables recourent au Médiateur qui se présente davantage plus apte à convaincre l'Administration d'exécuter la décision de justice que l'autorité du juge administratif[749] ou le Procureur Général[750]. Cependant, l'efficacité des actions des médiateurs de la République en Afrique subsaharienne francophone sur la démocratie administrative est

[747] YONABA (S.), « L'institution du médiateur de la République comme mode alternatif de règlement des différends sur le continent africain », *in in* SY (D.), FALL (A.B.) (dir.), *Les nouvelles tendances du droit administratif en Afrique*, *op. cit.*, p. 180.

[748] MODERNE (F.), « Les modèles étrangers », *in* COLLIARD (C.A) et TIMSIT (G.), *Les autorités administratives indépendantes*, Paris, PUF, 1988, p. 189, note en bas de page n° 11. Pour l'auteur l'avènement du Médiateur de la République était encore trop récent en France pour qu'on puisse estimer que sa création en Afrique francophone était le fruit d'un mimétisme institutionnel. Aussi le législateur burkinabè ne s'est-il pas empêché d'affirmer que : « *la création du Médiateur du Faso ne relève pas du mimétisme mais procède de la volonté de mettre à la disposition des administrés, un instrument simple, à même de renforcer la défense de leurs droits et intérêts* ». Cité par Le Médiateur du Faso, Premier rapport d'activité annuel du Médiateur du Faso 29 décembre 1994 – 31 décembre 1997, p. 7. Disponible à https://www.mediateurdufaso.org › toute-la-liste › item › download. Consulté le 29/01/2020 à 17h20 mn.

[749] La voie de la négociation qu'il emprunte, sa proximité institutionnelle et souvent personnelle avec le Président de la République ainsi que l'inclusion des devoirs d'exécution dans son rapport, font du Médiateur de la République un acteur important à l'exécution des décisions de justice de l'administration qui, voudra assurément éviter que soit rendu un deuxième rapport constatant son défaut. Voir sur l'apport du Médiateur dans l'exécution de ma décision de justice administrative ACKA (F.S.), « Un médiateur dans les institutions publiques ivoiriennes : L'organe présidentiel de médiation », *Afrilex*, 2000/01, p. 74.

[750] Au Mali.

limitée[751]. La réalité de leur indépendance quand elle est affirmée par des textes n'est point suffisamment garantie.

Rappelons qu'au Sénégal, au Burkina Faso et en Côte d'Ivoire, l'indépendance du Médiateur de la République est consacrée[752]. Ils jouissent de garanties statutaires : régime d'incompatibilité[753] et d'immunité[754]. *A contrario*, le décret du 16 juillet 1992 portant création du Médiateur de la République au Gabon ne pose aucune règle liée à ces garanties. On en déduit que « *Le Médiateur gabonais est une administration en mission* »[755] ; qu'il reste dépendant du Chef de l'État gabonais. Même dans les États où l'indépendance est affirmée, elle reste contrariée par la dépendance financière des médiateurs aux budgets nationaux comme il ressort des différents rapports annuels dressés par les Médiateurs burkinabè et sénégalais[756].

De plus, les Médiateurs de la République des États africains ont un pouvoir restreint : ils n'édictent pas une norme juridique produisant unilatéralement des effets sur ces destinataires. Autrement dit, « *il n'a qu'une fonction incitative à l'égard de l'Administration publique* »[757]. On aurait l'impression qu'autant le Médiateur et le juge africains se concurrencent dans le règlement des liges administratifs autant ils partagent des difficultés similaires. Peut-être que leur rivalité ou alliance[758] forgera une solidarité obligée. Quoi qu'il en soit, le contexte africain marqué par un contournement fréquent du prétoire du juge administratif limite la volonté d'engager un chantier aussi important que l'institutionnalisation d'une justice administrative autonome. D'autant plus que l'implantation et le fonctionnement de cette justice exige des moyens financiers que doivent engager les États importateurs.

---

751 NGANGO YOUMBI (E.M.), « Les modes alternatifs de résolution des litiges administratifs en Afrique noire francophone », *op. cit.*, p. 462 et s.

752 Loi n°99-04 du 29 janvier 1999 relative au Médiateur de la République.

753 ACKA (F.S.), « Un médiateur dans les institutions publiques ivoiriennes : l'organe présidentiel de médiation », *Afrilex*, p. 13.

754 Id., p. 14.

755 BOUMAKANI (B.), « Les Médiateurs de la République en Afrique noire francophone : Sénégal, Gabon et Burkina Faso », *RIDC*, vol. 52, n° 2, Avril-juin 1999, p. 328.

756 Selon le premier rapport du Médiateur du Faso précité, 85 % du budget global du Médiateur est financé par le budget national contre 15 % de part du financement extérieur. Cf. Premier Rapport du Médiateur du Faso, *op. cit.*, p. 30.

757 *Ibid.*, p. 23.

758 PIEROT (R.), « Le Médiateur : rival ou allié du juge administratif ? », *in Le juge et le droit public*, Mélanges Marcel WALINE, *Le juge et le droit public*, tome 1, 1974, pp. 683-699.

La problématique de la capacité des États africains francophones à reproduire à l'identique le dualisme originel s'est posée depuis l'époque postindépendance. Elle a, en partie, favorisé la création du monisme juridictionnel africain[759]. L'abandon de ce système et la migration vers la forme d'organisation de justice administrative autonome dans laquelle se sont engagés le Sénégal en 1992 et la Côte d'Ivoire en 2016 ne pouvaient ignorer ce fait. La laborieuse reprise qui s'opère au Burkina Faso et au Gabon tel qu'il vient d'être démontré dans le titre précédent pouvait interpeller les autres États désireux de reproduire le modèle de justice administrative français. Ces moyens sont d'ordre matériel, financier et humain.

La justice administrative a un coût. Celui-ci est encore important lorsque la justice administrative est autonome, indépendante de l'Administration et de la justice judiciaire. Le bon fonctionnement des juridictions administratives mobilise des moyens matériels et financiers dont la disponibilité suffisante dans les États africains étudiés reste incertaine.

L'initiative d'adaptation de la dualité française reprend cette justification classique du choix pour le monisme juridictionnel. Mais l'argument de la faiblesse des moyens matériels et financiers n'est plus lié à une emprise idéologique qui conditionnait la construction de la nation, le développement des États africains essentiellement aux préoccupations économiques. Cet argument est aujourd'hui observé sous un angle plus concret. Les réformes sénégalaise et ivoirienne visaient à garantir une autonomie de la justice administrative qui soit supportable par leur budget respectif. En attendant d'analyser la matérialisation d'une telle approche et d'apprécier la pertinence de son application, celle-ci est défendable. Le bilan dressé en France relativement au fonctionnement de sa justice administrative peut servir d'illustration. En effet, le rapport sur le projet de loi de finances 2017 en France[760] comporte un calcul évaluant et comparant le coût d'une décision de justice administrative avec celui de la justice judiciaire[761]. Il en résulte que le processus de fabrication de la décision

---

[759] *Ibid.*

[760] SENAT (France), Rapport général sur le projet de loi de finances 2017, par MONGOLFIER (A.) rapporteur général, et LEFEBVRE (A.), rapporteur spécial, session ordinaire de 2016-2017, p. 14. Disponible à http://www.senat.fr/rap/l16-140-319/l16-140-3191.pdf. Consulté le 11/12/2021 à 16h 20mn.

[761] La méthode de calcul est simple. Elle a consisté à diviser le montant du budget ratio très simple : montant du budget annuel divisé par nombre de décisions.

juridictionnelle administrative engage un coût financier plus important que celui d'une juridiction judiciaire. Plus précisément, une décision de l'ordre judiciaire s'évaluerait à huit cent quatre-vingt-six (886) euros contre mille quatre cent quatre-vingt-deux (1482) euros pour une décision administrative[762].

Certes, la méthode de calcul peut être contestée, d'autres formules peuvent être exploitées, néanmoins il est certain que l'évaluation exacte de la production d'une décision de justice sera toujours relative[763]. De plus, la faiblesse quantitative du contentieux administratif en Afrique n'augure pas d'un résultat identique à celui constaté en France. Toutefois, les essais d'évaluation devraient être encouragés en ce qu'ils ont, au moins, l'avantage de renseigner globalement sur l'importante des moyens matériels et financiers dans le fonctionnement de la juridiction administrative.

En Afrique francophone, il est acquis que ces difficultés continuent de caractériser le fonctionnement des juridictions judiciaires y implantés depuis un demi-siècle[764]. L'autonomisation de la justice administrative vient donc se greffer à ces anciennes contraintes qu'elle devrait considérer. L'adaptation du dualisme trouverait ainsi une voie d'expression : celle d'éviter une structuration trop poussée exigeant un important investissement matériel, financier et humain.

« *À quoi bon mettre en place une juridiction administrative si l'on ne dispose pas de spécialistes capables de l'animer ?* » s'était-on interrogé[765]. Il est rappelé la nécessité de la ressource humaine dans la construction d'un système juridictionnel. Le fonctionnement des juridictions administratives autonomes nécessite un corps de membres qui justifierait son intérêt. La ressource humaine était presqu' inexistante au moment des réformes sénégalaise et ivoirienne. L'unité juridictionnelle qui y était appliquée n'employait majoritairement que

---

[762] LEFEBVRE (A.), Rapport sur le projet de loi de finances 2017 précité.

[763] CLUZEL-MÉTAYER (C.), FOULQUIER-EXPERT (C.), SAUVIAT (A.), (dir.), *La prise en compte de la notion de qualité dans la mesure de la performance judiciaire (QUALIJIUS)*, - Justice administrative – Rapport final, 19 juin 2015, p. 20. Disponible à http://www.gip-recherche-justice.fr/wp-content/uploads/2016/01/Rapport-final-QUALIJUS-Justice-administrative.pdf. Consulté le 30/01/2021 à 17h 50mn.

[764] KONATE (I.M.), *La justice en Afrique: ce grand corps malade : le cas du Mali (un ancien ministre témoigne)*, Bamako, La Sahélienne, 2018, 164 p.

[765] BOCKEL (A.), « Le juge et l'administration en Afrique noire francophone », *Annales Africaines*, 1971-1972, p. 11.

les magistrats de formation privatiste[766]. C'est dire que le passage de l'unité à la dualité des ordres de juridiction n'a pas été préparé dans le sens de produire des membres formés au contentieux administratif. Ce faisant, contrairement à ce qu'une opinion de la doctrine avait laissé entendre, on penserait que l'unité juridictionnelle n'avait finalement pas été construite et appliquée de façon provisoire[767].

Hier l'absence d'un corps de magistrat administratif a été comblé par le recours à l'expertise judiciaire étrangère[768] et majoritairement à l'affectation des magistrats judiciaires au sein des formations juridictionnelles administratives, le recours à ces solutions demeurait une voie sans issue aux constituants sénégalais de 1992 et ivoirien de 2016. Toutefois, d'autres solutions alternatives étaient inenvisageables. La construction d'une justice administrative autonome ne pouvait se contenter de membres essentiellement empruntés à l'Administration[769] ou aux milieux universitaires.

Dès lors, les réformateurs sénégalais et ivoiriens se trouvaient dans un dilemme. Soit l'initiative d'autonomisation de la justice administrative était ajournée jusqu'à se doter de magistrats administratifs formés au contentieux administratif soit la réforme était engagée parallèlement à l'institution d'un cadre de formation des membres des juridictions administratives. Cette dernière solution a été envisagée dans les deux États questionnés ici. Il se trouvait dans sa mise en œuvre une redéfinition pratique de l'organisation structurelle desdites juridictions qui potentiellement engendrerait une déviation matérielle du dualisme français. Autrement dit, la faiblesse quantitative

---

766 CONAC (G.) (dir.), *Les Cours suprêmes en Afrique. La jurisprudence administrative*, tome III, précité.

767 BOCKEL (A.), *Droit administratif*, *op. cit.* p. 265.

768 Avant août 1962, le personnel judiciaire du Burkina Faso ne comprenait aucun magistrat burkinabè. Cf. KARGOUGOU (M.), « La justice en Haute-Volta », *Penant*, 1964, p. 118. FOYER (J.) affirmait d'ailleurs que : « *(...) La France met encore et mettra encore assez longtemps quand on lui demandera du reste, un certain nombre de magistrats à la disposition des Etats d'Afrique et de Madagascar, et même grand nombre de gouvernements ont fait appel dans diverses circonstances à des experts français, qu'ils fussent empruntés aux Facultés de Droit (...) ou au Conseil d'Etat* ». Discours prononcé à l'occasion du déjeuner offert en son nom par le recueil Penant le 24 octobre 1961, « Les destinés du droit en Afrique » *in* Penant, 1962, p. 3.

769 Ce serait revenir, en quelque sorte, comme l'avait d'ailleurs suggéré certains auteurs classiques africains, au système de justice retenue. Sur l'évocation de cette proposition sans y adhérer, voir OULD BOUBOUTT (A.S.), « Le contentieux administratif comparé en France et dans les pays d'Afrique francophone », *RDP*, n° 3, 2013, p. 430.

des magistrats administratifs peut commander un éclatement partiel des juridictions suprêmes ou la création d'un ordre juridictionnel administratif inabouti en comparaison avec l'exemple français.

Les différentes justifications qui viennent d'être explicitées préviennent qu'en dépit de leur volonté de se rapprocher du modèle français d'organisation juridictionnelle, les modèles créés dans les États africains francophones se détachent en certains points du modèle dont ils s'inspirent. La reprise des justifications qui avaient autrefois guidé leur choix pour l'unité de juridiction peut soulever un doute sur la lisibilité et la cohérence de leurs démarches. Mais l'évocation d'autres points de justification renforce le sentiment que l'adaptation envisagée se rapproche davantage de la dualité que de l'unité des ordres de juridiction.

Paragraphe 2 - L'émergence de justifications nouvelles propices à l'imitation de la dualité française

De manière théorique, c'est la somme des justifications que portent les initiatives de réformes au Sénégal et en Côte d'Ivoire intervenant dans les périodes considérées qui révèlent la volonté d'adaptation du dualisme français. Ainsi les raisons classiques visent à justifier les différences qui existent entre les systèmes sénégalais et ivoiriens et le dualisme français. Elles se rapportent à la différence de milieux sociologiques, politiques et juridiques africains et français comme il vient d'être démontré. Quant aux nouvelles justifications, elles produisent un résultat distinct de celui des justifications classiques. Sans déclasser totalement celles-ci, de nouvelles considérations tendent à les relativiser. Concrètement, ces considérations lèvent le voile sur le caractère surranné des justifications classiques. Au fond, la prise en compte de nouveaux arguments amoindrit la teneur des considérations classiques qui militaient en faveur d'un abandon du modèle français. Un changement de paradigme légitime alors le rapprochement du système juridictionnel ivoirien et sénégalais au modèle français.

Certes, toutes les raisons évoquées hier pour abandonner la dualité ne peuvent pas être totalement rejetées aujourd'hui, ce qui justifie d'ailleurs l'idée d'adaptation, certaines semblent devenues obsolètes voire moins pertinentes.

La faiblesse du contentieux administratif en termes de faiblesse des affaires portées devant le juge administratif est prétendue par les théoriciens, les praticiens et même les pouvoirs politiques pour justifier le défaut de création des juridictions administratives du fond. Cet argument, on l'a vu, a présidé à l'éconduction de la dualité juridictionnelle en Afrique au lendemain des indépendances[770]. S'il est évocable au regard des facteurs liés à la réticence des justiciables à saisir le juge administratif, il ne saurait être brandi comme un argument passe-partout. Il ne faut pas perdre de vue que l'absence des juridictions administratives du fond, la confusion de leurs sièges à ceux des juridictions judiciaires du même degré participent des entraves à la saisine du juge administratif. L'objectif d'une justice administrative de proximité poursuivi par la réforme juridictionnelle ivoirienne[771] en est une illustration topique. D'ailleurs, en prenant une certaine distance avec l'argument évoqué, on constate qu'il tend vers l'essoufflement à mesure que le juge administratif est sollicité par les justiciables africains[772].

L'argument aujourd'hui contestable de la faiblesse quantitative du contentieux administratif a certainement commandé partiellement celui de l'insuffisance des ressources économiques et humaines. La faiblesse économique des États africains ne facilite point que soient créées et installées les juridictions administratives du fond d'autant que la nécessité de leur fonctionnement s'épuise face à la faiblesse des saisines du juge administratif. Cela relèverait du bon sens. Bref, le fonctionnement d'une juridiction exige la disponibilité de crédits[773].

Néanmoins, la faiblesse économique des États africains ne saurait être une excuse valable en ce qu'elle préexiste aux réformes juridictionnelles enclenchées depuis 1990. Qui plus est, des institutions dont l'implantation et le fonctionnement engagent d'importantes dépenses ont été créées là où la moindre juridiction administrative du fond n'est pas encore une réalité pratique dans certains États. Allusion

---

[770] KWAHOU (S.), *Le contentieux administratif gabonais en 13 leçons*, *op. cit.*, pp. 192-193.

[771] Lire article 6 de la Constitution ivoirienne de 2016.

[772] L'examen des chiffres des activités judiciaires des juridictions administratives africaines démontrent partout une augmentation de la saisine du juge administratif. Les causes d'un tel résultat sont diverses et tient, entre autres, à l'installation d'une justice administrative autonome, d'une certaine flexibilité de l'Administration africaine dans l'exécution des décisions de justice, d'un effacement encore fragile de la réticence des justiciables à l'égard du juge administratif et surtout de l'amélioration intellectuelles et du niveau d'instruction des justiciables africains.

[773] Voir pour illustration l'article75b de la loi organique n° 13/2003 du 19 août 2003 du Gabon. On y lit : « *Le Conseil d'Etat jouit de l'autonomie de gestion financière. Les crédits nécessaires à son fonctionnement sont inscrits dans la loi de finances* ».

est ainsi faite au Senat en Côte d'Ivoire dont la création fut quelque peu rapide au regard du moment de sa consécration et de son effectivité. Nous ferons l'économie du débat sur l'opportunité de la création d'une telle institution en Afrique subsaharienne francophone[774] auprès de l'Assemblée Nationale dont la fonction de contre-pouvoir est insuffisamment exprimée[775]. On peut, tout de même, rappeler la pertinente réflexion de Pauline TÜRK sur un aspect de cette préoccupation également posée en France. Il en résulte que le bicamérisme français a un apport qualitatif dans la production législative[776].

Implicitement, le mouvement de généralisation du Sénat en Afrique permet de s'interroger sur la pertinence de l'argument de la modicité

---

[774] Certes le Président de la République de Côte d'Ivoire a soutenu que « *L'institution du Sénat en Côte d'Ivoire n'est pas un luxe, mais bien une nécessité de développement, destinée à assurer une grande rigueur dans le travail parlementaire et une efficacité accrue, par la possibilité d'une lecture différenciée des projets de lois* ». Cf. http://www.gouv.ci/_actualite-article.php?recordID=8763. Consulté le 06/02/2021 à 19h 09 mn. Toutefois, des réflexions tendent à contester l'opportunité de la création du Senat en Côte d'Ivoire. Voir à cet effet KOUAO (G.J.), *Côte d'Ivoire : La troisième République est mal partie*, Abidjan, Plume habile Editions, 2016, 99 p. Le débat sur l'opportunité de l'institutionnalisation du bicamérisme parlementaire peut être généralisé à l'ensemble du continent africain. Voir notamment : BOUMAKANI (B.), « Le regain du bicamérisme dans les parlements en Afrique », in L'amphithéatre et le prétoire au service des droits de l'homme et de la démocratie, Mélanges en l'honneur du Président Robert DOSSOU, Paris, L'Harmattan, 2020, pp. 280-304 ; AIDARA (M.M.), « Le Senat au Sénégal ou l'impossible ancrage institutionnel », *Afrilex*, janvier 2018, pp. 1-23. Disponible à http://afrilex.u-bordeaux.fr/ancien-site/afrilex.u-bordeaux4.fr/sites/afrilex/IMG/pdf/AIDARA_Le_senat_au_Senegal.pdf. Consulté le 20/02/2021 à 00h 33mn ; ABA'A OYONO (J.-C.), « Libre propos sur le Senat en droit constitutionnel camerounais », *Afrilex*, septembre 2015, pp. 1-21. Disponible à http://afrilex.u-bordeaux.fr/ancien-site/afrilex.u-bordeaux4.fr/sites/afrilex/IMG/pdf/Libre_propos_sur_le_Senat_en_droit_constitutionnel_camerounais_Aba_a_Oyono.pdf. Consulté le 20/02/2021 à 00h.

[775] La soumission du pouvoir législatif au pouvoir exécutif est une constance dans les Etats africains francophones. En témoignent les études anciens et récents sur la thématique : DIOP (I.), *L'Exécutif dualiste dans les Etats d'Afrique noire francophone étude de la problématique du partage du pouvoir Exécutif*, Thèse de doctorat en Droit, Université de Clermont-Ferrand 1, 1998 ; BONDONGO (G.), « Réflexions sur l'équilibre des pouvoirs en Afrique noire francophone : cas du Benin et du Congo », *Annale des sciences juridiques et politiques*, vol. 15, n° 3, 2014.

[776] TURK (P.), « Le Sénat : une assemblée de bons légistes ? », *Pouvoirs*, vol. 4, n° 159, 2016, p. 73.

des finances des États africains[777] sous étude comme un facteur explificatif du rejet de la dualité juridictionnelle. De même, l'évocation du nombre insuffisant des magistrats formés en contentieux administratif n'est, lui non plus, un argument suffisant au défaut de généralisation de la justice administrative[778].

En somme, les raisons qui jusfiaient le refus de consacrer le système de justice administrative autonome s'effritent avec le contexte actuel des États sous étude.

Plusieurs justifications sont alléguées pour encourager l'imitation du dualisme français en Afrique francophone. Certains arguments ont un lien plus étroit avec le modèle français que d'autres. La préoccupation de l'Etat de droit par exemple peut se poser plus aisémement en dehors du type d'organisation juridictionnelle que celle relative au statut de la justice administrative. L'argument qui se trouve au cœur des réformes sénégalaises et ivoiriennes est la nécessité de la spécialisation du juge administratif. Cet impératif est lui-même commandé par le développement du service public en Afrique francophone.

La spécialisation du juge participe des « *justifications du maintien actuel du dualisme juridictionnel* »[779] en France et de sa réclamation en Afrique francophone. Le constituant sénégalais justifiait la création de juridictions suprêmes judiciaire et administrative autonomes par la complexité croissante des branches du droit[780]. L'efficacité du contrôle juridictionnel de l'Administration devrait donc considérer cette complexité.

La question de la complexité semble poursuivre le destin de la justice administrative autonome. Evoquée pour critiquer la détermination du juge administratif et des règles de la procédure contentieuse administrative et donc pour réclamer l'abandon de la dualité des ordres

---

777 Voir en substance Fonds Monétaire International (FMI), « Afrique, les aléas de la croissance », *Finances et Développement*, juin 2016, vol. 53, n° 2, 2016, Dossier, pp. 6-37.

778 Au Gabon bien qu'il existe une session de formation en droit public des élèves magistrats, de 2017 à 2020, aucun recrutement de magistrats n'a été effectué sous prétexte d'insuffisance de ressources. Voir Communiqué final du Conseil de la Magistrature du 5 aout 2020. Disponible à https://lalibreville.com/gabon-communique-final-du-conseil-superieur-de-la-magistrature-avec-dimportants-changements-a-la-tete-des-tribunaux/. Consulté le 31/12/2020 à 18h 12mn.

779 CAILLOSSE (J.), « Les justifications du maintien actuel du dualisme juridictionnel », *AJDA*, 2005, p.1781.

780 Exposé des motifs de la loi n° 92-22 du 30 mai 1992 portant révision de la Constitution, JORS du 1er juin 1992, p. 238.

de juridiction, elle est appelée au soutien de ce système. Mais, cette fois, la complexité ne se rapporte pas au fonctionnement de la justice administrative. Elle attrait plutôt au droit en général. Mieux, le maintien du dualisme juridique et l'hétérogénéité de l'action administrative complexifient l'application et la fabrication du droit du contentieux administratif. Cette considération légitime davantage l'intérêt de l'existence de la dualité juridictionnelle[781]. Pour ainsi dire, l'existence de plusieurs ordres juridictionnels traduit une forme de spécialisation de la justice[782]. Or si la relation entre complexité de l'action administrative et la spécialisation est directe, celle qui rapproche la dualité juridictionnelle à la complexité de l'action administrative l'est moins[783].

Le recul des frontières de la *summa divisio*[784], l'absence de monopole d'application du droit administratif par le juge administratif[785], l'application du Code civil par le juge administratif[786] sont autant d'indices qui confirment le lien indirect entre la complexité

---

[781] DRAGO (R.), FRISSON-ROCHE (A.-M.), « Mystères et mirages des dualités des ordres de juridictions et de la justice administrative », *op. cit.,* p. 141.

[782] HOTI (P.), HOXHAJ (E.), « L'existence d'ordres juridictionnels comme forme de spécialisation de la justice », Global *Journal of Arts Humanities and Social Sciences*, vol. 3, n° 1, janvier 2015, p. 39.

[783] DRAGO (R.), FRISSON-ROCHE (A.-M.), « Mystères et mirages des dualités des ordres de juridictions et de la justice administrative », *op. cit.,* p. 136.

[784] BARBOU DES PLACES (S.), « *Summa Divisio* et droit communautaire : dépassement, déplacement ou reconstitution d'une frontière disciplinaire », *in* BIOY (X.) (dir.), *L'identité du droit public*, Presse de l'Université Toulouse 1 Capitole, Actes de colloque de l'IFR, 2011, 279 p. ; BONNET (B.), DEUMIER (P.) (dir.), *De l'intérêt de la summa divisio droit public-droit privé*, Actes de colloque, organisé par le Centre de recherches critiques sur le droit (CERCRID UMR 5137) à l'Université Jean Monnet de Saint-Étienne, octobre 2009, Paris, Dalloz, 298 p. ; BEAUD (O.), «La distinction entre droit public et droit privé : un dualisme qui résiste aux critiques», *in* M. FREEDLAND (M.), (J.-B.) AUBY, *The Public Law/Private Law Divide. Une entente assez cordiale*? Oxford et Portland, Hart Publishing, 2006, p. 21 ; VAN MEERBEECK (J.), « Droit public et droit privé : ni *summa* ni *divisio* ». Disponible à https://dial.uclouvain.be/pr/boreal/object/boreal:218769/datastream/PDF_01/view.

[785] SIETCHOUA DJUITCHOKO (C.), « Le juge des comptes, le juge administratif et l'application du droit administratif au Cameroun », in SY (D.), FALL (A.B.), *Cinquante ans de droit administratif en Afrique*, Presses de l'Université de Toulouse 1 Capitole, 2016, p. 136.

[786] CE, 11 juillet 2001, *Société des eaux du Nord*, req. n° 221458. Disponible à http://paris.tribunal-administratif.fr/content/download/179360/1759761/version/1/file/190496719049681 9049721904976 .

de l'action administrative et la dualité juridictionnelle. Le pont entre ces deux éléments est établi par la préoccupation de la spécialisation du juge administratif dont la logique ne saurait être contestée. Dans ce cas, une autre question se pose : la dualité juridictionnelle demeure-t-elle la seule voie de spécialisation du juge administratif ? La prise en compte de cet impératif ne pouvait-elle pas conduire à la création de plusieurs sections au sein de la chambre administrative de la Cour suprême ?

L'idée sous-tendue dans ces interrogations est de postuler que la spécialisation peut s'opérer au sein d'un ordre juridictionnel unitaire[787]. Une telle proposition ignore les deux dimensions de l'intérêt de la spécialisation d'une instance juridictionnelle. Plus qu'une technique, la spécialisation ne « *se réduit évidemment pas à la question de la compétence professionnelle des juges* »[788]. Elle procure surtout à l'instance spécialisée « *une conscience plus claire des problèmes spécifiques de la manière dont elle s'occupe et qu'elle soit plus apte de ce fait à participer directement à la création et au développement du droit qu'elle applique* »[789]. Ce résultat est difficilement atteignable si l'instance juridictionnelle spécialisée n'est pas autonome. De surcroit, une spécialisation trop poussée au sein d'un ordre juridictionnel unitaire présente un risque d'implosion de cet ordre.

Ainsi, l'objectif de spécialisation poursuivi par le constituant sénégalais et à partir duquel ce dernier justifie le réaménagement de son système d'organisation juridictionnelle unitaire dans le sens d'un modèle dualiste s'accepte aisément. Il démontre, par ailleurs, que la légitimité ou l'opportunité de la création d'une institution ne tient pas uniquement aux contingences historiques. Des raisons techniques, pratiques peuvent conférer à une institution ou une norme un intérêt qui n'existait pas auparavant. C'est la manifestation de la force du contexte sur le texte[790] ou du moins sur les raisons traditionnelles dans la

---

787 LATH (Y.S.), « Le contentieux administratif dans le système ivoirien d'unité de juridiction : éléments d'une typologie », *in* SALL (A.), FALL (I.M.) (dir.), *Actualités du Droit public et de la Science politique en Afrique*, Mélanges en l'honneur de Babacar KANTE, Paris, L'Harmattan, 2017, p. 539.

788 BA (A.T.), « L'avenir de la juridiction administrative au Burkina Faso », *op. cit.*, p. 12.

789 WOEHRLING (J.M.), « Réflexions sur une crise : la juridiction administrative à la croisée des chemins », *in Service Public et Libertés*, Mélanges Robert-Edouard CHARLIER, 1981, p. 351.

790 Voir à ce sujet : « Le contexte est plus fort que le texte », *Le débat*, Gallimard, 2018/4, n° 201, p. 131.

conduite d'une réforme. Parmi ces nouvelles raisons, il faut citer l'efficacité du contrôle juridictionnel de l'Administration.

On pourrait soutenir que l'efficacité du contrôle juridictionnel de l'Administration peut être assurée indépendamment du système d'unité ou de dualité juridictionnelle. Les insuffisances des moyens matériels, humains et financiers sus-indiquées placent les États africains francophones au rang des « *États modestes* »[791]. Or on a estimé que « *La revendication moderne d'un ''État modeste'' (...) cadrerait mieux avec la soumission de l'administration au droit commun* »[792]. Cette assertion est discutable ou renvoie à relativiser les termes du débat sur la primauté du monisme ou du dualisme juridictionnel. L'efficacité de ces formes d'organisation juridictionnelles est aussi tributaire de la tradition juridique de l'État. En d'autres termes, le système de contrôle juridictionnel est un ensemble cohérent dont les éléments constitutifs se tiennent et se justifient.

L'efficacité du monisme juridictionnel en droit anglo-saxon apparait, de ce point de vue, plus certaine que celle du monisme juridictionnel africain créé au lendemain des indépendances. Ce dernier, en consacrant la dualité matérielle au sein d'un système organique unitaire, fragilisait le juge administratif soit au niveau de son autonomie organique soit dans sa capacité à maitriser les techniques du contentieux administratif. Le contexte dans lequel se trouvaient le Sénégal et la Côte d'Ivoire favorisait la compréhension d'après laquelle la dualité juridictionnelle permettrait un contrôle efficace de l'action administrative. Deux indicateurs sont retenus pour marquer ce contexte : l'interprétation des résultats décevants du monisme africain suivi de l'établissement d'un rapport étroit entre la spécialisation du juge et le contrôle efficace de l'action administrative et le recul de l'autoritarisme administratif africain depuis les années 1990.

L'échec du monisme juridictionnel africain est la conséquence de plusieurs causes dont l'instabilité politique des États africains de laquelle émergeaient les régimes politiques militaires et, en conséquence, une sorte de musèlement du juge administratif moniste. Cependant, la doctrine a surtout retenu les faiblesses techniques et pratiques du système d'organisation juridictionnelle unitaire. De toute évidence, les réformes de ce modèle original africain laissaient très peu

---

791 Selon l'expression de CROZIER (M.), Etat modeste, Etat moderne, Paris, Fayart, 1987.

792 LOCHAK (D.), « Quelle légitimité pour le juge administratif ? », *Droit et politique*, Paris, PUF, 1993, p. 142.

d'espoir à une autre tentative de création d'un modèle original. Certes on estimerait que l'adaptation de ce monisme qui constitue également une adaptation de la dualité au Sénégal en 1992 et en Côte d'Ivoire en 2016 est une œuvre originale. Mais, force est de constater qu'elle s'est effectuée avec moins d'audace en ce qu'elle était plus inspirée par l'imitation de la dualité française. La justification de ce que la dualité assurerait un contrôle efficace de l'action administrative se construisait derrière l'expérience contestée de l'unité de juridiction. On pouvait alors énoncer des sous-entendus tel que : « *Pour appliquer un droit original, il est bon d'instituer un organe distinct et appliquant à cette tâche toute son activité* »[793].

Par ailleurs, le processus démocratique des années 1990 suivi des plans d'ajustements structurels libère l'emprise des Administrations africaines de plusieurs secteurs d'activités et instaure la nécessité d'un contrôle juridictionnel efficace des activités de cette dernière[794]. Sans être une solution forcée, le modèle français offrait des probabilités de succès en Afrique. Le développement et la transformation du service public sur cet espace constituent un champ d'analyse pertinent pour illustrer cette affirmation.

Avant les années d'ouverture démocratique des États africains, le service public était fortement politisé de sorte à minimiser le rôle de contrôle du juge administratif[795]. La redéfinition des traits fonctionnels de ce service davantage porté vers la satisfaction de l'intérêt général plutôt que les intérêts partisans, sous l'influence du renouveau démocratique africain, légitime la consécration d'un juge administratif autonome et spécialisé.

Envisagé d'un point de vue organique et fonctionnel, le service public renvoie, à la fois, à un organisme et à une activité. C'est son aspect fonctionnel appréhendé comme une activité d'intérêt public assurée ou assumée par une personne publique[796] qui interessera la démonstration. Même si l'exécution du service public n'impose pas

---

[793] LAMPUE (P.), « La justice administrative dans les Etats d'Afrique francophone », *R.JPIC*, 1965, p. 7.

[794] CABANIS (A.), « La lutte juridictionnelle contre la corruption : la plce de la justice administrative », *in* SY (D.), FALL (A.B.), *Les nouvelles tendances du droit administratif en Afrique*, *op. cit.*, p. 113.

[795] COULIBALEY (D.B.), « Sur le service public en Afrique : déclin et utilité d'une institution », *op. cit.*, p. 149. 1999, Lomé, p. 148. Pp. 165-191

[796] CHAPUS (R.), *Droit administratif général*, tome 1, Paris, Montchrestien, 15e éd., 2008, p. 579.

nécessairement la consécration de la dualité juridictionnelle, la quasi-disparition du service public dont il convient de rappeler l'étendue a faiblement posé la nécessité d'installer le modèle de justice administrative autonome.

La quasi-disparition qu'on qualifierait de traditionnelle en ce qu'elle reflétait la pratique des États africains subsahariens francophones se percevait sous deux aspects : « *l'absence d'une véritable politique de relations publiques* »[797] et l'opposition réelle entre l'intérêt partisan et l'intérêt général[798].

Les lacunes de la gouvernance dont souffraient les États africains[799] étaient défavorables au discours sur une éventuelle consécration d'une justice administrative autonome. En effet, cette politique impactait les relations entre les Administrations et les populations africaines. Par effet de glissement, elle était traduite par les relations entre le service public et les usagers. Or celles-ci étaient fortement caractérisées par un formalisme sévère de sorte à considérer l'offre du service public en tant qu'une faveur faite à l'usager[800]. L'exigence de sa qualité devenait alors une question secondaire autant le déclin du service public semblait inexonéble sur le continent africain[801]. On s'est même interrogé sur la part de l'intérêt général dans l'exécution du service public en Afrique[802].

En outre, l'opposition entre l'intérêt partisan et l'intérêt général entrainait la naissance d'un « *service politique* »[803] exécuté à l'ombre

---

797 SENOU (J.I.), « Service public et puissance publique dans le néo-constitutionnalisme africain », *in* FALL (A.B.), SY (D.) (dir.), *Cinquante ans de droit public en Afrique*, Presses de l'Université Toulouse 1 Capitole, 2016, p. 65.
798 *Ibid.*, p. 69.
799 MBACKE (F.) et *al* (coord.), *Gouvernance et services publics. Pour ne pas renoncer au rêve du développement*, Cahier de propositions n° 2010-05, p. 9.
800 FALL (A.B.), « Le juge, le justiciable et les personnes publiques : pour une appréciation concrète de la place du juge du juge dans les systèmes politiques africaines », *Afrilex*, n° 3, 2003, p. 23.
801 COULIBALEY (B.D.), « Sur le service public en Afrique : déclin et utilité d'une institution », *Annales de la Faculté des Sciences Juridiques et Politiques de l'Université de Dschang*, t. 7, 2003, pp. 165-191 (p. 186).
802 YONABA (S.), « Que reste-t-il du concept « d'intérêt général » dans la vie politique et administrative sur le continent africain ? », *in* SY (D.), FALL (A.B.), *Cinquante ans de droit administratif en Afrique*, *op. cit.*, p. 94.
803 SENOU (J.I.), « Service public et puissance publique dans le néo-constitutionnalisme africain », *op. cit.*, p. 67. L'auteur entend par ''service politique'', la politisation du service public ainsi que le recrutement politiques des élites.

de la manifestation autoritaire de la puissance publique en Afrique[804]. Aussi a-t-on cru que l'ère de la démocratisation en Afrique entrainerait énergiquement une certaine neutralité du service public sur ce continent[805]. Plus clairement, l'Etat africain réservait un espace d'expression très réduit du service public. Il faut certainement etre conscient que « *le domaine du service public est contingent, variable ; il dépend de la volonté de l'Etat* »[806]. Le résultat finalement obtenu n'est pas loin de celui espéré et le développement d'un droit de service public protecteur des libertés individuelles et de l'intérêt général se met progressivement en place.

Les réformes administratives étaient suscitées par les Institutions Financières Internationales à partir de 1990. Certes, celles-ci ont entrainé un démantèlement de l'autoritarisme administratif et une tendance à la soumission de l'État au droit notamment en Afrique[807]. Mais la justice administrative autonome n'était pas un impératif de la conditionnalité de l'aide internationale. La prise en compte de sa nécessité se serait effectuée incidemment[808]. Les réformes administratives étant menées à l'aune des Programmes d'Ajustements Structuels qui visaient, entre autres, la réduction du poids ainsi que de la présence de l'Administration dans les différents secteurs d'activités. Une relation étroite était établie entre crise financière et insuffisance de réformes administratives en Afrique[809]. Il en découle que l'inexistence de l'initiative privée sur le continent imprime au service public « *un support organique de la puissance publique* »[810], un instrument

---

804 YONABA (S.), « Que reste-t-il du concept « d'intérêt général » dans la vie politique et administrative sur le continent africain ? », *op. cit.*, p. 96.

805 PEKASSA NDAM (G.M.), « La consolidation de l'idéologie libérale dans le domaine des services publiques au Cameroun », in ONDOA (M.), ABANE ENGOLO (P.E.), *Les fondements du droit administratif camerounais*, *op. cit.*, p. 165.

806 CHEVALLIER (J.), « Essai sur la notion juridique de service public ». Dispoinible à https://extra.u-picardie.fr/outilscurapp/medias/revues/7/chevallier.pdf.

807 DIOP (M.-C.) (dir.), *Gouverner le Sénégal. Entre ajustement structurel et développement durable*, Paris, Karthala, 2004, p. 53.

808 De GAUDUSSON (J.D.B.), « Variations sur le thème récurrent de la modernisation administrative en Afrique », in *Des liens et des droits*, Mélanges en l'honneur de Jean Pierre LABORDE, Paris, Dalloz, 2015, p. 99.

809 *Ibid.*

810 SOSSOU AHOUANKA (E.), « Réflexion sur la crise du service public », *RBSJS*, 2006, n° 16, p. 50.

liberticide[811], un frein au développement[812] voire « *un parfait modèle de contre-développement* »[813].

Le développement du droit du service public qui commanderait l'institution d'une justice administrative ne figurait point expressément dans les agendas des partenaires aux développements des États africains. Et ce, en dépit de ce qu'il était supposé que la bonne administration serait un aspect de la bonne gouvernance[814].

La question de la protection des libertés s'est posée lorsque la conditionnalité initialement économique s'est doublée d'une conditionnalité politique sous l'influence des mouvements des droits de l'homme. Ces conditionnalités n'ignoraient point l'impact de la pacification des relations entre l'Administration et les administrés dans la construction d'une économie basée sur le libre-échange, l'ouverture du marché et l'investissement privé. En d'autres termes, le triomphe de l'idéologie libérale occidentale pousse de plus en plus à soumettre les services publics aux règles de la concurrence, que ceux-ci soient administratifs ou industriels et commerciaux[815].

Ainsi, l'encadrement de l'interventionnisme de l'État, la fin de l'immunité administrative militaient en faveur d'un renforcement du contrôle juridictionnel de l'Administration. Les garanties qu'offre le système du juge administratif spécialisé, habile aux maniements de la technique et des règles du contentieux administratif favorisaient l'initiative d'importation du dualisme juridictionnel.

L'histoire de la dualité juridictionnelle a été marquée par celle du service public. L'exécution d'un service public n'a-t-elle pas induit l'application de règles dérogatoires au droit commun[816] ? Ce principe a même été posé sous l'unité juridictionnelle africaine par la chambre

---

[811] DEVOLVE (P.), « Service public et libertés publiques », *RFDA*, 1985, n° 1, p. 1.

[812] VIGNON (Y.B.), « Les aspects structurels de la maladministration au Togo », *Annales de l'Université du Bénin*, Lomé, T. XVII, 1997-1998, Lomé, p. 38.

[813] COULIBALEY (D.B.), « Sur le service public en Afrique : déclin et utilité d'une institution », *Annales de l'Université du Bénin*, Lomé, T. XVIII, 1999, Lomé, p. 148.

[814] La bonne gouvernance est caractérisée par « la manière dont le pouvoir est exercé dans la gestion des ressources économiques et sociales d'un pays en vue du développement. Cf. Banque mondiale, L'Etat dans le monde en mutation. Rapport sur le développement dans le monde, Washington DC, 1997.

[815] PEKASSA NDAM (G.M.), « La consolidation de l'idéologie libérale dans le domaine des services publiques au Cameroun », *op. cit.*, p. 166.

[816] BIAKAN (J.), « Le critère du service public en droit administratif camerounais », *in* ONDOA (M.), ABANE ENGOLO (P.E.) (dir.), *Les fondements du droit administratif camerounais*, Paris, L'Harmattan, 2016, p. 143.

administrative de la Cour suprême ivoirienne à travers la jurisprudence *Bac d'Eloka*[817]. Dans cet arrêt, le juge administratif ivoirien créait la distinction entre le service public administratif (SPA) et le service public industriel et commercial (SPIC)[818]. Si le service public recommande l'application du droit administratif, son développement exige une spécialisation plus affirmée du juge administratif et un renforcement de ses pouvoirs. Sans relancer le débat classique qui consistait à savoir lequel des critères de la puissance publique et du service public fonderait le droit administratif[819], le développement du service public renforce le rôle du juge administratif dans la protection des libertés et droits individuels.

Au plan interne comme au niveau international, il est désormais exigé une rationalisation du pouvoir exécutif africain. Son emprise sur l'Administration et l'immunité de cette dernière face au juge ont subi un recul. Le contexte était caractérisé par des bouleversements

---

[817] TC, 22 janvier 1921, *Société commerciale de l'Ouest africain*, n° 00706, Rec. Lebon.

[818] Le Tribunal des conflits détermine comme critères d'identification du SPIC, une activité exercée par un service public, soumise à une rémunération et ce *« dans les mêmes conditions qu'un industriel ordinaire »*, en dehors de la présence d'un ouvrage public ou d'un texte spécial accordant compétence au juge administratif.

[819] Voir à cet effet SENOU (J.I.), « Service public et puissance publique dans le néo-constitutionnalisme africain », in SY (D.), FALL (A.B.), *Cinquante ans de droit administratif en Afrique*, *op. cit.*, pp. 61-89. Aujourd'hui, on est passé de la systématisation des critères dégagés dans l'arrêt *Bac d'Eloka* par la décision du CE (France) Ass, 16 novembre 1956, Union syndicale des industries aéronautiques, CE, Ass., 16 novembre 1956, *Union syndicale des industries aéronautiques,* Rec. Lebon, p. 434 ; Dalloz, 1956, p. 759, concl. Laurent) basés sur l'objet du service (industriel et commercial), ses modalités de fonctionnements (proche d'un acteur économique privé) et le mode de financement (résultant en principe, en grande partie, sur l'usager du service) a une réduction des frontières de la distinction. La distinction établie entre SPIC et SPA n'est pas absolue. Pour preuve, certains domaines des services publics, en l'occurrence des SPIC, sont régis par le droit administratif. C'est le cas de la règlementation, de la police et du contrôle (TC, 16 octobre 2006, *Caisse centrale de réassurance c./ Mutuelle des architectes français*, n° 3506, Rec. Lebon, p. 640). Mieux, en règle générale, l'ensemble des domaines qui concernent la puissance publique restent soumis à la compétence du juge administratif. C'est qui justifie le fait qu'un SPIC ne peut être totalement exclu du droit public et donc réglé entièrement par le droit privé. A l'inverse cependant, les SPA exercent et ce bien avant l'avènement de l'arrêt *Bac d'Eloka*, une gestion privée de certaines activités propres à l'administration. Dans ces conditions, si la distinction demeure importante notamment pour déterminer le droit applicable, *a priori*, au service, elle ne doit pas cacher la dualité des droits convoqués et appliqués à un même service, indépendamment de sa nature, administrative ou industrielle et commerciale.

économiques et une forte exigence de transparence ainsi que de qualité dans la prestation du service public, y compris le service public de la justice[820]. Le service public faisant ainsi l'objet d'une approche managériale[821].

Le contexte postindépendance qui prétextait de la fragilité du nouvel État, de la volonté d'asseoir les bases de la nation autour du renforcement de l'autorité des pouvoirs politiques pour soustraire l'Administration d'un contrôle efficient du juge était dépassé[822]. Les règles du service public retirent, désormais, à l'action administrative une dose importante de l'arbitraire de la puissance publique. Les justiciables sont au cœur et à la finalité des actes administratifs tandis que le juge administratif en est un régulateur incontournable et indépendant.

Il s'agit de mettre fin au règne d'un « *droit administratif d'exception* »[823]. Le juge administratif africain devait être placé en posture d'assurer « *le respect par l'administration des règles de droit dont il a, désormais lui aussi, la maitrise* »[824]. Le rôle de ce dernier devient, de ce point de vue, très important[825]. Alors quel juge pourrait-il le mieux l'incarner ? Le juge issu du monisme juridictionnel avait déjà fait ses preuves qui restaient décevantes. Le regard projeté vers le Conseil d'État français montrait un juge qui, en dépit de la critique, avait réussi à asseoir une légitimité dans le sens de la protection des droits et libertés individuels. Il apparait alors compréhensible qu'en

---

[820] GADJI (Y.A.), « L'accès à la justice entre quête, requête et conquête : quelques observations sur un droit fondamental à valoriser en Côte d'Ivoire », *in* HOURQUEBIE (F.) (dir.), *Quel service public de la justice en Afrique francophone* ? Actes du colloque, Université Montesquieu Bordeaux IV, Bruxelles, Bruylant, 2013, pp. 95-121.

[821] SADDOUGUI (M.), « Les nouvelles tendances managériales des services publics au Maghreb : cas du Maroc et de la Tunisie », *in* SY (D.), FALL (A.B.) (dir.), *Les nouvelles tendances du droit administratif en Afrique*, Presses de l'Université Toulouse 1 Capitole, 2018, p. 60.

[822] MBONGO OTANDO (G.-G.), *Transition démocratique et juridictions de droit public*, Thèse de doctorat en Droit public, Université de Toulouse 1, 2003, p. 26.

[823] Expression empruntée de OWONA (J.), « L'institutionnalisation de la légalité d'exception dans le droit camerounais », *Revue camerounaise de droit*, n° 6, juillet-décembre, 1974, p. 116.

[824] GROS (M.), *Droit administratif. L'angle jurisprudentiel*, Paris, L'Harmattan, coll. « Logiques juridiques », 4e éd., 2012, p. 32.

[825] CABANIS (A.), « Polémiques en Afrique autour du système français de justice administrative », *in* FALL (A.B.), SY (D.) (dir.), *Cinquante ans de droit public en Afrique*, Presses de l'Université Toulouse 1 Capitole, 2016, p. 53.

Afrique subsaharienne francophone, l'on recoure à la dualité juridictionnelle dont l'un des fondements classiques demeure le service public et la distinction entre l'intérêt général et les intérêts particuliers. Ce phénomène globalement réel en Afrique subsaharienne francophone est particulièrement remarqué en droits ivoirien et sénégalais. De plus, rappelons que le développement du service public n'a pas nécessairement conduit à une imitation du dualisme français dans tous les Etats africains francophones.

Le sens de ce développement permet de souscrire à la logique de l'adaptation de la dualité juridictionnelle en Afrique francophone notamment en Côte d'Ivoire et au Sénégal. La mise en œuvre et la conception pratique des réformes permettent d'apprécier la justesse des transformations apportées au modèle référentiel. Mieux, elle renseigne sur la fidélité des réformateurs aux raisons qui ont guidé l'œuvre d'adaptation. En d'autres termes, elles témoignent du caractère opportuniste ou pas de l'œuvre d'adaptation.

SECTION II - UNE ADAPTATION DÉTOURNÉE DES OBJECTIFS POURSUIVIS

Les justifications soutenant les réformes de l'organisation juridictionnelle au Sénégal en 1992 et en Côte d'Ivoire en 2016 telles qu'elles viennent d'être exposées renseignent que les initiatives d'adaptation visaient le développement du contentieux administratif ainsi que l'encadrement efficace de l'action administrative. Pour répondre à ces demandes, la réforme sénégalaise de 1992 a effectué une évolution de l'organisation juridictionnelle vers le système dualiste français[826] tandis que la révision constitutionnelle ivoirienne ramenait la dualité théoriquement consacrée depuis 2000 vers l'unité juridictionnelle. La préoccupation demeure de savoir si ces adaptations ont pu répondre à la nécessité d'une efficacité de la justice

---

[826] MBODJ (E.H.), « Les incidences de la réforme de 1992 sur le contentieux administratif sénégalais », p.18, Disponible à https://sunulex.sn/mdocs-posts/reforme-judiciaire-de-1992-et-contentieux-administratif-par-e-h-mbodj/. Consulté le 05/06/2021 à 15h 03mn/

administrative ou plus précisément, et selon la volonté du constituant sénégalais, à l'impératif d'une spécialisation du juge administratif[827].

L'application des différentes réformes s'effectue en contradiction avec les objectifs que ces réformes étaient censées poursuivre. Les adaptations sénégalaise et ivoirienne quoique différentes présentaient un point commun qui contrariait l'opportunité des réformes : la fragilisation de l'ordre juridictionnel administratif (paragraphe 1er). La présence du Conseil d'État dans les paysages juridictionnels sénégalais et ivoirien ne garantissait donc pas la construction de cet ordre encore moins celle de l'unité du contentieux administratif dont une importante partie relevait de la compétence du juge judiciaire (paragraphe 2).

Paragraphe 1 - Un ordre juridictionnel administratif fragilisé

Bien qu'on ait pu affirmer que l'éclatement de la Cour suprême en Conseil Constitutionnel, Conseil d'État et Cour de cassation consacrait la résurrection du modèle français d'origine[828], les réformes judiciaires ivoiriennes de 2016 et sénégalaise de 1992 n'envisageaient pas nécessairement la construction d'un ordre administratif[829]. Mais, en rappelant qu'elles poursuivent l'objectif de la spécialisation du juge administratif indispensable à la complexité du contentieux administratif, les réformateurs convenaient ainsi que « *des juges spécialisés doivent être constitués en une juridiction particulière* »[830].

L'inexistence de juridictions administratives du fond et la spécialisation imparfaite au niveau de la juridiction administrative suprême résultant de l'initiative sénégalaise d'une part, la supplantation du Conseil d'État et de la Cour de cassation par la Cour suprême en Côte d'Ivoire d'autre part, démontre la fragilité de l'ordre juridictionnel administratif et de la spécialisation des juges. Cette fragilité touche aussi bien les juridictions du fond que la juridiction administrative suprême.

---

827 MBACKE (M.M.), « Réforme de la justice : le Conseil d'Etat », *EDJA*, n° 20, juin 1992, p. 17.

828 *Ibid.*

829 MAMBO (P), « Le système juridictionnel ivoirien à la lumière de la Constitution révisée », in FALL (I.M.) (dir), *Théories et Contentieux constitutionnels en Afrique*, Mélanges en l'honneur du Professeur El Hadj MBODJ, Dakar, L'Harmattan, 2022, p. 731.

830 Comme l'exprimait déjà BENOIT (F.-P.), « Juridiction judiciaire et juridiction administrative », *JCP*, 1964, I – 1838.

SYSTÈME JUDICIAIRE DU SÉNÉGAL EN 1992

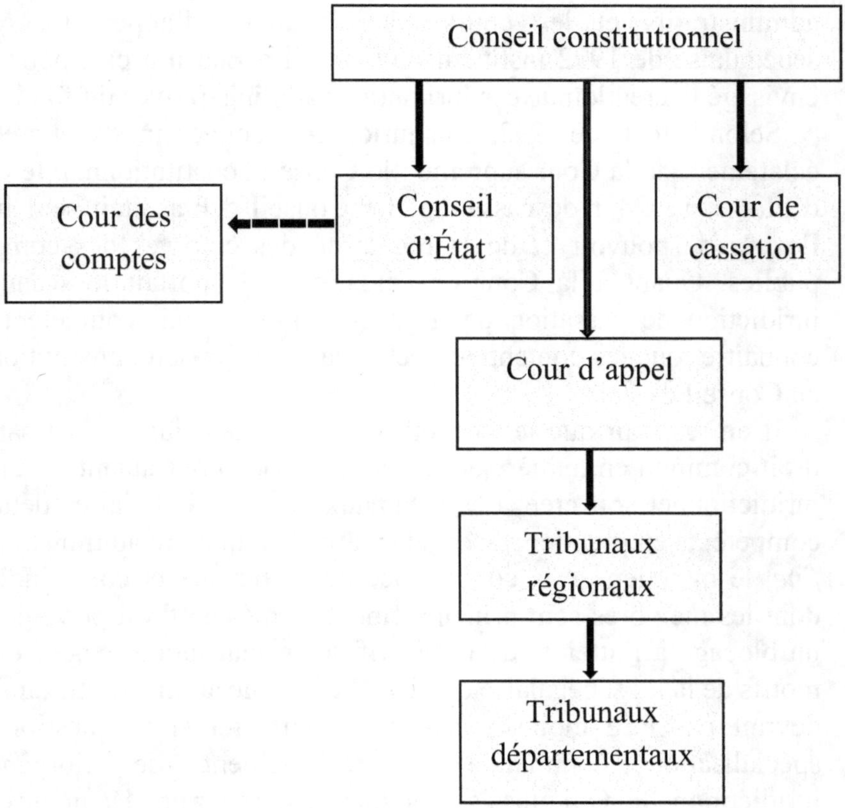

L'ordre administratif se définit comme l' « *Ensemble des juridictions compétentes pour connaitre des litiges dans lesquels l'administration est impliquée* »[831]. Cette définition proposée par Rémy CABRILLAC peut être améliorée. La constitution d'un ordre juridictionnel induit le respect de conditions organiques et substantielles. D'un point de vue organique, elle impose la création d'un ensemble de juridictions unies par leur domaine de compétence. Substantiellement, ces juridictions devraient être hiérarchiquement structurées afin que les juridictions du fond, placées à la base de la pyramide, soient coiffées par une juridiction suprême. La condition substantielle commande également que l'ensemble des juridictions ainsi distinguées soit autonome des autres ordres existants.

831 CABRILLAC (R.) (dir.), *Dictionnaire du vocabulaire juridique 2021*, 12e éd., Paris, LexisNexis, p. 384.

Vu sous cet angle, les juridictions du fond situées à la base de la pyramide de l'ordre juridictionnel administratif sont les tribunaux administratifs et les cours administratives d'appel. La réforme sénégalaise de 1992 instituant le Conseil d'État n'a pas, pour autant, envisagé la création de ces juridictions administratives du fond.

Selon le texte de 1992, trois juridictions souveraines sont créées par éclatement de la Cour suprême : le Conseil constitutionnel, le Conseil d'État et la Cour de cassation. Le Conseil d'État était seul juge de l'excès de pouvoir et de la régularité des comptes des comptables publics. Quant à la Cour de cassation, elle portait le sceau de la juridiction de cassation de droit commun et était compétente pour connaitre tous les contentieux échappant au Conseil constitutionnel et au Conseil d'État.

Il en résultait que le Conseil d'État devenait juge de cassation de droit commun en matière administrative sans pour autant qu'un ordre juridictionnel soit créé. Les tribunaux et cours judiciaires demeurant compétents en premier ressort et en appel en matière administrative. *In fine*, le maintien de la compétence des tribunaux et cours judiciaires dont les membres sont principalement formés au droit privé constitue un blocage à l'atteinte de l'objectif de spécialisation exposé dans les motifs de la loi sénégalaise de 1992[832]. Le juge administratif du fond ne devrait pas être moins considéré comme tel si la question de la spécialisation commande le réajustement de l'organisation juridictionnelle. Qui plus est, comment envisager une Haute juridiction administrative indépendante, créer un pôle de compétences en droit administratif autour d'elle, comme le prévoyait le constituant sénégalais[833], sans construire des juridictions du fond qui lui seraient soumises ?

Le système juridictionnel institué se plaçait ainsi à mi-parcours entre unité et dualité juridictionnelle. Autrement dit, la réforme sénégalaise consacrait une dualité au sommet et une unité à la base. Ce seul état de fait ne désavouait pas les réformateurs qui semblaient privilégier la spécialisation des juges ; et ce pour la simple raison que cette spécialisation peut être opérée au sein du monisme juridictionnel. L'incohérence de la structure pyramidale à « *caractère mixte mi-*

---

832 Exposé des motifs de la loi n° 92-22 du 30 mai 1992 portant révision de la constitution, JORS du 1er juin 1992, p. 238.

833 Article 2 de la loi n° 92-22 du 30 mai 1992 portant révision de la Constitution précitée.

moniste, mi- dualiste »[834] engendrée par l'initiative d'adaptation de la dualité ou de l'unité juridictionnelle se dévoile surtout au niveau de l'absence de spécialisation des juges administratifs de fond, par ailleurs, juges de droit commun en matière administrative. On le voit, les réformateurs sénégalais se seraient retrouvés dans le dilemme du choix entre l'efficacité dans la simplicité que procurent l'unité juridictionnelle et l'efficacité assortie d'une certaine complexité qui découle de la dualité juridictionnelle[835].

Pourtant, il semblait juste de penser qu'avec la création de trois juridictions suprêmes et autonomes le constituant sénégalais considérait la complexité et la spécificité des problèmes juridiques en général et du contentieux administratif en particulier. Néanmoins, le carburant devant alimenter le moteur de cette prise en compte du problème qui est la spécialisation manquait au réservoir. Qu'on soit partisan du monisme ou de dualisme juridictionnel, on ne peut nier que la non-spécialisation constitue l'une des causes de la banalisation du droit administratif et une faiblesse de l'office du juge africain[836]. Les réformateurs sénégalais n'avaient-ils pas reconnu que la spécialisation « *n'est pas un simple choix d'opportunité ; elle est devenue un impératif pour la sauvegarde de l'institution judiciaire ?* »[837].

Il est, dès lors, curieux de constater que la spécialisation n'ait pas été totalement consacrée dans la mise en œuvre de la réforme. Plusieurs raisons peuvent expliquer ce divorce entre les volontés exprimées et le modèle créé. On peut rappeler notamment la disharmonie concernant les réformes institutionnelles, la dissonance des discours portant et supportant ces réformes[838] de même que « *l'exclusion des principaux acteurs du système judiciaire* »[839] à l'élaboration de la réforme. Ce déficit de spécialisation n'est pas seulement observable au niveau des juridictions du fond. Il s'est déployé, sous une autre forme, au sommet

---

[834] TRA BI (T.B.E.), *Le juge de l'Administration en Côte d'Ivoire et au Sénégal*, *op. cit.*, p. 242.

[835] Selon l'approche de BENOIT (F.-P.), « Juridiction judiciaire et juridiction administrative », précité.

[836] DARBON (D.), « Le juge africain et son miroir : la glace déformante du transfert de jurisprudence en Afrique », Afrique contemporaine, n° 156, vol. 4, 1990, p. 246.

[837] Exposé des motifs de la loi n° 92-22 du 30 mai 1992 portant révision de la constitution, *op. cit.,* 1992, p. 238.

[838] SECK (P.O.) et al., *La modernisation de la justice au Sénégal : une perception manifeste*, Dakar, Editions Librairie Juridique Africaine ELJA, 2017, p. 265.

[839] MBODJ (E.H.), « Les incidences de la réforme judiciaire du 30 mai 1992 sur le contentieux administratif sénégalais », *op. cit.*, p. 20.

de la pyramide de sorte à constituer un aspect de la fragilisation de l'ordre administratif à partir du Conseil d'État.

L'importance du Conseil d'État dans la construction ou la consolidation de l'ordre administratif voire de l'unité de la jurisprudence administrative a été démontrée dans le titre précédent. Elle demeure tant que l'organisation juridictionnelle plaçant le Conseil d'État au sommet de la pyramide des juridictions administratives vise à préserver la spécialisation des juges. Il importe peu alors qu'on soit dans un système de dualité au sommet et d'unité à la base tel qu'installé au Sénégal ou dans la logique d'une dualité intégrale telle que soupçonnée par la réforme ivoirienne de 2016. Consacré dans tous ces cas comme le juge de cassation en matière administrative, la suprématie du Conseil d'État sur les autres juridictions administratives ne devrait pas être contestée, altérée. C'est dire que le Conseil d'État doit, dans ses compétences, ses attributions et son fonctionnement, bénéficier d'une légitimité qui consolide la place de juridiction administrative suprême à lui dévolue par les textes. Agir autrement constituerait une « *ambiguïté* » des textes[840] qui visent à positionner le Conseil d'État au cœur de la modernisation de la justice et de l'Etat de droit[841].

La suprématie du Conseil d'État lui procure une indépendance à la fois organique et matérielle à l'égard des autres juridictions suprêmes. Le premier aspect de cette indépendance commande qu'aucune juridiction ne soit directement fixée au-dessus du Conseil d'État au sein de l'ordre administratif. Quant au second, il exige que la juridiction administrative suprême jouisse de la compétence incontestée en cassation en matière administrative. Il y va de l'intérêt d'une unité et d'une cohérence de la jurisprudence administrative. Ces stipulations sont contrariées par les réformes ivoirienne et sénégalaise. D'une part l'article 147 de la Constitution de Côte d'Ivoire de 2016 place la Cour suprême au-dessus de la Cour de cassation et du Conseil d'État. On en déduit une contrariété de la suprématie du Conseil d'État. Le tableau suivant tend à simplifier la compréhension de l'organisation juridictionnelle ivoirienne prévue en 2016.

---

[840] SECK (P.O.) et *al.*, *La modernisation de la justice au Sénégal : une perception manifeste,* Dakar, *op. cit.*, p. 32.

[841] Selon les propres termes de l'exposé des motifs de la loi n° 92-22 du 30 mai portant révision de la Constitution précitée.

Organisation juridictionnelle consacrée par la Constitution ivoirienne de 2016[842]

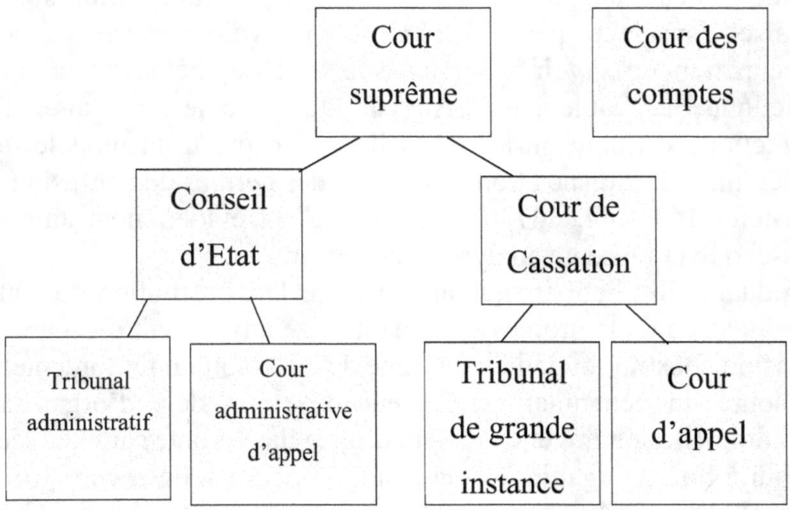

NB :

- La Cour suprême et la Cour des comptes sont deux institutions juridictionnelles représentatives du pouvoir judiciaire (art. 144). La Cour suprême est par ailleurs juge des conflits de compétences entre le Conseil d'Etat et la Cour de cassation (art. 147).
- Le Conseil d'Etat et la Cour de cassation sont surplantés par la Cour suprême (art. 145) alors que la Cour de cassation est perçue comme la plus haute juridiction de l'ordre judiciaire (art. 148), et le Conseil d'Etat est considéré comme la plus haute juridiction de l'ordre administratif.

Modèle *sui generis* ou organisation juridictionnelle inspirée de la dualité juridictionnelle malgache[843], le système juridictionnel institué par la Constitution ivoirienne de 2016 n'a pas vécu longtemps. Mais il

[842] Figure proposée par nos soins.

[843] Sur le système malgache de dualité juridictionnelle, lire RAKOTOMALALA (T.A.), *La dualité juridictionnelle en Afrique subsaharienne : cas de Madagascar*, Mémoire de Master « Administration publique », Université de Strasbourg, 2013-2014, 84 p.

a cristallisé en certains de ces points les réflexions doctrinales[844]. Sa nature, comme précédemment évoquée, constitue l'un des foyers d'achoppements. Ce sont surtout le positionnement dans la pyramide et les attributions du Conseil d'État qui alimentaient les doutes relatifs à la nature du système juridictionnel prévu. S'il paraissait évident que le système prévu était une adaptation de la dualité juridictionnelle française consacrée par la Constitution ivoirienne de 2000, la préoccupation de savoir s'il s'agissait tout de même de la dualité juridictionnelle faiblement distincte du modèle français, d'une résurrection de l'unité juridictionnelle ou encore d'un modèle mixte était légitime. Les dispositions porteuses des germes de confusion sont les articles 143, 144, 147, 148 et 149. C'est évidemment autour de celles-ci que la présente analyse se construira.

La dualité juridictionnelle annoncée par la Constitution de 2000 et restée au stade de la promesse pendant seize ans laissait d'espérer que la révision constitutionnelle ivoirienne de 2016 soit un renforcement de la volonté du constituant en faveur de ce modèle d'organisation juridictionnelle soit un renoncement d'une telle volonté caractérisée par le retour à l'unité organique et la dualité fonctionnelle encore présente de fait. L'article 149 sus-indiqué disposait ce qui suit : « *Le Conseil d'État est la plus haute juridiction de l'ordre administratif. Il statue souverainement sur les décisions rendues en dernier ressort par les tribunaux administratifs et par les juridictions administratives spécialisées en matière de contentieux administratif* ». Le constituant renchérit : « *Le Conseil d'État connaît en premier et en dernier ressort des recours en annulation des actes des autorités administratives centrales et des organismes ayant une compétence nationale. Il exerce en outre une fonction consultative* ». Il n'était donc pas erroné de croire que le constituant ivoirien de 2016 entendait confirmer son adhésion au modèle dualiste exprimée en 2000. D'autant plus qu'il était parallèlement prévu, selon les termes de l'article 148, que la Cour de cassation soit la plus haute juridiction de l'ordre judiciaire[845].

---

[844] En l'occurrence N'DRI THEOUA (P.), *La réforme de l'organisation juridictionnelle en Côte d'Ivoire : bilan, défis et perspectives*, Journée d'étude sur l'organisation judiciaire par le Centre de Recherche et d'Etude sur le Droit et les Finances Publiques, Université Alassane Ouattara de Bouaké, organisée le 21 août 2020. Voir, pour plus précision, les communications de DOSSO (K.) et DOUMBIA (A.), « La création d'un Tribunal de conflits ou la fin d'une anomalie juridique ? ».

[845] L'article 148 de la Constitution ivoirienne de 2016 disposait expressément que « *La Cour de cassation est la plus haute juridiction de l'ordre judiciaire. Elle statue*

Toutefois, cette perception pourtant logique sera brouillée à la lecture de l'article 143 de laquelle on retient que les juridictions investies à rendre la justice sur le territoire national ivoirien étaient la Cour suprême, la Cour des comptes, les Cours d'appel, les tribunaux de Première instance, les tribunaux administratifs et les Chambres régionales des Comptes. L'absence de cette liste du Conseil d'État et de la Cour de cassation laisse l'observateur perplexe. La non-évocation du Conseil constitutionnel n'apporte point une réponse rassurante en ce que celui-ci fait l'objet d'un chapitre distinct et séparé[846] du chapitre dédié au pouvoir judiciaire auquel sont rattachés le Conseil d'État et la Cour suprême. Certainement, il ne s'agit guère là d'un oubli du constituant ivoirien dont la démarche est plus lisible à l'analyse de l'article 147.

Il résulte de cette disposition que « *(...) La Cour suprême comprend : la Cour de cassation ; le Conseil d'État ...* ». L'évocation de la Cour suprême emporte celle des juridictions qui la composent notamment la Cour de cassation et le Conseil d'État. Dès lors, un problème plus sérieux s'est révélé : la Cour suprême est une juridiction simultanément interne à l'ordre administratif et à l'ordre judiciaire. Mieux, « *un lien ombilical* »[847] dans lequel la Cour suprême occupait une position dominante était établi entre elle et le Conseil d'État. Ce faisant, on pouvait douter si le Conseil d'État était véritablement *« la plus haute juridiction de l'ordre administratif »* tel que disposé à l'article 149 susvisé. Il est évident que la superposition opérée à l'article 147 place la Cour suprême au-dessus du Conseil d'État et de la Cour de cassation.

Par ailleurs, la fragilisation de la suprématie du Conseil d'État est insidieusement actée dans l'œuvre du constituant ivoirien d'où il ressort que « *La Cour suprême et la Cour des comptes sont les deux institutions juridictionnelles représentatives du pouvoir judiciaire* »[848]. Cet article 144 serait le fondement d'une dualité juridictionnelle atypique structurée autour des deux juridictions suprêmes que seraient la Cour

---

souverainement sur les recours en cassation contre les décisions rendues en dernier ressort par les Cours et tribunaux de l'ordre judiciaire ».

[846] Voir Titre VIII, article 126 de la Constitution ivoirienne de 2016.

[847] DOSSO (K.), DOUMBIA (A.), « La création du tribunal des conflits ou la fin d'une anomalie juridique », *in* THEOUA-N'DRI (P.) (dir.), *La réforme de l'organisation juridictionnelle en Côte d'Ivoire : bilan, enjeux et perspectives*, p. 51. Actes de la journée d'étude du 21 aout 2020, organisé par le Centre de Recherches et d'Etude sur le Droit et les Finances Publiques (CREDFIP), 21 aout 2020, Université Alassane Ouattara, Konrad Adenauer Stiftung, novembre 2021, p. 51,

[848] Cf. article 144 de la Constitution ivoirienne de 2016 précitée.

suprême et la Cour des comptes. Un tel postulat contredit la volonté clairement exprimée par le constituant ivoirien de 2016. Cette volonté, il faut le rappeler, laissait entendre que la Cour de cassation et le Conseil d'État sont respectivement les juridictions suprêmes de l'ordre judiciaire et de l'ordre administratif[849]. Qui plus est, la juridiction financière n'était aucunement construite en ordre juridictionnel tant était-il que le constituant n'envisageait, même à long terme, la création de juridictions financières du fond spécialisées. La Cour des comptes demeurait la seule juridiction compétente pour contrôler les comptes publics[850].

Suivant une approche plus raisonnable, le modèle ivoirien de 2016 a été qualifié de dualité juridictionnelle en ce qu'il serait proche du système dualiste français. La Cour suprême ayant reçu les attributions d'une véritable juridiction des conflits. Il suffit de recourir encore à l'article 147 de la loi fondamentale ivoirienne pour s'en convaincre : « *La Cour suprême veille à l'application de la loi par les juridictions de l'ordre judiciaire et de l'ordre administratif. Elle règle les conflits de compétence entre les juridictions des deux ordres…* » Soutenant même ce postulat, la complexité de l'œuvre de qualification du modèle juridictionnel ivoirien de 2016 n'en était pas moins allégée. Il restait incongru de considérer la Cour suprême comme une juridiction intégrée aussi bien à l'ordre administratif qu'à l'ordre judiciaire tout en lui attribuant une fonction de tribunal des conflits. D'ailleurs, des auteurs ont plutôt postulé pour la qualification d'une organisation juridictionnelle mixte[851].

Quelle que soit la qualification retenue, l'ordre juridictionnel administratif en sort effrité en raison de la fragilisation de la place accordée au Conseil d'État. De ce fait, on a déploré « *une anomalie juridique* »[852] dans la réforme ivoirienne perçue comme une tentative

---

849 *Ibid.*, art. 148 et 149.

850 Aux termes de l'article 152 de la constitution ivoirienne, il est question « des comptes des services de l'Etat, des Etablissements publics nationaux, des collectivités territoriales, des Autorités administratives indépendantes et de tout organisme bénéficiant du concours financier de l'Etat ou d'une autre personne morale de droit public ainsi que de tout organisme bénéficiant du concours financier des entreprises publiques et de leurs filiales ».

851 BLEOU (M.D.), « La création du droit par le juge administratif », *in Jurisprudence comme outil : expériences ivoiriennes et internationales*, Colloque international, Université Alassane Ouattara et Université de Lille, Bouaké, 22-23 mai 2018, p. 2.

852 DOSSO (K), DOUMBIA (A.), « La création d'un Tribunal de conflits ou la fin d'une anomalie juridique ? », précité.

d'adaptation de la dualité française. Certes, en l'espèce, la contrariété de la suprématie du Conseil d'État est accompagnée de celle de la Cour de cassation et emporte la fragilisation des ordres administratif et judiciaire.

Cependant, il n'en est pas toujours ainsi. La contestation de la suprématie du Conseil d'État peut provenir d'un étiolement de son domaine de compétence en faveur de la Cour de cassation. En ce cas, est encore remise en cause la question de la spécialisation des juges. Au Sénégal, cette pratique de spécialisation imparfaite des juridictions suprêmes ou des juridictions administrative et judiciaire a été expérimentée à travers la mise en œuvre de la réforme de 1992.

Paragraphe 2 - Une spécialisation des ordres juridictionnels perturbée

La qualification des modèles produits par les réformes sénégalaise et ivoirienne a pu nourrir des controverses soit sur la nature de ces modèles soit sur la volonté réelle de leurs initiateurs. Mais, dans chacun de ces Etats, une certitude manifestement exprimée ne laisse de place à aucun débat. C'est l'objectif de la spécialisation au sommet de l'organisation juridictionnelle. Cependant, contrairement à l'exemple ivoirien dans lequel la spécialisation du Conseil d'État et celle de la Cour de cassation étaient théoriquement assurées, la mise en œuvre de la réforme sénégalaise a entrainé une imperfection de la spécialisation au sommet.

Ce dévoiement de la volonté du constituant trouve son origine dans l'ignorance de la loi n° 84-19 du 2 février 1984 qui « *fixe la philosophie du système judiciaire sénégalais* »[853]. Plus concrètement, une juxtaposition imparfaite des lois n° 92-24 du 30 mai 1992 relative au Conseil d'État, n° 92-25 du 30 mai 1992 sur la Cour de cassation et la loi n° 84-19 du 2 février 1984 avait induit une compétence de droit commun en matière administrative de la Cour de cassation, parallèlement à un partage de compétences opéré entre le Conseil d'État et la juridiction judiciaire de fond.

Sans l'abroger, la réforme sénégalaise de 1992 a semblé ignorer la loi n° 84-19 du 2 février 1984 fixant l'organisation judiciaire[854]. Celle-là a intégré l'arsenal juridique auprès de celle-ci en méprisant l'impact

---

[853] MBODJ (E.H.), « Les incidences de la réforme judiciaire du 30 mai 1992 sur le contentieux administratif sénégalais », *op. cit*, p. 25.

[854] Loi n° 84-19 du 2 février 1984, JORS, 3 mars 1984, p. 124.

de la cohabitation des deux textes sur les résultats attendus de la réforme de 1992[855]. La lecture croisée des lois de 1992 et de 1984 relatives à l'organisation judiciaire témoigne d'une dichotomie entre la norme fondatrice et la nouvelle norme. On y découvre la compétence initialement exclusive du juge judiciaire suprême en matière de responsabilité administrative dont la découverte, comme par surprise, a commandé des mesures correctrices peu pertinentes.

Il faut d'emblée préciser que le Conseil d'État sénégalais était compétent en cassation de plein contentieux contre les décisions des organismes administratifs à caractère juridictionnel[856]. Mais cette compétence « *résiduelle* »[857] ne parvenait à masquer l'emprise de la Cour de cassation sur les recours en cassation formés contre les décisions des juridictions classiques en matière de plein contentieux. De façon pratique, cette superposition mal agencée des compétences des juridictions suprêmes aboutissait à la formation de « *germes d'une jurisprudence parallèle entre les arrêts rendus par le juge résiduel qui est le spécialiste des questions de droit public et le juge de droit commun qui dispose d'une compétence générale...* »[858].

La loi n° 84-19 du 2 février fixant l'organisation judiciaire fondait la compétence des tribunaux régionaux sur l'ensemble du contentieux administratif et fiscal à l'exception du recours pour excès de pouvoir, des recours en matière électorale et des matières qui ressortirent de la compétence des tribunaux départementaux[859]. L'appel des jugements rendus par les tribunaux régionaux était du ressort de la Cour d'appel judiciaire tandis que le recours en cassation relevait de la compétence de la Première Chambre de la Cour suprême spécialisée en contentieux

---

[855] Il est incontestable que l'intégration d'une nouvelle norme à l'arsenal juridique existant impose aussi bien en droit interne qu'en droit international, au préalable, de s'assurer de l'harmonisation des textes. Ou bien la nouvelle norme est fabriquée, réajustée, réceptionnée[855] en fonction des textes existants ou bien ceux-ci sont modifiés, suspendus voire supprimés pour permettre l'application de celle-là. L'objectif est de préserver la sécurité juridique et d'éviter une cohabitation toxique des normes. La réforme sénégalaise de 1992 a littéralement ignoré ces préalables.

[856] Article 1er de la loi n° 92-24 du 30 mai 1992 relative au Conseil d'Etat.

[857] MBODJ (E.H.), « Les incidences de la réforme judiciaire du 30 mai 1992 sur le contentieux administratif sénégalais », *Droit sénégalais, Revue de l'Association sénégalaise de Droit Pénal*, n° 2, juillet-décembre, 1995, p. 31.

[858] *Ibid.*

[859] Certes l'article 3 de la loi du 2 février 1984 énumère les domaines des compétences du juge régional en laissant ainsi supposer une compétence attributive de ce juge. Mais l'étendue et la généralité des matières à lui dévolu faisaient du juge régional un juge de droit commun.

privé. La loi n° 92-25 du 30 mai 1992 relative à la Cour de cassation a simplement substitué la Cour de cassation à ladite chambre.

Alors qu'elle était pressentie pour être une juridiction fortement qualifiée dans le contentieux de droit privé[860], la Cour de cassation a été investie en tant que juridiction de cassation de droit commun en dehors des compétences dévolues au Conseil d'État et au Conseil constitutionnel. À cet effet, elle était structurée en trois chambres dénommées respectivement Première, Deuxième et Troisième Chambre[861] et était chargée de réguler l'activité des tribunaux et cours ; de se prononcer sur les contrariétés de jugements rendus en dernier ressort contre les parties ; de statuer sur les demandes en révision, de renvoi d'une juridiction à une autre, les règlements du juge entre juridictions. C'est dire que, d'un point de vue substantiel, la Cour de cassation était la juridiction suprême spécialisée en droit privé. Sa structuration ou composition n'en était pas moins indicatrice de ce fait. La Première Chambre connaissait des pourvois en matière pénale ; la Deuxième Chambre connaissait des pourvois en cassation relatifs aux arrêts ou aux jugements rendus en dernier ressort des contentieux civils et commerciaux ; la Troisième Chambre était compétente en matière sociale.

Certes l'attribution du contentieux des affaires sociales à la Cour de cassation consacrerait une ''immixtion'' du juge de droit privé dans un domaine qui devrait ressortir de la compétence du juge suprême spécialisé en matière administrative. En effet, selon l'ancienne ordonnance n° 60-17 du 3 septembre 1960 relative à la Cour suprême[862], la deuxième section de cette dernière de laquelle est issu le Conseil d'État était le juge des affaires sociales.

D'un point de vue structurel et matériel, la loi relative à la Cour de cassation ne fondait pas expressément la Cour de cassation à jouir d'une compétence en matière administrative. La volonté de la spécialisation des juridictions suprêmes paraissait préservée. D'où pourrait alors provenir l'idée selon laquelle la Cour de cassation exercerait une compétence exclusive en contentieux de la responsabilité administrative ?

---

[860] Exposé des motifs de la loi n° 92-22 du 30 mai 1992 portant révision de la Constitution.

[861] Article 2 de la loi n° 92-25 relative à la Cour de cassation.

[862] Ordonnance n°60-17 du 3 septembre 1960 relative à la Cour suprême du Sénégal, JORS, 19 novembre 1960, p. 950.

Le fondement de la compétence de plein contentieux de la juridiction administrative spécialisée en droit privé est bien curieux et paradoxal. C'est, en effet, dans la loi n° 92-25 du 30 mai 1992 relative à la Cour de cassation que l'on découvre une telle compétence. L'article 1er de cette loi disposait que « *sous réserve des compétences attribuées au Conseil d'État, la Cour de cassation se prononce sur les pourvois en cassation pour incompétence, violation de la loi ou de la coutume dirigés contre les arrêts et jugements rendus en dernier ressort par toutes les juridictions* »[863]. Ce qui revenait à explorer le domaine de compétence du Conseil d'État d'après la loi susvisée. Il en ressortit qu'aucune des dispositions de celle-ci ne consacrait la compétence du Conseil d'État sénégalais en matière de responsabilité administrative, pour les litiges nés des relations de travail entre l'Administration et les fonctionnaires ainsi que les litiges domaniaux.

Entendu qu'aux termes de la loi du 2 février 1984 sur l'organisation judiciaire, le Tribunal régional était compétent à connaître des litiges nés des rapports entre l'Administration et les administrés[864] d'une part, que la Cour d'appel en était au second degré d'autre part, le juge de cassation de la responsabilité administrative se découvre en la juridiction placée au sommet de ces juridictions du fond. Raisonnement déductif logique, mais solution résultante contestable.

La critique de la solution fondant la compétence exclusive de la Cour de cassation dans la mise en jeu de la responsabilité administrative peut être formulée en interrogeant les causes d'un tel aménagement de même qu'en observant ses conséquences sur l'objectif recherché par la réforme sénégalaise.

La principale raison du chevauchement des textes régissant l'organisation juridictionnelle sénégalaise est « *la conjonction de nombreuses dispositions qui n'ont pas été tenues en compte dans la rédaction du texte de l'organisation* »[865]. Cette carence a pu créer une contradiction entre l'agencement des textes et la satisfaction de leur application. Les réformateurs sénégalais ont donné l' air d'ignorer que le système juridique est un ensemble qui nécessite que chaque pièce, chaque maillon organique ou normatif insère et se stabilise à un niveau qui assure l'équilibre de l'ensemble.

---

[863] JORS, 1er juin 1992, p. 249.

[864] Article 3 de la loi du 2 février 1984 précitée.

[865] MBODJ (E.H.), « Les incidences de la réforme judiciaire du 30 mai 1992 sur le contentieux administratif sénégalais », *op. cit.*, p. 26.

Le recours au droit comparé fournit un autre argument explicatif. On estime que le comportement de l'Administration similaire à celui du particulier à travers la gestion d'un service public industriel et commercial ou le recours aux contrats est gouverné par le droit privé. Dès lors, on devrait « *soumettre le contentieux de la légalité au juge administratif alors que le recours de plein contentieux en matière contractuelle et en matière quasi délictuelle relève du juge judiciaire* »[866]. Affirmé autrement, seuls l'intérêt général et l'exercice de prérogatives de puissance publique justifieraient la compétence du juge administratif. Cette conception du contentieux administratif fonde le système mixte d'organisation juridictionnelle en vigueur notamment la Finlande, l'Allemagne, l'Italie, le Luxembourg et les Pays-Bas.

Elle figurait, par ailleurs, dans le rapport du Sénat français rendu public juste un mois après l'adoption de la loi sénégalaise de 1992. Le Sénat français proposait en effet « *un transfert du contentieux indemnitaire au juge de droit commun* »[867]. Coïncidence ? Influence ? Malgré tout, le constituant sénégalais et le Sénat français semblaient avoir été motivés par des raisons identiques. Il s'agissait aussi de simplifier les règles de détermination du juge compétent en matière administrative[868] et de garantir la réparation efficace des dommages causés par l'Administration[869].

Mais cette solution regorge des difficultés. C'est le cas lorsque la responsabilité de l'État ne provient pas d'un acte matériel, mais plutôt d'un acte illégal[870]. De plus, elle contrastait avec la volonté du constituant sénégalais de parvenir à l'efficacité de la justice à travers la spécialisation des juridictions suprêmes. Ainsi, l'objectif de la spécialisation poursuivi par la réforme sénégalaise de 1992 est apparu

---

866 LEMASURIER (J.), *Le contentieux administratif en droit comparé, op., cit.*, p. 6.

867 ARTHUIS (J.) (rapporteur, SENAT, Rapport de la commission d'enquête chargée de recueillir tous éléments d'information sur le fonctionnement des juridictions de l'ordre administratif et l'exécution de leurs décisions ainsi que sur les services chargés du contentieux administratif dans les administrations publiques, créée en vertu d'une résolution adoptée par le Sénat le 10 décembre 1991, 219 p.

868 *Ibid.*, p. 146.

869 *Ibid.*, p. 149.

870 FANDJIP (O.), « La nature du système de contrôle juridictionnel de l'administration en droit camerounais : un système dualiste à tendance dualiste ? », *La Revue du Centre Michel de l'Hospital - édition électronique*, 2021, p. 31. Disponible à https://hal.uca.fr/hal-03206460/document. Consulté le 00h 15mn.

« *inachevé* »[871] en ce sens qu'un volume important du contentieux administratif échappe à la compétence du juge administratif spécialisé.

Un regard rétrospectif et incisif jeté sur le fonctionnement interne de la Cour de cassation et sur le profil des magistrats qui composaient ses différentes chambres prouvait que « *la spécialisation n'était pas un souci majeur* »[872] au stade d'application de la réforme sénégalaise de 1992. Des magistrats pouvaient être déplacés d'une chambre à une autre. Plus concrètement, « *Des pénalistes de carrière se sont retrouvés à la chambre sociale et vice-versa* »[873]. Pis, « *Des magistrats en détachement hors du champ judiciaire pendant plus de vingt ans y ont atterri* »[874].

Réagissant à pareille forme de spécialisation inversée qu'il semblait découvrir par surprise, le constituant sénégalais adoptera des lois rectificatrices dans le sens d'une compétence plus accrue du Conseil d'État et dont les effets étaient peu pertinents.

La loi constitutionnelle n° 94-55 du 13 juin 1994[875] puis la loi organique n° 96-30 du 21 octobre 1996[876] visaient à faire reculer la présence de la Cour de cassation dans le domaine de la responsabilité administrative. Il s'avérait impérieux d'harmoniser les dispositions juridiques dans le sens de l'esprit et de la lettre de la volonté initiale exprimée en faveur de la spécialisation des juridictions suprêmes par l'ordonnance du 3 septembre 1960[877] et réaffirmée par le constituant sénégalais de 1992.

On retient de ces mesures correctrices que le Conseil d'État sénégalais était désormais compétent pour connaître, par voie de recours en cassation, des décisions des cours et tribunaux relatives au contentieux administratif à l'exception de ceux que la loi organique a attribués expressément à la Cour de cassation de droit commun en

---

871 NJOCKE (H.-C.), « Juridiction administrative : réforme inachevée », *Juridis Périodique*, n° 74/2008, p. 49.

872 NIANG (M.), « Retour à la Cour suprême : acte de bon sens ou régression ? », *EDJA*, 2009, p. 4.

873 *Ibid.*

874 *Ibid.*

875 Loi n° 94-55 du 13 juin 1994, portant révision de la Constitution, JORS, 6 aout 1994, p. 333.

876 Loi n° 96-30 du 21 octobre 1996 modifiant la loi n° 92-24 du 30 mai 1992 relative au Conseil d'Etat, JORS du 18 janvier 1997, p. 57.

877 Ordonnance n° 60-17 du 3 septembre 1960 relative à la Cour suprême du Sénégal précitée.

matière administrative[878]. La compétence de droit commun de la Cour de cassation s'est donc muée en une compétence accessoire en matière administrative. Mais, saisi en droit sénégalais au prisme de sa conception matérielle[879], la matière administrative maintenait la compétence de la Cour de cassation sur un volume non négligeable des litiges administratifs. En d'autres termes, il résultait des mesures correctrices que les litiges découlant des décisions administratives dans lesquelles les règles de droit privé ont été appliquées relevaient de la compétence de la juridiction judiciaire suprême de droit privé. Ce qui fît opiner que la correction a opéré une « *répartition horizontale des compétences en cassation entre le Conseil d'État et la Cour de cassation en matière de plein contentieux* »[880].

La rectification fut appréciable ; il n'empêche que la compétence du Conseil d'État en plein contentieux restait encore étouffée. On avait cru que la correction rétablirait la compétence de la juridiction administrative suprême concernant le contentieux social et le contentieux des autorisations administratives de licenciement pour des motifs économiques qui lui avaient été retiré bien qu'ils relevaient de la compétence de la défunte section à laquelle le Conseil d'État s'était substitué. Cependant, l'appréhension matérielle de la matière à laquelle avaient souscrit les lois rectificatives a continué de garder ces contentieux à l'écart du prétoire du Conseil d'État sénégalais. Somme toute, les rectifications apportées par le législateur sénégalais n'ont aménagé que très sensiblement les compétences d'attribution du Conseil d'État en matière administrative.

L'étendue de la compétence du Conseil d'État sénégalais a constamment vacillé de 1992 à 2008 entre régression, rétablissement et amputation. Sous prétexte de « *parachever la réforme judiciaire entreprise en 1992* »[881], le législateur sénégalais s'est doté d'une Cour des comptes compétente pour les affaires alors dévolues à la deuxième chambre du Conseil d'État[882]. Au démeurant, payant le prix de

---

[878] Article 2 de la loi n° 92-22 du 30 mai 1992 portant révision de la Constitution précitée.

[879] NGAIDE (M.), « La notion de matière administrative : évolution de la jurisprudence sénégalaise », *RASDP*, n° 5-6-7-8, 1997-1998, p. 147.

[880] TRA BI (T.B.E.), *Le juge de l'Administration en Côte d'Ivoire et au Sénégal*, Thèse de doctorat, *op. cit.*, p. 242.

[881] Les exposés de motifs de la loi n° 99-02 du 29 janvier 1999 portant Révision de la Constitution (Sénégal), JORS, n° 5842 du 30 janvier 1999.

[882] Loi n° 99-02 du 29 janvier 1999 portant Révision de la Constitution (Sénégal), JORS, n° 5842 du 30 janvier 1999, précitée.

différents ajustements textuels, le Conseil d'État sénégalais, rassuré à l'origine d'être le juge spécialisé en matière administrative, s'en sort avec une compétence attributive très limitée. Celle-ci était exclusive en matière d'annulation et partagée pour l'exception d'illégalité.

Il est vrai qu'une assimilation est faite entre contentieux de la légalité et contentieux de l'excès de pouvoir de sorte à confondre le juge de la légalité à celui de l'excès de pouvoir. Or la différence entre ces notions résiste à un total effacement comme il sera démontré dans les lignes suivantes. Toutefois, le juge administratif en demeure, en chaque espèce, le juge principalement compétent[883]. Le contentieux de la légalité a trait à la conformité des actes administratifs aux normes composant le bloc de la légalité administrative. A l'instar de la France, au Sénégal, le contrôle de légalité « *peut et doit être exercé par toutes les juridictions sénégalaises* »[884] avait suggéré le Professeur Babacar KANTE. Ce vœu eut un écho favorable dans les réformes de l'organisation juridictionnelle sénégalaises. Le Conseil d'État créé en 1992 avait, en effet, une compétence exclusive en matière de contentieux de l'annulation tandis qu'il partageait avec le juge judiciaire l'exception d'illégalité.

« *Le juge de la légalité n'exerce pas pleinement son office lorsqu'il ne prononce pas l'annulation d'un acte administratif illégal régulièrement porté à sa connaissance : ses pouvoirs ne sont dès lors pas adaptés à ses devoirs* »[885]. Assurément, les pouvoirs de contrôle de la légalité du juge ne se réduisent pas à l'annulation[886], mais cette sanction en constitue la plus importante. Aussi le juge administratif y exerce un pouvoir absolu. La réforme sénégalaise n'a pas ignoré cette

---

[883] Voir RIVERO (J.), « Le juge administratif : gardien de la légalité administrative ou gardien administratif de la légalité », *in Le juge et le droit public*, Mélanges Marcel WALINE, 1974, p. 711.

[884] KANTE (B.), *Unité de juridiction et droit administratif, op. cit.*, p. 300.

[885] LELLIG (W.), *L'office du juge administratif de la légalité*, Thèse de doctorat de droit public, Université de Montpellier, 2015, p. 20.

[886] Le droit français offre sur cette question un important éventail des pouvoirs de sanction du juge administratif en cas d'illégalité de l'acte. A titre d'exemple, on retient : la substitution des motifs (CE, sect., 6 février 2004, *Mme Hallal*, n° 240560, Rec. Lebon, p. 48) ; la substitution de base légale (CE, sect., 3 décembre 2003, *Préfet de la Seine-Maritime c/ El Bahi*, n° 240367, Rec. Lebon, p. 479) ; la neutralisation des vices de procédures (CE, ass, 23 décembre 2011, *Danthony et autres*, n° 335033, Rec. Lebon.) ; l'annulation partielle ou pour omission ou pour exclusion ; la modulation des effets de l'annulation dans le temps (CE, 11 mai 2004, *Association AC ! et autres*, n° 255886, GAJA n° 118) et la régularisation.

réalité en ce qu'elle a confié l'exclusivité de la compétence d'annulation au Conseil d'État, alors seule juridiction administrative spécialisée. D'ailleurs, même sous le monisme juridictionnel africain, le recours pour excès de pouvoir relevait ou relève encore, pour les États ayant maintenu ce modèle, de la compétence en premier et dernier ressort d'une formation spécialisée à savoir la chambre administrative de la Cour suprême[887]. La donnée n'a jamais disparu des allers-retours répétés entre unité et dualité juridictionnelle au Sénégal[888].

Pour la réforme enclenchée en 1992, le recours pour excès de pouvoir bénéficie d'un fondement constitutionnel en droit sénégalais. L'alinéa 2 de l'article 82 de la Constitution sénégalaise de 1992 portant révision de la Constitution faisait du Conseil d'État le juge de l'excès de pouvoir en premier et dernier ressort des actes d'autorités exécutives. La compétence du Conseil d'État, en l'espèce, était donc d'ordre public de sorte que tout recours en annulation introduit devant un autre juge devrait être frappé d'irrecevabilité[889]. On voit là une préservation d'un formalisme aussi bien « *symbolique* »[890] que « *rigoureux* »[891] attaché au contentieux de l'annulation. Toutefois, son application particulière dans le contexte sénégalais ne garantissait guère son efficacité. Des inquiétudes ont été soulevées, des réponses furent apportées et le contraste n'a pas été totalement dissipé.

En confiant exclusivement le recours pour excès de pouvoir au Conseil d'État, la démarche du constituant sénégalais entendait placer, aux mains du seul juge administratif théoriquement spécialisé, l'arme la plus efficace pour contrebalancer l'action unilatérale de l'Administration[892]. Ce faisant, le rôle central du Conseil d'État dans

---

[887] Notamment les articles 4 et 29 de la Loi organique n° 91/008/Ctrn du 23 décembre 1991 portant attributions, organisation et fonctionnement de la Cour suprême de la République de Guinée. Si l'article 4 fonde la compétence de la Cour suprême guinéenne en matière de recours pour excès de pouvoir contre les décisions des autorités administratives exécutives, l'article 29 précise que cette compétence est dévolue à la chambre constitutionnelle et administrative de la Cour suprême.

[888] Article 1, ordonnance n° 60-17 du 3 septembre 1960 relative à la Cour suprême du Sénégal, JORS, 19 novembre 1960, p. 950.

[889] MBODJ (E.H.), « Les incidences de la réforme judiciaire du 30 mai 1992 sur le contentieux administratif sénégalais », *op. cit.*, p. 29.

[890] *Ibid.*

[891] *Ibid.*

[892] JESE (G.), « Les libertés publiques », *Annuaire de l'Institut international de droit public*, 1929, p. 180.

l'édification du droit administratif sénégalais ou, selon les mots des réformateurs, « *dans la construction de l'État de droit* »[893] était facilité.

L'effet fâcheux de cette rigueur résidait dans le fait que la juridiction administrative suprême installée à Dakar, se trouvait éloignée d'une frange importante de la population dont la mobilité restait très réduite. C'est dire que l'objectif d'une décentralisation de la justice était quelque peu hypothéqué. Le rapprochement n'étant pas uniquement géographique ; il impose, également, des conditions techniques se rapportant à la souplesse ainsi qu'à la clarté des exigences de saisine du juge[894]. Or, même pris sous cet angle, on dénotait soit une rigueur handicapante soit une contrariété des textes qui rendait « *aléatoire* »[895] le recours en annulation chez certains administrés.

Alors que l'article 35 de la loi n° 92-24 du 30 mai 1992 relatif au Conseil d'État dispensait le demandeur du ministère d'avocat en matière de recours pour excès de pouvoir, l'article 15 de la même loi laissait entrevoir une approche contraire. Il résultait de cet article déclinant la procédure contentieuse devant le Conseil d'État que les recours visés à l'article 1er devraient être introduits par requête écrite et signée par un avocat exerçant légalement au Sénégal. Or parmi les recours visés à l'article 1er, figurait le recours pour excès de pouvoir. Dès lors, la contradiction entre les articles 35 et 15 était incontestable à moins que l'on distinguât la simple signature matérielle de l'office. Il appartenait donc au Conseil d'État de corriger ou du moins de clarifier ce qui ressemblait à une contradiction textuelle.

Contrairement au recours pour excès de pouvoir, l'exception d'illégalité n'était pas l'apanage du juge administratif sénégalais spécialisé, ce dernier partageait cette compétence avec les juridictions judiciaires du fond.

S'entendant d' « *un moyen de défense que le défendeur ou l'accusé invoque pour résister à l'action intentée contre lui* »[896], l'exception d'illégalité présente des effets moins absolus que le recours en annulation. La sanction prononcée ne neutralisant point l'acte dont la légalité est remise en cause. Elle ne constitue pas, pour autant, un

---

[893] Exposé des motifs de la loi n° 92-24 du 30 mai relative au Conseil d'Etat précitée.

[894] DONIER (V.), LAPEROU-SCHENEIDER (B.) (dir.), *L'accès au juge. Recherche sur l'effectivité d'un droit*, Bruxelles, Bruylant, 2013, p. 34.

[895] MBODJ (E.H.), « Les incidences de la réforme judiciaire du 30 mai 1992 sur le contentieux administratif sénégalais », *op. cit.*, p. 29.

[896] SEILLER (B.), *L'exception d'illégalité des actes administratifs*, Thèse de doctorat en Droit public, Université de Paris 2, 1995, p. 13.

recours à part entière totalement séparé du recours en annulation en ce sens que le recours en exception d'illégalité peut être exercé aussi bien au niveau du contentieux objectif que du contentieux subjectif. Dans le premier cas, le requérant peut demander au juge de l'excès de pouvoir l'annulation d'une décision administrative qui, prise sur une base d'un règlement illégal est resté inattaqué durant le délai du recours contentieux.

A travers l'affaire *Souleymane Sidibé et Amicale des Administrateurs Civils du Sénégal*[897], la Cour suprême sénégalaise précisait que le juge saisi d'un recours en exception d'illégalité écarte du litige la norme de référence illégale. Ce qui emporte l'annulation des normes dérivées de cette référence illégale pour défaut de base légale. Le rappel de ces règles bien connues ne manque pas d'intérêt. Il marque la démarcation entre l'exception d'illégalité du contentieux objectif et celle du contentieux subjectif. C'est en ce dernier point que cesse l'exclusivité de la compétence du Conseil d'État sénégalais en matière de contentieux de la légalité. Si le partage de la compétence en la matière est effectué en faveur du juge judiciaire, il importe de préciser que le juge judiciaire de cassation n'en bénéficiait guère.

En effet, l'article 4 de la loi 84-19 du 2 février 1984 sur l'organisation judiciaire consacrait la compétence du Tribunal Régional en matière d'exception d'illégalité. Il était permis au juge régional d'interpréter et d'apprécier la légalité d'un acte administratif. S'il n'était pas fondé à annuler l'acte illégal, il lui revenait, néanmoins, le pouvoir de l'écarter au litige. L'inapplicabilité de l'acte au litige devrait encourir également l'abstention ultérieure de son application par l'Administration[898]. Cette paralysie temporaire de l'acte administratif s'expliquerait par le fait que le juge judiciaire de droit commun ne saurait être le juge naturel de la légalité. Tout logiquement, la même compétence était étendue à la Cour d'appel. Curieusement, en revanche, la Cour de cassation était dépourvue d'un tel pouvoir.

La loi n° 92-25 relative à la Cour de cassation disposant autrement sur la question. D'après ses termes, saisie d'un litige portant sur la contestation de la légalité d'une décision administrative, la Cour de cassation sénégalaise ne disposait ni de pouvoir d'annulation de la décision illégale ni du pouvoir d'écarter son application au litige. Elle

---

[897] CSCA (Sénégal), 23 juillet 1975, *Souleymane Sidibé et Amicale des Administrateurs Civils du Sénégal*, Recueil de la Jurisprudence Administrative Sénégalaise, (R.J.A.S.), p. 95 et s.

[898] Voir en France CE, 14 novembre 1958, *Ponard*, Rec. Lebon, p. 554.

était limitée à surseoir à statuer afin de saisir le Conseil d'État[899]. Le recours à l'exception d'illégalité constituerait ainsi une question préjudicielle[900] pour le juge de cassation judiciaire. C'est dire que dans l'appréciation de la légalité, les pouvoirs du juge judiciaire de cassation restaient « *moins étendus que les juridictions placées sous son autorité* »[901]. Ce trait rend davantage particulier le partage de l'exception d'illégalité entre le Conseil d'État et le Tribunal régional ainsi que la Cour d'appel. L'on peut, d'ailleurs, formuler trois observations étroitement liées.

D'une part, ce partage tranche avec la pratique consacrée en droit français qui a longtemps dénié tout pouvoir d'appréciation, par voie d'exception, de la légalité de l'acte règlementaire au juge judiciaire du fond et de cassation[902]. En dépit d'une atténuation de cette restriction, le recours constitue, en principe, une question préjudicielle pour la juridiction de droit privé[903]. L'application de la dualité juridictionnelle

---

899 « *Lorsque la solution d'un litige porté devant la Cour (...) est subordonnée à l'appréciation de la légalité d'un acte administratif, (...) la formation compétente pour connaître du litige saisit obligatoirement le Conseil d'Etat de l'exception d'illégalité ainsi soulevée et sursoit à statuer jusqu'à ce que le Conseil d'Etat se soit prononcé sur* l'acte ». Telle était la substance de l'article 36 de la loi organique n° 92-25 de 1992 précitée relative à la Cour de cassation.

900 « La question préjudicielle est celle sur laquelle le juge saisi au principal ne peut se prononcer ; il doit surseoir à statuer et la question doit être portée à la connaissance d'un autre juge (…) ». Cf. VAN LANG (A.), GONDOUIN (G.), INSERGUET-BRISSET (V.), *Dictionnaire de droit administratif*, 7e éd., Paris, Sirey, 7e éd., 2015, p. 376-377.

901 MBODJ (E.H.), « Les incidences de la réforme judiciaire du 30 mai 1992 sur le contentieux administratif sénégalais », *op. cit.*, p. 30.

902 TC (France), 16 juin 1923, *Setfonds*, n° 732, rec. Lebon, p. 498. HAURIOU (M.), « Compétence du tribunal judiciaire pour interpréter le sens d'un règlement administratif, mais non pas pour en apprécier la légalité », note sous l'arrêt TC, 16 juin 1923, *Septfonds*, n°732, rec. Lebon, p. 498, *RGDon line*, 2015, n°15177. En vertu de l'article 111-5 du code pénal, seul le juge pénal pouvait effectuer un contrôle de légalité des actes administratifs dont dépend l'issu du procès.

903 Le Tribunal des conflits a apporté une atténuation du principe posé par l'*arrêt Setfonds* à travers deux arrêts : TC, 17 octobre 2011, *SCEA du Chéneau*, n°C3828-3829, rec. Lebon, p. 698, RFDA, 2011, p. 1122, concl. SARCELET (JD.), AJDA, 2012, p. 27, chron. GUYOMAR (M.) et DOMINO (X.) ; 12 décembre 2011, *Société Green Yellow et autres c. Électricité de France*, n° C3841, rec. Lebon, p. 705, AJDA, 2012, p. 27, chron. GUYOMAR (M.) et DOMINO (X.), LPA, 16 mars 2012, p. 7, note GROULIER (C.). Le TC permet au juge judiciaire d'apprécier la légalité de l'acte administratif *« lorsqu'il apparait manifestement, au vu d'une jurisprudence établie, que la contestation peut être accueillie par le juge saisi au principal ».* Le ralentissement de la procédure juridictionnelle qu'occasionnaient les questions

à la base et au sommet justifierait autant qu'elle faciliterait une telle pratique. L'organisation juridictionnelle sénégalaise instaurée en 1992 était bien différente en ce qu'elle était caractérisée, on l'a vu, par une unité à la base et une dualité au sommet.

D'autre part, et en lien avec l'idée qui vient d'être émise, la compétence du juge judiciaire sénégalais du fond en matière d'exception d'illégalité se formerait sur sa compétence de droit commun en matière administrative. Le constituant aurait estimé que ce juge, du fait de l'unité juridictionnelle à la base, serait ou se serait spécialisé en matière administrative de sorte à posséder les aptitudes pour connaitre de l'exception d'illégalité. Adhérant même à cette explication, l'on ne peut manquer d'en soulever des inconséquences. Le constituant sénégalais aurait dû, en demeurant dans l'approche définie, conférer alors au juge judiciaire du fond, le pouvoir d'annulation du règlement dont l'illégalité est soulevée au cours d'un procès. C'est certainement par souci d'unité de la jurisprudence administrative sur la question, mais également en considérant le juge judiciaire du fond moins naturel voire moins spécialisé en matière administrative que son pouvoir fut limité à l'inapplication de l'acte illégal au litige de l'espèce.

Dans le même prolongement, il est inconséquent que la Cour de cassation sénégalaise fût seule juridiction compétente en matière de responsabilité administrative pendant environ deux ans si sa connaissance du contentieux administratif était déjà sérieusement remise en cause ou en doute. Comment pourrait-il être un bon juge du plein contentieux en étant un piètre juge de l'exception d'illégalité ? Le recours pour excès de pouvoir ne doit être indéfiniment confondu au recours en responsabilité[904] en dépit d'un certain effacement des

---

préjudicielles ont certainement justifié les arrêts du Tribunal des conflits français. Cependant, la portée de cette prérogative est relative : le juge civil doit se limiter à constater l'illégalité d'un acte, à l'examen de la jurisprudence administrative. Sur la question, voir ATTALI (J.), *Le sort contemporain de l'exception d'illégalité*, Mémoire de recherche de Droit public approfondi, Université Paris II-Panthéon-Assas, 2018, p. 10. ; CLAMOUR (G.), COUTRON (L.), « L'exception d'illégalité devant le juge judiciaire », *RDP*, 2012, p. 853 ; SEILLER (B.), « L'appréciation de la légalité d'actes administratifs par les tribunaux judiciaires non répressifs », *RFDA*, 2011, p. 1129.

[904] La différence aujourd'hui entre le REP et RPC au-delà de leurs objets respectifs (annulation et réparation ; (CE (Côte d'Ivoire), 27 nov. 2019, *Etat de Côte d'Ivoire c/ Société PANDA AFRIQUE*), peut se situer au niveau des conditions de recevabilité, notamment sur le point de l'exigence ou non du ministère d'avocat. En effet, tandis que le REP dispense l'administré du ministère d'avocat, le RPC l'exige. De plus, la

frontières qui les séparent[905]. L'objet et la finalité des deux recours restent distincts[906]. Mais il n'est pas rare que le juge de la responsabilité contrôle la légalité de l'acte administratif avant de retenir la responsabilité de l'Administration[907]. Mieux, le droit béninois par exemple n'établit aucune distinction entre le juge d'annulation, le juge d'exception d'illégalité et juge de plein contentieux. La chambre

---

règle de l'exception d'un recours parallèle trouve encore application. Ainsi qu'il ressort de l'arrêt du CE ivoirien (CE, 05 mai 2006, *Société INTERFLEX AFRICARD CI c/ Ministre d'Etat, Ministre des transports*) aux termes duquel « *la requête susvisée de la Société INTERFLEX AFRICARD Côte d'Ivoire n'est pas un contentieux de pleine juridiction, en ce qu'elle n'a pas un objet pécuniaire, mais est dirigée contre la légalité d'un acte détachable par lequel le Ministre d'Etat, Ministre des Transports, l'a privée de sa qualité de concessionnaire à titre exclusif du service Public du permis de conduire conférée à l'issue d'un appel d'offres international ; Qu'il en résulte que la société requérante est recevable à attaquer par la voie du recours pour excès de pouvoir, la décision contestée* ».

905 Les REP et RPC se confondent généralement autour de trois points à savoir, le cumul des recours, la substitution des recours et la subjectivisation du REP. D'abord, la confusion entre les deux types de recours se perçoit par la possibilité de les présenter au juge dans une seule et même requête (CE, 31 mars 1911, *Blanc, Argaing et Bezie*). Cette admission par la jurisprudence a pour objectif de faciliter les démarches contentieuses. Ensuite, par dérogation à l'exception de recours parallèle, la jurisprudence autorise l'administré à intenter un REP contre des décisions administratives dont l'objet est purement pécuniaire plutôt qu'un RPC (CE, 8 mars1912, *Lafage*). Cette alternative est ouverte notamment contre les décisions par lesquelles l'administration refuse une somme d'argent. L'inverse est également admis où devant le juge de plein contentieux, des RPC sont institués en lieu et place du REP, mais dans ce dernier cas l'administré n'a pas le choix de son recours (CE, Ass., 19 fév. 2009, *Atom* ; CE, Avis, 9 juil. 2010, *Berthaud ;* etc). Enfin, la subjectivisation du REP, sans remettre en cause son caractère objectif, se traduit par l'émergence des pouvoirs du juge de la légalité. Ainsi, à travers son pouvoir d'injonction institué par la loi du 8 février 1995, le juge peut enjoindre à l'administration, préventivement, après avoir prononcé l'annulation de l'acte illégal, de prendre une décision dans un sens déterminé ou de réexaminer le dossier, éventuellement sous astreinte. Mieux, à partir de techniques dont il s'est doté lui-même et destinées à prendre davantage en compte la situation du requérant, le juge peut procéder à une correction de l'acte illégale qui se rapproche d'un pouvoir de reformation. Il s'efforce en effet d'éviter des annulations inutiles en neutralisant certains vices de procédure (CE, Ass., 23 déc. 2011, *Danthony*). Il peut également procéder à des substitutions de motifs (CE, sect., 6 fév. 2004, *Mme Hallal*) ou de base légale

906 Voir note précédente

907 *Ibid.*

administrative de la Cour suprême béninoise est juge de droit commun en premier et en dernier ressort en matière administrative[908].

De plus, et conséquemment aux observations précédentes, le régime variable de la compétence du juge judiciaire en matière d'exception d'illégalité est symptomatique d'une spécialisation imparfaite des juges de l'Administration. Imperfection à la fois organique et matérielle de laquelle le recours en cassation d'un jugement ou d'un arrêt rendu par le juge judiciaire relevait uniquement de la compétence du juge administratif suprême. Telle est l'éventualité qui se présenterait lorsque la décision du Tribunal régional ou de la Cour d'appel eût été attaquée[909]. C'est dire que le partage de compétence du contrôle de la légalité fut-il par voie d'exception entre juridiction administrative et juridiction judiciaire est une solution délicate.

En somme, l'adaptation de la dualité juridictionnelle découlant de l'organisation juridictionnelle s'est construite sur un empiètement non négligeable de la compétence qu'on aurait pu attribuer du Conseil d'État sénégalais en matière administrative ; et ce, en dépit des mesures correctrices introduites par la loi n° 94-55 du 13 juin 1994 portant révision de la constitution.

Ainsi, éprouvées par les contradictions discursives, les réformes secrètement et hâtivement conduites, les réformes en déphasage avec les objectifs annoncés, l'organisation juridictionnelle prévue par la constitution ivoirienne de 2016 et le constituant sénégalais de 1992 accouchaient d'une adaptation du modèle de dualité juridictionnelle qui demeurait elle-même inadaptée aux objectifs et enjeux de la justice administrative. En témoignent les résultats obtenus de l'application de la réforme sénégalaise d'où il est ressorti une véritable déception et qui commandait, comme en Côte d'Ivoire, un abandon de la réforme.

---

[908] Article 4 de l'ordonnance n° 60-17 du 3 septembre 1960 relative à la Cour suprême du Sénégal, JORS, 19 novembre 1960, p. 950.

[909] A ce jour, nous n'avons pu obtenir une décision concrétisant cette éventualité pendant les huit ans de fonctionnement du Conseil d'Etat.

CHAPITRE II - UNE ADAPTATION ABANDONNÉE

Le droit objectif n'évoluant que « *par bonds* »[910] se trouve constamment en inadéquation avec son objet. La réforme devient, dès ce moment, pressante et pourrait être conduite de même qu'évaluée hâtivement. L'on voudrait, par exemple, obtenir immédiatement des résultats satisfaisants de l'adaptation de la dualité française au Sénégal et en Côte d'Ivoire. Aussi, certaines réformes de la justice administrative sont-elles introduites à titre expérimental, laissant un certain temps et des pouvoirs de réajustements à leurs initiateurs[911].

On pourrait, cependant, penser que toute réforme, pour la difficulté qui vient d'être évoquée, du moins dans ses premiers instants, est avant tout expérimentale c'est-à-dire suspectée de faillibilité. Ainsi, si ambitieuses entendaient-elles être, les adaptations de la dualité française prévues en Côte d'Ivoire et pratiquées au Sénégal devraient, selon les expressions du Président Kéba M'BAYE[912], à défaut de créer « *des chefs-d'œuvre* », éviter de créer « *des monstres* »[913]. Ce faisant, les initiateurs de la réforme devraient s'assurer de l'adéquation entre les moyens et techniques utilisés et les objectifs recherchés. Il s'agissait d'identifier ce qui était transposable en l'état dans la dualité française et ce qui devrait être adapté aux défis et moyens des États africains.

Au Sénégal où la réforme d'adaptation de 1992 a été effective, contrairement à la Côte d'Ivoire, elle a déçu des espoirs. L'aveu d'échec tenu par les réformateurs eux-mêmes révèle justement l'idée d'une adaptation mal maitrisée en raison d'un divorce entre les moyens disponibles mis en œuvre et les objectifs recherchés (section 1). Dès lors, l'abandon des réformes sénégalaises et ivoiriennes ne peut manquer d'interroger, au-delà des raisons de son échec, les solutions de remplacement qui en a résulté dans chaque espèce (section 2).

---

[910] M'BAYE (K.), « L'expérience sénégalaise de la réforme du droit », *RIDC*, vol. 22, n° 1, janvier-mars 1970, p. 35

[911] On songe à l'introduction de l'oralité dans le procès administratif devant le Conseil d'Etat français : Décret n° 2020-1404 du 18 novembre 2020 portant expérimentation au Conseil d'Etat des procédures d'instruction orale et d'audience d'instruction et modifiant le code de justice administrative, JORF, n° 0280 du 19 novembre 2020.

[912] Kéba M'BAYE fut le premier Président de la Cour suprême du Sénégal.

[913] M'BAYE (K.), « L'expérience sénégalaise de la réforme du droit », *RIDC*, vol. 22, n° 1, jan-mars 1970, p. 35.

SECTION I - L'AVEU D'ÉCHEC

Lors de l'audience solennelle d'installation de la Cour suprême regroupant le Conseil d'État et la Cour de cassation, le Président de la République sénégalaise s'exprimait ainsi qu'il suit : « *La réforme de 92 avait-elle permis un fonctionnement plus efficace de la justice ? La réponse a été non. Avait-elle permis un raccourcissement des délais de jugement ? Avait-elle été économe des deniers publics ? La réponse a été non. Avait-elle conduit à une meilleure compréhension par les justiciables du fonctionnement de la justice ? La réponse a été non* »[914]. Pour l'initiateur principal de la réforme de 1992 « *de quelque point de vue que l'on se place, le bilan de la réforme n'était pas bon* »[915].

Les raisons de cet échec sont structurantes, de natures et d'importances variées. Mais toutes semblaient avoir échappé au réformateur sénégalais. En effet, la non-maitrise constitue à la fois le symbole et la cause d'un échec provoqué (paragraphe 1). L'analyse rétrospective du fonctionnement du Conseil d'Etat, des moyens juridiques, matériels et techniques à lui dévolus prévenait déjà le divorce entre ceux-ci et les objectifs poursuivis par la réforme. Or, en reprenant le discours susmentionné et les exposés de motifs de la loi de 2008[916] consacrant l'abandon de la réforme sénégalaise de 1992, le réquisitoire de l'échec semble être porté seulement par le Conseil d'État et la Cour de cassation. On postulerait donc que l'échec n'est pas assumé par les auteurs de la réforme (paragraphe 2).

Paragraphe 1 -

---

[914] WADE (A.), Discours prononcé lors de l'audience solennelle d'installation de la Cour suprême regroupant le Conseil d'Etat et la Cour de cassation, Disponible à https://www.pressafrik.com/Justice-le-bilan-de-la-reforme-judiciaire-de-1992-n-a-pas-ete-bon-selon-Abdoulaye-Wade_a143.html.

[915] *Ibid.*

[915] « Le souci d'efficacité plaide en faveur d'un regroupement de la Cour de cassation et du Conseil d'Etat en une seule entité. Les autorités sont obligées de prendre en compte la rapidité et la réduction des coûts en tant que critères de choix dans le fonctionnement de la justice », annonçait le Président sénégalais Abdoulaye WADE lors de la rentrée solennelle des cours et tribunaux du 23 juin 2008. https://www.xibar.net/PROPOSITION-DE-Me-WADE-A-LA-RENTREE-DES-COURS-ET-TRIBUNAUX-FUSIONNER-LA-COUR-DE-CASSATION-ET-LE-CONSEIL-D-ETAT_a6843.html

Paragraphe 2 - Un échec provoqué

L'échec d'une réforme est toujours un résultat plausible, à prévoir. La prévision d'un échec se distingue de sa prévisibilité. Celle-là est envisagée tandis que celle-ci est fortement pressentie. L'abandon de la réforme ivoirienne de 2016 semble répondre à ce dernier cas. Assurément, le constituant ivoirien ayant pressenti l'insuccès du modèle d'organisation juridictionnelle consacrée en 2016 a décidé de surseoir à son application.

Il est difficile de loger la réforme sénégalaise de 1992 dans l'une des deux conjonctures précitées tant les causes de l'échec sont essentiellement portées par ses mécanismes de mise en œuvre. En pareille situation, on admet volontiers que l'échec de la réforme est provoqué. Ceci précisé, on peut déceler les causes de l'échec de l'adaptation de la dualité juridictionnelle au Sénégal. Celles-ci sont relatives au coût de la réforme que le Président de la République a reconnu avoir sous-estimé. Si cette défense semble étrange, elle questionne, au préalable, la transparence voire la rigueur du processus de confection ou de conception de la réforme sénégalaise d'organisation juridictionnelle de 1992.

Le processus qui a précédé l'adoption de la réforme constitutionnelle sénégalaise de 1992 relative à l'organisation juridictionnelle a été foncièrement marqué par un obscurantisme entretenu par l'unilatéralisme du Président de la République d'alors. L'initiative ne saurait être condamnée par ce seul fait aussi longtemps qu'il serait prouvé que l'Exécutif a agi dans les limites de ses pouvoirs. Mais, lorsque l'unilatéralisme a induit un mépris de l'expertise voire de simples avis des professionnels de la justice et des justiciables, il n'est excessif de reconnaitre que la réforme a été peu démocratique. Pour autant, elle n'apparait pas sortie du droit. La critique est plus sérieuse quand on a estimé que la loi constitutionnelle fut « *votée en catimini* »[917] et en violation de certaines règles de forme.

Transparence et réforme ont un destin lié : quand la réforme ne porte pas sur la transparence d'une politique ou d'un secteur précis[918], elle

[917] NIANG (M.), « Retour à la Cour suprême : acte de bon sens ou régression », cité par LAM (C.T.), *La modernisation de la Justice au Sénégal : vers la recherche de la performance*, *op. cit.*, p. 97.
[918] République de France, *Pour une action publique transparente et collaborative : plan d'action national pour la France*, 2015-2017. Disponible à https://www.etalab.gouv.fr/wp-content/uploads/2018/10/2015-07-09_Plan-

doit être nécessairement transparente pour atteindre la finalité poursuivie[919]. De la transparence d'une réforme découle son acceptation sociale surtout lorsque celle-ci porte sur la justice administrative. L'objet du contrôle du juge administratif permet d'établir un lien et non une liaison[920] entre la pratique administrative et la démocratie[921]. On a d'ailleurs évoqué « *l'émergence d'une démocratie administrative* »[922] qui entraine un déclassement de la démocratie représentative au profit d'une participation directe des citoyens[923]. Aussi toute réforme portant sur la justice administrative ne saurait-elle ignorer l'adhésion du peuple voire des justiciables. C'est fort de cette exigence que l'Exécutif sénégalais a recouru par la voie constitutionnelle pour consacrer la réforme de l'organisation juridictionnelle de 1992. L'initiative aurait, dès lors, la « *caution du peuple* »[924], constituant originaire dans un État démocratique.

En réalité, la réforme d'organisation juridictionnelle sénégalaise qui a engendré une adaptation de la dualité juridictionnelle française était une réforme majeure aussi bien dans les transformations structurelles, sociales que politiques qu'elle convoitait[925]. Son succès commandait

---

gouvernement-ouvert-FR-Version-Finale.pdf. Consulté le 06/01/2021. Le Président français reposait l'initiative du nouveau partenariat qu'il entendait engager sur trois principes notamment : « *l'intégrité des responsables publics, garantie par le renforcement des exigences de transparence, parce que l'exemplarité n'est pas seulement une exigence morale : elle est une nécessité pour restaurer la confiance des citoyens envers les institutions* ». Cf. p. 3.

[919] JOSUE (P-L), « La participation de la société civile à une réforme administrative : l'expérience du Programme de Modernisation de l'État PME-2023 en cours en Haïti », *RIF*, Disponible à https://publications-prairial.fr/rif/index.php?id=903#quotation.

[920] La relation entre la pratique administrative et la démocratie n'étant point fusionnelle. On distingue aussi bien étymologiquement et dans les faits ces deux termes.

[921] DIA (O.), « Le juge administratif sénégalais et la construction de l'Etat de droit », *LEJA*, vol. 12, n° 27, 2012, p. 71.

[922] AUBY (J.-B.), « La bataille de San Romano : réflexions dur les évolutions récentes du droit administratif », *AJDA*, 20 novembre 2001, n° 11, p. 914.

[923] *Ibid.*, p. 915.

[924] Selon l'expression « caution des peuples » OUEDRAOGO (S.M.), *La lutte contre la fraude à la constitution en Afrique noire francophone*, Thèse de doctorat de droit public, Université Montesquieu – Bordeaux IV, 2011, p. 24.

[925] L'exposé des motifs de la loi de 1992 déjà cité révèle ces transformations en ce qu'elle poursuivait d'abord l'objectif de créer des juridictions suprêmes spécialisées sur les cendres de la Cour suprême ; ensuite elle entendait rapprocher les justiciables

qu'elle soit inclusive. Qui plus est, sa technicité condamnait déjà qu'elle soit hâtivement fabriquée et consacrée. Tel est l'impératif qui a notamment guidé la consécration de la procédure de référé en France[926]. Il est donné l'impression que l'Exécutif sénégalais a procédé exactement comme il ne le devait. La réforme n'a donné lieu à aucune consultation publique[927]. Le réformateur manquait l'occasion d'une communication qui devrait rendre visibles les nouvelles juridictions suprêmes administrative et judiciaire auprès des populations. Ces dernières étant toujours éloignées des juridictions précédentes dont l'existence était parfois même ignorée. À noter que la transparence augure la rationalité et la lisibilité de la réforme[928].

Egalement, la participation des populations sénégalaises à l'avènement du Conseil d'État contribuerait à la réduction de la méfiance de celles-ci envers le juge de l'Administration. Il s'agissait, au total, d'assurer une légitimité à la réforme. Certes dans un État de droit, la légalité[929] semble résister à la légitimité[930] de sorte qu'on puisse postuler que l'action du réformateur sénégalais pouvait se passer de

---

du juge administratif ; enfin elle était commandée par l'impératif de la consolidation de l'Etat de droit.

[926] En effet, face à l'inadaptation du sursis à exécution à divers textes législatifs et à sa défaillance à protéger les justiciables, le Vice-président du Conseil d'Etat avait saisi le Président adjoint de la Section du contentieux afin de constituer un groupe de travail. Celui-ci a été composé de magistrats relevant des tribunaux administratifs et des Cours administratives d'appel ainsi que des conseillers nommés auprès de l'organe suprême de l'ordre administratif. Y étaient également membres les professeurs de droit. Le comité était chargé d'identifier les faiblesses des règles procédurales d'urgence et de proposer des mesures propres à les rendre plus efficaces. Le rapport produit par le groupe de travail était le fruit de consultations de personnalités, de magistrats, d'avocats, intervenant dans les juridictions administratives. Ce rapport et les textes portant rédaction d'avant-projet de loi et de décret ont été soumis au Parlement en vue de l'adoption. C'est à l'issue de ce processus que la loi sur la réforme de l'urgence a été votée.

[927] LAM (C.T.), *La modernisation de la Justice au Sénégal : vers la recherche de la performance, op. cit.*, p. 97

[928] AIDARA (M.M.), « Référé administratif et unité de juridiction au Sénégal », *Revue électronique Afrilex*, 2019, p. 2. Disponible à http://afrilex.u-bordeaux.fr/refere-administratif-et-unite-de-juridiction-au-senegal/.

[929] La légalité caractérise la conformité à la loi au sens lato sensu. Elle s'apprécie en fonction du droit positif.

[930] La légitimité renvoie à la double question de la reconnaissance et de l'acceptation d'une institution normative ou organique. Elle traduit alors la conformité à un principe considéré comme supérieur dans une société donnée.

l'adhésion populaire tant qu'elle était encadrée par les textes[931]. Mais, nul ne peut l'ignorer, la légitimité doit toujours accompagner la légalité pour l'effectivité de tout pouvoir, l'incrustation de toute institution et le succès de toute réforme[932]. D'ailleurs, dans les systèmes de démocratie plus avancée que celui de démocratie éprouvée [933] africaine, la consultation population est un nouveau souffle de démocratie qui tend à pallier la crise de la démocratie représentative[934].

Par ailleurs, le succès d'un modèle d'organisation juridictionnelle repose sur des aspects moins purement juridiques et philosophiques. Il impose un savoir-faire : la technique. Une voie de transparence de la réforme était de susciter des réflexions évaluatives sur l'organisation juridictionnelle sénégalaise existante ; de saisir ses lacunes, échecs et même ses succès d'une part. D'autre part, la nouvelle formule devrait également être soumise à évaluation, par exemple, à l'aune du bilan-coût-avantages. C'est à cette condition que la réforme même si imparfaite apporte une amélioration à la situation antérieure. Autrement dit, de l'évaluation financière et technique préalable de la réforme on évite « *ces abus de réformes [qui,] au lieu d'apporter des améliorations renvoient aux situations antérieures (...) marquées par le règne de la volonté d'un groupe d'hommes* »[935].

---

[931] Certes, dans un Etat de droit, la contradiction entre la légalité et la légitimité profite à la première. Mais, idéalement la légalité se construit à partir de la légitimité.

[932] La notion de légitimité est contingente de la culture ; la légalité s'apprécie en fonction du droit positif. Dans le langage quotidien ces notions sont souvent employées l'une pour l'autre. Ce qui est légal est-il nécessairement légitime ? » Cf. Serge BRAUDO, Conseiller honoraire à la Cour d'appel de Versailles. Disponible à : dictionnaire-juridique.com/definition/legitime.php. Consulté le 05/02/19 à 22h 19mn. Cette définition permet d'indiquer que la légitimité est construite ou aspirée autour d'une réalité sociale. Ce qui engendre qu'un même phénomène peut trouver sa légitimité dans des sources ou motifs différents selon les contextes.

[933] Dire ce qu'on entend par démocratie éprouvée. Des auteurs évoquent d'autres qualificatifs tous concourant à décrire les difficultés d'un enracinement plein en entier de la démocratie en Afrique. Voir dans ce sens : COULON (C.), « Le Sénégal : développement et fragilité d'une semi-démocratie », *in* L. DIAMOND (L.), LINZ (L.), LIPSET (S.-M.) (textes réunis par), *Les pays en développement et l'expérience de la démocratie*, Melun, Nouveaux Horizons, 1990, p. 603 ; VILLALON (L.-A.), « Democratizing a quasi Democracy : the Senegalese Elections of 1993 », *African Affairs*, vol. 93, n° 371, April, 1994, p. 163.

[934] MAGNON (X.), « La culture constitutionnelle du peuple. Une synthèse », *RFDC*, Paris, PUF, 2020, vol. 3, n° 123, p. 660.

[935] OUEDRAOGO (S.M.), *La lutte contre la fraude à la constitution en Afrique noire francophone*, Thèse de doctorat, *op. cit.*, p. 12. Lire aussi LAVROFF (D.-G.), « De

La fabrique de l'organisation juridictionnelle sénégalaise de 1992 répondait à la famille de ces réformes ainsi décrites. Seulement, cette réforme secrètement menée par le pouvoir exécutif a renvoyé non pas aux situations antérieures concernant la justice administrative, mais à des situations encore moins reluisantes. Le recul du domaine de compétence, l'aggravation de l'éloignement géographique et la persistance de la non-spécialisation du juge administratif suprême incarné dans le Conseil d'État tel qu'ils ont été démontrés sont révélateurs de cette occurrence.

Alors qu'il était incontournable de solliciter les apports des magistrats, universitaires, des praticiens du droit en général et, évidemment, des économistes et experts-financiers, la réforme, « *concoctée dans le plus grand secret* »[936], a écarté la participation ou la contribution de ces derniers. Pis, « *C'est l'annonce du Grade des Sceaux à la radio qui a été la première référence publique à la suppression de la Cour suprême* »[937]. La consécration de la dualité juridictionnelle burkinabè partagerait cette pratique opaque[938]. Si elle a été particulièrement décriée s'agissant de l'organisation juridictionnelle mise en place en 1992 au Sénégal, c'est parce que la révision constitutionnelle qui portait l'initiative était frappée d'illégalité.

Entendue ici de caractère de ce qui est contraire à la loi au sens large[939], l'illégalité touchant la réforme sénégalaise en question est la résultante d'un contournement du contrôle préalable du juge constitutionnel. La procédure de contrôle d'inconstitutionnalité des lois a été viciée : les motifs soutenant une telle conduite de l'Exécutif sénégalais étaient impertinents.

---

l'abus des réformes : réflexions sur le révisionnisme constitutionnel », *RFDC*, hors-série, 2008, p. 17.

936 NIANG (M.), « Retour à la Cour suprême : acte de bon sens ou régression », cité par LAM (C.T.), *La modernisation de la Justice au Sénégal : vers la recherche de la performance*, précité.

937 *Ibid.*

938 BA (A.T.), « Quelques aspects du contentieux administratif au Burkina Faso », *op. cit.*, p. 51.

939 Dans son approche *lato sensu*, l'illégalité peut embrasser l'inconstitutionnalité en ce qu'elle traduirait la violation de la source de droit qu'est la constitution. Généralement, on distingue cinq modalités de l'illégalité : les vices de procédure et de forme, l'incompétence, la violation de la loi et le détournement de pouvoir. On peut, par ailleurs, établir une distinction entre les moyens selon qu'ils sont d'ordre public ou non.

Le constituant sénégalais, à l'instar de ceux des autres États africains subsahariens francophones, a opté pour des constitutions dites rigides. Ce faisant, le constituant sénégalais se soumettait à l'obligation d'une procédure de révision de la constitution différente de celle de la loi ordinaire[940]. Aussi la Constitution sénégalaise imposait un contrôle préalable de la loi organique portant révision constitutionnelle[941] par la Cour suprême[942]. Le principe de contrôle de constitutionnalité des lois de révisions constitutionnelles était bien assis en droit sénégalais en dépit du débat doctrinal qu'il suscite[943]. Au mépris de ce principe, le gouvernement sénégalais n'a point soumis les textes visés alors projets de loi à la Cour suprême. On l'a signifié, la première référence publique de la loi de 1992 fut l'annonce à la radio du Garde des Sceaux. C'est dire que la rigidité du mécanisme de révision théoriquement promue était mise en échec, comme c'est souvent le cas au Sénégal[944], plus généralement en Afrique francophone[945], par une sorte de révision

---

[940] BLEOU (D.M.), « Sur la justiciabilité de la loi de révision », *in L'Amphithéatre et le prétoire au service des droits de l'homme et de la démocratie*, *op. cit.*, p. 216.

[941] Article 89 de la Constitution du 7 mars 1963.

[942] Il convient de préciser que la Cour suprême avait une fonction de juridiction constitutionnelle outre ses fonctions de juge de cassation en matière judiciaire et administrative.

[943] Voir sur la question : BLEOU (D.M.), « Sur la justiciabilité de la loi de révision constitutionnelle », précité. ; « La question de l'effectivité de la suprématie de la Constitution. A propos des poches de résistance au contrôle de constitutionnalité des lois en France et dans les Etats africains de succession française », *in* DJEDJRO (M.F.), BLEOU (D.M.), KOMOIN (F.) (dir.), Mélanges Francis WODIE, Presses de l'Université Toulouse 1 Capitole, 2020, p. 47 ; SOMA (A.), « Le contrôle de constitutionnalité des lois constitutionnelles en Afrique noire francophone », *APJ/PJA*, n° 5, 2011, pp.619-640 ; BADINDER (R.), « Le Conseil constitutionnel et le pouvoir constituant », *in* Mélanges Jacques ROBERT, Paris, Montchrestien, EJA, 1998, p. 217 ; VEDEL (G.), « Souveraineté et supraconstitutionnalité », *Pouvoir*, n° 67, 1993, p. 79 ; « Schengen et Maastricht », *RFDA*, 1992, p. 173 ; CARRE de MALBERG (R.), « Contribution à la théorie générale de l'Etat », *Recueil Sirey*, 1922, tome II, p. 483 ; BONNARD (R.), « Les lois constitutionnelles de 1940 », *RDP*, 1942, p. 36-90.

[944] THIAM (A.), « ''Une constitution ça se révise !''. Relativisme constitutionnel et Etat de droit », *Politique africaine*, p. 46. L'auteur dénonce notamment l'adoption de « cinq lois constitutionnelles en six mois ».

[945] KPEDU (Y.A.), « Le parlement constituant en Afrique francophone : contribution à la limitation du pouvoir de révision constitutionnelle en Afrique », *RDP*, n° 1, 2016, p. 273. L'auteur s'est résolu à s'interroger si le pouvoir constituant investi principalement de réviser la constitution peut à loisir réviser une disposition de valeur constitutionnelle dans la forme qu'il estime appropriée. NDIAYE (M.), « La stabilité constitutionnelle, nouveau défi démocratique du juge africain », *AIJC*, 2018, p. 670 ;

opportuniste[946]. Les révisions constitutionnelles y sont ressenties comme une sorte de « *malédiction* »[947].

L'importance et la sensibilité de l'objet de la réforme sénégalaise de 1992 à savoir la réorganisation organico-matérielle du pouvoir judiciaire justifieraient, à plus d'un titre, le contrôle juridictionnel des textes porteurs de la réforme. Sans préjuger de la décision que le juge constitutionnel aurait rendue, son contournement avait déjà placé la révision constitutionnelle sénégalaise de 1992, d'un point de vue procédural au moins, dans le cercle des révisions constitutionnelles « *déconsolidantes de la démocratie* »[948].

On peut, toutefois, forcer les traits en pensant que l'Exécutif sénégalais a craint de subir les effets du phénomène de substitution d'intérêts particuliers à l'intérêt légal. Ce conflit d'intérêts s'entendrait de l'opposition plus ou moins directe d'une corporation, d'un pouvoir ou d'une institution à une réforme non pas au regard du droit, mais dans l'unique dessein de conserver les privilèges qu'il perdrait du fait de l'application de celle-ci. En d'autres termes, l'Exécutif sénégalais n'a-t-il pas redouté que la Cour suprême prononce l'illégalité des textes pour la simple raison qu'ils préconisaient sa disparition ? La crainte ne serait pas fantaisiste quand l'Exécutif ne pouvait ignorer qu'une telle décision de la Cour suprême serait « *définitive et insusceptible de recours* »[949]. Le contournement du juge aurait-il été perçu comme une violation moins flagrante, moins dépréciative de la démocratie sénégalaise citée en bon exemple en Afrique[950] qu'un refus délibéré

OTCHIA V'NA (V.W.), *La révision de la Constitution du 20 janvier 2011 : une fraude à la constitution*, Mémoire de Master de droit public, Université de Kinshasa, 2011, 96 p. Disponible à https:// Consulté le 21/10/2021 à 17h 37 mn ; ATANGANA-AMOUGOU (J.-L.), « Les révisions constitutionnelles dans le renouveau constitutionnalisme africain », *Politeia*, n° 7, Printemps 2007, p. 583 ;

[946] FALL (I.M.), « La révision de la Constitution au Sénégal », *Afrilex*, p. 6. Disponible à http://afrilex.u-bordeaux.fr/wp-content/uploads/2021/03/La_revision_de_la_Constitution_au_Senegal_Ismaila.pdf.

[947] BOINA (I.S.), « La malédiction constitutionnelles en Afrique : la révision », *RFDC*, n° 128, 2021, pp. 21-46.

[948] I*bid.*, p. 7. L'auteur marque, en effet, la rupture entre les révisions constitutionnelles consolidantes et les révisions constitutionnelles non consolidantes de démocratie.

Voir également NDIAYE (M.), « La stabilité constitutionnelle, nouveau défi démocratique du juge africain ». *op. cit.,* p. 673.

[949] Article 7 de l'ordonnance relative à la Cour suprême précitée.

[950] SARR (M.), « L'effectivité de l'Etat de droit au Sénégal », *LEJA*, vol. 12, n° 27, p. 15.

d'appliquer une décision du juge constitutionnel ? Que valait d'ailleurs un tel procès d'intention lorsque le contrôle de constitutionnalité exercé par la Cour suprême est un contrôle objectif ?

Aussi pour justifier le contournement du prétoire du juge constitutionnel, l'Exécutif sénégalais s'est-il référé à un argument qu'il a cru juridiquement défendable.

L'Exécutif sénégalais a estimé qu'aux termes de son projet de loi organique la Cour suprême n'existait plus, et qu'en conséquence, elle ne pouvait exercer un quelconque pouvoir de contrôle juridictionnel. On a là, un argument « *fallacieux* »[951], patent[952]. L'initiateur principal de la réforme sénégalaise de 1992 laissait ainsi entendre que les textes encore au stade de projets de lois organiques étaient déjà opposables à la Cour suprême. Évidemment, n'ayant pas encore intégré l'ordonnancement juridique voire n'ayant pas reçu l'onction de source de droit, ces textes ne pouvaient écarter une procédure constitutionnelle suffisamment ancrée en droit sénégalais.

Outre l'opacité dans la conduite de la réforme, celle-ci a souffert de sa charge financière.

L'une des principales causes d'abandon de la réforme sénégalaise aurait été la sous-estimation de son coût financier. Le comité formé par l'Exécutif en vue de questionner l'efficacité du système juridictionnel de 1992 et le constituant sénégalais de 2008[953] s'accordent sur ce fait. Cet argument dévoile l'insuffisance des ressources financières dont disposait l'État du Sénégal dans la conduite de sa réforme de 1992. L'argument cachait la déception des réformateurs face à la faiblesse des financements extérieurs des bailleurs de fonds et dont le poids supporté par l'Etat sénégalais devenait intenable.

Il serait plus logique d'évaluer ou d'analyser d'abord l'apport financier de l'État sénégalais dans la mise en œuvre de l'initiative d'adaptation de la dualité française démarrée en 1992 avant d'examiner la contribution de ses partenaires extérieurs. Une raison peut, toutefois, expliquer que l'on procède inversement. Les réformes institutionnelles majeures sont suscitées ou quasi financées voire le plus souvent les

---

[951] NIANG (M.), « Retour à la Cour suprême : acte de bon sens ou régression », cité par LAM (C.T.), *La modernisation de la Justice au Sénégal : vers la recherche de la performance*, *op. cit.*, p. 97.

[952] Sur les caractéristiques des arguments fallacieux, voir De BRADANDERE (L.), *Petite Philosophie des arguments fallacieux*, Paris, Eyrolles, 2021, 166 p.

[953] Exposés des motifs de la Loi n° 2008-34 du 7 aout 2008 portant révision de la Constitution précitée.

deux par les bailleurs de fonds et partenaires extérieurs des États africains[954].

Le domaine de la justice à qui l'on confiait un rôle important dans la construction de l'État de droit devait être profondément restructuré et débarrassé de ses faiblesses qu'il trainait sous l'ère du parti unique. Qui plus est, l'indépendance du juge de l'Administration faisait partie des conditionnalités d'aide financière des bailleurs de fonds autant qu'elle était considérée comme un minimum de standard indispensable pour encourager les investissements[955].

À savoir que parmi les partenaires extérieurs privilégiés des États africains francophones se trouvaient et se trouvent encore la France, il n'est nullement besoin de préciser que le système de justice administratif français se positionnait donc, implicitement, comme le modèle à encourager à tout le moins. La célébration du bicentenaire du Conseil d'État au Sénégal avec la présence quasi totale des membres exerçant les hautes fonctions de cette institution[956] et de certains membres du ministère de la Justice française en 1999[957] de même que de la doctrine universitaire française[958] n'était guère le fruit d'une coïncidence encore moins d'un hasard. On est fondé à voir dans cette rencontre animée autour de colloque relatif à « *Conseil et État de droit. La contribution des Hautes juridictions administratives à l'édification*

---

954 LAVIGNE (P.), AYIMPA (S.), « L'action publique en Afrique, entre normes pratiques, dynamiques politiques et influences externes », *Anthologie et développement*, *op. cit.*, p. 25 ; DJE BI DJE (C.), *L'Etat et le financement du développement en Côte d'Ivoire*, Thèse de doctorat de Droit public, Université de Lille 2, 1980, p. 167.

955 HUBERT (P.), « Conseil et Etat de droit. La contribution des Hautes juridictions administratives à l'édification de l'Etat de droit. Rapport général », *in* colloque relatif au bicentenaire du Conseil d'Etat, *Conseil d'Etat et Etat de droit. La contribution des Hautes juridictions administratives à l'édification de l'Etat de droit*, La Revue Administrative, n° spécial 6, 1999, p. 120.

956 Pour le Conseil d'Etat français, étaient présents à ce colloque : Renaux DENOIX de SAINT-MARC, Vice-président ; Guy BRAIBANT, Président de Section honoraire ; Jean-François THERY, Président de la Section du Rapport et des Etudes ; Daniel LABETOULLE, Président de la Section du contentieux ; Michel ROUX, Président de la Section du contentieux ; Martine de BOISDEFFRE, Secrétaire général ; Patrick HUBERT, Commissaire du gouvernement ; Erik ARNOULT, Maître des Requêtes.

957 Etaient notamment présents : Jean BARTHELEMY (J.), Président du Conseil de l'Ordre des avocats aux Conseils et Françoise FABIANI, avocate aux Conseils de l'Ordre des avocats. Voir annexe…

958 La doctrine universitaire française était représentée en la participation de Bernard PACTEAU, Professeur à l'Université Montesquieu Bordeaux IV et d'Alioune FALL.

de l'État de droit. Rapport général » auquel d'ailleurs plusieurs États africains francophones étaient représentés par des personnalités animant leurs juridictions administratives respectives[959], un encouragement à l'initiative d'une progression du modèle sénégalais vers la dualité française et une invitation des autres États africains à embrasser la dynamique sénégalaise. Certes, l'État sénégalais attendait un soutien de la Coopération française[960] et de ses autres partenaires techniques et financiers (PTF) telle que l'Union européenne.

Aussi a-t-il recouru à une conférence des bailleurs de fonds pour leur présenter son projet et solliciter l'intégration de leurs activités ainsi que leurs financements dans le cadre structurant de son programme sectoriel de justice évoqué plus haut. Assurément, l'organisation du bicentenaire du Conseil d'État français au Sénégal répondait globalement à cet agenda. Mieux, la France aurait contribué à hauteur de deux millions d'euros avec une priorité accordée à la formation initiale et continue du personnel de la justice et de la justice de proximité[961]. Quant à l'UE, elle serait intervenue par l'entremise du neuvième Fonds Européen de Développement (FED)[962] à hauteur de cinq millions sept cent mille euros[963]. Cette contribution visait à soutenir les projets d'information et d'interconnexion des chaînes judiciaires[964].

L'accompagnement des PTF non négligeable fut-il, s'est avéré insuffisant à porter la réforme sénégalaise enclenchée en 1992. Il était beaucoup attendu d'eux. Ainsi, le président du Conseil d'État sénégalais d'alors n'hésitait point à solliciter la France, de façon solennelle, à faciliter la communication de la juridiction qu'il présidait

---

[959] Voir annexes.

[960] D'un point de vue politique, la Coopération française est une politique au sens large aux pays en développement. Souvent perçue comme une sorte d'ingérence, la Coopération française en Afrique est multiforme. Elle s'exprime entre autres par le financement des activités et réformes institutionnelles, l'envoi d'experts, d'administrateurs de fonctionnaires de l'éducation, d'un personnel de santé etc. L'Afrique aurait, par le biais de la coopération française, bénéficié entre 40 % et 50 % de l'aide bilatérale. Cf. JACQUEMOT (P.), « Cinquante ans de coopération française avec l'Afrique subsaharienne. Une mise en perspective », *Afrique contemporaine*, vol. 238, n° 2, 2011, p. 43.

[961] LAM (C.T.), *La modernisation de la Justice au Sénégal : vers la recherche de performance*, Thèse de doctorat, *op. cit.* p. 55.

[962] Le FED constitue le principal instrument de l'aide européenne à la coopération au développement en faveur des pays ACP et des PTOM.

[963] LAM (C.T.), *La modernisation de la Justice au Sénégal : vers la recherche de performance*, *op. cit.* p. 55.

[964] *Ibid.*

en finançant complètement les publications d'arrêts du Conseil d'Etat et de la Cour de cassation du Sénégal[965]. On a même envisagé la contribution de l'Ordre des Avocats aux conseils français à une sensibilisation des avocats africains au droit public[966].

Il résulte de ces contributions des PTF et des attentes qu'elles ont suscitées que les secondes étaient surestimées, surévaluées et se sont avérées plus importantes que les premières. Le gouvernement sénégalais s'est alors retrouvé à compenser les attentes déçues outre ce qu'il prévoyait pour son apport personnel. On ironiserait amèrement que l'initiateur sénégalais aurait plutôt surestimé la contribution des PTF ou, comme il le prétend lui-même, sous-estimé le coût de la réforme. On a pu même penser que la faible contribution des PTF serait la principale cause de l'abandon de la réforme sénégalaise juridictionnelle de 1992. Si avéré, ce ne serait point inédit en Afrique. L'un des rares ouvrages traitant du contentieux administratif burkinabè[967] a été financé par la Coopération belge ; et depuis la fin du partenariat, la première édition n'a toujours pas encore été revisitée[968]. Quoi qu'il en soit, l'Exécutif sénégalais devenait, de gré ou par défaut, le financier principal de sa réforme d'organisation juridictionnelle.

Le coût de la consécration et du fonctionnement de juridictions suprêmes spécialisées était particulièrement important. Le financement

---

[965] Tel était le vœu à l'allure de la divulgation d'une promesse obtenue exprimé par le Président Ousmane CAMARA lors d'une de ses interventions au colloque relatif au bicentenaire du Conseil d'Etat organisé au Sénégal. Voir CAMARA (O.), « La contribution du Conseil d'Etat sénégalais. Débats », in Conseil et Etat de droit. La contribution des Hautes juridictions administratives à l'édification de l'Etat de droit » colloque sur le bicentenaire du Conseil d'Etat français, *op. cit.*, p. 110. Il faut parallèlement préciser que le premier recueil des arrêts de la Cour de cassation pour les années judiciaires 1993 à 1998 a été publié avec le concours de l'agence intergouvernementale de la francophonie en 1998.

[966] HUBERT (P.), « Conseil et Etat de droit. La contribution des Hautes juridictions administratives à l'édification de l'Etat de droit. Rapport général », *op. cit.,* p. 121. Evoquant la question de la formation des magistrats et avocats administratifs sénégalais, l'interlocuteur lançait cet appel : « *C'est un message qui pourrait s'adresser aux bailleurs de fonds qui s'intéressent à ce sujet. On a parlé de manque de formation des avocats. Peut-être que ces questions pourraient également susciter un certain intérêt de la part des bailleurs de fonds, de la part des avocats français puisque nous avons ici un représentant de l'Ordre des Avocats aux Conseils qui pourrait contribuer à une sensibilisation des avocats africains au droit public* ».

[967] BA (A.T.), *Précis de contentieux administratif burkinabè*, précité.

[968] De l'aveu même de l'auteur avec que nous avons eu l'honneur de recueillir lors d'un entretien le 10 juillet 2018.

de l'adaptation de la dualité juridictionnelle française au Sénégal a précédé avant d'être arrimé à deux réformes de portées différentes.

D'abord, il s'agissait, dans une approche globale, du vaste programme sectoriel de la justice entré dans sa phase active en 2005[969] après une étude menée par deux cabinets d'experts validée en 2004[970]. Les objectifs dégagés par ce programme n'étaient pas différents de ceux affirmés par le constituant sénégalais de 1992. On peut retenir : l'accroissement de l'efficacité, l'amélioration du cadre institutionnel et l'accessibilité de la justice ainsi que le renforcement du rôle de celle-ci dans la construction de l'État de droit[971]. La préoccupation de la spécialisation du juge administratif notamment trouvait bien sa place dans cet ensemble en ce que, depuis l'ère de la transition démocratique africaine de 1990, la spécialisation de la justice administrative est appréhendée comme une garantie de l'État de droit[972]. Pourtant, le programme sectoriel de justice a connu des difficultés « *à boucler son financement* »[973].

Ensuite, il fallait supporter le coût des effets de la transposition de la directive 05/97/CM/UEMOA du 16 décembre 1997 plaçant le département de la justice sous CDSMT[974] et induisant la création d'une juridiction autonome et indépendante en matière fiscale. On ajouterait à ce point que la modernisation de la justice devrait permettre le respect des engagements internationaux relatifs aux droits humains au Sénégal[975].

---

[969] Ce programme fruit de l'adoption d'un plan décennal de modernisation de la justice sénégalaise fut séquencé en trois périodes : 2005-2007 ; 2008-2010 et 2011-2013.

[970] Il s'agissait du cabinet de Maître Mame Adama GUEYE et associés et cabinet de Sakhir DIAGNE.

[971] OMAR (D.), « Le juge administratif et la construction de l'Etat de droit au Sénégal », *op. cit.*, p. 71.

[972] KANTE (B.), « Conseil et Etat de droit. La contribution des Hautes juridictions administratives à l'édification de l'Etat de droit. Rapport général », *in* Colloque sur le bicentenaire du Conseil d'Etat français, précité, p. 114.

[973] LAM (T.C.), *La modernisation de la Justice au Sénégal : vers la recherche de la performance*, Thèse de doctorat de droit public, Université de Bourgogne France-Comté, 2018, p. 155.

[974] Le CDSMT renvoie au Cadre de Dépenses Sectorielles à Moyen Terme.

[975] Ce sont notamment : le pacte international relatif aux droits civils et politiques de 1966 et son protocole additionnel le pacte international relatif aux droits économiques, sociaux et culturels ; le protocole de la Charte africaine des droits de l'homme et des peuples relatif à la création d'une cour africaine des droits de l'homme et des peuples de 1998 ratifié par le Sénégal en 1999 ; le protocole à la charte africaine

L'application conjuguée de ces voies de modernisation de la justice sénégalaise commandait une revalorisation des infrastructures et des équipements, un renforcement et une revalorisation des ressources humaines à travers l'augmentation des effectifs, leur formation de même que l'amélioration de leurs revenus.

Pris en tenaille entre la participation fébrile des partenaires internationaux, l'obligation de respecter la directive communautaire et de créer une justice actrice et au service de l'État de droit, le pouvoir politique sénégalais ne pouvait que s'adosser, comme dernier rempart, à sa souveraineté. Par contrainte, cette fois, la souveraineté devrait s'affranchir de la financiarisation du droit[976]. C'était, d'abord et avant tout, à l'État sénégalais d'assumer une réforme portant sur l'organisation et la gestion de la justice[977] qui constitue un attribut de la souveraineté. Ainsi ce qui paraissait comme de simples objectifs à atteindre, l'expression d'une orientation politique interne, se muait en véritables défis de l'État sénégalais ainsi qu'à des obligations internationales à assumer.

Le budget de l'État non suffisamment préparé à de telles dépenses a été sollicité, éprouvé et épuisé. En témoignent quelques chiffres livrés par Cheick Tidjane LAM dans ses travaux de thèse de doctorat. Il en résulte que la mise en œuvre des réformes susmentionnées induisît une augmentation considérable du budget alloué au ministère sénégalais de la Justice. Celui-ci ayant subi une progression de 123,6 % entre 2005 à

---

des droits de l'homme et des peuples relatifs aux droits de la femme adoptés en 2003 et ratifié par l'Etat sénégalais en 2004.

[976] La financiarisation « *consiste dans une forme d'acculturation du capital, l'affirmation de la valeur actionnale dans le monde entrepreneurial et/ou l'influence de normes issues du monde financier* ». Cf. BLAIRON (K.), « La souveraineté à l'épreuve de la financiarisation », *RFFP*, n° 155, septembre 2021, p. 4. Voir également CHAMBOST (I.), TADJEDDINE (Y.), VINCENSINI (C.), « Empreintes et emprises de la financiarisation », *Terrains et travaux*, 2018/2, n° 33, p. 5. Le domaine de la dette est l'un des processus favorables de la financiarisation de la souveraineté de l'Etat. Sur le lien souveraineté de l'Etat et financiarisation du droit, lire RFFF, « Souveraineté de l'Etat et financiarisation du droit », *RFFF*, n° 155, septembre 2021, pp. 3-101. Dans une approche contextuelle aux Etats africains, on ne cesse d'admettre que la souveraineté politique suit le sort de la souveraineté économique. Voir en ce sens EKOMO (F.), « La souveraineté des Etats africains : la face cachée du décor », Revue *Economie, Gestion et Société*, p. 12 et s. Disponible à https://hal.archives-ouvertes.fr/hal-01815234/document. Consulté le 14/10/2021 à 15h 35 mn.

[977] AJA (Association des juristes africains), *La modernisation de la justice au Sénégal : une perception manifeste*, *op. cit.*, p. 7.

2009[978] repartie de la manière suivante : onze milliards neuf cent cinquante millions cinq cent vingt et un mille francs CFA en 2005[979], vingt milliards soixante-sept millions six cent soixante-quatorze mille francs CFA en 2006[980], vingt-quatre milliards six cent trente-neuf millions trois cent quatorze mille francs CFA en 2007[981], vingt-six milliards quatre cent quatre-vingt-dix millions six cent quarante mille francs CFA en 2008[982] et vingt-six milliards quatre cent quatre-vingt-dix millions six cent quarante mille en 2009[983].

Tableau synthétique du budget alloué au Ministère de la Justice au Sénégal entre 2005-2009

Années	Montants en chiffres en FCFA	Budget général annuel	Part dans le budget annuel
2005	11.950.521.000	1.229.500.000.000	0,97 %
2006	20.082.674.000	1.344.1.000.000	1,49 %
2007	24.639.314.000	1.474.482.170.000	0,16 %
2008	26.490.640.000	1.601.113.263.000	1,65 %
2009	26.705.935.000	1.776.750.000.000	1,50 %

Pour saisir l'impact de l'éclatement des cours de justice sur le budget, il convient de croiser des données relatives à leurs coûts financiers et à ceux qu'engageait la Cour suprême. Le défaut de disponibilité complète des chiffres n'empêche pas d'apprécier cet impact à partir de quelques résultats budgétaires qui restent accessibles.

Cependant, on peut confirmer que « *la création de plusieurs juridictions supérieures a eu un impact pernicieux sur les moyens budgétaires et les ressources humaines mis à la disposition de la*

---

978 LAM (C.T.), *La modernisation de la Justice au Sénégal : vers la recherche de la performance*, *op. cit.*, p. 55.

979 Soit 0, 97 % du budget de l'année de l'Etat du Sénégal.

980 Soit 1,49 % du budget de l'année 2006 de l'Etat sénégalais.

981 Soit 0,16 % du budget de l'année 2007 de l'Etat du Sénégal.

982 Soit 1, 65 % du budget de l'année 2008 de l'Etat sénégalais.

983 Soit 1,65% du budget de l'année 2009 de l'Etat sénégalais.

justice »[984]. Les chiffres sus-indiqués laissaient déjà entrevoir que le processus de la modernisation de la justice qu'elle enclenchait n'irait pas à terme. On peut toujours reprocher que le budget alloué à la justice dans les États africains reste très faible au regard de l'importance de l'institution judiciaire dans la construction de l'État de droit[985]. Mais on ne pouvait se méprendre sur le niveau de relèvement de celui-ci. Le budget répond à un équilibre qui, si rompu devient insupportable[986] ou du moins entraine la liquidation de certains projets. La réforme de 1992 en a payé le prix. Son initiateur même a pu avouer qu'il avait sous-estimé son coût. Comment cela fut-il possible ? Est-ce là un prétexte pour ne pas assumer son échec ? Cet argument n'est-il pas la preuve que la réforme sénégalaise de 1992 n'était qu' « *un semblant de réforme* »[987] que l'Exécutif sénégalais entendait engager ?

Paragraphe 3 - Un échec non assumé

Assumer un échec c'est prendre, au préalable, des dispositions afin de l'éviter et d'en reconnaitre, ensuite, les causes quand celui-ci survient. Ce qui conduit à examiner les raisons avouées et inavouées de l'échec de la réforme sénégalaise de 1992. Succinctement, on peut retenir que le constituant sénégalais accusait ce système d'avoir

---

[984] Exposé des motifs de la loi organique de 2008 sur la Cour suprême précitée.

[985] On dirait que les Etats africains francophones partagent une triste réalité vécue en France. En effet, à l'occasion de la publication de l'étude de la Commission européenne pour l'efficacité de la justice, le président de ladite Commission révélait que le retard historique du budget alloué à la justice est structurel. Selon ce rapport, la France consacre 65,90 euros par an et par habitant à la justice contre 122 euros, par exemple, en Allemagne. Voir Le Monde, « Budget de la justice : ''Le retard historique est structurel'' », publié le 04 octobre 2018 à 16h 55m. Disponible à https://www.lemonde.fr/societe/article/2018/10/04/budget-de-la-justice-le-retard-historique-est-structurel_5364685_3224.html. La situation des Etats africains francophones où le caractère défectueux du cadre structurel de l'appareil judiciaire constitue une cause de la corruption qui mine ce milieu. ALOU (M.T.), « La justice au plus offrant : les infortunes du système judiciaire en Afrique de l'ouest (autour du cas du Niger), *Politique africaine*, 2001, vol. 3, n° 83, p. 62.

[986] L'équilibre budgétaire commende que le budget de l'Etat ne doit faire apparaitre ni déficit ni excédent de recettes. Voir BOUCHEIX (Ph.), JUILLARD (R.), *Les finances publiques : contexte, enjeux, acteurs*, Paris, Dunod, 2021, p. 15. ; BOUVIER (M.), « Les représentations théoriques de l'équilibre budgétaire : essai sur la vanité d'un principe », *in* TALLINEAUD (L.) (dir), *L'équilibre budgétaire*, Paris, Economica, pp. 23-41.

[987] SECK (P.O.) (dir.), *La modernisation de la justice au Sénégal : une perception manifeste*, *op. cit.*,

provoqué des difficultés à concilier les impératifs de gestion des services et des procédures avec les objectifs d'amélioration de la qualité institutionnelle de la justice[988]. Le système aurait également induit l'empêchement du pouvoir judiciaire d'assurer l'égalité des citoyens par le droit[989] et une éclosion de la jurisprudence administrative. Il n'aurait facilité ni la spécialisation des magistrats ni le traitement des affaires dans un délai raisonnable encore moins l'amélioreration de la qualité de la jurisprudence administrative. La conception et la fabrication de la réforme n'auraient eu aucun impact sur son échec. Mise au banc des accusés, la juridiction administrative suprême sénégalaise s'est vue portée à tort et à raison la croix de l'échec de la justice administrative alors que la responsabilité de l'Exécutif même si éludée est la plus importante.

Le Conseil d'État sénégalais, pilier majeur de la réforme 1992, était pleinement visé par la critique dressée par l'Exécutif sénégalais[990]. Il était reproché au Conseil d'État de n'être pas parvenu à réduire ou d'avoir entretenu la traditionnelle distance entre le juge administratif sénégalaise et les justiciables. L'application rigoureuse des conditions de recevabilité par le Conseil d'État a maintenu sa distance avec les justiciables. Quant à l'incommunicabilité de ses décisions n'a pas milité en faveur d'une pacification des relations entre le juge administratif suprême et les parties au procès ainsi que la doctrine.

Durant seize ans de fonctionnement effectif, la politique jurisprudentielle[991] du Conseil d'État indiquait « *le nombre élevé de rejets pour irrecevabilité* »[992] du fait d'une « *interprétation littérale* »[993] des conditions formelles et de délai de saisine du juge administratif. Le Conseil d'État sénégalais, en effet, s'est montré particulièrement sévère dans l'appréciation des conditions de forme et de délai.

---

988 *Ibid.*, p. 21

989 *Ibid.*

990 Voir *supra*, Section I : L'aveu d'échec.

991 Sur la définition de l'expression ''politique jurisprudentielle'', se référer à ASPIRO SEDKY (J.), BRETT (R.), ANNE (M.) (dir), *Les politiques jurisprudentielles*, Actes de la journée d'étude des jeunes chercheurs de l'Institut d'Etude de Droit Public (IEDP), organisé le 22 novembre 2013 à la Faculté Jean Monnet de Paris Sud.

992 DIAGNE (N.M.F.), *Les méthodes et les techniques du juge en droit administratif sénégalais*, Thèse de doctorat de droit public, Université Cheick Anta Diop de Dakar, 1995, p. 113.

993 *Ibid.*, p. 115.

A travers ses pouvoirs d'interprétation des textes, le juge administratif donne une résonnance soit rigide soit flexible à l'application des conditions procédurales. Cet exercice de redéfinition des règles permet de soutenir que le rôle du juge dans l'accès à son prétoire n'est plus neutre. Il peut influer sur la cadence, l'étendue de l'ouverture de son prétoire aux justiciables par une appréciation souple ou rigide des conditions sus-indiquées. La première attitude permettant de réduire la distance entre lui et les justiciables quand la seconde produit l'effet inverse.

Les conditions de recevabilité du recours juridictionnel administratif sont diverses. Ce qui intensifie les risques d'égarement du justiciable dans « *le maquis de la procédure* »[994]. La conduite du juge qui atténuerait les sanctions aux violations de ces conditions répondrait certes à sa volonté de protéger davantage les droits et libertés individuels. Elle exprime également l'environnement démocratique et le niveau de la manifestation de l'État de droit du milieu d'intervention du juge administratif. Un juge sous emprise de l'Administration ou dont l'indépendance est négociée voire marchandée se détache difficilement des textes surtout si cette conduite est défavorable à l'Administration. Cette réalité vécue par les juges administratifs africains[995] a été partagée par la nouvelle juridiction administrative suprême sénégalaise dont la légitimité entendait s'adosser à une certaine onction de l'Administration confondue en la personne morale de l'Exécutif[996].

En dépit de la faiblesse quantitative des décisions rendues, l'analyse de quelques-unes a, tout de même, révélé un « *rejet systématique des recours non conformes aux prescriptions textuelles* »[997]. Les lignes qui suivent démontreront la justesse de cette occurrence à partir des

---

[994] ODENT (R.), « Le destin des fins de non-recevoir », *in* Mélanges Marcel WALINE, tome II, p. 653.

[995] Le représentant de la Centrafrique au colloque de Dakar avouait ceci : « *Quelqu'un a parlé de manque d'audace du juge administratif. Moi je pense que le juge administratif, même s'il doit être audacieux, cela doit etre une audace calculée, parce que l'administration, c'est quand même l'administration. (...) Je pense qu'il faut etre audacieux, mais il faut calculer l'audace, parce que cela ne sert à rien d'aller se casser la figure après. Alors il faut en tenir compte, sinon, après, l'Etat de droit prend du retard* », *in* Colloque des 9-10 mars 1998, *op. cit.*, p. 108.

[996] KANTE (P.F.), « Essai sur les causes de l'ineffectivité du principe de la séparation des pouvoirs dans les rapports entre le pouvoir exécutif et le pouvoir dans le Sénégal post alternance », *LEJA*, vol. 12, n° 27, 2012, p. 67.

[997] DIAGNE (N.M.F.), *Les méthodes et les techniques du juge en droit administratif sénégalais*, Thèse de doctorat de droit public, *op. cit.*, p. 116.

décisions de rejet sur l'irrecevabilité de la requête et des rejets fondés sur la déchéance du requérant.

Auparavant, la sanction de l'inobservation des conditions de forme qu'est l'irrecevabilité était sévèrement prononcée par la Chambre administrative de la Cour suprême sénégalaise[998]. Le Conseil d'État n'a pas abandonné cette tradition déplorable ou du moins cette sanction excessive. L'irrecevabilité a toujours été prévue par les textes sénégalais régissant le recours pour excès de pouvoir[999]. Ceux-ci indiquent clairement que l'irrecevabilité sanctionne les défauts, dans la requête, de la mention de noms et domicile des parties, de l'exposé sommaire des faits, des moyens et conclusions d'une part ; et l'absence d'accompagnement de la requête d'une expédition de la décision attaquée ou justifiant du dépôt de la réclamation d'autre part.

Cependant, les textes restaient silencieux sur la sanction du manquement à l'obligation du ministère d'avocat et à celle du dépôt d'un nombre de copies de la requête équivalent à celui des parties. On s'est interrogé de savoir si le législateur sénégalais ne créait pas ainsi une hiérarchie entre les formalités susmentionnées. Celles sanctionnées ne relèveraient-elles pas d'ordre public tandis que les deux dernièrement énumérées ne dépendraient-elles pas du pouvoir d'appréciation du juge [1000] ? Assurément, le silence des textes laissait fécond le pouvoir d'interprétation du Conseil d'État sénégalais. Et il y avait matière à ce que ce pouvoir se déploie dans le sens de l'intérêt des justiciables.

Le ministère d'avocat étant une obligation qui rend onéreux le recours devant le juge. Il constitue un risque d'erreur du requérant en raison de l'absence d'obligation du ministère d'avocat devant le Tribunal Régional et la Cour d'appel qui étaient compétents en matière d'exception d'illégalité. Qui plus est, une certaine confusion sur le caractère obligatoire du ministère d'avocat était entretenue par les textes. Tandis que l'article 15 de la loi relative au Conseil d'État imposait la formalité du ministère public, l'article 35 dispensait le requérant d'un recours pour excès de pouvoir de ladite formalité.

---

[998] FALL (A.B.), *La responsabilité extra-contractuelle de la puissance au Sénégal : essai de transposition des règles de droit administratif français dans un pays d'Afrique noire francophone*, *op. cit.*, p. 169 et s.

[999] Cf. article 45 de la loi organique relative à la Cour suprême et article 15 de la loi n° 92-24 du 30 mai 1992 sur le Conseil d'Etat, précité.

[1000] DIAGNE (N.M.F.), *Les méthodes et les techniques du juge en droit administratif sénégalais*, Thèse de doctorat de droit public, *op. cit.*, p. 116, p. 117.

La conjugaison de ces aspects et circonstances invitait le Conseil d'État sénégalais à retenir une sanction moins sévère que l'irrecevabilité en cas de défaut du ministère d'avocat. Pourtant, son approche fut toute autre. Le Conseil d'État sénégalais a, en effet, sanctionné le manquement au ministère d'avocat par l'irrecevabilité. Dans l'affaire *Ibrahima Sadikh BEYE*, il a prononcé l'irrecevabilité d'un recours pour excès de pouvoir au motif que la requête fut signée par les demandeurs et non par un avocat[1001]. Le Conseil d'État sénégalais n'a pas moins été guidé par un souci « *d'uniformisation* »[1002] que le choix d'une continuité de la jurisprudence de la défunte Cour suprême[1003] qui n'écartait l'obligation du ministère d'avocat « *ni pour le requérant exerçant la profession d'avocat, ni a fortiori quand il n'était qu'un avocat qui ne pouvait légalement plaider sous sa seule responsabilité personnelle (...)* »[1004].

Il résulte de l'affaire *Ibrahima Sadikh BEYE* que le Conseil d'État sénégalais a écarté l'application d'une disposition spéciale applicable aux recours pour excès de pouvoir consacré par l'article 35 au profit d'une disposition générale posée par l'article 15 de la loi relative au Conseil d'État. Ce faisant, le Conseil d'État ne s'est-il pas rendu coupable d'une violation de la loi ? Théoriquement, le principe *Specialia generalibus derogant*, entendre par les règles spéciales dérogent aux règles générales[1005], ne saurait être méconnu du juge administratif suprême sénégalais même s'il faut avouer qu'il renvoie souvent à des situations incertaines[1006]. Mieux la tâche du Conseil

---

[1001] CE (Sénégal), 23 février 1994, *Ibrahima Sadikh BEYE et al.*, inédit.

[1002] DIAGNE (N.M.F.), *Les méthodes et les techniques du juge en droit administratif sénégalais*, Thèse de doctorat de droit public, *op. cit.*, p. 117.

[1003] Voir C.S (Sénégal)., 11 avril 1962, *Amadou KANE c/ O.P.T.*, G.D.J.A.S., p. 257 ; C.S (Sénégal), 11 août 1977, *Cheick SARR*, G.D.J.A.S., T.I., p. 61.

[1004] C.S. (Sénégal), 5 décembre 1990, *Ibrahim DIAWARA*, inédit.

[1005] Origine, sens et contenu du principe. Lire, pour ce faire MAZEAUD (D.), BOFFA (R.), BLANC (N.), *Dictionnaire du droit*, Paris, LGDJ, 2018,

[1006] Lire sur ce sujet : POLLAUD-DULLIAN (F.), « Du droit commun au droit spécial – et retour », in Aspects actuels du droit des affaires, Mélanges en l'honneur d'Y. GUYON, Dalloz, 2003, p. 925 ; CASSIN (R.), « Lois spéciales et droit commun », *D.*, n° 3, 1961, p. 92. L'auteur affirmait que « *Tous les juristes s'accordent à reconnaître que les lois spéciales occupent une place capitale dans l'ordre juridique contemporain. Il apparaît que spécialité devient ordinaire et que le principe est vidé de son contenu* ». En dehors du danger de prolifération des règles spéciales ainsi dénoncé, une autre incertitude de l'usage du principe existe. Elle se pose lorsqu'on se retrouve face à une superposition de règles spéciales à déterminer la règle applicable. Cette réalité est traduite en ces termes : « Finalement, affirmer que l'action spéciale

d'État était facilitée par l'évolution du droit sénégalais sur l'obligation du ministère d'avocat en matière du recours pour excès de pouvoir[1007].

Cette situation du juge administratif de la Cour suprême est bien différente de celle du Conseil d'État. Le législateur aurait entendu orienter le sens de la décision de ce juge en apportant au texte une disposition spéciale. Le maintien de l'obligation du ministère d'avocat en matière de recours pour excès de pouvoir par le Conseil d'État relève d'un contrôle sévère voire « *injuste* »[1008] en ce qu'il serait contraire à la loi.

Ensuite, on pourrait reprocher la même sévérité au juge administratif sénégalais à l'analyse de ses décisions de rejets fondées sur la déchéance du requérant. Cette fois avec des mots différents : le Conseil d'État applique littéralement les textes. L'article 16 de la loi sur le conseil d'Etat disposait que : « Le *demandeur est tenu, à peine de déchéance de consigner (...) une amende de 5.000 FCFA* »[1009]. La déchéance était donc prévue textuellement pour non-consignation de l'amende de pourvoi. Elle l'était également prononcée pour défaut de signification de la requête[1010]. La sévérité du contrôle du Conseil d'État sénégalais en ces matières se mesure au degré de la sévérité de la

---

exclut l'action générale peut conduire à écarter, outre l'action d'un degré de généralité immédiatement supérieur à celle considérée, la ou les actions par rapport auxquelles cette dernière constitue elle-même une action spéciale ». MAUCLAIR (S.), *Recherche sur l'articulation entre le droit commun et le droit spécial en droit de la responsabilité civile extracontractuelle*, Thèse de doctorat de droit privé, Université d'Orléans, 2011, p. 129.

1007 Auparavant, à travers la loi relative à la Cour suprême, le législateur sénégalais n'est pas revenu, au chapitre du recours pour excès de pouvoir, sur l'obligation du ministère d'avocat qu'il avait fixée dans les dispositions générales de la même loi. Parallèlement, le législateur rappelle la même condition dans les dispositions générales de la loi sur le Conseil d'Etat sénégalais. Cependant, cette fois, le ministère de l'avocat était exclu des formalités de recevabilité du recours pour excès de pouvoir. Le silence gardé par le législateur au niveau du texte de la Cour suprême a été, sans doute, compris par cette juridiction dans le sens où le législateur n'aurait pas jugé nécessaire de rappeler cette formalité en matière de recours pour excès de pouvoir. C'est donc raisonnable que l'ancien Cour suprême ait toujours prononcé l'irrecevabilité car cette sanction restait facultative.

1008 DIAGNE (N.M.F.), *Les méthodes et les techniques du juge en droit administratif sénégalais*, Thèse de doctorat de droit public, *op. cit.*, p. 118.

1009 Cet article reprenait, à la lettre, les termes de l'article 46 du texte relatif à la Cour suprême.

1010 Article 20 de la loi sur le Conseil d'Etat reprenant la substance de l'article 51 de la loi relative à la Cour suprême.

sanction de déchéance et en considération du pouvoir qu'avait ce juge à prononcer une sanction moins préjudiciable au requérant.

Contrairement à la sanction d'irrecevabilité[1011], la déchéance conduit à une perte définitive du droit d'exercer une nouvelle demande après correction du vice qui entachait la demande initiale. Dès lors, on pouvait espérer que, né de la ferme volonté de rapprocher les justiciables de son prétoire, le Conseil d'État use de son pouvoir d'interprétation pour écarter une application littérale des textes et prononce, suivant les espèces, une sanction moins grave. Point n'eût été le cas. Ces décisions rappellent éloquemment que la sanction de la non-consignation[1012] ou d'une consignation tardive intervenue plus d'un mois après l'introduction de la requête[1013] en matière de recours pour excès de pouvoir ou en annulation était unique et inique : la déchéance[1014]. De la sorte, le Conseil d'Etat maintenait en l'état la même rigidité de l'ancienne Cour suprême sur la question[1015].

Le Premier Avocat général près la Cour suprême sénégalais justifiait la sévérité du juge administratif sénégalais en matière de violation de la règle de consignation, d'une part part, par la modicité du montant fixé pour la consignation et d'autre part, en vue d'éviter les recours fantaisistes[1016]. Sur chacun de ces arguments, la critique de la sévérité des décisions du juge administratif suprême sénégalais ne tarit pas. Il

---

[1011] Certes l'irrecevabilité pour non-respect des règles de forme entraine le rejet de la requete sans que le juge se prononce sur le fond. Sous cet aspect, l'irrecevabilité produit des effets identiques à ceux de la déchéance. Cependant, la sanction d'irrecevabilité ne prive guère le requérant d'introduire une nouvelle demande conforme aux prescriptions légales. Le délai dont dispose le requérant étant celui du contentieux. Ainsi, aussi longtemps que ce délai court, la production des décisions attaquées, la mention de l'identité des parties et l'exposés des faits et moyens notamment sont autant de formalités que le requérant peut considérer dans sa nouvelle demande. Mieux, en acceptant de contrôler la régularité de la requête non pas à l'étape de l'introduction mais au moment du jugement, le juge permet au requérant d'apporter les formalités précitées ultérieurement à sa demande. En somme, alors que l'irrecevabilité vise la requete, la déchéance frappe le requérant même.

[1012] CE (Sénégal), 25 août 1993, *Léon SARR*, inédit.

[1013] CE (Sénégal), 25 août 1993, *SOTUSCI*, inédit.

[1014] CE (Sénégal), 25 août 1993, *SOTUSCI*, inédit.

[1015] Pour la déchéance à cause de non-consignation : CS (Sénégal), 4 janvier 1989, *Samarsen c/ Express Navigation*, inédit. CS (Sénégal), 25 juillet 1979, *Fernandez*, G.D.J.A.S., T.I., p. 494. ; CS (Sénégal), 4 mars 1987, *Ahmed Iyane SIDIBE*, inédit. ; CS (Sénégal)· 20 mars 1985, *Seydina THIAM*, inédit.

[1016] Conclusions du Premier Avocat général près la Cour suprême sur C.S. 20 mars 1980, inédit. Cité par DIAGNE (N.M.F.), *Les méthodes et les techniques du juge en droit administratif sénégalais*, Thèse de doctorat de droit public, *op. cit*, p. 128.

fut maladroit de penser que la somme de 5.000 F CFA indiquée par le législateur était un modique montant pour les justiciables sénégalais. Elle ne l'a point été entre 1992 et 2008[1017] comme elle ne l'est aujourd'hui[1018]. De même, on ne peut craindre des recours fantaisistes jusqu'à adopter une politique jurisprudentielle très limitative de l'accès des justiciables au prétoire du juge dans un contexte où sont décriées la timidité des justiciables et la faiblesse des recours juridictionnels.

La rigidité du Conseil d'État se percevait également quand il s'agissait de sanctionner le non-respect de la signification de la requête à la partie adverse. Là aussi, il n'a prononcé que la déchéance dans toutes les espèces dont il a été saisi. Que ce soit pour sanctionner l'omission de la signification de la requête à la partie adverse[1019], de la signification dans les conditions autres que celles prévues par les textes[1020] ou de la signification effectuée sur le fondement d'un acte extrajudiciaire, le Conseil d'État sénégalais a constamment retenu la déchéance.

Outre ce strict contrôle des conditions de forme, l'examen des délais de recours constitue une autre caractéristique de l'œuvre jurisprudentielle qui entretenait, certes dans une intensité moindre, l'éloignement des justiciables du Conseil d'État sénégalais.

L'introduction du recours contentieux dans un délai déterminé est une obligation qui participe de la sécurité juridique[1021], de la stabilité des droits acquis[1022], du bon fonctionnement de la justice[1023], de

---

1017 Selon les enquêtes de suivi de la pauvreté au Sénégal (ESPS) conduites en 1992 et en 2006, *« sur 1000 personnes en âge de travailler, seulement 438 ont un emploi »*. Cf. KANE (A.), « Dynamique de l'emploi au Sénégal : un suivi de cohortes sur la période 1992-2011 », *Revue d'économie du développement*, vol. 22, n° 1, 2014, p.76.

1018 Il ressort des résultats de la première édition de l'enquête harmonisée sur les conditions de vie des ménages (EHCVM) mené sous un accord de don de la Banque mondiale à la Commission de l'UEMOA que le taux de pauvreté au Sénégal s'est établi à 37,8 % en 2021 contre 42,8% en 2011.

1019 CE (Sénégal), 25 août 1993, *Pierre ROSSI*, inédit ; CE (Sénégal), 24 novembre 1993, *Elisabeth GARRICK, épouse DARBOUX* ; 24 novembre 1993, *Ousmane FAYE*, inédit ; CE, 24 novembre 1993, *Hôtel Nina*, inédit.

1020 CE (Sénégal), 25 août 1993, *Dame Fatou SECK*, inédit. ; 25 août 1993, *Abdourahmane DIOP*, inédit ; 25 août 1993, *Tabara SENE et autres*, inédit.

1021 AUBY (J.M.), DRAGO (R.), *Traité de contentieux administratif*, T. I., Paris, LGDJ, 1962, p. 898.

1022 *Ibid.*

1023 Le défaut de fixation d'un délai encadrant le recours pour excès de pouvoir, à l'instar de tout type de recours contentieux, ouvre voie à un risque de saisine incessant et encombrant du juge administratif.

l'efficacité de l'action administrative[1024] et de l'égalité des parties au procès[1025]. Aussi la règle de délai est-elle d'ordre public dont la violation pouvant être dénoncée à tout moment du procès doit être soulevée d'office par le juge. La demande du requérant sera, dans ce cas, frappée de forclusion. S'il traverse tout le temps du contentieux administratif c'est-à-dire allant de l'introduction de la requête, du déroulement de la procédure en passant par la phase d'instruction jusqu'au moment où la décision du juge devient définitive, le délai emprunte plusieurs voix d'expression. Il peut s'agir notamment de l'assignation et du pourvoi contre un acte administratif unilatéral.

En droit sénégalais, les différents délais sont enserrés dans les termes de l'article 729 du Code de procédure civile[1026], repris par les articles 83 de la loi sur l'ancienne Cour suprême et 35 de la loi sur le Conseil d'État. La démonstration qui se rapporte à l'intitulé de cette séquence opère deux restrictions. Seront retenus les délais relatifs au recours administratif préalable et aux recours juridictionnels pour excès de pouvoir en droit sénégalais. Pour autant, les décisions des juridictions judiciaires du fond notamment le Tribunal régional de Dakar et la Cour d'appel en la matière ne seront pas particulièrement analysées. Et ce, non point parce que ces juridictions compétentes en matière d'exception d'illégalité procédaient à une appréciation plus souple des délais sus-indiqués. Bien au contraire, leurs décisions étaient marquées du sceau de la rigidité en défaveur des requérants[1027] même si, en ce qui

---

[1024] Le retrait de l'acte administratif n'ayant pas fait l'objet d'un recours suspensif et dont les effets se sont déployés et consolidés dans les faits serait handicapant pour l'efficacité de l'action administrative. D'autant que l'intervention de l'Administration est souvent motivée par l'urgence ou la nécessité. Aussi le principe de légalité impose-t-il à l'Administration entre autres une obligation d'agir.

[1025] Le procès est une compétition, sa longueur parfois, l'énergie qu'il exige aux parties en entrainent la dénomination de marathon judiciaire. De même les stratégies de défense qu'il requiert vérifient l'usage de combat judiciaire. Dans ces conditions, l'absence totale de délai ou de *round* enserrant la confrontation entre les parties constitue une sorte de rupture d'égalité.

[1026] Ce délai a été rappelé par la Cour de cassation (Sénégal), 18 août 2004, *Société Aa Ab c/ Etat du Sénégal*, n° 126.

[1027] Les juges de première instance et d'appel ont notamment prononcé l'irrecevabilité lorsque l'assignation est délivrée plus de deux mois après le rejet implicite, ou explicite, d'un recours administratif. Cf. CA de Dakar, 28 juin 1985, *Raymond NDIONE*, inédit ; Tribunal Régional de Dakar, 8 mai 1985, *René TRICHET c/ Commune de Dakar*, inédit ; Tribunal Régional de Dakar, 23 mars 1988, *Afrique Audit*, inédit ; Tribunal Régional de Dakar, 25 mai 1988, *Mamadou MBODJ*, inédit. Ils ont aussi estimé que les recours successifs ne prolongent pas les délais et

les concerne, la règle du recours préalable était enfermée dans un délai de prescription quadriennale[1028]. Par ailleurs, la critique étant adressée principalement à la juridiction administrative suprême, on peut

---

sont irrecevables. Cf. T.P.I. de Dakar, 14 septembre 1984. Héritiers Landing NIANG, inédit ; Tribunal Régional de Dakar, 10 décembre 1986, *Société Wellcome Foundation L.T.D.*, inédit. Le Tribunal de Première Instance de Dakar a même, de façon très critiquable, considéré que les réponses d'attente étaient des décisions faisant courir le délai du recours juridictionnel. En effet, la Société Photo Ciné Sénégal dans le jugement a adressé une demande à l'Agent judiciaire de l'Etat le 28 avril 1983 en vue du règlement d'une créance. Ce dernier l'informa, par une lettre datée du 13 mai 1983, que « *le dossier était à l'étude* ». La requérante a perçu de cette réponse un refus de l'Administration. Aussi a-t-elle saisi le juge le 6 juillet 1983. Le représentant de l'Etat souleva l'exception d'irrecevabilité devant le juge le Tribunal Régional de Dakar. Il alléguait que l'assignation était prématurée en ce que la requérante n'aurait dû saisir le juge qu'après « *l'expiration du délai de quatre mois de silence valant rejet implicite* ». La motivation et le sens de la décision du juge furent très contrastés voire contradictoires. D'abord, il écarta l'interprétation donnée par l'Administration car celle-ci serait erronée. Il admît que la lettre comportant la réponse de l'Agent judiciaire constitua un accusé de la requête gracieuse. Ainsi, le fait pour l'Administration de répondre « que le dossier est à l'étude » ne saurait, pour le juge, être interprété comme « *le fait que l'administration ne reconnaît pas encore le principe de sa créance, autrement dit donc comme un refus* ». En conséquence, pour le juge, le requérant « *se trouvait bien dans la première hypothèse de l'alinéa 2 de l'article 729 (...) qui l'obligeait à assigner dans le délai de deux mois qui suit l'avis donné de la décision de l'administration* ». Cf. T.P.I. Dakar, 30 mai 1984, *Société Photo Ciné Sénégal*. Inédit. Il ressort de la solution que si le juge, à travers une telle interprétation des réponses d'attente, prononcé la recevabilité d'un recours un recours prématurément formé, n'a pas véritablement favorisé la requérante en ce que la réponse donnée par l'Administration n'a pas été considérée comme un refus. En d'autres termes, il n'eût, de la réponse, aucune naissance d'un acte administratif nouveau faisant grief. Ce qui révèle, au fond, l'erreur initiale d'appréciation du juge sur la question de savoir si les réponses d'attente constituaient des décisions faisant courir le délai du recours juridictionnel. Pour rappel, le juge français, contrairement à son homologue sénégalais a répondu par la négative à cette préoccupation. De ce fait, le recours juridictionnel n'est pas possible contre les réponses qui laissent entendre que l'Administration promet d'étudier le dossier ou toutes autres mentions exigeant des informations supplémentaires au requérant. Voir en ce sens PACTEAU (B.), *Traité de contentieux administratif*, Paris, PUF, p. 139. La contradiction du juge sénégalais de l'exception d'illégalité est perceptible à la lecture d'autres décisions. Sans s'y étaler, on se contenterait de citer Tribunal Régional de Dakar. 4 mai 1988, *Groupement professionnel des maîtres tailleurs sénégalais*, inédit. En l'espèce, le juge a estimé qu'une lettre précisant qu'il serait donné incessamment des directives au Directeur du contrôle économique pour règlement définitif et intervenue en réponse à un courrier du requérant ne constituait pas une décision de rejet. Paradoxalement, il a jugé que l'assignation aurait dû être formée dans les deux mois suivant ladite réponse.

[1028] Voir article 729 du CPC.

volontiers recentrer le questionnement de la sévérité des décisions du juge administratif dans l'appréciation des délais de recours juridictionnels autour de ses décisions surtout que celles-ci ne s'éloignent pas des décisions des juridictions du fond.

Certes pour combler le silence des textes, le Conseil d'État sénégalais appliquait, sans le viser expressément, l'article 827 du CPC qui imposait l'observation du délai franc[1029]. Ce mode de computation favorable au requérant était appliqué au délai de deux mois qui encadrait le recours pour excès de pouvoir fixé par le législateur sénégalais, certainement sous inspiration de l'ordonnance française du 31 juillet 1945 sur le conseil d'État[1030] et du Code des Tribunaux administratifs français[1031]. Sans conteste, le délai de deux mois s'avère bref dans le contexte sénégalais marqué par un éloignement géographique du juge administratif des justiciables[1032]. Le Conseil d'Etat sénégalais trouvait encore là un argument de saisir l'opportunité que lui offrait le libéralisme du traitement contentieux des conditions de recevabilité[1033]. Il n'a guère exploité cette occasion pour rassurer les

---

[1029] CE (Sénégal), 24 novembre 1993, *SIMPA*, inédit. Il ressortait de l'article 827 du CPC que : « *Tous les détails de procédure prévus par le présent code sont francs, le jour de la notification ou de la remise de l'acte et le jour de l'échéance ne sont point comptés dans le délai fixé (...) Lorsque le dernier jour d'un délai quelconque de procédure est un jour férié ou un samedi, ce délai est prorogé jusqu'au premier jour ouvrable qui suit le jour férié ou le samedi* ». Rappelons qu'en France, le caractère franc du délai en matière administrative trouve son fondement à l'article R 421-2 du CJA. Mais cette technique de computation du délai fut supprimée en matière de procédure civil.

[1030] Ordonnance n° 45-1708 du 31 juillet 1945 portant transfert des attributions du comité juridique au Conseil d'Etat, JORF, Lois et décrets n° 0179 du 1er août 1945, p. 4770. Ordonnance abrogée depuis le 1er janvier 2001 par l'Ordonnance n° 2000-387 du 4 mai relative à la partie Législative du Code de justice administrative, JORF, Lois et décrets, n° 0107 du 7 mai 2000, p. 6904.

[1031] Devenu Code des tribunaux administratifs et des cours administratifs d'appel par Décret n° 89-641 du 7 septembre 1989, portant code des tribunaux administratifs et des cours administratives d'appel, JORF n° 11 du 10 septembre 1989, p. 11494, entré en vigueur le 1er janvier 1990 et abrogé par le Décret 2000-389 du 4 mai 2000 du code de justice administrative relatif à la partie Règlementaire JORF n° 0107 du 7 mai 2000, p. 6904.

[1032] SY (D.), « Juge administratif et communicabilité », *Afrilex*, http://afrilex.u-bordeaux.fr/droit-administratif-et-communicabilite-en-afrique/. p. 22. Disponible à Consulté le 8 janvier 2021 à 17h 58mn.

[1033] LASSERRE (B.), « Propos introductifs. Etre accessible, utile et compris : l'efficacité du juge administratif », *in* Colloque, les Entretiens du contentieux, Conseil d'Etat, le 29 octobre 2021. Disponible à

justiciables sénégalais sur sa capacité à produire le droit[1034] encore moins à veiller à une protection efficiente de leurs droits et libertés[1035].

A l'instar de la Chambre administrative de la Cour suprême dont il procède[1036], le Conseil d'État sénégalais a, sous son règne, fait démentir, l'affirmation à l'allure de prédiction du Président Raymond ODENT formulée en ces termes : « *les fins de non-recevoir ont un destin qui paraît s'apparenter à un déclin* »[1037]. L'examen des décisions rendues suite à des recours formés directement devant le juge ou sur saisines précédées de recours administratif préalable a révélé « *la volonté du juge de faire respecter rigoureusement les délais de recours* »[1038] dont l'un des effets pervers fut la récurrence de « *décisions critiquables* »[1039].

Ainsi la sanction à l'introduction tardive du recours administratif préalable a toujours été l'irrecevabilité[1040]. Il en est de même pour le recours tardif en matière d'excès de pouvoir[1041]. L'espèce *Samba Diama SECK et Abdourahmane SEYE* renseigne davantage sur l'aspect contestable de l'interprétation des règles du délai en matière de recours pour excès de pouvoir. Le Conseil d'État considère que *« la date du dépôt au secrétariat au conseil des ministres du journal officiel contenant l'acte attaqué constituait la date d'applicabilité des actes règlementaires ou individuels et non… celle du point de départ pour*

---

https://www.conseil-etat.fr/actualites/colloques-seminaires-et-conferences/re-voir-etre-accessible-utile-et-compris-l-efficacite-du-juge-administratif. à 6mn 50 s. Consulté le 30 octobre 2021 à 10h 45mn.

On postulait judicieusement que « c'est le juge, en effet, qui interprète, comble les lacunes, donne un contenu aux procédures et aux règles, c'est à son niveau que le droit se forme dans les profondeurs et notamment le droit administratif ». Cf. BOCKEL (A.), *Droit administratif*, *op. cit.*, p. 34.

1034 SY (D.), « Juge administratif et communicabilité », *op. cit.*, p. 16 ; « Le juge sénégalais et la création du droit administratif », *in* DARBON (D.), Du BOIS De GAUDUSSON (J.) (dir.), *La création du droit en Afrique*, Paris, Karthala, 1997, p. 395.

1035 *Ibid.*

1036 CS (Sénégal), 20 juillet 1978, *Babacar FALL*, inédit. ; 3 juin 1987 ; *Mbaye FAYE*, inédit. ; 2 décembre 1987, *Boubacar DIAKHATE*, inédit.

1037 ODENT (B.), « le destin des fins de non-recevoir », Mélanges Marcel WALINE, Paris, LGDJ, 1972, Tome II, *Le Juge et le droit public*, 1974, p. 657.

1038 DIAGNE (N.M.F.), Les méthodes et les techniques du juge en droit administratif sénégalais, op. cit., p. 142.

1039 *Ibid.*

1040 CE (Sénégal), 25 août 1993, *Boubacar FALL*, inédit. ; 24 novembre 1993, *SISPA*, inédit.

1041 CE (Sénégal), 25 août 1993, *Samba Diama SECK et Abdourahmane SEYE*, inédit.

recours pour excès de pouvoir à l'article 83 de la loi organique sur la Cour suprême »[1042]. Il déclarait, dès lors, irrecevable le recours introduit le 26 décembre 1989.

Des faits, il ressort que les requérants demandaient l'annulation du décret n° 89-690 du 15 juin 1989 fixant le statut des huissiers et considéraient que le point de départ du délai de deux mois était la date du 23 octobre 1989 à laquelle le journal officiel contenant l'acte attaqué était déposé au secrétariat du gouvernement[1043]. Pour le juge, la date du 23 octobre 1983 n'était pas le point de départ, mais celui d'applicabilité de l'acte. Le Conseil d'État interprétait ainsi, comme dans une autre de ses décisions[1044], l'article 2 de la loi n° 70-14 du 6 février 1970 relatif à l'applicabilité des lois, des actes administratifs individuels[1045].

À travers son raisonnement, le Conseil d'Etat sénégalais a pu commettre deux erreurs d'appréciation qui ont vicié son interprétation. Initialement, il a opéré une distinction malheureuse entre la date du dépôt du journal contenant l'acte et la date de la publication[1046]. Il omettait, de ce fait, que le dépôt du journal officiel d'où est publié l'acte au secrétariat du Gouvernement ne traduit ni plus ni moins le moment de sa publication.

Ensuite, le Conseil d'État sénégalais opérait une confusion entre ladite action de dépôt du journal officiel au secrétariat du Gouvernement et l'applicabilité de l'acte publié. Pourtant, la distinction était posée par l'article 2 de la loi de 1970 précitée. Il y était institué un délai d'applicabilité variable en fonction des régions et qui commence à courir dès la diffusion du journal et son dépôt au secrétariat du Gouvernement. Nous convenons, à la suite de Ndèye DIAGNE, que le juge administratif sénégalais aurait résolu, quelque peu facilement, l'équation s'il avait considéré la loi susvisée en tant que complétant les

---

[1042] *Ibid.*

[1043] En retenant la date du 23 octobre comme point de départ du délai franc de deux mois, la requête serait bien recevable car le 23 et le 24 décembre correspondaient à des jours non ouvrables et le 25 décembre était jour férié.

[1044] CE, 27 juillet 1994, *Abdou Lath DIOUF*, inédit.

[1045] Voir JORS. Disponible à http://www.jo.gouv.sn/spip.php?article55. Consulté le 19/12/2021 à 23h 41mn.

[1046] Le CE sénégalais avait précisément tenu pour raisonnement que le recours contentieux devait être formé dans « le délai de deux mois à partir de la publication de la décision au Journal officiel, sans que la parution tardive de celui-ci proroge le délai, et non à partir de la date de dépôt du journal au secrétariat général du Gouvernement ».

dispositions relatives au délai du recours pour excès de pouvoir en droit sénégalais[1047].

La solution d'irrecevabilité qui a sanctionné l'interprétation du Conseil d'État sénégalais dans l'espèce *Samba Diama SECK et Abdourahmane* tel qu'il vient d'être démontré a constitué « *un recul* »[1048] de la démarche interprétative du délai de recours favorable aux requérants. En effet, dans une espèce similaire, l'ancienne Chambre administrative de la Cour suprême[1049], a prononcé la recevabilité du recours formé contre le décret publié au journal officiel du 5 mai 1970 qui fut déposé le 12 juin de la même année au secrétariat du gouvernement. Le juge estima que la publication rendait le décret exécutoire à l'endroit du requérant à partir du 15 juin par ailleurs considéré comme la date du recours pour excès de pouvoir.

La présente analyse démontre à plusieurs égards les insuffisances du contrôle juridictionnel des règles de procédure par le Conseil d'État sénégalais. Au-delà et dans le prolongement de la sanction d'irrecevabilité du recours qui en résultait, ce contrôle constamment sévère et souvent maladroit eut pour inconvénient fâcheux l'absence d'examen au fond de nombre de litiges. Certes, certaines erreurs de procédure ne sont pas régularisables[1050], mais des assouplissements apportés par la loi corrective de 1996 telle que la régulation de certains vices avant la clôture de l'instruction[1051] sont tolérables[1052].

L'invitation à l'audace est d'autant plus pressante que le rejet d'une requête dès l'examen des conditions de recevabilité empêche le juge de se prononcer sur ce qui intéresse le requérant : la résolution du litige qui

---

[1047] DIAGNE (N.M.F.), Les méthodes et les techniques du juge en droit administratif sénégalais, *op. cit.*, p. 142.

[1048] *Ibid.*, p. 154.

[1049] CS (Sénégal) 25 juillet 1975, Souleymane *SIDIBE et Amicale des administrateurs civils du Sénégal*. An. Af. 1975, p. 184.

[1050] DIAGNE (N.M.F.), « La contribution du Conseil d'Etat à la construction de l'Etat de droit », *La Revue administrative*, PUF, 1999, 52e Année, n° 6, n° spécial, p. 82.

[1051] Avant la loi de 1996, le législateur sénégalais n'avait aucunement invité le juge à régulariser certaines erreurs procédurales. La Chambre administrative n'en a recouru que très marginalement.

[1052] Le législateur sénégalais laisse la possibilité aux requérants de régulariser leurs requêtes en trois cas : l'irrégularité commise dans la rédaction de la requête au niveau des mentions qui doivent y figurer ; si la requete n'est pas accompagnée de la décision attaquée (article 15) et en cas de non-assignation d'une amende de cinq mille francs (article 16) de la loi rectificative de 1996 sur le Conseil d'Etat.

l'oppose à l'Administration[1053]. D'où l'interpellation du Huron en ces termes : « *Nous autres, bons sauvages, nous sommes des esprits simples : nous pensons que la justice est faite pour le justiciable et que sa valeur se mesure en termes de vie quotidienne* »[1054]. C'est donc à raison que le Professeur Badara Alioun FALL trouve « *néfaste et regrettable* » que les rejets sans examen de fond concernent les violations aux libertés fondamentales[1055].

Par ailleurs, soulevant son incompétence, le juge laisse passer une occasion de participer à la construction du fond du droit administratif et du développement de son contentieux. Cela est bien dommage dans le contexte africain où ce contentieux administratif présente un corps encore chétif.

Le refus du Conseil d'État sénégalais d'emprunter ces pistes d'assouplissement[1056] constitue une sorte de neutralisation au sens de dissimulation de l'irrégularité de l'acte administratif[1057] et un frein au développement du contentieux administratif[1058]. Le caractère d'ordre public de la procédure ne doit occulter l'enjeu du procès administratif pour la raison que la procédure serait « *entre les mains des juges un instrument qui doit se plier aux exigences de fond* »[1059]. Si cette occurrence est théoriquement contestable, certaines jurisprudences du juge administratif d'autres États renforcent sa pertinence. En France, on

---

[1053] MOMO (C.), « L'évolution du modèle de justice administrative en Afrique subsaharienne francophone », *RJP*, n° 3, 2013, p. 329.

[1054] RIVERO (J.), « Le huron au Palais royal », *Dalloz*, 1962, chronique 39, p. 7.

[1055] FALL (A.B.), « Le juge, le justiciable et les pouvoirs publics : pour une appréciation concrète de la place du juge dans les systèmes politiques en Afrique », *op. cit.*, p. 31.

[1056] A noter quelques rares cas dans lesquels la Haute juridiction administrative sénégalaise a recouru à la régularisation des vices de procédure : CE, 25 juin 1997, *Adolphe Bady SOW*, non publié ; du même jour, *Mamadou TOURE*, non publié.

[1057] DIAGNE (M.), *L'efficacité du contrôle contentieux exercé sur l'administration sénégalaise*, Thèse de doctorat en droit public, Université Aix-Marseille 3, 1990, p. 156.

[1058] *Ibid.*

[1059] HEURTE (A.), « La notion d'ordre public dans la procédure administrative », *RDP*, p. 625.

ne se taira pas de sitôt[1060], peut-être jamais[1061], sur la jurisprudence *Czabaj*[1062] dans laquelle le Conseil d'État français écartant le délai légal de deux mois du recours pour excès de pouvoir consacra un délai raisonnable d'un an[1063]. En Côte d'Ivoire, dans le silence des textes, la Haute juridiction administrative vient d'indiquer que le délai du recours administratif préalable est un délai franc et que la computation s'effectue de quantième en quantième[1064]. Le juge béninois a considéré que « *depuis 1968, le requérant, par diverses correspondances adressées au Préfet de l'Atlantique, s'est opposé auprès de cette autorité à la vente de la parcelle (...), objet du permis d'habiter (...) qu'en conséquence de ce qui précède, la Cour décide souverainement qu'est recevable le recours du requérant contre le permis d'habiter (...)*

[1060] L'arrêt *Czabaj* a donné lieu un important intéressement doctrinal en France. A titre illustratif, voir : LANTERO (C.), LIVENAIS (Y.), « 2018 : l'année Czabaj », *RGD on line*, 2018, n° 29955. Disponible à https://www.revuegeneraledudroit.eu/blog/2018/12/2018-l'année-czabaj/ ; EURANT (C.), « L'arrêt Czabaj a (presque) trois ans. Mais où va le contentieux administratif ? La ''czabajisation'' du contentieux administratif », juin 2019, Lyon, France. Disponible à https://hal.archives-ouvertes.fr/hal-02456107.

[1061] Plusieurs décisions ultérieures du Conseil d'Etat ont été rapprochées à l'arrêt *Czabaj* dans le sens d'inviter le juge à s'y conformer ou à s'y séparer si bien qu'on évoque de plus en plus l'idée de ''Czabajisation'' de certaines jurisprudences. Pour une extension de la jurisprudence *Czabaj* : CE, 27 février 2019, *M.A. c/ ministre de l'Action et des comptes publics*, n° 418950, Rec Lebon. En l'espèce, le Conseil d'Etat français étend la jurisprudence *Czabaj* à la contestation d'une décision individuelle par voie d'exception d'illégalité et aux recours contre les décisions implicites de rejet ; CE 9 novembre 2018, req. n° 409872. Il s'est agi ici d'une extension de la jurisprudence *Czabaj* aux recours dirigés contre les autorisations d'urbanisme. En revanche, dans une décision du 17 juin 2019, la haute juridiction administrative française a posé le principe selon lequel la jurisprudence *Czabaj* ne s'applique pas aux actions responsabilité administrative couvertes par la prescription quadriennale. Cf. CE, 17 juin 2019, Centre hospitalier de Vichy, n° 413097.

[1062] CE Ass (France), 13 juillet 2016, n° 387763, *Czabaj*, Rec. Lebon. Dalloz actualité, 19 juillet 2016, obs. de MONTECLER (M.-C.) ; Lebon avec les concl. ; AJDA 2016, p. 1479 ; Ibid., 1629 chron. DUTHEILLET (L.), de Lamothe et ODINET (G.) ; AJFP 2016, p. 356, et les obs. ; AJCT 2016, p. 572, obs. CRUSOE (L.) ; RFDA 2016, p. 927, concl. HENRARD (O.); RTD com, 2016, p. 715, obs. LOMBARD (F.).

[1063] De manière souveraine, l'Assemblée du contentieux du Conseil d'Etat a jugé que le requérant dispose d'un délai d'un an pour contester une décision administrative par la voie de l'excès de pouvoir lorsque cette décision oublie de mentionner les voies et délais de recours, sauf circonstances particulières dont se prévaut le requérant.

[1064] CE (Côte d'Ivoire), arrêt n° 87 du 26 février 2020, req 2017-206 REP du 11 juillet 2017, *Dramane DIARRASSOUBA c/ Conservateur de la propriété foncière et hypothèques de Bingerville.*

»[1065]. Il justifiait ainsi la recevabilité d'un recours introduit tardivement[1066].

La critique formulée contre le bilan du Conseil d'État sénégalais n'était donc pas gratuite. Même lorsque les justiciables parvenaient à accéder à son prétoire et que leurs recours étaient recevables, le juge administratif suprême entretenait la distance avec ceux-ci dans la fabrication de ses décisions ainsi que leur divulgation. En clair, il se posait un véritable problème de communicabilité des décisions du Conseil d'État sénégalais.

La communicabilité de ses décisions est indispensable en ce qu'elle augure de sa visibilité et sa lisibilité. La communicabilité s'entend, ici, du caractère de ce qui peut être communiqué et transmis. C'est dire qu'elle facilite le dialogue entre juge et justiciable, entre juge et les «*faiseurs de système*»[1067]. Le dialogue a lieu par le biais de la motivation des décisions du juge et dans la vulgarisation de ses jurisprudences. Sur chacun de ces aspects, le juge sénégalais est resté peu réceptif aux échanges.

La motivation de la décision de justice est un art, un savoir-faire et l'art de la motivation imprime une substance de droit[1068] à la décision de justice. C'est à ce niveau où l'on rencontre le raisonnement du juge, en général, et du juge administratif, en particulier, que se révèle son

---

[1065] CSCA (Bénin), arrêt n° 3 du 11 avril 1997, *Zonon Daniel Roger C/Préfet de l'Atlantique*, Rec. Lebon, 1977, p. 94.

[1066] Dans l'espèce *Lucien Nagnobhou*, le juge béninois a été très compatissant avec le requérant en écartant l'irrecevabilité de son recours au motif que « l'état séquellaire en particulier neurologique, psychiatrique, urologique et diabétique grave du requérant » le dispensait d'accomplir par lui-même des actes d'une vie normale. Cf. CSCA (Bénin), 20 septembre 2001, *Lucien Nagnobhou c/MFPTRA-MAEC*. Deux ans avant, une démarche similaire était empruntée : CSCA, arrêt du 07 octobre 1999, *Institut de Formation en Organisation et Gestion sociale (INFOGES) et Ecole « Loyola » c/ Ministre de l'Education nationale et de la Recherche scientifique (MENRS)*.

[1067] RIVERO (J.), « Apologie pour les faiseurs de système », *D.*, 1951, chron 99, p. 23.

[1068] Allusion faite à WANDA (M.), *L'art de la motivation, substance du* droit, Paris, Dalloz, coll. Le sens du droit, 2020, 264 p.

pouvoir créateur du droit[1069] et une portée sociale de sa décision[1070]. Ainsi la motivation de la décision de justice recouvre un aspect purement juridique et un autre principalement technique. Le premier qui renvoie à la capacité directe de création du droit en ce qu'il porte sur la manière dont le juge mobilise les arguments, interprète les textes ou comble les lacunes de ceux-ci pour asseoir sa décision est étudié dans un autre paragraphe destiné à évaluer l'apport du juge administratif africain dans la construction du droit[1071].

Mettre en lien la motivation et la communicabilité de la décision du juge induit à plutôt analyser les techniques qui gouvernent l'exercice même de la motivation. Le juge devrait-il se contenter d'une motivation *a minima* ou s'abandonner à une motivation surabondante ? La question est d'intérêt quand on interroge les décisions d'un juge sénégalais prompt à prononcer l'irrecevabilité pour vice de procédure. Le Conseil d'État sénégalais devrait-il se contenter de soulever l'irrégularité et de prononcer la sanction ou se permettre, en dépit de l'irrégularité procédurale de se prononcer sur le fond du litige dans le but d'éclairer le requérant voire de maintenir le lien du dialogue avec ce dernier ? Dans la pratique, cette dernière démarche était celle adoptée ou, à tout le moins, tentée par le juge sénégalais avant d'être abandonnée sous l'effet de critiques.

La technique du juge sénégalais est aussi marquée par la tentation à une motivation surabondante. L'évocation même du terme ''surabondante'' donne déjà un sens péjoratif à la technique de motivation ainsi qualifiée. Pourtant, ses contenu et sens lui confèrent certains intérêts qui ont justifié que la doctrine invite le juge administratif sénégalais à y recourir. Il n'importe, en revanche, que ses limites sont patentes et toujours décriées. Les lignes qui suivront porteront sur ces différents points.

[1069] DIAKHATE (M.), « La motivation des décisions des juridictions administratives en Afrique subsaharienne francophone », *Revue électronique Afrilex*, 2019, p. 10 ; OTERO (C.), « Ecrire pour dialoguer ou se rebeller ? », *Les Cahiers de la Justice*, vol. 2, n° 2, 2014, pp. 229-239.

[1070] C'est en considération de cet impact que le commissaire du gouvernement Sophie BOISSARD avait attiré l'attention des magistrats administratifs français dans l'affaire *Papon* relative à la déportation des Juifs, en ces termes : « *(...) dans cette affaire, les motifs de la décision que vous allez prendre importent bien plus que son dispositif* ». Voir « Conclusion sur CE 12 novembre 2002, Papon », *RFDA*, 2002, p. 592.

[1071] Voir le Tome II du présent ouvrage intitulé « La dualité juridictionnelle en Afrique subsaharienne francophone : la viabilité discutée du modèle importé au Burkina Faso, en Cote d'Ivoire, au Gabon et au Sénégal ».

La motivation surabondante consiste, pour le juge, a fondé de façon suffisamment dense sa décision sur des motifs en lien ou pas avec les prétentions des parties ainsi que les fondements de celles-ci. Elle commanderait notamment le juge administratif d'abandonner le principe de l'économie des moyens[1072] en se prononçant sur tous les vices de procédures ou en indiquant le raisonnement sur le fond qu'il aurait tenu si la requête était recevable[1073]. La motivation surabondante demande au juge de densifier sa motivation tant dans le volume de son raisonnement que dans son objet. Aussi Jean-Mariel NZOUENKEU avait-il invité le Conseil d'État sénégalais à sortir de ses arrêts qui tenaient sur « *une, deux, trois ou quatre pages avec des visas et des motifs* »[1074]. Il préconisait le recours à la pratique d' « *une motivation très abondante, calquée sur le droit international public, ou comme la common law* »[1075]. Cette invitation sans doute contestable n'était, néanmoins, pas fantaisiste. Il s'agissait, entre autres raisons, de faciliter la compréhension des décisions du nouveau juge administratif sénégalais par les populations.

Mieux, cette technique de dialogue avait l'avantage de taire la suspicion des partis politiques, les partenaires sociaux et plus généralement des justiciables pour qui le juge administratif sénégalais cachait sa peur de discuter de question de fond qui leur serait favorable en évoquant l'irrecevabilité des recours introduits en violation des délais[1076]. Le juge communautaire africain avait d'ailleurs invité le juge

---

[1072] Selon le principe de l'économie des moyens, l'obligation du juge de répondre à l'ensemble des moyens même non opérants par le requérant, sauf en matière d'urbanisme, s'éteint lorsque l'un des moyens invoqués suffit à lui donner satisfaction. Lire : SEILLER (B.), GUYOMAR (M.), *Contentieux administratif*, Paris, Dalloz Hypercours, 2012, p. 371. Sur une autre implication de ce principe, voir DIEU (F.), « La règle de l'économie de moyens doit-elle paralyser le pouvoir d'injonction du juge administratif ? », *AJDA*, 2009, p. 1082.

[1073] La motivation surabondante consisterait également pour le juge d'indiquer la juridiction compétente et les modalités de sa saisine.

[1074] NZOUENKEU (J.-M.), « La contribution du Conseil d'Etat sénégalais à la construction de l'Etat de droit. Débats », in colloque sur le bicentenaire du Conseil d'Etat, Dakar, *op. cit.*, p. 93.

[1075] *Ibid.*

[1076] Ibid. ; PUJALTE (C.) et De LAMAZE (E.), *L'avocat et les juridictions administratives*, Paris, PUF, 2014, p. 239. Les auteurs affirment à juste titre que « rien n'est pire que de perdre sans avoir saisi pourquoi, c'est le plus sûr moyen de crier au déni de justice et à la prétendue collusion du juge avec l'Administration ».

national à apaiser la « *suspicion légitime* »[1077] au moyen de la technique de motivation[1078]. La motivation surabondante devrait ainsi restaurer, à la décision du juge, une teneur qui excède la simple finalité de l'acte et participe de la construction de la paix civique, finalité ultime de l'acte de juger[1079]. Aussi la tendance actuelle du contrôle juridictionnel est-elle marquée, selon l'expression de P. SAGNIER, par une « *crise de la pratique de l'économie des moyens* »[1080] en ce qu'elle est considérée comme une « *technique incompatible avec le renouveau du juge administratif* »[1081]. À tout le moins, il se pose avec acuité l'incertitude sur l'avenir de l'économie des moyens[1082]. On ajouterait, dans le contexte africain, qu'elle contribue à la réconciliation entre le juge administratif et les justiciables.

Conscient de son intérêt, le Conseil d'État sénégalais s'était, pendant environ un an et demi[1083], adonné à cette pratique de motivation qualifiée de surabondante. Le juge sénégalais détenait, en espèce, une arme de communicabilité si on souscrit à l'idée selon laquelle « *Expliquer plus, c'est comprendre mieux* »[1084]. Davantage, ce rapprochement avec les justiciables permettrait d'intégrer une telle pratique à ces impératifs que le Professeur François OST a désigné d' « *exigences de légitimation de la décision* »[1085].

Le lien entre ces exigences de légitimation du juge et la motivation suffisante de ses décisions est constant. Où qu'ils soient, les justiciables aspirent à ce que la décision prononcée soit persuasive[1086] et justifiée

---

1077 DIAKHATE (M.), « La motivation des décisions des juridictions administratives en Afrique subsaharienne francophone », *op. cit.*, note 83.

1078 CEMAC, arrêt n° 001/CJ/CEMAC/CJ/10-11 du 25 novembre 2010, *Affaire Ecole inter-Etats des Douanes c/ Djeukam Michel*.

1079 RICŒUR (P.), *Le juste*, t. 1, éd. Esprit, 2001, p. 26.

1080 SAGNIER (P.-Y.), *Le juge administratif et l'économie*, Thèse de doctorat en Droit public, Université de Lille, 2019, p. 49.

1081 *Ibid.*, p. 257.

1082 MAMOUDY (O.), « L'économie des moyens : une pratique en voie d'extinction ? », *Civitas Europa*, vol. 1, n° 44, 2020, pp. 79-91.

1083 *Ibid.*

1084 RICŒUR (P.), *Réflexion faite – Autobiographie intellectuelle*, éd. Esprit, 1995, p. 51.

1085 OST (F.), « Le rôle du juge. Vers de nouvelles loyautés ? », *in* OST (F.), *Dire le droit, faire justice*, Bruxelles, Bruylant, 2007, p. 108.

1086 DELANLSSAYS (T.), *La motivation des décisions juridictionnelles du Conseil d'Etat*, Université Lille II, 2017, p. 31. Pour l'auteur, le juge, par le biais de la motivation, « vise à persuader (ou à convaincre) l'auditoire pour qu'il adhère à son bien-fondé.

de manière suffisante[1087]. « *Dieu nous garde de l'équité des Parlements* »[1088] ; la fonction de juger « *n'avait pas à se justifier et s'affaiblissait même en se justifiant* »[1089]. Telles étaient les pensées et opinions qui fondaient les raisons pour lesquelles la brièveté argumentative figurait dans les cahiers de doléance de la fin de l'Ancien Régime en France[1090].

Certes, une motivation persuasive et suffisante ne se réduit pas à une motivation surabondante. Cependant, celle-ci, pour le fait qu'elle permette au juge de se prononcer sur le fond en dépit de l'illégalité procédurale, a, au moins, le mérite de soulager moralement le requérant ; de le rassurer que sa cause aurait été bien entendue le cas échéant. On le sait, le sentiment d'avoir été entendu engendre chez le requérant celui d'avoir été respecté et, en conséquence, d'accepter la décision de justice qui lui est défavorable[1091]. La motivation

---

[1087] OTERO (C.), « Ecrire pour dialoguer ou se rebeller », *op. cit.*, p. 229.

[1088] Cette maxime, née sous l'Ancien Régime, se rapportait au pouvoir d'équité des Parlements qui leur permettait de modifier au cas d'espèce les délais de prescription. Et ce, afin de tenir compte de l'impression que leur avaient donnée le créancier et le débiteur. Les incertitudes et les frustrations qu'engendraient l'utilisation à géométrie variable de ce pouvoir alimentait le sentiment d'arbitraire chez les justiciables. Aussi les différents délais de prescription ont-ils été, finalement, fixés dans la loi.

[1089] GAUDEMET (T.), « Présidence et introduction », *in* SENAT (France), *L'office du juge*, Les colloques du Sénat, 2007, p. 358.

[1090] ROUSSELET (M.), *Histoire de la magistrature française des origines à nos jours*, t. 1, Plon, 1957, p. 116. ; SCHONBERGER (C.), « "Mi attendu, mi dissertation". Le style des décisions de la Cour de justice de l'Union européenne », *Droit et Société*, 2015, vol. 3, n° 91, p. 507 ; BRUNET (P.), « Le style déductif du Conseil d'Etat et la ligne de partage des mots », *Droit et Société*, 2015, n° 3, n° 91, p. 546.
Pour un aperçu historique sur le défaut ou l'insuffisance de motivation des décisions en France, lire : NOËL (A.), « Les motifs dans les décisions des juridictions administratives », *RDP*, 1924, pp. 350-384 ; ROUSSELET (M.), « Les demandes de motifs adressées par le Conseil du roi aux cours souveraines », *Revue historique de droit français et étranger*, 1957, pp. 529-548 ; Voir ; De LAUBADERE (A.), « Le conseil d'Etat et l'incommunicabilité », *EDCE*, n° 31, 1979-1980, pp. 17-22 ; TEXIER (P.), « Jalons pour une histoire de la motivation des sentences », *in* Association HENRI CAPITANT, *La motivation*, Paris, LGDJ, 2000, pp. 5-15. ; DAUCHY (S.), DEMARS-SION (V.), « La non-motivation des décisions judiciaires dans l'ancien droit : principe ou usage », *RHD*, 2004, n° 2, pp. 223-239 ; BIGOT (G.), « Histoire de la motivation en droit public français », *in* CAUDAL (S.), *La motivation en droit public*, Paris, Dalloz, coll. Thèmes et commentaire, 2013, 304 p.

[1091] Aussi la CEDH a posé l'exigence selon laquelle le justiciable doit être en mesure de comprendre la décision rendue surtout quand celle-ci lui est défavorable. Voir CEDH, 16 novembre 2010, req. n° 926/05, *Taxquet c/ Belgique*, Dalloz actualité, 25 novembre 2010, obs. BACHELET (O.), « Motivation des verdicts d'assises : la demi-

surabondante permet, par ailleurs, d'informer et de renseigner l'ensemble des justiciables sur la solution jurisprudentielle qu'impose le litige[1092]. Elle est un moyen de lisibilité et de prévisibilité[1093] de la jurisprudence, de dialogue entre les juridictions[1094] de même qu'une source inspirante de l'activité doctrinale. Autant la décision de justice ne doit-elle pas être limitée aux intérêts et à la compréhension des parties autant elle ne saurait être compréhensive seulement pour ceux qui ont participé au délibéré ou qui ont rendu la décision[1095].

---

mesure de la Cour européenne » ; D., 2011, p. 47, obs. BACHELET (O.), « Arrêts d'assises: la Cour européenne se contente d'une motivation minimale – Cour européenne des droits de l'homme 16 novembre 2010 », note RENUCCI (J.-F.) , « Motivation des arrêts d'assises et CEDH : l'apaisement » ; ibid. p. 48, note PRADEL (J.), « La Cour de Strasbourg n'impose finalement qu'une motivation minimale aux cours d'assises statuant avec les jurés » ; Just. Et cass. 2011, p. 241, étude MATHON (C.); *AJ pénal*, 2011, p. 35, obs. RENAUD-DUPARC (C.), « Motivation des arrêts d'assises : les exigences européennes en recul – Cour européenne des droits de l'homme 16 novembre 2010 » ; *RSC*, 2011, p. 214, obs. MARGUENAUD (J.-P.), « L'art de s'accommoder de la présence du jury populaire au sein de la cour d'assises ». On retrouve l'intérêt de la satisfaction du justiciable d'avoir été écouté ou compris dans la conclusion de l'ouvrage Jean DANET, où est rapportée la réflexion d'un justiciable à son avocat à l'issue de son procès : « *Mes droits ont été respectés. Vous avez pu me défendre. L'adversaire nous a respectés. Les gens dans la salle aussi. Le président a dirigé les débats avec impartialité... Tous ont accepté de nous écouter et à mon tour leur décision, je peux l'entendre* ». Cf. DANET (J.), *Les droits de la défense*, Paris, Dalloz, 2020, p. 47.

[1092] GUILLERMET (C.-L.), *La motivation des décisions de justice. La vertu pédagogique de la justice*, Paris, L'Harmattan, 2006, p. 53.

[1093] La prévisibilité se mesurant « à l'aptitude des parties ou de leurs conseils à anticiper avec un degré de certitude satisfaisant la façon dont le litige sera traité mais aussi son issue » : Institut Montaigne, *Justice : faites entrer le numérique*, novembre 2017, p. 27.

[1094] Il s'agit ici d'une fonction de la motivation suffisante que partage ce qu'on a nommé de motivation surabondante. Voir à cet effet BOLZE (A.), « Motivation des jugements et impartialité du juge », *Dalloz*, « Les cahiers de la Justice », 2014, vol. 2, n° 2, p. 232.

[1095] On peut rappeler cette anecdote relatée par André TUNC en ces termes : « *Lorsque M. Touffait et moi-même préparions le texte qui a été publié à la Revue trimestrielle de droit civil* [A. Touffait, A. Tunc, « Pour une motivation plus explicite des décisions de justice notamment de celles de la Cour de cassation », *RTDC*, 1974, p. 497*], j'ai trouvé une fois M. Touffait un peu bouleversé. En tant que procureur général, il reçoit une photocopie de toutes les décisions rendues. Un jour, il lit une décision et ne la comprend pas. C'est déjà quelque chose d'assez frappant de penser qu'un des deux plus hauts magistrats de la nation peut ne pas comprendre un arrêt de la Cour de cassation. M. Touffait téléphone donc à l'avocat général qui avait présenté des conclusions dans cette affaire pour lui avouer son embarras. Il s'entend répondre :*

Ces vertus de la motivation surabondante la rendent particulièrement intéressante en Afrique francophone marquée par une timidité du juge administratif et une faiblesse du contentieux administratif. Mais, elles ne représentent pas les seules implications de ce type de motivation. La motivation surabondante peut être saisie comme une violation à l'impartialité du juge[1096], un frein à l'efficacité du juge, et comme sa dénomination le suppose, une technique excessive, superfétatoire. Aussi sa pratique fut-elle abandonnée par le juge administratif sénégalais au profit de l'adoption de la motivation insuffisante.

La motivation insuffisante s'appréhenderait d'une motivation dont l'inintelligibilité[1097] est induite par le recours à l' « *imperatoria*

"Naturellement, M. le Procureur général, vous ne pouvez pas comprendre cette décision puisque vous ne participiez pas au délibéré". M. Touffait s'avouait stupéfait. Si la décision n'est compréhensible que pour ceux qui l'ont rendue, la Cour de cassation remplit-elle sa fonction ? ». Cf. TUNC (A.), « La Cour de cassation en crise », *APD*, La jurisprudence, 1985, Sirey, p. 165.

[1096] Il ne faut pas perdre de vue que « l'objectif traditionnel de la motivation des décisions de justice est de permettre au juge de prouver qu'il applique rigoureusement la lettre du droit, renforçant par là même l'idée de son entière neutralité ». Cf. MASTOR (W.), « La motivation des décisions des cours constitutionnelles », *in* CAUDAL (S.), *La motivation en droit public*, Paris, Dalloz, 2013, p. 241. Voir globalement sur les risques d'impartialité du juge occasionnés par la technique de motivation : BOLZE (A.), « Motivation des jugements et impartialité du juge », *op. cit.*, p. 234.

[1097] Relativement à l'inconvénient de la faiblesse de la motivation des décisions de justice sur l'intelligibilité de la norme, se référer notamment à CHATEAU-GRINE (M.), *La motivation des décisions du juge administratif*, Thèse de doctorat de droit public, Université de Nantes, 2018, p. 367 et s.

brevitas »[1098] c'est-à-dire la technique de l'économie des mots[1099]. La motivation serait, dans ce cas, tellement brève qu'elle omettrait de statuer sur tous les moyens pertinents invoqués par les parties. Egalement, la motivation insuffisante se réduirait à affirmer les moyens sans les expliquer ou les justifier. Dans une certaine dimension, elle se contenterait de prononcer l'irrecevabilité, l'incompétence sans se prononcer sur le fond du litige.

Les déclinaisons ainsi faites de la motivation insuffisante interpellent sur la difficile démarcation entre celle-ci, une motivation simplement suffisante et une motivation surabondante. Ce qui commande d'amorcer le développement sur le caractère insuffisant de la motivation des décisions du Conseil d'État sénégalais en trois temps : la réalité concrète d'une telle motivation, les raisons de ce choix ainsi que ses inconvénients sur la communicabilité de la justice administrative.

D'emblée, il importe de revenir sur l'aveu même du premier Président du Conseil d'État sénégalais, Monsieur Louis CARVALHO, qui justifiait l'abandon de la motivation surabondante au profit de la motivation qu'on peut qualifier d'insuffisante. « *Nous ne pouvons pas faire autrement. Cette situation surabondante était un peu en porte à*

1098 Locution latine formulée par Maurice HAURIOU pour caractériser et critiquer le laconisme d'antan des décisions du Conseil d'Etat français. Cf. HAURIOU (M.), note sous CE (France), 28 février 1919, Dame Dol et Laurent, S., 1918-1919. Lire aussi LAUBADAIRE (A.), « Le Conseil d'Etat et l'incommunicabilité », Etudes de documents du Conseil d'Etat, 1970-1980, n° 31, p. 31. Aujourd'hui, les décisions du juge administratif suprême français a nettement évolué au point où on peut postuler à un abandon de l'*imperatoria brevitas*. En témoignent : DEFFIGIER (C.), « Qualité formelle et qualité substantielle des décisions de justice administrative », *RFAP*, vol. 3, n° 159, p. 769 (pp. 763-774) ; De BECHILLON, « Comment légitimer l'office du juge ? » *in* SENAT, *L'office du juge*, Les colloques du Sénat, 2007, p. 475. La manifestation patente de l'abandon de l'*imperatoria brevitas* est perceptible à travers l'affaire *Association AC !* Avant cette espèce, le Conseil d'Etat ne dispose d'aucun pouvoir de modulation des effets dans le temps d'une décision d'annulation. Il s'est attribué un tel pouvoir en prenant le soin d'expliquer longuement ses motifs, le sens et les implications de sa démarche dans une subdivision consacrée à l'office du juge. Voir CE Ass. (France), 11 mai 2004, n° 255886, *Association AC ! et autres*, G.A.J.A., n° 118 ; BONICHO (J.-C.), « L'arrêt AC ! évolution ou révolution ? », *AJDA*, pp. 1049.

1099 CHATEAU-GRINE (M.), *La motivation des décisions du juge administratif*, Thèse de doctorat de droit public précitée.

faux avec les règles »[1100]. Ainsi était formulée sa justification. Cependant, cette référence à la loi aboutissait à une motivation approximative des décisions du Conseil d'État sénégalais. La doctrine administrative sénégalaise ne s'est pas lassée d'en dénoncer « *le mutisme* »[1101], le « *laconisme (...) voire l'ésotérisme* »[1102]. Ces caractères minent presque toutes les décisions d'irrecevabilité pour vice de forme du Conseil d'État sénégalais. À défaut d'étaler les contenus des motifs de ces différents arrêts, on peut en préciser quelques traits.

Il en ressort que la formule « *sans qu'il soit besoin d'examiner les moyens de la requête* » suivait toujours sèchement les motifs d'irrecevabilité, eux-mêmes, exposés de manière brève et figée[1103]. Certes cette formule a rarement profité aux requérants sénégalais[1104] et constamment accompagné l'irrecevabilité des recours. L'efficacité d'une telle expression est discutée[1105] ; son usage dans la jurisprudence du Conseil d'État sénégalais soulevait une invraisemblance. En même temps que la formule maintenait la vieille tradition d'un « *argument d'autorité* »[1106] du juge administratif, elle dissimulait, en réalité, la crainte du Conseil d'État sénégalais face à l'Administration. La mentalité du juge sénégalais, indiquait en 1998 le doyen MBACKE, « *consiste à se poser des questions devant une affaire, non pas quel va être l'impact de la décision vis-à-vis du justiciable, de l'opinion publique des administrés, mais quelle est l'opinion de l'État vis-à-vis de la décision ?* »[1107]. Un tel état d'esprit réduit l'audace du juge[1108] qui

---

1100 CARVALHO (L..), « La contribution du Conseil d'Etat sénégalais à la construction de l'Etat de droit », *in* colloque sur le bicentenaire du Conseil d'Etat français, *op. cit.*, p. 104.

1101 SY (D.), « Droit administratif et communicabilité en Afrique », *op. cit.*, p. 11.

1102 *Ibid.*

1103 DIAKHATE (M.), « La motivation des décisions des juridictions administratives en Afrique subsaharienne francophone », *op. cit.*, p. 15.

1104 En ce sens, voir CE (Sénégal) 27 octobre 1993, *Seydou Mamadou Diarra*, *in* SY (D.) (dir.), *Répertoire de jurisprudence : droit administratif*, Dakar, CREDILA, *op. cit.*, p.19.

1105 PONTHOREAU (M.-C.), « Réflexions sur la motivation des décisions juridictionnelles en droit administratif français », *RDP*, 1994, p. 747.

1106 SY (D.), « Droit administratif et communicabilité en Afrique », *op. cit.,* 11.

1107 MBACKE (M.), « La contribution du Conseil d'Etat sénégalais à la construction de l'Etat de droit. Débats », in Colloque sur le bicentenaire du Conseil d'Etat, précité, p. 99.

1108 *Ibid.*

se camoufle dans « *la servilité à la loi* »[1109]. Il contraint le juge à se réfugier derrière une motivation déficiente quand il s'agit de se contenter de déclarer l'irrecevabilité du recours pour vice de forme.

Aussi, l'irrecevabilité de la requête était-elle principalement recherchée par la Haute juridiction administrative suprême sénégalaise. Il ressort du « *mea culpa* »[1110], selon les propres termes de son auteur, confessé par le Président du Conseil d'État sénégalais de l'époque que le souci de la Haute juridiction administrative était comment opposer une irrecevabilité au requérant[1111]. Démarche hâtive appuyée par une motivation chétive, le juge sénégalais se rendait parfois compte que sa décision s'était écartée du droit en défaveur du requérant sans avoir la possibilité de la corriger[1112].

On semblait justifier le recours à une motivation insuffisante par le choix d'une certaine application stricte de la loi au détriment d'une audace démesurée qui éloignerait le juge de la loi. Justement, on pouvait craindre les effets indésirables de la motivation surabondante[1113]. Mais la motivation insuffisante dont on se plaignait de rendre « *effectivement*

[1109] CAMARA (O.), « La contribution du Conseil d'Etat sénégalais à la construction de l'Etat de droit. Débats », Colloque précité. 110.

[1110] *Ibid.*

[1111] *Ibid.*

[1112] En témoigne cette sorte de confession du membre de l'ex-Conseil d'Etat du Sénégal, M. Ousmane CAMARA : « *On décortique sa cause pour voir comment on peut lui opposer une irrecevabilité, tant et si bien que moi qui vous parle, en sections réunies, j'ai rendu un arrêt en disant que c'était irréversible parce qu'il n'y avait pas eu de notification. Cet arrêt est définitif et je me suis rendu compte que dans cette hâte à chercher ce qui rend la requête irrecevable, on a été trop vite en besogne, puisqu'on a rendu la décision en audience publique. Le justiciable est venu nous montrer qu'il était bel et bien en règle, et je me trouve dans la position suivante où je ne sais pas comment rectifier cette bévue* ». Cf. CAMARA (O.), « Conseil et Etat de droit. La contribution des Hautes juridictions administratives à l'édification de l'Etat de droit. Conclusions », *in* Colloque relatif au bicentenaire du Conseil d'Etat français,

[1113] Comme inconvénients de la motivation surabondante, outre la critique de la partialité du juge, on mentionnerait : un effritement du pouvoir créateur du juge à l'avantage de son pouvoir interprétatif ; une charge supplémentaire dans la rédaction de la décision de justice et, en conséquence, un rallongement du délai du jugement ainsi qu'une inefficacité de la justice. Voir HAURIOU (M.), note sous CE, 28 février 1919, Dames Dol et Laurent, Sirey, 1918-1919, III, p. 33 et s. ; MALHIERE (F.), *La brièveté des décisions de justice. Contribution à l'étude des représentations de la justice*, Paris, Dalloz, Bibliothèque des thèses, 2013, p. 269 ; DEFIGGIER (C.), « Qualité formelle et qualité substantielle des décisions de justice administrative », *RFAP*, 2016, vol. 3, n° 159, p-s.767, 770, 771 ;

stérile un certain nombre de ces décisions »[1114] n'était point la seule alternative. Elle réduit le pouvoir juridique et politique de la jurisprudence administrative[1115]. Aussi la lecture du rapport Martin relative à la réforme française d'amélioration des décisions de justice administrative tend vers ce qui serait une motivation surabondante[1116].

Singulièrement, la motivation insuffisante a participé à agrandir le fossé entre les justiciables et le Conseil d'État sénégalais en induisant une incommunicabilité des décisions de celui-ci. On pourrait même douter de la capacité du juge sénégalais d'alors, de formation majoritairement privatiste, à s'adonner à un exercice drastique de motivation surabondante ou au moins suffisante.

La communicabilité qui commande la compréhension du message nécessite la diffusion suffisante de celui-ci. Cette autre condition de rapprochement du juge administratif des justiciables manquait foncièrement à l'arsenal et aux méthodes du Conseil d'État du Sénégal.

La compréhension du fonctionnement de la justice administrative au Sénégal dont était chargé d'assurer le Conseil d'État est inenvisageable si ce juge est inaudible. Il existe plusieurs moyens d'expression du juge administratif[1117], mais le canal privilégié est l'ensemble de ses décisions. L'audibilité est saisie par la capacité d'être entendu par les destinataires d'un message. On devrait, dès lors, envisager cet aspect avant de s'intéresser à la compréhensibilité que porte la motivation comme il vient d'être procédé. Cependant, lorsque le juge rend sa décision, les premiers intéressés, les parties y ont accès. Ce qui se pose comme difficulté première est la compréhension de la décision. Au-delà des parties au procès, se trouvent des destinataires indirectes et tout

---

[1114] CAMARA (O.), « La contribution du Conseil d'Etat sénégalais à la construction de l'Etat de droit. Débats », *op. cit.*, p. 111.

[1115] DIAKHATE (M.), « La motivation des décisions des juridictions administratives en Afrique subsaharienne francophone », *op. cit.*, p. 31.

[1116] Rapport Martin remis au Conseil d'Etat le 14 mai 2012 a posé pour objectif de « *faciliter autant que possible la lecture de la décision et d'enrichir son contenu informatif sans rien céder de la rigueur et de la précision du raisonnement du juge ni accroître la charge de travail de ceux qui élaborent la décision* », p. 10 et s. Disponible à file:///C:/Users/nnn/Downloads/rapport_redaction_decisions_juradm_2012.pdf. Consulté le 10/11/2021 à 18h 49mn. Voir aussi sur ce point DEFIGGIER (C.), « Qualité formelle et qualité substantielle des décisions de justice administrative », *op. cit.*, p. 764.

[1117] On songe par exemple aux colloques, rapports, journées d'étude et d'échanges avec le public, d'ateliers de formation.

aussi importants voire quantitativement que sont la doctrine et l'ensemble des justiciables. À ce niveau, l'audibilité de la décision juridictionnelle est le défi qui demeure et qui justifie notre approche.

Rendre audible le message de la Haute juridiction administrative sénégalaise présupposait la disponibilité de moyens matériels ainsi que la disposition du juge lui-même à vulgariser ses décisions. Or, ni l'attitude du juge sénégalais ni les moyens affectés à son service ne permettaient une vulgarisation efficiente de ses décisions. D'après la critique adressée par le doyen Jean-Jacques NZOUENKEU, les membres du Conseil d'État sénégalais entretenaient une véritable confidentialité autour des rapports des commissaires de gouvernement selon l'ancienne appellation ; et ce, même après que les décisions aient été entendues[1118].

L'opacité entretenue autour des rapports des commissaires de gouvernement neutralise l'importance et l'utilité des commissaires de gouvernement (aujourd'hui rapporteurs publics). Ceux-ci contribuent à éclairer la démarche et le sens de la décision du juge ainsi qu'à fructifier le travail de systématisation de la doctrine[1119]. L'expérience française illustre que les rapports ont permis de compenser les insuffisances des décisions du Conseil d'État de ce pays[1120]. La position quelque peu en retrait et de second rôle tenu par le rapporteur public semble moins l'exposer aux influences que subissent les juges. D'où l'admission, plus ou moins contestée, de l'indépendance des rapporteurs publics[1121].

Ramenée au contexte africain en général et sénégalais en particulier, la garantie d'indépendance susmentionnée avait une double résonance.

[1118] NZOUENKEU (J.-M.), « La contribution du Conseil d'Etat à la construction de l'Etat de droit. Débats », *op. cit.*, p. 93.

[1119] RAINAUD (N.), *Le commissaire du Gouvernement près le Conseil d'Etat*, éd., Paris, LGDJ, 1996, p. 14 ; GAUDEMAR (H.), MONGOIN (D.), *Les grandes conclusions de la jurisprudence administrative*, vol. 1, 1831 - 1940, Paris, LGDJ, p. 14.

[1120] SAUVE (J.-M.), « Introduction », Table ronde consacrée à l'ouvrage de GAUDEMAR (H.) et MONGOIN (D.), *Les grandes conclusions de la jurisprudence administrative* (1831 – 1940), Réunion de l'Institut français des sciences administratives (IFSA) du 28 juin 2016. Disponible à https://www.conseil-etat.fr/actualites/discours-et-interventions/le-rapporteur-public-dans-la-juridiction-administrative#_ftn2. Consulté le 11/11/2021 à 13h 49mn.

[1121] Pour l'indépendance des rapporteurs publics : LAFERRIERE (E.), *Traité de la juridiction administrative et des recours contentieux*, éd. Berger-Levrault, 1896, tome I, p. 236. Pour une position nuancée : GAUDEMAR (H.) et MONGOIN (D.), *Les grandes conclusions de la jurisprudence administrative*, tome 1, éd., Paris, LGDJ, p. 15.

Elle supposait, d'une part, que les conclusions des rapporteurs publics seraient plus libres, mieux denses que les décisions du juge administratif. Elle imposait davantage, d'autre part, que les rapports seraient rendus publics. Pourtant, ni ces rapports ni même les propres décisions du juge n'ont été d'accès aisé au public. Les juges administratifs africains notamment l'ancien Conseil d'État sénégalais posent un sérieux obstacle à la communicabilité de la justice administrative. Cette attitude réfractaire à une bonne politique de communication de sa jurisprudence traduit une sérieuse méfiance que le juge administratif africain a toujours nourrie à l'égard de la doctrine[1122]. Le phénomène n'est pas exclusif aux États africains francophones, la France dont ils s'inspirent n'y échappe pas[1123]. Mais ladite méfiance parait excessive et répond à des raisons bien particulières en Afrique francophone. Elles sont d'ordre culturel et conjoncturel.

Le juge administratif africain a toujours craint et pris personnellement les critiques formés contre ses décisions. Fuyant la rudesse de la critique doctrinale, il ferait preuve d' « *une prudente réserve relevant de l'adage « pour vivre heureux, vivons cachés* »[1124]. La décision de justice rendue est jalousement et curieusement détenue par la juridiction qui l'a produite, en dehors des parties au procès, comme une propriété privée. Cette posture est incompatible avec le statut de pouvoir dont relève la justice administrative en Afrique[1125].

[1122] ATEBA EYONG (A.R.), « La doctrine administrativiste camerounaise et « son » juge : chronique d'un divorce aux torts partagés », *in* KAMTO (M.), DOUMBE-BILLE (S.), METOU (B.M.) (dir.), *Regards sur le droit public en Afrique*, Mélanges en l'honneur du Doyen Joseph-Marie BIPOUM WOUM, Paris, L'Harmattan, 2016, Etudes africaines, Série Droit, p. 302.

[1123] RIVERO (J.), « Jurisprudence et doctrine dans l'élaboration du droit administratif », *EDCE*, 1955, p. 36 ; BIENVENU (J.-J.), « Les origines et le développement de la doctrine », *in* Deuxième centenaire du Conseil d'Etat, Journées d'études, *Revue administrative*, n° spécial, PUF, 2001, p. 13. Plus récemment : MELLERAY (F.), « Permanence et cycles de la critique », *in* GRABIAS (F.), DOUTEAUD (S.) (dir.), *Le juge administratif face à la critique*, Colloque du 22 octobre 2021 organisé par le CRDP, Université de Lille.

[1124] DUNES (A.), « La non-publication des décisions de justice », *RIDC*, n° 2, 1986, p. 758.

[1125] AKAM AKAM (A.), « Libres propos sur l'adage « Nul n'est censé ignorer la loi », *RASJ*, vol. 4, n° 1, 2007, p. 44.

L'incommunicabilité caractérisant l'Administration africaine[1126], la forte influence de celle-ci sur le juge administratif n'aurait-elle pas infecté ce dernier ? La suspicion est légitime.

On peut, tout de même, évoquer une autre raison explicative de la réfraction du juge administratif africain à communiquer ses décisions et les rapports qui les accompagnent. Elle est plutôt conjoncturelle en ce qu'elle tient à la formation privatiste des magistrats siégeant dans les juridictions administratives. Le Conseil d'Etat sénégalais n'a pu échapper à cette réalité de posséder, pour les premiers membres, des magistrats des juridictions judiciaires. La spécialisation du juge administratif étant une question nouvelle sur le continent, l'emprunt de magistrats de droit privé s'avérait incontournable aux premières heures de fonctionnement de la juridiction administrative sénégalaise. Malencontreusement, ces magistrats « *ont toujours cette réaction du juge répressif pour qui le dossier, même une simple information, ne doit pas être donnée* »[1127].

Par ailleurs, précisons que la tendance actuelle milite en faveur d'un effacement progressif de la méfiance du juge administratif africain à communiquer ses décisions. La multiplication des colloques et ateliers questionnant l'office du juge[1128], le rôle de la doctrine dans la construction du droit administratif[1129] ou les frontières du droit[1130] et

---

[1126] BINI (E.), « De la justice pour une administration publique efficiente en Afrique », International Journal of Innovation and Applied Studies, vol. 29, n° 2, mai 2020, p. 199.

[1127] NZOUENKEU (J.-M.), « La contribution du Conseil d'Etat à la construction de l'Etat de droit. Débats », *op. cit.*, p. 93.

[1128] On songe aux Rencontres de Dakar organisées chaque année par le LEJPO (Laboratoire des Etudes Juridiques et Politiques de l'Université Cheick Anta Diop) et le LAM (Les Afriques dans le Monde) du CERDRADI. Les organisateurs de la troisième rencontre tenue en juillet 2017 autour du thème « Les nouvelles tendances du droit administratif en Afrique » avouaient que : « La diversité des origines universitaires des collègues qui ont participé à ce colloque contribue à la pertinence de leur réflexion. Le caractère international de ces rencontres a été fort utile dans une perspective de droit comparé toujours souhaitable lorsque se développe une réflexion de haut niveau en matière juridique. Cela est d'autant plus nécessaire ici, dans le domaine du droit administratif, celui d'une science en évolution rapide, dont le développement doit s'appuyer entre autres sur l'analyse des pratiques mises en œuvre à l'étranger (…) ».

[1129] HOURQUEBIE (F.) (dir.), *La doctrine dans l'espace africain francophone*, Bruxelles, Larcier, 2015, 412 p.

[1130] Voir notamment THEOUA-N'DRI (P.) (dir.), *Les nouvelles frontières du droit*, colloque international organisé par le CREDFIP (Université Alassane Ouattara) et KONRAD Adenauer les 2, 3 et 4 décembre 2021 à l'Université Alassane Ouattara.

auxquels participent praticiens et théoriciens du droit en constituent des facteurs explicatifs.

Ainsi, le message du juge semble devenir audible. Il nécessite un canal de transmission et de divulgation qui outrepasse la seule portée du contact direct avec ce dernier. Cela exige la publication de ses décisions qui avait également manqué sous l'empire du Conseil d'État sénégalais.

En effet, après plus d'une décennie de fonctionnement, la Haute juridiction administrative du Sénégal ne disposait d'aucun moyen et canal de publication de ses décisions encore moins de ses activités annuelles. Elle a longtemps vécu ce que le doyen Maurice HAURIOU qualifiait de « *période d'élaboration secrète* »[1131] du droit administratif. La diffusion de la jurisprudence administrative étant de faible portée, l'incompréhension du fonctionnement de la juridiction qui la secrète prend forme et s'enracine dans la conscience de l'Administration, des justiciables et de la doctrine. Le juge administratif sénégalais se trouvait ainsi isolé. On comprend donc l'appel lancé par l'ancien Président du Conseil d'État aux partenaires financiers en vue de rendre effective la publication de ses décisions[1132]. On avait aussi souhaité que les Hautes juridictions administratives africaines instituent une tribune de publications de leurs décisions.

Ce second appel a été entendu, fort heureusement, quelques années plus tard avec la création de l'Association Africaine des Hautes Juridictions Francophones (AA-HJF) dont les activités se révèlent très importantes pour la vulgarisation et le développement du contentieux administratif en Afrique francophone[1133]. Suivant une dynamique similaire, on peut se réjouir également de la publication des fruits de discussions menées au sein de l'Association Internationale des Hautes Juridictions Administratives (AIHJA)[1134]. Aujourd'hui, la publication

---

[1131] HAURIOU (M.), « De la formation du droit administratif français depuis l'An VIII », *Revue générale d'administration*, 1892, p. 385.

[1132] CAMARA (O.), « La contribution du Conseil d'Etat sénégalais à construction de l'Etat de droit. Débats », *op. cit.*, p. 110.

[1133] Sur la composition, le fonctionnement et les objectifs de l'AA-HJF, voir www.aahjf.net. On retient ici quelques caractères et missions. L'AA-HJF se présente avant tout comme un outil d'intégration juridique et judiciaire créé en 1998. Par la divulgation des activités des juridictions membres, elle entend assurer sur son espace le règne du droit et de la justice.

[1134] Consulter le site officiel de l'AIHJA : www.aihjf.or. L'association est créée en 1983 regroupe les juridictions administratives suprêmes de quatre-vingt-six pays dont cinquante-huit membres et vingt-huit observateurs repartis sur tous les continents.

des décisions des juridictions administratives connait un écho favorable sur le continent africain par le moyen d'une dématérialisation progressive des voies de diffusion. Reste à améliorer la régularité des publications.

Il résulte de la séquence démonstrative ci-dessus que la croix de culpabilité portée par le Conseil d'État dans de l'inefficacité et l'illisibilité de la justice administrative sénégalaise ne découle point d'un ''procès en sorcellerie''[1135]. L'incommunicabilité du juge administratif, l'opacité de son fonctionnement permettaient de retenir la responsabilité, au sens littéral du terme, du Conseil d'État sénégalais dans l'échec de la réforme juridictionnelle de 1992. Cependant, la Haute juridiction administrative ne devrait pas constituer de bouc émissaire aux incohérences d'ordre général de la réforme elle-même. D'ailleurs, les reproches prononcés en son encontre étaient soit conséquents soit subséquents à certaines erreurs de l'initiateur de la réforme de 1992.

La référence faite de l'Exécutif en ces lignes s'explique doublement. On l'a vu, l'Exécutif sénégalais est le principal et seul initiateur de la réforme sur l'organisation juridictionnelle enclenchée en 1992. Qui plus est, l'échec de la réforme porte majoritairement sur les manquements des initiatives prises par ce dernier en vue de sa mise en œuvre. Si ceux-ci sont nombreux, on se bornera à ne retenir que certains qui ont induit un dysfonctionnement de la Haute juridiction administrative. La part de responsabilité de l'Exécutif telle que précisée sera démontrée à l'aune de la faiblesse quantitative et qualitative des activités jurisprudentielles du Conseil d'Etat sénégalais.

Le bilan à mi-parcours du fonctionnement du Conseil d'État au Sénégal faisait état d'environ cent cinquante arrêts fabriqués[1136]. Ce résultat obtenu en sept ans n'était pas différent de la tendance globalement observée au moment de la suppression de ladite

---

Animé d'un souci de partage d'expériences et d'échanges, l'institution est d'un apport indéniable pour les juridictions administratives africaines. En témoigne la pertinence des thèmes traités sous son auspice dont certains sont cités par la présente réflexion. Du 20 au 22 juin 2022, est prévu la tenue d'un congrès à Bruxelles autour du thème : « Le rôle des cours suprêmes dans le contexte de la crise sanitaire liée au Covid-19 ».

[1135] L'expression ''Faire le procès en sorcellerie''signifie faire un mauvais procès à quelqu'un.

[1136] DIAGNE (N.M.F.), « La contribution du Conseil d'Etat sénégalais à la construction de l'Etat de droit », *La Revue administrative*, 1999, 52e année, n° 6, n° spécial, Conseil d'Etat et Etat de droit, p. 82.

juridiction[1137]. L'isolement matériel et organique du Conseil d'Etat des justiciables sénégalais constituait une raison de la faiblesse quantitative sus-mentionnée.

L'isolement matériel du Conseil d'État sénégalais traduit la simple idée des circonstances de fait et de droit qui éloignaient la Haute juridiction administrative de certains litiges administratifs. Trois moyens sont révélateurs de ces circonstances. Certains ont déjà été évoqués : la restriction du domaine de compétence de ladite juridiction. D'autres ont été le fait du juge lui-même : l'interprétation restrictive de la notion de matière administrative. D'autres encore retiendront notre attention dans les présentes lignes : l'éloignement du Conseil d'État du contentieux des collectivités territoriales locales. Ils étaient l'œuvre, à l'instar de la restriction de la compétence du Conseil d'État, de l'Exécutif sénégalais.

L'Exécutif sénégalais engageait en 1994, soit deux ans après la création du Conseil d'État, une vaste politique de décentralisation[1138] gouvernée par le principe de la libre administration des collectivités territoriales[1139]. Diversifiées et couvrant l'ensemble du territoire sénégalais[1140], ces collectivités étaient, dès lors, soumises au contrôle de légalité[1141]. Mais cette décentralisation politique n'a point été suivie

[1137] Exposé des motifs de la loi organique n° 2008-35 portant création de la Cour suprême précitée.

[1138] Notons que la décentralisation au Sénégal comme dans la plupart des pays africains subsahariens francophones émanent d'un long processus enclenché depuis l'époque coloniale. Dans le contexte sénégalais, la décentralisation on décline ce processus en trois étapes : l'étape de la communalisation débutée en 1872 ; celle de la semi-décentralisation conduite entre 1960 et 1990 voire 1996 et l'ère actuelle de l'affirmation d'un véritable processus de décentralisation à partir de 1996. Cette origine antérieure à l'indépendance du Sénégal a fait dire que décentralisation y a précédé la démocratisation. Voir à cet effet FALL (A.B.), « La décentralisation au Sénégal… en attendant godot », *in* AIVO (J.), GAUDUSSON (J.D.B.), DESOUCHES (C.), MAILA (J.), (dir.), *L'amphithéâtre et le prétoire au service des droits de l'homme et de la démocratie*, Mélanges en l'honneur de Paris, L'Harmattan, p. 575 ; DIOUF (A.), *La Régionalisation. Approche sénégalaise et expérience française*, Actes du colloque international de Dakar sur la Régionalisation, 1er - 3 juillet 1996, éd. CREDILA, 1998, pp. 347-362.

[1139] Article 90 de la loi n° 94-55 du 13 juin 1994 portant révision de la Constitution, JORS du 6 août 1994, p. 333.

[1140] On notait déjà dix régions, soixante communes, quarante communes d'arrondissement, et trois-cent- vingt communautés rurales.

[1141] Articles 334 et 335 du Code des collectivités locales. Lire loi n° 96-06 du 22 mars 1996 portant Code des Collectivités Locales. Disponible à https://www.sec.gouv.sn/sites/default/files/loisetdecrets/Loi%20n%C2%B0%2096-

d'une décentralisation de la justice administrative. L'inexistence des tribunaux administratifs et cours administratives entrainait « *une centralisation excessive du contentieux administratif au niveau de la Haute Cour* »[1142].

On comprenait mal ce qui justifierait la nécessité de rapprocher l'appareil politique et administratif voire le service public des administrés sans inférer un rapprochement de ces derniers avec la justice administrative[1143]. Sans conteste, décentralisation administrative et décentralisation de la justice administrative conservent un lien obligé. Le glissement de la décentralisation administrative vers la démocratie locale qui est aujourd'hui, partout, irréversible[1144] a pour corollaire notamment la décentralisation de l'appareil judiciaire[1145]. Si tout le contentieux administratif payait le tribut de l'isolement du Conseil d'État des activités des autorités administratives locales sénégalaises, le recours pour excès de pouvoir en était la principale victime. Or le législateur sénégalais entendait renforcer ce recours à travers la création du Conseil d'État[1146].

La décentralisation du recours pour excès de pouvoir aurait trois mérites : le désengorgement du prétoire du Conseil d'État, la célérité des décisions de la justice administrative et l'accessibilité du juge administratif de la légalité. Ces gages ne constituent aucunement un frein à la floraison de l'activité jurisprudentielle de la juridiction administrative suprême en ce que celle-ci demeure compétente en

---

06%20du%2022%20mars%201996%20portant%20Code%20des%20Collectivit%C3%A9s%20locales.pdf. Consulté le 19/12/2021 à 09h 55mn.

1142 LAM (C.T.), *La modernisation de la Justice au Sénégal : vers la recherche de la performance*, *op. cit.*, p. 104.

1143 Si on admet que « La décentralisation fait passer les affaires de la main des fonctionnaires à celles des citoyens et constitue le gouvernement du pays par le pays ». Cf. DESCHANEL (P), *La décentralisation*, Paris, 1895, p. 44.

1144 Gouvernements Unis Locaux, *La décentralisation et la démocratie locale dans le monde*, Premier mondial, 2008, 354, p. Disponible à https://www.gold.uclg.org/sites/default/files/GOLDI_%20FR.pdf. Consulté le 15/11/202 ; Conseil des Collectivités Territoriales (CTT), Rapport régional sur la décentralisation et la démocratie locale dans les pays de l'espace UEMOA ; avril 2011, p. 65. Disponible à https://issuu.com/uclgcglu/docs/rapport_r_gional_sur_la_d_centralisation_et_la_d_m. Consulté le 19/12/2021 à 13h 34mn.

1145 FALL (I.M.), « Le contrôle de légalité des actes des collectivités locales au Sénégal », *EDJA*, n° 63, 2004, p. 107.

1146 SY (P.M.), « Quelques remarques sur l'institution du recours pour excès de pouvoir depuis la création du Conseil d'Etat », *Droit sénégalais*, n° 1, 2002, p. 36.

cassation des décisions rendues par les juridictions du fond. Le risque d'une faiblesse de la jurisprudence du Conseil d'État sénégalais à travers la décentralisation du contrôle juridictionnel de légalité ne se posait donc pas véritablement. La réticence de l'Exécutif sénégalais à cette technique tiendrait à des raisons inavouées.

Il est incontestable que tout le contentieux administratif de la légalité n'est pas susceptible d'être décentralisé. Les actes des autorités administratives centrales demeurent, en France comme dans les États africains francophones, du ressort de la Haute juridiction administrative. Ensuite, techniquement, la recherche de l'unité et de l'harmonisation de la jurisprudence laissait très peu d'enthousiasme à conférer une compétence en matière de recours pour excès de pouvoir à des juridictions du fond de l'ordre judiciaire, fût-elles compétentes en matière de responsabilité administrative.

L'importance et la portée politique du recours pour excès de pouvoir[1147] auraient aussi provoqué la centralisation au niveau du Conseil d'État sénégalais du pouvoir de contrôle par voie d'excès de pouvoir des actes administratifs. S'agissait-il de renforcer l'autorité de la décision rendue en ce que le Conseil restait la seule juridiction administrative spécialisée en matière administrative ou assistions-nous à une fragilisation du contrôle juridictionnel des actes administratifs par l'éloignement du juge de la légalité d'une frange importante des justiciables ? La réponse à cette interrogation est tout aussi importante que le constat d'un blocage de la dynamique quantitative de la jurisprudence du Conseil d'État inhérent au choix de l'Exécutif sénégalais. Par ailleurs, la centralisation du recours pour excès de

---

[1147] La portée politique du recours en annulation se rapporte d'abord à l'objet du contrôle, c'est-à-dire, « les actes et les décisions de l'administration publique ayant le caractère d'actes de commandement et de puissance publique ». Ensuite, elle s'explique par les pouvoirs du juge chargé du contrôle qui ni reformer ni réviser l'acte frappé attaqué. Il ne peut qu'en prononcer l'annulation seulement pour illégalité et non pour inopportunité ou fausse appréciation des faits. L'étroitesse du lien entre le recours pour excès de pouvoir et la matière politique se perçoit dans l'histoire même de ce type de contrôle juridictionnel en France. En effet, alors qu'elle se réservait pour elle-même le droit de contrôler les décisions royales, l'Assemblée constituante française avait reconnu uniquement au Chef de l'Etat le droit de prononcer l'annulation des actes administratifs. Plus encore, cette annulation ne pouvait être prononcée qu'en cas d'incompétence de l'autorité dont découle l'acte administratif. L'incompétence étant alors saisi dans son sens restrictif à savoir l'empiètement de l'autorité administrative sur les attributions d'une ou d'autres autorités. Voir sur ces points LAFFERIERE (E.), *Traité de la juridiction administrative et des recours contentieux*, *op. cit.*, p. 17.

pouvoir à la capitale sénégalaise était un corollaire du rendez-vous toujours manqué du défi de la politique de décentralisation[1148].

On le devine aisément, l'isolement matériel du Conseil d'État sénégalais entrainait un isolement organique ou physique du juge administratif suprême de la majorité des justiciables sénégalais vivants hors de Dakar.

Le Conseil d'État sénégalais, seule juridiction compétente en matière de recours pour excès de pouvoir, était logé à Dakar. Ce n'est point la fixation de cette juridiction à la capitale sénégalaise qui était problématique. Partout, la capitale politique et/ou économique, en dépit du niveau de décentralisation, est un dense foyer d'activités des autorités administratives centrales. Ce qui était mis en cause dans la pratique qui a particulièrement prévalu au Sénégal pendant la période intéressée par notre analyse est l'éloignement du juge compétent des justiciables sénégalais. D'autant que ceux-ci constituaient la majorité de la population sénégalaise et vivaient en zones rurales. La modicité des ressources financières de ces populations, les difficultés persistantes de mobilité éloignaient un nombre important de justiciables du prétoire du juge administratif. En effet, si le contrôle administratif de la légalité était assuré par les représentants de l'État[1149], le contrôle juridictionnel appartenait exclusivement au juge situé à la capitale.

Potentiellement, la distance géographique entre le Conseil d'État et les populations vivant hors de Dakar constituait une limitation à un développement quantitatif des activités de la juridiction administrative suprême. Elle a, en outre, entrainé une rupture d'égalité entre les administrés devant le service public de la justice. Se posait enfin un problème de visibilité du Conseil d'État en zone rurale. À mi-chemin de son fonctionnement, le tableau était tristement peint : aucun arrêt n'avait été rendu en matière de contrôle de légalité concernant les collectivités locales[1150]. Aussi, en cette matière, avait-on suggéré la compétence des tribunaux régionaux[1151] voire de leurs Présidents

[1148] Sur les échecs des politiques de décentralisation en Afrique, voir FALL (A.B.), « La décentralisation au Sénégal… en attendant godot », précité.

[1149] Articles 334 et 335 du Code des collectivités locales du Sénégal.

[1150] DIAGNE (M.), « La contribution du Conseil d'Etat sénégalais à la construction de l'Etat de droit. Débats », *op. cit.*, p. 108.

[1151] DIOUF (M), « La contribution du Conseil d'Etat sénégalais à la construction de l'Etat de droit », *op. cit.*, p. 98.

respectifs[1152]. Une proposition plus poussée militait en faveur de la création des Chambres administratives au sein des tribunaux régionaux[1153] ou de la Cour d'appel[1154]. Dans ces cas, le Conseil d'État serait juge de cassation du contentieux de la légalité résultant des activités des collectivités locales[1155]. Ces solutions se présentaient comme des alternatives à une construction intégrale d'un ordre juridictionnel administratif. Si l'actuelle organisation juridictionnelle malienne s'en est inspirée, elles n'ont point induit une restructuration de la réforme sénégalaise de 1992.

Dans ces conditions, c'était un simple prétexte d'affirmer, comme il est ressorti des propos du Chef de l'État sénégalais, que le Conseil d'État n'était pas parvenu à développer quantitativement le contentieux administratif. Un tel objectif assigné à la Haute juridiction administrative commandait la conjugaison de plusieurs engagements : celui du juge à travers son office ; l'engagement du législateur à travers le renforcement des compétences et pouvoirs du juge ; et celui de l'Exécutif en veillant à l'harmonisation des textes et à la cohérence dans l'application des réformes. En d'autres termes, la hardiesse qu'on demandait au juge administratif suprême sénégalais nécessitait des préalables[1156]. Certainement, « *il ne faut pas mettre entre les mains d'un infirmier des bistouris pour faire une opération. Encore faut-il qu'on ait une situation qui nous permette de dire que le droit administratif a atteint un degré qui permette au juge d'agir (...)* »[1157].

Ces exigences et le constat de leur insuffisance valaient également pour le développement qualificatif de la jurisprudence administrative. D'une part, le développement qualificatif conditionne le développement quantitatif. D'autre part, les choix opérés par l'Exécutif sénégalais compromettaient le succès qualitatif de l'office du Conseil d'État.

[1152] BA (A.), « La contribution du Conseil d'Etat sénégalais à la construction de l'Etat de droit », *op. cit.*, p. 100.

[1153] DIOUF (A.), « La contribution du Conseil d'Etat sénégalais à la construction de l'Etat de droit », *op. cit.*, p. 102.

[1154] KANE (M.), « La contribution du Conseil d'Etat sénégalais à la construction de l'Etat de droit », *op. cit.*, p. 95.

[1155] MBODJ (E.H.), « Les incidences de la réforme judiciaire du 30 mai 1992 sur le contentieux administratif sénégalais », *op. cit.*, p. 42.

[1156] MBACKE (K.), « La contribution du Conseil d'Etat sénégalais à construction de l'Etat de droit. Débats », *op. cit.*, p. 99.

[1157] *Ibid.*

La qualité de la justice administrative fait, aujourd'hui, l'objet d'attention du monde politique[1158], judiciaire[1159] et universitaire[1160]. De plus en plus réclamée par les justiciables[1161], cette « *valeur* »[1162] et « *technique* »[1163] de la justice administrative n'échappe pas aux exigences ni du droit communautaire africain[1164] ni du droit européen[1165]. Aussi qu'il soit explicitement ou implicitement annoncé, l'objectif de qualité est-il incessamment arrimé aux attentes liées au fonctionnement de la justice administrative[1166]. Ce faisant, la qualité de

---

[1158] SAKHO (P.O.), « Quelle justice pour la démocratie en Afrique ? », *Pouvoirs*, 2009, vol. 2, n° 129, pp. 57-64 ; PAULIAT (H.) (textes réunis par), *La qualité : une exigence pour l'action publique en Europe*, Colloque EUROPA, PULIM, 2004, 223 p.

[1159] VOISSET (M.), « La reconnaissance, en France, d'un droit des citoyens à la qualité dans les services publics », *RFDA*, 1999, pp. 743-751 ; SAUVE (J.-M.), « Les critères de la qualité de la justice », discours prononcé à l'occasion de la célébration des vingt ans du Tribunal de première instance des Communautés européennes, Luxembourg, le 25 septembre 2009. Disponible à https://www.conseil-etat.fr/actualites/discours-et-interventions/les-criteres-de-la-qualite-de-la-justice. Consulté le 17/11/2021 à 18h 31mn.

[1160] CLUZEL-METAYER (L.), FOULQUIER-EXPERT (C.), SAUVIAT (A.) (dir.), *La prise en compte de la notion de qualité dans la mesure de la performance judiciaire (QUALIJUS) - Justice administrative* -, Rapport final, 19 juin 2015, 128 p. ; BREEN (E.) (dir.), *Evaluer la justice*, Paris, PUF 2002, Coll. Droit et Justice, 301 p. ; DURAND (B.), « Propos introductifs », *RRJ*, n° 5, 2002, p. 2145.

1161BONNOTTE (C.), « L'acceptabilité sociale est-elle un indice de la qualité de la justice administrative ? », *RFAP*, 2016, vol. 3, n° 159, pp. 689-700.
DELAUNAY (B.), « Chartes usagers et engagements qualité dans le secteur public en France », *in* FORTIN (Y.), (dir.), *La contractualisation dans le secteur public des pays industrialisés depuis 1980*, Paris, L'Harmattan, 1999, p 147. En France, le renforcement du dialogue entre les justiciables et l'Administration est illustrée par la Charte Marianne. Cette charte Elle comporte une série d'engagements tels que l'accès facilité aux services, l'accès attentif et courtois, une réponse compréhensible dans un délai annoncé, une réponse systématique aux réclamations. Elle fut expérimentée en 2004 dans six départements (Ain, Charente, Eure-et-Loir, Hautes Pyrénées, Loiret et Moselle) avant d'être généralisée à l'ensemble du territoire dès janvier 2005.

[1162] BERTHIER (L.), *La qualité de la justice*, Thèse de doctorat de droit public, Université de Limoges, 2011, p. 37.

[1163] *Ibid.*, p. 333.

[1164] Article 7 de la CADHP.

[1165] CEDH, 28 septembre 1995, *Procola* ; CEDH, 6 mai 2003, *Kleyn c. Pays-Bas* ; CEDH, 9 novembre 2006, Sacilor Lormines.

[1166] Si l'on se réfère à la définition retenue par l'International Standard Organisation. Elle définit la qualité en tant qu' « *ensemble de caractéristiques d'une entité qui lui confère l'aptitude à satisfaire des besoins exprimés et implicites* » : Norme ISO 8402-94.

la justice administrative n'était pas étrangère aux objectifs poursuivis par la réforme sénégalaise d'organisation juridictionnelle enclenchée en 1992. Comment ne pouvait-elle l'être quand il était demandé au juge administratif de faciliter aux justiciables la compréhension du fonctionnement de la justice administrative et, plus globalement, de contribuer à la construction de l'État de droit au Sénégal ? Nous n'avons aucune prétention de mener, ici, une réflexion complète sur le concept de qualité de la justice administrative. Les travaux dirigés par Lucie CLUZEL-METAYER, Caroline FOULQUIER-EXPERT et Agnès SAUVIAT[1167] fournissent des éléments pertinents à son appréhension.

De préférence, il s'agira de jeter un regard rétrospectif sur quelques-uns de ses éléments dont le mépris dans l'application de la réforme sénégalaise de 1992 a sapé l'office du Conseil d'État. La détermination des critères de la qualité de la justice est un exercice complexe[1168] et dynamique[1169] donc jamais achevé[1170]. Nous nous bornerons, néanmoins, à centrer la démonstration autour des critères perçus comme d'ordre managérial en ce qu'ils conduisent aux conditions dans lesquelles la justice est administrée et rendue[1171]. Cette restriction procure le bénéfice de ne point revenir sur les critères liés au contenu des décisions de la juridiction administrative, leur motivation ou les règles du procès déjà évoqués dans les lignes précédentes. La restriction convient amplement à évaluer la teneur et la justesse des critiques adressées au Conseil d'État sénégalais.

Les critères managériaux renverraient au coût, à l'efficacité, aux délais, à l'aptitude de la justice à répondre aux besoins des justiciables[1172]. À défaut de les confronter tous à la réalité du

---

[1167] CLUZEL-METAYER (L.), FOULQUIER-EXPERT (C.), SAUVIAT (A.) (dir.), *La prise en compte de la notion de qualité dans la mesure de la performance judiciaire (QUALIJUS) - Justice administrative* -, précité.

[1168] CLUZEL-MÉTAYER (L.), SAUVIAT (S.), « Les notions de qualité et de performance de la justice administrative », *RFAP*, vol. 3, n° 159, 2016, p. 678.

[1169] « Le discours sur la qualité des décisions de justice a progressivement glissé, dans la théorie et la pratique contemporaines, d'une conception substantielle vers une conception procédurale et, à présent, managériale », constate à juste titre FRYDMAN (B.), « L'évolution des critères et des modes de contrôle de la qualité des décisions de justice », *Working Papers du Centre Perelman de philosophie du droit*, n°2007/4.

[1170] SAUVE (J.M., « La qualité de la justice administrative », *RFAP*, vol. 3, n° 159, 2016, p. 667.

[1171] SAUVE (J.M.), « Les critères de la qualité de la justice », précité.

[1172] Ibid·

fonctionnement du Conseil d'État sénégalais, on peut admettre que le choix des hommes qui animent la juridiction administrative ainsi que les moyens mis à leur disposition déterminent certainement le délai de jugement, l'efficacité et l'aptitude de la justice administrative à répondre aux besoins des justiciables. Étudiant chacun de ses points, on s'aperçoit que le Conseil d'État sénégalais était condamné à l'échec.

Sans un juge administratif de qualité, il ne saurait avoir de jurisprudence administrative de qualité susceptible de restaurer la confiance entre le juge administratif et les justiciables. Cela est indéniable : la technicité du contentieux administratif impose une compétence avérée du juge administratif. En cela, la spécialisation du juge administratif avait été consacrée au rang des objectifs poursuivis par la réforme sénégalaise de 1992. Cependant, à l'heure d'insuffler une âme au Conseil d'État c'est-à-dire de doter la juridiction des membres censés l'animer, l'Exécutif adopte une démarche qui contrarie l'aptitude de ces membres à connaitre du contentieux administratif. Leur nombre et leur formation initiale étaient en porte-à-faux avec l'efficacité de la Haute juridiction administrative.

De manière théorique, selon les termes de la loi relative au Conseil d'État, les membres de cette juridiction étaient des magistrats et des auditeurs dont la majorité avait des handicaps à maitriser le contentieux administratif. Cette insuffisance découlait, à l'origine, des critères de recrutement des membres de la juridiction administrative suprême sénégalaise. Les conseillers d'État étaient, en effet, choisis parmi les magistrats ayant exercé, en qualité de titulaires, un emploi hors hiérarchie pendant quatre ans au moins[1173].

Également, pouvaient être nommés à cette fonction, les fonctionnaires titulaires référendaires de deuxième classe comptant quatre années d'ancienneté dans un emploi du premier groupe du premier grade. Quant aux auditeurs, ils étaient choisis par voie de concours parmi les magistrats des Cours et tribunaux, du deuxième groupe titulaire d'une maitrise de l'enseignement ou d'un diplôme admis en équivalence. À ces deux catégories, s'ajoutaient les conseillers d'État en service extraordinaire incarnés par les personnalités qualifiées dans les différents domaines de l'activité nationale.

[1173] Loi organique n° 96-30 du 21 août 1996 sur le Conseil d'Etat, JORS, n° 5726, 18 janvier 1997, p. 57.

À ce stade déjà de la composition du Conseil d'Etat sénégalais, le profil de ses membres ne donnait pas de postuler de leur connaissance en matière administrative. D'abord, ceux qui proviendraient de l'Administration dont la connaissance de l'appareil administratif serait un atout n'étaient pas en mesure d'échapper au recrutement d'opportunité[1174]. L'environnement de la réforme sénégalaise soumettait davantage le recrutement des membres des juridictions à de « *forts alliages entre fidélité politique et technicité juridique* »[1175].

En outre, l'avènement sans précédent d'une juridiction administrative autonome depuis les indépendances obligeait l'Exécutif sénégalais à recruter les conseillers ainsi que des auditeurs tous issus de juridictions judiciaires. Même ceux qui siégeaient au niveau de l'ancienne chambre administrative de la Cour suprême étaient, en grande partie, le produit d'une formation judiciaire ou privatiste. Cette défaillance qui était prévisible en théorie s'est concrétisée dans les faits au-delà de ce qu'on pouvait craindre.

Il est rapporté que la plupart des membres du Conseil d'État sénégalais étaient des magistrats de l'ordre judiciaire[1176]. Plus précisément, on dénombrait, de 1992 à 1996, un magistrat spécialisé en droit public sur dix au total soit un dixième des magistrats du Conseil d'État[1177]. Au niveau des auditeurs, la situation était certes meilleure, mais toujours insatisfaisante. En témoigne l'aveu suivant : « *En 1996, sur les 8 auditeurs de justice, 3 étaient des publicistes. Dans la formation de 1997 de 42 auditeurs de justice (...) nous en avons 1 sur 3 qui ont un diplôme de droit public* »[1178]. Pour l'année 1999, « *sur 48 auditeurs de justice, 1 sur 3 et demi* » avait un diplôme de droit public[1179].

1174 DEMAULES-BOUCHER (A.), *Les « Extérieurs » du Conseil d'Etat : leurs influences et leurs rôles dans la fabrication du droit administratif*, Mémoire de recherche – Quatrième Année Spécialité Affaires Publiques et Gestion de Biens Communs, Sciences Po. Lille, 2020-2021, p. 45.

1175 *Ibid.* Réalité vécue au Sénégal. En témoigne MBACKE (K.), *Propos d'un juge*, NEAS, 2004,

1176 LAM (C.T.), *La modernisation de la justice au Sénégal : vers la recherche de la performance, op. cit.*, p. 102.

1177 BA (A.), « La contribution du Conseil d'Etat sénégalais à l'édification de l'Etat de droit. Débat », *op. cit.*, p. 100.

1178 *Ibid.*

1179 *Ibid.*

Si à partir de la réforme corrective de 1996, il fut constaté une prééminence des magistrats ayant une spécialité en droit public[1180], l'effectif de l'ensemble des magistrats ne favorisait pas une célérité des décisions du Conseil d'État encore moins une qualité substantielle de leurs décisions[1181]. On a d'ailleurs accusé cette « *pénurie de magistrats spécialisés* » de faire regretter certaines jurisprudences de l'ancienne Cour suprême portant la marque des magistrats expatriés[1182].

La composition du Conseil d'État opérée par l'Exécutif sénégalais ne garantissait donc pas une qualité substantielle de la juridiction administrative, la célérité de ses décisions, et en conséquence, leur acceptation sociale. La lacune qui est ainsi dénoncée est vieille et même postérieure au Conseil d'État. Au Sénégal, en effet, la situation des ressources humaines du personnel judiciaire n'a jamais été l'objet de véritable planification[1183].

En somme, l'échec du modèle juridictionnel sénégalais institué en 1992 et réajusté en 1996 résultait de plusieurs facteurs et de divers acteurs : le législateur dans l'élaboration des règles, l'Exécutif à travers la conduite et la mise en œuvre de la réforme et le juge administratif nouvellement habillé au sein du Conseil d'État sénégalais n'ont pas préservé la cohérence entre leurs actions et les objectifs poursuivis. Des voies de corrections étaient possibles et plausibles comme il ressortait du rapport du Comité d'évaluation[1184]. Il pouvait s'agir de l'harmonisation des textes relatifs à l'organisation juridictionnelle ; du renforcement des pouvoirs ainsi que du domaine de compétence du juge administratif ; de la décentralisation du recours pour excès de pouvoir à travers celle des juridictions administratives et du renforcement de la formation des magistrats administratifs. Aucune de celles-ci n'a été empruntée par le constituant sénégalais. Après seize ans de pratique, la réforme de 1992 a purement et simplement été abandonnée par le biais d'une nouvelle réforme d'organisation juridictionnelle introduite depuis 2008. Ce qui fait penser à

[1180] *Ibid.*

[1181] A sa création, la Première section du Conseil d'Etat sénégalais ne comptait que 3 magistrats. Cf. KANE (M.), « La contribution du Conseil d'Etat sénégalais à l'édification de l'Etat de droit. Débat », op. cit., p. 96.

[1182] MBACKE (K.), *ibid.*, *op cit.*, p. 99.

[1183] SECK (P.O.), *La modernisation de la justice au Sénégal : une perception manifeste*, *op. cit.*, p. 60.

[1184] Voir LAM (C.T.), *La modernisation de la justice au Sénégal : vers la recherche de la performance*, *op. cit.*, p. 126.

l'avortement de la réforme ivoirienne théoriquement en vigueur de 2016 à 2019 qui est intervenu sans aucune expérimentation pratique. Ces symphonies inachevées en Cote d'Ivoire et au Sénégal nourrissaient une unique curiosité : quel modèle de substitution serait-il imité, recréé ou inventé dans chacun de ces États ?

SECTION II - LA RÉACTION À L'ÉCHEC

On pressentait que le constituant ivoirien et son homologue sénégalais seraient moins enclins, après la déconvenue de leurs initiatives respectives d'adaptation de la dualité française, de réinventer des modèles *suis generis*. L'attirance serait de retourner vers l'unité juridictionnelle pratiquée au lendemain des indépendances africaines et par ailleurs qualifiée d'unité juridictionnelle africaine ou de reproduire la dualité française. Dans une certaine portion, il s'agirait d'opérer un retour. Le retour du Sénégal et de la Côte d'Ivoire à l'unité juridictionnelle ou le retour de la Côte d'Ivoire à la dualité française théoriquement annoncée entre 2000 et 2016 étaient fortement envisageables.

Cette opposition d'approche serait entretenue par deux considérations antagonistes susceptibles d'influencer l'orientation des États. Dans un sens, les recommandations du colloque de l'AOAHJF relatif à l' « *Opportunité de l'éclatement ou non des Cours suprêmes en plusieurs juridictions distinctes* »[1185] invitaient les États membres à privilégier le regroupement du Conseil d'État et de la Cour de cassation[1186]. Dans l'autre, une certaine tendance à l'idéalisation de la dualité juridictionnelle commandait une migration progressive des États africains francophones vers ce système de dualité juridictionnelle. Ce retour à contre-courant a marqué les choix opérés par les pouvoirs politiques sénégalais et ivoiriens. Tandis qu'en Côte d'Ivoire on

---

[1185] AOAHJF ; « *Opportunité de l'éclatement ou non des Cours suprêmes en plusieurs juridictions distinctes* », Colloque organisé à Cotonou du 13 au 16 mai 2002, précité. Selon le rapport final « *(...) La séparation des juridictions judiciaires et administratives ne serait même pas souhaitable en raison des problèmes complexes (...) de compétence avec, pour corollaire, des risques de contrariété de décisions, sans oublier les problèmes matériels et humains que cela entrainera. En outre, cet éclatement pourrait provoquer un affaiblissement du pouvoir judiciaire* ».

[1186] *Ibid.* ; LAM (C.T.), *La modernisation de la justice au Sénégal : vers la recherche de la performance, op. cit.*, p. 127.

renouait avec la dualité juridictionnelle (paragraphe 1), au Sénégal on assistait à un retour vers l'unité juridictionnelle africaine (paragraphe 2).

Paragraphe 1 - Le renouement avec la dualité juridictionnelle

L'idée de renouement énonce la reprise d'un processus enclenché et prématurément abandonné. En Côte d'Ivoire, avant d'être écartée par la Constitution de 2016, la consécration constitutionnelle de la dualité juridictionnelle en 2000 était restée lettre morte. L'organisation juridictionnelle qui était censée lui succéder a connu le même sort : aucune mise en œuvre couronnée par un renoncement. La réponse apportée à cette crainte d'échec du modèle prévu fut le retour à la dualité juridictionnelle. Si cela a constitué un renouement au processus enclenché en 2000 et une fermeture d'une brève parenthèse, il insère le mouvement « *de convergence vers l'instauration de la dualité de juridictions* »[1187] constaté en Afrique francophone.

L'accent sera mis sur la manière dont la singularité du système ivoirien a subi un glissement vers le modèle français. Ce qui dénote de l'intérêt de comprendre les aspects et les enjeux de la transformation du système abandonné. La doctrine administrative ivoirienne n'a pas cessé de relever les anomalies juridiques que comportaient les textes[1188]. Le retour à la dualité française a donc emprunté les voies qui offraient des solutions aux irrationalités dénoncées. Celles-ci ont consisté à la restauration des ordres administratif et judiciaire, ainsi qu'à la création d'un tribunal des conflits extérieur aux ordres institués.

« *Requiem pour le monisme juridictionnel en Côte d'Ivoire !* » Tels sont les premiers mots par lesquels Pélagie THEOUA-N'DRI entamait

---

1187 KANTE (B.), « Conseil d'Etat et Etat de droit. La contribution des Hautes juridictions administratives à l'édification de l'Etat de droit. Rapport général », *op. cit.*, p. 114.

1188 BLEOU (D.M.), « La création du droit par le juge administratif », Colloque international sur la
« Jurisprudence comme outil : expériences ivoiriennes et internationales », Université Alassane Ouattara et Université de Lille. (Bouaké, 22-23 mai 2018), pp. 1-11 ; DOSSO (K.), DOUMBIA (A.), DOSSO (K.), DOUMBIA (A.), « La création du tribunal des conflits ou la fin d'une anomalie juridique », *in* THEOUA N'DRI (P.) (dir.), *La réforme de l'organisation juridictionnelle en Côte d'Ivoire : bilan, enjeux et perspectives*, Actes du colloque de la Journée d'étude sur la réforme juridictionnelle, organisé par le CREDFIP, Université Alassane, le 21 août 2020, Abidjan, Konrad-Adenauer-Stitung, novembre 2021, p. 48.

ses propos introductifs des actes du colloque sur la réforme de l'organisation juridictionnelle en Côte d'Ivoire[1189]. Moins qu'un vœu ou un regret, c'est surtout le résultat d'un examen croisé des dispositions constitutionnelles ivoiriennes de 2016 et 2020 relatives à l'organisation juridictionnelle qui était ainsi livré. La suppression de la Cour suprême a libéré le Conseil d'État et la Cour de cassation du poids de la tutelle exercée par celle-là. Corrélativement, cette suppression a induit la rupture du lien ombilical du Conseil d'État et de la Cour de cassation avec la défunte Cour suprême dans sa fonction de juridiction de conflits .

Suivant l'article 147 de la Constitution ivoirienne de 2016, le Conseil d'État et la Cour de cassation étaient des éléments constitutifs de la Cour suprême. Les institutions juridictionnelles représentatives du pouvoir judiciaire étaient la Cour suprême et la Cour des comptes[1190]. Bien que les articles 148 et 149 fondassent respectivement la qualité de « *haute juridiction administrative* » au Conseil d'État et celle de « *haute juridiction judiciaire* » à la Cour de cassation, le doute sur la nature juridictionnelle de ces organes persistait. Leur mise en tutelle sous l'autorité de la Cour suprême qui veillait à « *l'application de la loi par les juridictions de l'ordre administratif et de l'ordre judiciaire* »[1191] donnait l'impression qu'ils étaient plutôt des chambres ou des sections de la Cour suprême[1192]. Si ce postulat ne pouvait prospérer devant la clarté des articles 148 et 149 susvisés, leur agencement avec l'article 147 traduisait « *une anomalie juridique* »[1193].

L'œuvre de révision constitutionnelle conduite en 2020 a saisi, parmi les priorités, la question de la cohérence des dispositions applicables aux ordres juridictionnels administratif et judiciaire. Autant la Cour

---

[1189] THEOUA-N'DRI (P.), « Propos introductifs », in *La réforme de l'organisation juridictionnelle en Côte d'Ivoire : bilan, enjeux et perspectives*, Actes du colloque de la Journée d'étude sur la réforme juridictionnelle, organisé par le CREDFIP, précité, p. 5.

[1190] Article 144 de la Constitution ivoirienne de 2016 précitée

[1191] *Ibid.*

[1192] BLEOU (D.M.), « La création du droit par le juge administratif », Colloque international sur la
« Jurisprudence comme outil : expériences ivoiriennes et internationales », Université Alassane Ouattara et Université de Lille. (Bouaké, 22-23 mai 2018), *op. cit.*, p. 2.

[1193] DOSSO (K.), DOUMBIA (A.), « La création du tribunal des conflits ou la fin d'une anomalie juridique », *in* THEOUA N'DRI (P.) (dir.), *La réforme de l'organisation juridictionnelle en Côte d'Ivoire : bilan, enjeux et perspectives*, *op. cit.*, p. 48.

suprême ne pouvait appartenir simultanément à l'ordre administratif et à l'ordre judiciaire autant les juridictions suprêmes des différents ordres ne pouvaient être des composantes d'une juridiction placée au-dessus d'elles. Dans cette cohabitation impossible, le constituant ivoirien devait opérer un choix précis et rationnel : ou bien la Cour suprême était autrement composée avec de prérogatives nouvelles ou bien les ordres juridictionnels disparaissaient. La première condition fut retenue par le constituant ivoirien. Bien plus, la suppression de la Cour suprême a restauré l'autorité des ordres juridictionnels car ils en ressortent débarrassés de toute tutelle.

D'une part, les dispositions qui conféraient la nature de haute juridiction administrative et judiciaire à ces organes sont maintenues dans le texte révisé de la loi fondamentale. Les articles 148 et 149 nouveaux sont porteurs de ces garanties. Le Conseil d'État et la Cour de cassation statuent souverainement sur les décisions rendues en dernier ressort[1194] ou sur les recours en cassation contre les décisions rendues en dernier ressort[1195] par leurs juridictions du fond respectives. D'autre part, et là se trouve la restauration des ordres juridictionnels, ni le Conseil d'État ni la Cour de cassation ne sont désormais au contrôle direct de la Cour suprême ou d'une quelconque juridiction. Autrement dit, il est retiré de la loi constitutionnelle les mentions disposant *expressis verbis* que « *la Cour suprême veille à l'application de la loi par les juridictions de l'ordre judiciaire et de l'ordre administratif* »[1196]. Le constituant ivoirien leur a préféré, à juste titre, la disposition suivante : « *La Cour de cassation veille à l'application de la loi par les juridictions de l'ordre judiciaire. Le Conseil d'État veille à l'application de la loi par les juridictions de l'ordre administratif* »[1197].

La révision constitutionnelle ivoirienne a ainsi mis fin à la tutelle qu'exerçait la Cour suprême sur les hautes juridictions administrative et judiciaire. Assurément, cette incohérence juridique engendrerait des blocages dans le fonctionnement des différentes juridictions constituant

---

1194 Voir article 147 nouveau de la loi constitutionnelle n° 2020-348 du 19 mars 2020. Cet article se rapporte à l'une des prérogatives du Conseil d'Etat ivoirien le Conseil d'Etat.

1195 Voir article 148 nouveau de la loi constitutionnelle du 19 mars 2020 précitée. Cet article attrait particulièrement à la Cour de cassation.

1196 Article 147 de la loi constitutionnelle n° 2016-886 du 8 novembre 2016 précitée.

1197 Article 147 nouveau précité.

le pouvoir judiciaire[1198]. D'autant plus que les postes de vice-présidents de la Cour suprême étaient réservés au président du Conseil d'État et au président de la Cour de cassation[1199]. Sachant que la Cour suprême était, par ailleurs, la juridiction des conflits on voyait mal comment ce dédoublement s'accommoderait à l'incohérence des textes qui vient d'être démontrée. Aussi la révision constitutionnelle de 2020 n'a-t-elle pas manqué de rompre avec le lien ombilical qui nouait une relation controversée entre la juridiction des conflits et les juridictions suprêmes des ordres judiciaire et administratif.

Le changement apporté par l'intitulé n'est que la suite logique ou la conséquence immanquable de la disparition de la tutelle de la Cour suprême. Cette fois, la soumission des ordres juridictionnels était censée s'opérer à travers la fonction de juridiction des conflits dévolue à la Cour suprême. Ce n'était point l'autorité des décisions de la juridiction des conflits sur les litiges relatifs à la détermination des compétences des ordres juridictionnels qui était contestée. Cela ne pourrait l'être : la juridiction des conflits règle, en toute indépendance, les conflits d'attributions entre les ordres juridictionnels.

En revanche, ce pouvoir ne se construit pas sur le greffage institutionnel des ordres juridictionnels autour de la juridiction des conflits. Ainsi, même si elle peut être composée des membres du Conseil d'État et de la Cour de cassation, la juridiction des conflits ne saurait être organiquement constituée par ces juridictions suprêmes des deux ordres[1200]. Si son caractère non permanent facilite une telle compréhension, la consécration d'une juridiction des conflits à caractère permanent ne constituait pas une raison d'en faire des ordres juridictionnels des éléments constitutifs.

Au fond, le lien ombilical entre les ordres juridictionnels et la juridiction des conflits étaient scellés à trois endroits : la compétence de la Cour suprême pour veiller à l'application des lois par les ordres juridictionnels ; la composition de la juridiction par le Conseil d'État et la Cour de cassation et la fonction de juridiction des conflits de la Cour

[1198] Exceptées peut-être la Cour des comptes et les cours régionales des comptes. Pour rappel, aux termes de l'article 143 de la constitution ivoirienne de 2016, relevaient du pouvoir judiciaire la Cour suprême, la Cour des Comptes, les Cours d'appels, les tribunaux de Première instance, les tribunaux administratifs et les Chambres régionales des Comptes.

[1199] Article 153 de la Constitution ivoirienne de 2016 précitée.

[1200] MAMBO (P.), « Le système juridictionnel ivoirien à la lumière de constitution révisée », *op. cit.*, p. 731.

suprême. Dans une telle configuration et structuration, on perçoit que les hautes juridictions judiciaire et administrative ne pouvaient s'épanouir ou survivre en dehors de la Cour suprême. Parallèlement, la rupture du lien ombilical est consommée triplement : la suppression de la Cour suprême qui emporte deux conséquences qu'on peut rappeler. D'abord, la juridiction suprême de chaque ordre veille désormais à l'application de la loi par les juridictions du fond qui lui sont rattachées. Ensuite, le constituant ivoirien de 2020 a clairement révisé la disposition suivante « *La Cour suprême et la Cour des comptes sont les deux institutions juridictionnelles représentatives du pouvoir judiciaire* »[1201] par la mention que voici : « *Le Conseil d'État, la Cour de cassation et la Cour des comptes sont les institutions juridictionnelles représentatives du pouvoir judiciaire* »[1202].

La restauration des ordres juridictionnels est donc consacrée sur les cendres de la Cour suprême. Il en résulte la curiosité légitime d'appréhender quelques règles qui gouvernent la nouvelle juridiction des conflits dont l'un des aspects importants est son extériorisation des ordres institués.

Le fonctionnement du Tribunal des conflits en France et dans les États africains subsahariens francophones n'a jamais fait évoluer cette juridiction en vase clos. Sa composition[1203], son siège[1204] et même l'objet de son rôle[1205] le rapprochent des juridictions suprêmes administrative et judiciaire. Pour autant, l'indépendance de chaque juridiction s'oppose à ce que la juridiction des conflits se confonde ou soit placé au-dessus des ordres juridictionnels encore moins en constituer un regroupement de ceux-ci. C'est dire que la juridiction des conflits qu'elle soit permanente ou non doit être extérieure au Conseil

---

[1201] Article 144 de la Constitution ivoirienne de 2016 précitée.

[1202] Article 144 nouveau de la Constitution ivoirienne de 2020 précitée.

[1203] Le Tribunal des conflits étant, dans tous les Etats étudiés, exclusivement ou principalement composé de membres de la Cour de cassation et du Conseil d'Etat.

[1204] Le siège du Tribunal des conflits le rapproche des juridictions suprêmes administrative et judiciaire car il est tan tôt déterminé au siège du Conseil d'Etat, tantôt aménagé dans « *les locaux de la haute juridiction de celui qui en assure la présidence comme indiqué à l'article 4 de la présente loi en fonction du siège d'origine, siège du Conseil d'Etat ou siège de la Cour de cassation, du membre qui en assure la présidence* ». (Article 5 de la loi n° 2020-884 du 21 octobre 2020 déterminant la composition, les attributions et le fonctionnement du tribunal des conflits de Côte d'ivoire.

[1205] Le rôle de la juridiction de conflit est le règlement des conflits de compétences entre le Conseil d'Etat et la Cour de cassation.

d'État et à la Cour de cassation. Une telle disposition préserve l'impartialité et l'indépendance de ces juridictions suprêmes. La suppression de la Cour suprême ivoirienne prévue en 2016 a été comblée et améliorée par la création d'un tribunal des conflits.

La loi n° 2020-884 du 21 octobre 2020 déterminant la composition, les attributions et le fonctionnement consacre la création du Tribunal des conflits. Aux termes de son article 6, le Tribunal des conflits règle les conflits de compétences entre les juridictions suprêmes des ordres administratif et judiciaire. Organiquement, la juridiction des conflits est bien séparée du Conseil d'État et de la Cour de cassation. Le détachement ou l'extériorisation du Tribunal des conflits des ordres juridictionnels, au-delà de sa rationalité, s'est avéré aisé par la reconnaissance de la spécialité de la juridiction des conflits. La détermination précise et étanche de ses compétences avait été indiquée par le communiqué du Conseil des ministres adoptant le projet de la loi relative au Tribunal des conflits. Il y était exposé la nécessité de créer une haute juridiction « *spécialement dédiée au règlement des conflits de compétence entre les deux (2) ordres de juridiction* »[1206].

La réaction du Sénégal face à l'échec de la réforme d'adaptation est différente de celle de la Côte d'ivoire en ce qu'elle se renoue avec l'unité juridictionnelle africaine.

Paragraphe 2 - Le ralliement vers l'unité juridictionnelle africaine

L'Exécutif sénégalais avait institué un comité d'évaluation de la réforme de 1992. Ce comité d'évaluation était composé de membres du Conseil d'État, de la Cour de cassation et de la société civile[1207]. La réforme sénégalaise de 2008 s'adossait sur les conclusions des travaux de ce comité d'où il ressortait que les avis étaient partagés entre le renforcement du système de 1992, la migration vers une dualité intégrale ou son abandon.

Un regard imprudemment jeté sur cette organisation juridictionnelle créée en 2008 permettrait d'y voir une résurrection de l'unité

[1206] Communiqué du Conseil des ministres adopté le 24 juin 2020. Disponible à https://www.ivoire-juriste.com/2020/06/lois-et-decrets-adoptes-en-conseil-des-ministres-24-06-2020-cote-d-ivoire.html. Consulté le 16/12/2021 à 01h 22mn.

[1207] L'étude du comité si salutaire fût-il n'avait qu'une valeur consultative. Il était, par ailleurs, invité à prendre en compte le fonctionnement des hautes juridictions des autres États africains francophones dans la formulation de ses propositions. L'étude du comité si salutaire fût-il n'avait qu'une valeur consultative. Elle n'eut aucunement pour objet d'imposer un modèle d'organisation juridictionnel précis.

juridictionnelle sénégalaise. L'élément qui engendrerait cet écart serait la renaissance de la Cour suprême, symbole même de l'unité juridictionnelle. Le ralliement qui renvoie à rejoindre[1208] un modèle, une force institutionnelle ou idéologique dont on a tenté de s'affranchir ou de combattre[1209] s'explique ici amplement. Le fonctionnement et la composition de la nouvelle Cour suprême démontrent qu'elle reste différente de l'ancienne Cour suprême instituée au lendemain des indépendances. Cependant, il n'était point question d'une adhésion totale[1210] à l'unité juridictionnelle anciennement pratiquée. La recréation de la Cour supreme suivi de son éclatement partiel a fait sortir de ses entrailles le Conseil constitutionnel et la Cour des comptes.

Deux dispositions juridiques ont assuré le passage du modèle adapté de la dualité française vers une organisation plus proche de l'unité juridictionnelle africaine. L'une est le fruit de la constitution : loi constitutionnelle du 7 août 2008[1211] portant révision de la Constitution ; l'autre relève de l'œuvre législative : Loi organique du 7 août 2008 portant création de la Cour suprême[1212]. La révision constitutionnelle a procédé à la suppression du Conseil d'Etat[1213] et de la Cour de cassation dont a substitué la Cour suprême[1214]. La solution retenue semble être guidée par l'économie des moyens ; elle a révélé ses limites relativement au régime procédural d'urgence qui se développe au Sénégal.

Le désaveu de la dualité juridictionnelle repose sur plusieurs considérations. Certaines sont de nature circonstancielle d'où précaire ; d'autres sont plus pérennes. Ces dernières ont longtemps alimenté l'opposition entre le modèle de dualité juridictionnelle français et le système anglo-saxon d'unité juridictionnelle. Elles tiennent à l'idéologie politico-juridique qui gouverne l'Administration et ses activités ainsi qu'à la complexité du système dualiste. Quand on a considéré que l'Administration devrait être soumise au même régime

---

1208 GENOUVRIER (E.), DESIRAT (C.), HORDE (T.), *Nouveau dictionnaire des synonymes*, Paris, Larousse Bordas, 1997, p. 570.
1209 *Ibid.*
1210 Si on s'accorde à penser que le rallier a pour synonyme : adhésion.
1211 Loi constitutionnelle (Sénégal) n° 2008-34 du 7 août 2008 portant révision de la Constitution, JORS du 8 août 2008, n° 6420.
1212 Loi organique (Sénégal) n° 2008-35 du 7 août 2008 relative à la Cour Suprême, JORS n° 6420 du 8 août 2008, pp. 755 et s.
1213 Article unique de la loi n° 2008-34 du 7 août 2008 précitée.
1214 *Ibid.* ; article 1er de la loi n° 2008-35 du 7 août précitée.

juridique que les administrés[1215] ; que cela garantirait le respect de la démocratie et de l'État de droit[1216], on considéra, dès lors, que la dualité française était rédhibitoire et attentatoire aux libertés individuelles[1217]. Ces considérations n'ont jamais véritablement prospéré en Afrique francophone. Aussi l'unité juridictionnelle y pratiquée était-elle une adaptation du modèle anglo-saxon. En dépit des aménagements qu'elle a connus en 1960 et 1984 au Sénégal, elle a toujours conservé la dualité de droit applicable à l'Administration. L'adaptation du modèle anglo-saxon s'explique par la prise en compte de considérations différentes.

En effet, le rejet de la dualité juridictionnelle en Afrique subsaharienne francophone a constamment été motivé par des considérations circonstancielles. D'où le balbutiement des États de cet espace entre unité et dualité de juridictions. On l'a signifié, l'abandon du modèle de justice administrative français par les États africains francophones nouvellement indépendants se défendait, en grande partie, par la faiblesse quantitative des affaires portées devant le juge de l'Administration, l'insuffisance des ressources matérielles et humaines. Le choix de l'unité juridictionnelle construite autour de la Cour suprême se présentait comme une réponse à ces insuffisances. La lecture des exposés de motifs de la loi de 2008 instituant la renaissance de la Cour suprême et les arguments expliquant l'échec de la réforme de 1992 illustrent une réapparition des considérations qui ont commandé hier le choix de l'unité juridictionnelle au Sénégal notamment[1218]. Le constituant sénégalais aurait établi un bilan coût-avantage de la réforme de 1992 assorti de déception.

Ainsi, la suppression de la Cour de cassation et du Conseil d'État, désormais remplacés par les différentes chambres de la Cour suprême, constitue une réduction de moyens humains et matériels qu'engageait

---

1215 DISTEL (M.), « La réforme du contrôle de l'administration en Grande-Bretagne », *RIDC*, vol. 23, n° 2, avril-juin 1971, p. 357.

1216 De TOCQUEVILLE (A.), *De la Démocratie en Amérique*, Edition Mayer, Gallimard, 1961, t. 1, vol. 2, p. 315.

1217 De TOCQUEVILLE (A.), Lettre du 15 février 1854. *Nouvelle correspondance entièrement inédite*, Edition Beaumont, t. VII, pp. 315-317.

1218 On peut retenir quelques séquences que voici : « Cet argument de fond justifie, à lui seul, la réforme du système judiciaire actuel, singulièrement le regroupement, dans une première étape, de la Cour de cassation et du Conseil d'Etat » ; « A ces fins, il est proposé de se référer à l'organisation qui résultait de l'ordonnance 60-17 du 3 septembre 1960, avec les modifications introduites par la loi 87-09 du 2 février 1987 et 84-19 du 2 février 1984 fixant l'organisation judiciaire modifiée par la loi n° 92-28 du 4 juin 1992 de même que par les lois organiques qui l'ont précédée ».

le modèle adapté de la dualité française. La réduction de moyens renvoie à une politique de régulation ou d'organisation dont l'objet est la diminution des dépenses de quelques natures qu'elles soient voire de tout effort non essentiel à la réalisation du but visé. Le constituant sénégalais de 2008 a entendu réorganiser l'architecture juridictionnelle à l'aune des échecs de la réforme de 1992 en tenant compte des moyens humains, matériels et financiers dont il dispose.

Mais semble-t-il que le constituant de 2008 a fait une lecture étriquée des causes de l'échec et des objectifs visés de la réforme de 1992. La renaissance de la Cour suprême répondrait aux difficultés de financements occasionnées par la création de plusieurs juridictions suprêmes autonomes. Elle serait, également, conséquente de l'insuffisance des ressources matérielles et humaines mises à disposition de ces juridictions. Parallèlement, le constituant sénégalais de 2008 a voulu préserver l'objectif de la spécialisation du juge visé par la réforme de 1992. Il a, de ce fait, séparé les contentieux judiciaire et administratif. Pourtant, cette séparation n'était que partielle à deux égards.

Premièrement, la séparation des juges administratif et judiciaire n'est effectuée qu'au sommet c'est-à-dire dans l'existence des chambres administrative et judiciaire créées au sein de la Cour suprême. Le maintien, pour un volume important du contentieux administratif, de la compétence des juridictions judiciaires du fond est limitatif de cette volonté de spécialisation. Ces points soulevés induisent un examen structurel et fonctionnel sur la nouvelle Cour suprême sénégalaise. L'examen énoncé présente l'intérêt d'appréhender la manière dont le recours à l'économie des moyens a conduit à un système d'organisation juridictionnelle proche de l'unité de juridiction au Sénégal.

En second lieu, la Cour suprême sénégalaise récréée depuis 2008 est composée de quatre chambres : la chambre administrative, la chambre criminelle, la chambre civile et commerciale et la chambre sociale[1219]. C'est dire qu'à l'exception du contrôle de constitutionnalité des lois et du contrôle fiscal, la Cour suprême sénégalaise concentre l'ensemble de l'activité juridictionnelle. Elle incarne la juridiction suprême en matière administrative et judiciaire. Cette organisation structurelle, quelque peu unitaire, détermine le fonctionnement de la Cour suprême qui en est le symbole. Sans dresser un tableau qui se voudrait exhaustif sur le fonctionnement de la Haute juridiction sénégalaise, les

---

[1219] Article 5 de la loi n° 2008-35 du 7 août 2008 précité.

compétences et pouvoirs dont elle dispose en vue du contrôle juridictionnel de l'action administrative peuvent être rappelés.

La Cour suprême sénégalaise a une compétence consultative et juridictionnelle. Elle est juge de l'excès de pouvoir des autorités exécutives[1220]. Ce qui implique que le contrôle de légalité des autres activités administratives ressortît de la compétence des juridictions judiciaires du fond. Cette répartition favorise la décentralisation du recours pour excès de pouvoir contrairement à l'organisation juridictionnelle de 1992. La juridiction suprême se prononce, par ailleurs, sur les demandes en révision, les demandes de renvoi entre juridictions, les prises à partie, les règlements des juges, les poursuites dirigées contre les magistrats et les contrariétés de jugements[1221]. Au sein de la Cour suprême sénégalaise, se déploie donc la majorité des activités juridictionnelles.

Toutefois, l'autonomie laissée à la juridiction constitutionnelle et à la Cour des comptes a freiné l'élan d'un retour achevé à l'unité juridictionnelle d'antan. Pour autant, le système questionné s'avère plus proche de celle-ci que de la dualité juridictionnelle vers laquelle tendait la réforme de 1992. En vue d'une lecture croisée avec celui de la réforme de 1992, la publication du tableau du système judiciaire sénégalais né en 2008 ne manque donc pas d'intérêt.

SYSTÈME JUDICIAIRE DU SÉNÉGAL EN 2008

CONSEIL CONSTITUTIONNEL Recours en inconstitutionnalité des lois - Compétences électorales.	
COUR SUPRÊME Juridiction de dernier ressort en matière judiciaire (pourvois en cassation) et administrative. Née de la consolidation des anciens Conseil d'État et Cour de cassation.	**Cour des comptes** Premier et dernier degré de juridiction. Audit général des comptes de l'État.

[1220] Article 1er de la n° 2008-35 du 7 août 2008 précitée.

[1221] Article 3 de la loi n° 2008-35 du 7 août 2008 précitée.

Conseil d'État	Cour de cassation	

JURIDICTIONS DE SEGOND DEGRE			
Cour d'appel de Dakar	Cour d'appel de Kaolack	Cour d'appel de Saint Louis	Cour d'appel de Ziguinchor

JURIDICTIONS DE PREMIER DEGRÉ				
Juridictions de droit commun			**Juridictions spécialisées**	
Tribunal départemental	Tribunal regional	Cour d'assises	Tribunal du travail	Tribunal pour enfants

<u>**Source**</u> : Sénégal, le secteur de la justice et l'État de droit, une étude d'AfriMAP et de l'Open Society Initiative for West Africa, Dakar novembre 2008.

Certes plusieurs réajustements de ce système sont intervenus notamment par les lois n° 2014-26 de 2014[1222] et n° 2017-09 de 2017[1223]. La fusion de la Cour de cassation et du Conseil d'Etat semble, pour l'heure, se pérenniser avec quelques inquiétudes. En effet, de nouvelles inquiétudes qui se détachent sensiblement du débat classique de préférence entre la dualité et l'unité juridictionnelle et qui découlent de l'évolution des règles du contentieux administratif sénégalais se ressentent aujourd'hui. Si la loi n° 2017-09 du 17 janvier 2017 abrogeant la loi de 2008 relative à la Cour suprême[1224] fut favorable au développement de la procédure d'urgence, ce nouveau moyen se trouve inefficace dans le système judiciaire sénégalais actuellement en vigueur.

[1222] Loi n° 2014-26 de 2014 du 3 novembre 2014 abrogeant et remplaçant la loi n° 84-19 du 2 février 1984 fixant l'organisation judiciaire du Sénégal, JORS du 10 novembre 2014, p. 1359. Voir annexe n° pour la représentation schématique du système créé.

[1223] Loi n° 2017-09 du 17 juin 2017 abrogeant la loi organique n° 2008-35 du 08 août 2008 sur la Cour suprême, JORS n° 6986 du 18 janvier 2017. Voir annexe n° pour le schéma représentatif du système judiciaire actuellement en vigueur au Sénégal.

[1224] Loi organique n° 2017-09 du 17 janvier 2017 abrogeant la loi organique n° 2008-35 du 8 août 2008 sur la Cour suprême, JORS, 18 janvier 2017, p. 47.

Le législateur sénégalais a consacré le référé dans le contentieux administratif[1225], pour la première fois, à travers la loi du 17 janvier 2017 précitée. Avant, la procédure d'urgence ne se réduisait qu'au sursis à exécution strictement appliqué[1226]. Le législateur a institué quatre types de référés dont le référé-suspension[1227], le référé-liberté[1228], le référé-mesures utiles[1229] et le référé-constat[1230]. La réforme de 2008 entraine un éloignement du juge des référés par une double restriction en matière de traitement juridictionnel de l'urgence : l'exclusion du Tribunal de grande instance et l'exclusivité de la Cour de suprême en matière de traitement juridictionnel de l'urgence.

Contrairement au droit français, l'institution du référé administratif ne provient pas de textes séparés de ceux qui consacrent les juridictions administratives. Elle est introduite par une réforme du statut de la Cour suprême comme si l'on attendait lier son sort à cette juridiction. L'exclusion de la compétence du Tribunal de grande instance en matière de référé alimente une telle pensée.

C'est en vertu de la loi du 3 novembre 2014 fixant l'organisation judiciaire du Sénégal[1231] et de son décret d'application du 3 août 2015[1232] que le Tribunal de grande instance a remplacé le tribunal régional. Le système d'organisation juridictionnelle unitaire a conféré au Tribunal de grande instance, juridiction judiciaire, des compétences en matière administrative. Le Tribunal connait, en effet, de l'ensemble

1225 L'intervention du législateur sénégalais est doublement limitée : le système d'organisation juridictionnelle dans lequel se meut le référé administratif est distinct du modèle français et les contours du régime de l'urgence définis par les textes sont imprécis. Lire AIDARA (M.M.), « Référé administratif et unité de juridiction au Sénégal », *op. cit.*, p. 9.

1226 Les conditions du sursis ont été restrictivement posées par le législateur sénégalais. Il ressortait, par exemple, de l'article 73-3 de la loi du 8 août 2008 abrogée que le délai de recours et le recours étaient suspensifs dans les cas suivants : déclaration d'utilité publique, d'expulsion d'étrangers et d'extradition.

1227 Article 84 de la loi n° 2017-09 du 17 janvier 2017 précitée.

1228 Article 85 de la loi n° 2017-09 du 17 janvier 2017 précitée.

1229 Article 86 de la loi n° 2017-09 du 17 janvier 2017 précitée.

1230 Article 87 de la loi n° 2017-09 du 17 janvier 2017 précitée.

1231 Article 4 de la loi n° 2014-26 du 3 novembre 2014 abrogeant et remplaçant la loi n° 84-19 du 2 février 1984 fixant l'organisation judiciaire, JORS, n° 6818, novembre 2014, p. 1359.

1232 Décret n° 2015-1145 du 3 août 2015 fixant la composition et la compétence des Cours d'appel, des Tribunaux de grande instance et des Tribunaux d'instance, JORS n° 6869 du 18 août 2015, Disponible à http://www.jo.gouv.sn/spip.php?article10432. Consulté le 07/01/2021 à 21h 13mn.

du contentieux de pleine juridiction[1233]. Le juge des référés de la Cour suprême sénégalaise a très souvent rappelé cette compétence du Tribunal de grande instance aux requérants qui lui demandaient le bénéfice d'un avantage financier. À la suite de ses déclarations d'incompétence, la Cour suprême n'hésitait pas à rappeler que le recours relève du « *plein contentieux dévolu, en premier ressort, au Tribunal de grande instance, juge de droit commun en la matière, et ne peut, par conséquent, être porté devant le juge de l'excès de pouvoir* »[1234]. Par ailleurs, le Tribunal de grande instance est juge de l'exception d'illégalité.

La subordination du référé au statut de la Cour suprême, l'exclusion de ce moyen des textes régissant les juridictions du fond ainsi que la franche séparation entre les attributions de ces juridictions et les compétences du juge de grande instance permettent de déduire une exclusion de ce dernier du traitement juridictionnel de l'urgence. Il importe, dès lors, de rechercher la logique qui déterminerait l'approche du législateur sénégalais avant d'en exposer le caractère injustifié.

Les exposés de motifs de la loi de 2014 sur la Cour suprême du Sénégal ne fournissent pas de raisons à l'exclusion du Tribunal de grande instance du contrôle de l'urgence. Mais un raisonnement déductif permet de les saisir. Le législateur sénégalais part du constat que la Chambre administrative de la Cour suprême, seul juge de l'excès de pouvoir, était l'unique juge compétent en matière de sursis à exécution. Or le référé suspension qu'il consacre en 2014 se substitue au sursis à exécution. Donc, il semble justifié que ladite Chambre soit exclusivement compétente en matière de référé. La logique est contestable tant dans sa conception que dans son application. Par ailleurs, ce raisonnement du juge serait fondé sur les entraves supposées d'un référé en matière de plein contentieux.

Dans sa construction, le choix du législateur sénégalais est réducteur en ce qu'il résume, de manière maladroite, le sursis à exécution au référé administratif qui regroupe plusieurs types de procédures d'urgence. Celui-ci va bien au-delà de celui-là. En d'autres termes, « *(...) la substitution du sursis à exécution par le référé ne suffit pas*

[1233] Article 14 du Décret n° 2015-1145 du 3 août 2015 fixant la composition et la compétence des Cours d'appel, des Tribunaux de grande instance et des Tribunaux d'instance précité.

[1234] CS (Sénégal), ord. n° 9 du 08 juin 2017, *l'E.B.G.E.T c/ l'A.R.M.P. et la Mairie de Golf Sud*, n° J/051/RG/17 du 10/02/17, inédit.

pour traiter l'urgence dans le contentieux »[1235]. Dans son application, l'option du législateur sénégalais est contestable, au moins, à deux égards : d'une part, elle contredit les intérêts des justiciables qui justifient la procédure même d'urgence ; et d'autre part, elle contredit l'évolution du droit administratif relative au référé en matière du plein contentieux.

L'exclusion du référé de l'office du juge du plein contentieux entraine l'exclusion du référé dudit contentieux. Si la Cour suprême sénégalaise, dès ses premières décisions rendues en référé, a conditionné l'urgence par la protection des intérêts des particuliers[1236], on se pose, à juste titre, la question de savoir comment cet intérêt est préservé en excluant le référé du plein contentieux.

Déjà interdit de prononcer l'astreinte et l'injonction à l'encontre de l'Administration[1237], les pouvoirs du juge sénégalais de droit commun en matière administrative se trouvent ainsi « *drastiquement limités* »[1238] à protéger les intérêts des particuliers. Il ne faut pas perdre de vue que le contentieux de la responsabilité ne présente pas moins d'enjeux dans la protection des intérêts des particuliers que le recours pour excès de pouvoir. Mieux le contentieux de la responsabilité serait, par essence même, le contentieux de l'intérêt des particuliers.

Aussi, l'évolution récente du droit administratif notamment en France permet-elle de lever les supposés obstacles à la reconnaissance du référé en matière de responsabilité administrative. En effet, sous le règne du sursis à exécution, on admettait que le régime de la procédure applicable aux recours relevant du plein contentieux constituait une entrave à la recevabilité du sursis à exécution[1239]. Le juge administratif ayant toujours estimé qu'une décision soumise au recours administratif préalable commandait que le recours hiérarchique ou gracieux se

---

1235 AIDARA (M.M.), « Référé administratif et unité de juridiction au Sénégal », *op. cit.*, p. 6. Pour l'auteur, « *L'option choisie privilégie la juxtaposition et non l'articulation et laisse en suspens la place de l'urgence dans le contentieux* ».

1236 CS (Sénégal), ord. n° 08 du 18 mai 2017, *Colette Gueye c/ Etat du Sénégal*, n° J/137/RG/17 du 06/04/17, inédit. En l'espèce, le juge suprême sénégalais précise que la condition d'urgence « est remplie lorsque la décision contestée porte atteinte à un intérêt public, à la situation du requérant ou à ses intérêts ».

1237 Les pouvoirs d'astreinte et d'injonction sont méconnus au juge administratif au Sénégal.

1238 AIDARA (M.M.), « Référé administratif et unité de juridiction au Sénégal », *op. cit.*, p. 7.

1239 BONICHOT (J.-C.), CASSIA (P.), POUJADE (B.), *Les grands arrêts du contentieux administratif*, Paris, Dalloz, 6e éd., 2018, pp 242-265.

substituait à elle. Ce faisant, la décision initiale ne pouvait faire l'objet de recours en annulation ou en réformation. En conséquence, les demandes de sursis devaient être déclarées irrecevables.

L'introduction du référé-suspension à la procédure administrative d'urgence a favorisé une reconsidération de la position du juge administratif français. Il s'est orienté vers l'esprit du référé qui recommande que tout particulier lésé et justifiant de l'urgence peut saisir le juge des référés. Le juge adhère ainsi à l'idée que, du moment où la suspension peut être obtenue « *sans que le juge de fond ne se prononce sur le principal, elle doit logiquement pouvoir être aussi prononcée sans que l'autorité administrative n'ait à statuer sur la demande du requérant* »[1240].

En tenant compte du droit sénégalais, d'une évolution qui reste antérieure à la consécration du référé, on souscrit, sans grande difficulté, à la logique d'une reconnaissance du référé en matière de plein contentieux. Au fond, le sursis à exécution n'a toujours pas été absent dans tous les domaines de ce contentieux. Le Code des collectivités locales sénégalais de 1996[1241] instituait, en matière contractuelle, au profit du représentant de l'État, le pouvoir de déférer, devant la Cour suprême, les actes des collectivités locales non soumis au recours administratif préalable[1242]. Aux termes de l'article 14 du Code, le requérant pouvait assortir sa demande de sursis à exécution aujourd'hui remplacé par le référé-suspension. De plus, de sa propre initiative, la Cour suprême du Sénégal peut prononcer l'annulation de tout marché que le représentant de l'État lui soumet aux fins d'annulation.

Cet acquis du droit positif sénégalais permet d'asserter que l'institution du référé en plein contentieux ne serait pas inédite[1243] : elle répondrait à une progression rationnelle du régime de procédure administrative d'urgence. Ce qui signifieraitr que l'organisation juridictionnelle unitaire réinstallée au Sénégal n'est pas, en soi,

---

1240 AIDARA (M.M.), « Référé administratif et unité de juridiction au Sénégal », *op. cit.*, p. 7. ; Voir CE (France), sect., 12 octobre 2001, *Sté Produits Roche*, req n° 237376, Rec. Lebon, p. 463 ; RFDA 2002, p. 324, concl. FOMBEUR (P.).

1241 Article 14 de la loi n° 96-06 du 22 mars 1996 portant Code des collectivités locales.

1242 Il s'agit des conventions de concession ou d'affermage de services publics locaux à caractère industriel ou commercial ainsi que des contrats relatifs aux marchés.

1243 AIDARA (M.M.), « Référé administratif et unité de juridiction au Sénégal », *op. cit.*, p. 21.

tributaire du caractère handicapant du régime procédural d'urgence. Il n'empêche que dans sa mise en œuvre concrète et à travers les larges pouvoirs qu'elle adresse à la Cour suprême, l'organisation juridictionnelle sénégalaise de 2008 reste encore un frein au développement de ladite procédure.

Que la Cour suprême sénégalaise soit juge des référés[1244], cela est compréhensible. Outre qu'elle soit la juridiction administrative suprême à travers sa chambre administrative, elle est juge du recours pour excès de pouvoir. Mais que la Cour suprême soit seul juge des référés[1245] nourrit des contestations en ce qu'elle concentre plusieurs problèmes déjà analysés dans les développements précédents du présent travail. Ceux-ci se rapportent à la question du juge unique, de l'éloignement du juge administratif des justiciables. Ces questions anciennes ont un écho particulièrement déplorable dans le contrôle juridictionnel d'urgence au Sénégal.

Guidé par le souci d'aménager une procédure accélérée de l'urgence susceptible, le législateur sénégalais a voulu permettre au juge de prendre rapidement des mesures conservatoires afin de pallier la longueur des instances. Il a alors trouvé pertinent de confier à un seul et même juge le contentieux des référés. Le premier président de la Cour suprême ou tout juge qu'il nomme à cet effet est investi comme juge des référés[1246]. On comprend que le juge unique, préservé des discussions, des contradictions que peut subir une formation collégiale, est en mesure de se prononcer rapidement. Néanmoins, l'absence de débats entre juges, le défaut de l'expertise de paires peut freiner la hardiesse du juge des référés à décider rapidement. C'est dire que la mise en relation entre juge unique des référés et célérité de décision n'aboutit pas nécessairement à de perspectives heureuses. Elle comporte une part de contradiction.

Aussi, en France, la spécificité de certains contentieux a-t-elle exceptionnellement favorisé la constitution d'un collège[1247] formé de trois juges des référés[1248]. Et ce, « *sans préjudice du renvoi de l'affaire à une autre formation de jugement dans les conditions de droit commun* »[1249]. Il s'agit des référés en matière de passation de contrats

[1244] Article 83 de la loi de 2017 relative à la Cour suprême.
[1245] *Ibid.*
[1246] Article 83 précité de la loi de 2017 sur la Cour suprême.
[1247] En France comme au Sénégal, le juge des référés statue en tant que juge unique.
[1248] Article 39 de la loi française n° 2019-222 du 23 mars 2019.
[1249] Article L 511-2 du CJA.

et marchés[1250]. L'option sénégalaise ignore cette nécessité en désignant en toutes circonstances, de façon inconditionnelle, un seul juge des référés. Pis, le juge des référés sénégalais siège exclusivement à la Cour suprême. On vient de le signifier, les juridictions du fond étant dépourvues d'une telle compétence[1251].

La difficulté d'accès à la Cour suprême implantée à la capitale entraine inéluctablement l'éloignement du juge des référés des justiciables. Pourtant, l'institution du référé constitue un autre moyen de saisine direct de la Cour de cassation sénégalaise par les justiciables qui ne disposaient principalement que du recours pour excès de pouvoir pour dialoguer avec ce juge suprême. La consécration de la compétence des juridictions administratives du fond ne ferait perdre aucune vertu de ce dialogue en ce qu'elle n'en constituera point une voix de trop.

Les problèmes qui viennent d'être soulevés ont suscité l'interrogation suivante : « *Retour à la Cour suprême : acte de bon sens ou régression ?* »[1252]. En réalité, c'est la cohérence d'ensemble du système d'organisation juridictionnelle construit autour de la Cour suprême qui est en souffrance, ou à tout le moins, encore en construction. Il ne faut, cependant, pas surestimer la place de cette Cour dans la nouvelle organisation juridictionnelle sénégalaise. Depuis la réforme de 2008, la Cour suprême n'occupe pas l'espace qui était la sienne à l'ère du monisme juridictionnel africain postindépendance. Elle en est sortie fragilisée, partiellement éclatée.

Sous l'unité juridictionnelle africaine, la Cour suprême a concentré, au sommet de la pyramide, l'ensemble des compétences juridictionnelles. Dans la majorité des États dont le Sénégal, elle regroupait, en effet, les chambres administrative, constitutionnelle, judiciaire et des comptes. L'abandon de la réforme de 1992 qui consacrait une renaissance de la Cour suprême au Sénégal n'a pas procédé à une restitution intégrale de ces compétences. Le contexte d'intervention de la réforme de 2008 était marqué par une

---

[1250] *Ibid.*

[1251] Le droit positif français dispose autrement : « *Sont juges des référés les présidents des tribunaux administratifs et des cours administratives d'appel ainsi que les magistrats qu'ils désignent à cet effet (...)* ». Cf. article L 511-2 précité.

[1252] NIANG (M.), « Retour à la Cour suprême : acte de bon sens ou régression ? », précité.

démocratisation et une reclamation grandissante de l'Etat de droit[1253] et par la prise en compte de l'exigence de bonne gouvernance en Afrique. Ce contexte a favorisé l'autonomisation de la justice constituionnelle et celle de la Cour des comptes au Sénégal.

L'autonomisation de la juridiction constitutionnelle au Sénégal découle d'une séparation organique entre la juridiction constitutionnelle et la Cour suprême. En d'autres termes, la cessation de la fonction de juge constitutionnel auparavant dévolue à la Cour suprême s'est accompagnée de la consécration du Conseil constitutionnel. Les raisons et dynamiques de cette séparation méritent d'être connues.

L'avènement du multipartisme en Afrique exigeait l'éclosion d'une juridiction constitutionnelle autonome pour réguler la dynamique de l'activité politique[1254]. Dans le même prolongement, le développement des droits civils et politiques commandait un dépassement de la fonction politique classique du juge constitutionnel[1255]. Il devenait le garant de l'État de droit voire un important protecteur des libertés individuelles[1256].

Le Constituant sénégalais annonçait, déjà en 1992, l'importance de renforcer l'autorité de la Constitution à l'égard des autres normes. Il institua, devançant ainsi le droit français, l'exception d'inconstitutionnalité[1257]. Ce contrôle étant dévolu à l'ancien Conseil d'État[1258] et à la défunte Cour de cassation[1259]. Au-delà de renforcer les

---

[1253] HOLO (T.), « Emergence de la justice constitutionnelle », Pouvoirs, n°129, 2009, p. 101 ; AIVO (F.J.), *Le juge constitutionnel et l'état de droit en Afrique, l'exemple du modèle béninois*, L'Harmattan, 2006, p. 29.

[1254] BOCKENFORDE (M.), KANTE (B.), NGENGE (Y.), KWASI PREMPEH (H.), *Les juridictions constitutionnelles en Afrique de l'Ouest : analyse comparée*, Stockholm, IDEA International, 2016, p. 9. ; KANTE (K.), « Les juridictions constitutionnelles et la régulation des systèmes politiques », *in* Mélanges en l'honneur de Jean GICQUEL, *Constitutions et pouvoirs*, Paris, Montchrestien, 2008,

[1255] NATCHABA (O.F.), « Réflexion sur l'adhésion des pays africains au modèle constitutionnel de type libéral », *RBSJP*, n° 23, 2010, pp. 83-113. ; COHEN (D.), « Le juge gardien des libertés ? », *Pouvoirs*, n° 130, 2009, p. 113.

[1256] SINDJOUN (L.), *Les grandes décisions de la justice constitutionnelle africaine. Droit constitutionnel jurisprudentiel et politiques constitutionnelles au prisme des systèmes politiques africains*, Bruxelles, Bruylant, 2009, p. 10.

[1257] Loi n° 92-22 du 30 mai 1992 portant révision de la constitution précitée.

[1258] Article 56 de la loi du 30 mai 1992 portant révision de la constitution sénégalaise précitée.

[1259] Article 67 de la loi du 30 mai 1992 portant révision de la constitution sénégalaise précitée.

mécanismes de garantie de la hiérarchie des normes, c'est surtout un moyen de progrès de la démocratie et de consolidation des droits et libertés qui était introduit en droit sénégalais[1260]. Dans une approche globale, l'autonomisation de la juridiction constitutionnelle au Sénégal répond à ces besoins. Les enjeux de l'existence d'une telle juridiction ont commandé le maintien de l'autonomie du Conseil constitutionnel par la loi organique de 2008.

Essentiellement, on note que le Conseil constitutionnel sénégalais « *connaît de la constitutionnalité des lois et des engagements internationaux, des conflits de compétence entre le pouvoir exécutif et le pouvoir législatif, ainsi que des exceptions d'inconstitutionnalité soulevées devant la Cour d'appel ou la Cour suprême* »[1261]. Il est, par ailleurs, «*juge de la régularité des élections nationales et des consultations référendaires et en proclame les résultats* »[1262]. Le statut du Conseil, celui de ses membres[1263] ainsi que l'autorité de ses décisions[1264] lui confère la figure et le pouvoir d'une véritable juridiction indépendante du pouvoir judiciaire ordinaire[1265].

Ces garanties de même que la mention du Conseil constitutionnel ont permis de placer la juridiction constitutionnelle au sommet de l'organisation juridictionnelle sénégalaise bien qu'elle soit mentionnée au titre dédié au pouvoir judiciaire. Si ces développements démontrent la séparation organique du Conseil constitutionnel de la nouvelle Cour suprême, il est important d'en saisir les dynamiques de cette séparation.

[1260] MBODJ (E.H.), « Les incidences de la réforme judiciaire du 30 mai 1992 sur le contentieux administratif sénégalais », *op. cit.*, p. 38.

[1261] Article 92 de la Constitution sénégalaise de 2001 révisée par la loi constitutionnelle n° 2006-10 du 5 avril 2016 portant révision de la Constitution, JORS, n° spécial 6926, 7 avril 2016, p. 505.

[1262] *Ibid.*

[1263] Article 89 de la Constitution sénégalaise de 2001.

[1264] Article 92 de la Constitution sénégalaise de 2001.

[1265] Certes, nous n'ignorons pas que la nature de la juridiction constitutionnelle alimente les débats doctrinaux. Si certains auteurs y voient un organe politique, d'autres l'appréhendent en tant que juridiction. Une position médiane tend à la saisir dans sa double fonction, c'est-à-dire, un organe, à la fois, politique et juridique. Le constituant atténue l'intensité du débat en nommant le Conseil constitutionnel au titre consacré au pouvoir judiciaire. Voir sur la question AKEREKORO (H.), « La Cour constitutionnelle et le pouvoir judiciaire », *in* Mélanges en l'honneur du Président Robert DOSSOU, *op. cit.* p. 180 et s.

Le discours sur la démocratie a pris un tournant décisif en Afrique dans les années 1990[1266] considérées sur le continent comme la période de « *transition vers le pluralisme politique* »[1267]. Ce mouvement qui rompait avec le contrôle de l'État par le parti unique[1268], replaçait le droit au cœur des activités sociales et étatiques. Aussi l'exigence de la démocratie sur le continent africain s'est-elle rapidement accommodée avec celle d'État de droit. Le concept d'État de droit suppose la soumission de l'État au droit[1269]. La Constitution étant, dans les États africains francophones, la norme fondamentale, sa protection devenait, dès lors, une condition incontournable de l'édification de l'État de droit.

À l'instar des autres États africains, le constituant sénégalais appréhendait bien cet enjeu. Il inscrivait la préoccupation de la construction de l'État de droit parmi les objectifs de sa réforme de 1992. Seulement, le contexte d'intervention du constituant est aussi celui du

---

1266 BAYART (J.-F.),
« La problématique de la démocratie en Afrique noire, la Baule, et puis après ?
», *in Les chemins de la démocratie*, *Politique Africaine*, n° 43, octobre 1991, pp. 5-20.

[1267] CONAC (G.) (dir.), *L'Afrique, transition vers le pluralisme politique*, Paris, Economica, 1993, Actes du colloque, Paris, 12-13 décembre 1990, organisé par le Centre d'études juridiques et politiques du monde africain et la Centre de recherche de droit constitutionnel, Université de Paris 1, Panthéon-Sorbonne, 517 p. ;
FALL (I.), « Esquisse d'une théorie de la transition
: du monopartisme au multipartisme en Afrique », *in* CONAC (G.)
(dir.), *L'Afrique en transition vers le pluralisme politique,* Paris, Economica, 1993, p p. 43-53.
DIOP (E. H. O.), *Partis politiques et processus de transition démocratique en Afriqu e noire*, Paris, Ed. Publibook, 2006, 755 p. ;
EBOUSSI BOULAGA (F.), *La démocratie en transit au Cameroun*, Paris, L'Harmattan, 1997, 456 p. Lire aussi
CISSE (L.), *Carnets secrets de l'alternance. Un soldat au cœur de la démocratie*, Paris, Ed. GIDDEP, 2001, 198 p.

[1268] Le doyen Jacques Mariel NZOUANKEU dégageait, en effet, cinq principes caractéristique d'un régime démocratique. Ceux-ci concourent à supprimer l'existence et l'influence du système de parti unique. On retient : l'existence de plusieurs partis politiques dont l'un ou certains exercent le pouvoir tandis que les autres constituent l'opposition légale ; la liberté de presse et de l'information ; l'indépendance de la magistrature ; l'organisation d'élections libres et l'alternance au pouvoir. Cf. NZOUANKEU J. M., « Pour la démocratie pluraliste dans le Tiers-Monde », in Annuaire du Tiers-Monde, Tome IX, Fernand Nathan, Paris, 1987, p. 34.

[1269] JOUANJAN (O.), « L'Etat de droit démocratique », Jus Politicum, n° 22, juillet 2019, p. 8.

doute sur l'utilité des constitutions africaines[1270]. Les pratiques constitutionnelles[1271] étaient et le sont encore marquées par des cohérences et des incohérences[1272]. Le constitutionnalisme africain serait non démocratique[1273], rédhibitoire[1274], irrationnel[1275], en déclin[1276] voire en crise précoce[1277].

Dès lors, la démocratisation du processus de fabrique de la constitution, l'efficacité du contrôle juridictionnel constitutionnel ne pouvaient échapper aux réformes d'organisation judiciaire et juridictionnelle en Afrique notamment au Sénégal. Les nouvelles Constitutions africaines sont, désormais, caractérisées par « *une prédominance des ''techniques de liberté'' sur les ''techniques d'autorité''* »[1278].

Il s'ensuit une constitutionnalisation des droits et libertés dans les corpus constitutionnels, l'amenuisement de l'autoritarisme présidentiel ainsi que l'ouverture du contrôle de constitutionnalité aux citoyens à travers la technique de l'exception d'illégalité. D'où la nécessité de revitaliser la justice constitutionnelle[1279]. Ce besoin fût traduit au

---

[1270] GONIDEC (P.-F.), « A quoi servent les Constitutions africaines ? Réflexion sur le constitutionnalisme africain », *RJPIC*, octobre-décembre, 1988, n° 4, pp. 849-866.
[1271] « La pratique constitutionnelle peut s'appréhender alors comme le résultat de l'application de la Constitution ». Cf. DOSSO (K.), « Les pratiques constitutionnelles dans les pays d'Afrique noire francophone : cohérences et incohérences », *RFDC*, n° 90, 2012, p. 59.
[1272] DOSSO (K.), « Les pratiques constitutionnelles dans les pays d'Afrique noire francophone : cohérences et incohérences », *RFDC*, n° 90, 2012, pp. 57-85.
[1273] FALL (I.M.), *Pouvoir exécutif dans le constitutionnalisme des Etats d'Afrique*, Paris, L'Harmattan, 2008, p. 22.
[1274] OWONA (J.), « L'essor du constitutionnalisme rédhibitoire en Afrique noire. Etude de quelques ''constitutions Janus'' », *in* Mélanges en l'honneur de Pierre-François GONIDEC, *Etat moderne : horizon 2000 : aspects internes et externes*, Paris, LGDJ, 1985, p. 235.
[1275] BRETON (J.M.), « Le sacré et le constitutionnalisme. De la légitimation à disqualification du pouvoir », Droit et culture, *Revue trimestrielle d'anthropologie et d'histoire*, n° 12, 1980, p. 105 et s.
[1276] AHANHANZO (G.), « La Constitution ou la loi fondamentale », *in* Encyclopédie juridique de l'Afrique, Abidjan-Dakar-Lomé, NEA, p. 33.
[1277] DJEDJRO (F. M.), « Principe majoritaire et démocratie en Afrique », *RID*, n° 39, 2008, p. 12.
[1278] DOSSO (K.), « Les pratiques constitutionnelles dans les pays d'Afrique noire francophone : cohérences et incohérences », *op. cit.*, p. 58. Voir également FALL (I.M.), *Pouvoir exécutif dans le constitutionnalisme des Etats d'Afrique*, *op. cit.*, p. 22.
[1279] *Ibid.*

Sénégal, tout comme dans l'ensemble des États africains subsahariens, par la création de Conseils ou Cours constitutionnels. On est donc fondé à s'interroger si la connexion est bien établie entre la revitalisation de la justice constitutionnelle et la création de Cours ou Conseils constitutionnels autonomes et indépendants. À supposer une réponse affirmative, la consolidation ou le renforcement des chambres constitutionnelles implantées au sein des Cours suprêmes n'aboutirait-il pas à un résultat similaire ?

Clé de voûte de l'État de droit, la justice constitutionnelle était fragilisée en Afrique[1280] par des causes diverses. Certaines d'entre elles sont *a priori* indépendantes de la structure organique de la juridiction constitutionnelle : la timidité du juge, l'inefficacité de la juridiction[1281], le caractère autoritaire du régime politique[1282], la politisation[1283] ou « *l'inondation politique* »[1284] de la juridiction constitutionnelle, la restriction des pouvoirs de saisine du juge. Sous cet angle, l'autonomisation d'une juridiction constitutionnelle ne serait pas une orientation obligatoire. On a même estimé que le critère le plus pertinent de la revitalisation de la justice constitutionnelle est la vitalité du droit d'action directe de l'individu devant le juge constitutionnel[1285].

Mais cette approche parait réductrice. La structure organique de la juridiction peut conditionner les faiblesses sus-indiquées tout comme elle peut être réajustée par la vitalité du droit d'action de l'individu au prétoire du juge constitutionnel. Mieux, d'autres causes de fragilité de la justice constitutionnelle portent directement sur le mode

---

1280 LOADA (O.), *Droit constitutionnel et institutions politiques*, Ouagadougou, Collection précis de droit burkinabè, 2007, p. 445.

1281 MODERNE (F.), « L'évolution des juridictions constitutionnelles », in *Les mutations constitutionnelles d'Afrique francophone et de la République malgache*, Paris, Economica, 1979, p. 185. ; FAVOREU (L.), « Brèves remarques sur la justice constitutionnelle en Afrique », *in* CONAC (G.) (dir.), *Les cours suprêmes en Afrique*, tome 2, *op. cit.*, p. 40.

1282 L'autoritarisme s'entendant, au regard de la sociologie politique, « la tendance d'une idéologie ou des pratiques d'un régime politique à valoriser la concentration de la puissance dans l'exercice du pouvoir fut-ce au détriment des libertés ». Cf. DIA (D.), *Les dynamiques de la démocratisation en Afrique noire francophone*, Thèse de doctorat en Science Politique, Université Jean-Moulin Lyon 3, 2010, p. 4.

1283 *Ibid.*, p. 268.

1284 HOLO (Th.), « La présidence impériale : du Potomac au Sahel », *RBSJA*, n° 7, décembre 1987, p. 5.

1285 SOMA (A.), « Modélisation d'un système de justice constitutionnelle pour une meilleure protection des droits de l'homme : trans-constitutionnalisme et droit constitutionnel comparé », *RTDH*, 2009, n° 78, p. 455.

d'organisation de la juridiction qui l'anime. Elles peuvent se résumer à la faiblesse des moyens juridiques, techniques et matériels dont dispose la juridiction constitutionnelle.

L'expérience du passé d'un juge constitutionnel africain politisé[1286], marginalisé[1287], ni censeur ni pédagogue[1288], les missions assignées au nouveau juge constitutionnel africain sont si considérables qu'il est apparu impérieux de renforcer l'autorité et l'indépendance de la juridiction constitutionnelle. Cela commandait, dans une dimension organique, de la sortir de l'ombre de la Cour suprême d'en faire une juridiction à part entière.

La différence même du statut des membres du Conseil constitutionnel sénégalais avec ceux des chambres judiciaire et administrative, la mission fortement politique[1289] et essentiellement juridique[1290] de ce Conseil justifiaient, en vérité, son autonomisation. Il aurait, par exemple, été incohérent de disposer que les décisions de la juridiction constitutionnelle soient insusceptibles de recours[1291] si cette dernière constituait une chambre de la Cour suprême, elle-même dépourvue d'une telle prérogative.

Certes, la création des Cours de comptes en tant que juridiction suprême financière découle également de cette vitalité constitutionnelle en Afrique. Mais, les influences, les fondements et les justifications de cette dynamique semblent la distinguer de la création du Conseil constitutionnel au Sénégal.

L'efficacité des Chambres des comptes instituées au sein des Cours suprêmes était alors questionnée. Il ressortait que la chambre des comptes était « *le mal logé de la démocratie en Afrique francophone subsaharienne* »[1292]. Les nouveaux habits qu'on s'apprêtait à faire

---

1286 FAVOREU (L.), « Brèves réflexions sur la justice constitutionnelle en Afrique », in CONAC (G.) (dir.), *Les cours suprêmes en Afrique. La jurisprudence : Droit constitutionnel, Droit social, Droit international, Droit financier*, Economica, Paris, p. 42.

1287 La marginalisation étant l'œuvre d'une absence sévère d'activités juridictionnelles du juge constitutionnel africain.

1288 CONAC (G.), « Le juge constitutionnel en Afrique, censeur ou pédagogue ? », *in Les Cours suprêmes en Afrique*, précité, p. VI.

1289 AKEREKORO (H.), « La Cour constitutionnelle et le pouvoir judiciaire », *op. cit.*, p. 193.

1290 *Ibid.* p. s.-p. 185 ; 190.

1291 Article 92 de la Constitution sénégalaise de 2001.

1292 AKAKPO (B.M.), « La justice financière : le mal logé de la démocratie en Afrique en Afrique francophone subsaharienne », *in* MEDE (N.) (dir.), *Les nouveaux*

porter aux Chambres seraient trop grands pour ces organes dont l'existence tenait à des justifications devenues obsolètes. Appréhendée comme « *un acteur au service de la soutenabilité des finances publiques* »[1293], la Cour des comptes est largement implantée en droit communautaire africain.

Les justifications qui présidaient à la création des chambres des comptes étaient accessoires à celles qui légitimaient le choix de l'unité juridictionnel au lendemain des indépendances. Or, le constituant sénégalais avait, à l'initiative de la réforme de 1992, rejeté la pertinence de ces justifications à l'aune de l'évolution du contexte et du droit sénégalais. « *La création d'une Cour suprême répondait en 1960 à une situation qui a largement évolué depuis cette date (...)* », pouvait-on lire de l'exposé des motifs de la loi organique du 30 mai 1992.

L'insuffisance des ressources matérielles et humaines, la faiblesse du contentieux financier ne pouvaient plus être alléguées pour justifier l'existence des chambres des comptes[1294]. Les carences que présentaient déjà ces chambres des comptes étaient antinomiques à l'urgence d'assainissement et au défi d'une gestion efficiente des finances publiques. L'objectif de la spécialisation du juge fixé par la réforme de 1992 portait ainsi les germes de la naissance de la Cour des comptes sénégalaise[1295] en ce qu'elle comportait des points de correction liés à la défaillance de la chambre des comptes de la Cour suprême. Concrètement, le législateur organique avoue que la création de la Cour des comptes vise à *« (...) parachever la réforme judiciaire entreprise en 1992 (...)* »[1296].

En effet, l'absence d'autonomie financière, administrative et normative de la Chambre des comptes sénégalaise avait fragilisé son autorité juridictionnelle. Les charges financières de fonctionnement de la Chambre des comptes du Sénégal à l'instar des autres États africains francophones subsahariens étaient portées par le budget de la Cour suprême. Arrêté par le Bureau de la Cour, le budget était conduit par

---

chantiers des finances publiques dans le monde, Mélanges en l'honneur de Michel BOUVIER, Paris, L'Harmattan, 2019, p. 132.

[1293] MIGAUD (D.), « La Cour des comptes : un acteur au service de la soutenabilité des finances publiques », *RFFP*, n° 131, 2015, pp. 99-122.

[1294] SY (D.), « La condition du juge en Afrique : l'exemple du Sénégal », *Afrilex*, n° 3, juin 2003, p. 2.

[1295] DIOUKHANE (M.), *Les juridictions financières dans l'UEMOA : la Cour des comptes du Sénégal*, Paris, L'Harmattan, coll. ''Finances publiques'', 2016, p.

[1296] Exposé des motifs de la loi n° 99/02 du 29 janvier 1999 portant révision de la Constitution.

son Président qui exerçait la fonction d'administrateur des crédits. La dépendance financière de la Chambre et, dans une moindre mesure, celle de la Cour suprême étaient davantage perceptibles en cas de recours à des experts pour mener des enquêtes techniques ou des travaux spécifiques. Sollicités par la chambre des comptes, la rémunération de ces experts s'effectuait sur une ligne d'intervention prévue au budget de l'État[1297]. Qui plus est, le règlement financier applicable à la Cour suprême était déterminé par décret pris en conseil de ministre. Dans tous les cas, au Sénégal comme dans la plupart des États africains francophones, la rareté de l'argent public[1298] conduisait à l'insuffisance du budget alloué à la chambre des comptes.

Au niveau administratif, la gestion de la Chambre des comptes sénégalaise relevait de la compétence du Président de la Cour suprême qu'il pouvait déléguer aux Vice-présidents ou au Secrétaire général. La gestion de la carrière des fonctionnaires qui en étaient membres résultait des pouvoirs de ministères ou de direction en charge de la Fonction publique.

Ces entraves à l'autonomie financière et administrative de la Chambre des comptes logée à la Cour suprême contestent l'indépendance organique et fonctionnelle de la juridiction financière[1299]. Le principal inconvénient de ce fait est la négation de l'autonomie normative voire la limitation de l'autorité juridictionnelle de la chambre des comptes[1300].

Disposer d'une autonomie normative suggère que la Chambre des comptes sénégalaise ait le pouvoir d'élaborer son règlement intérieur fixant les règles de son fonctionnement interne et de son organisation selon la marge que la loi lui concède. C'est d'ailleurs le sens de la norme

---

[1297] Un arrêté du MEF fixe le montant et les modalités d'exécution de cette part du budget relatives à des activités de l'institution. Les éléments de cette ligne échappaient aussi bien à la Cour suprême qu'à la Chambre des comptes.

[1298] DIOUKHANE (M.), *Les juridictions financières dans l'UEMOA : la Cour des comptes du Sénégal, op. cit.,* p. 11.

[1299] BOCOUM (W.), *Le contrôle juridictionnel des finances publiques au Mali : contributions à la création d'une juridiction financière autonome*, Mémoire Master Administration publique, Parcours Administration comparée et action économique, Université de Strasbourg, École nationale d'administration, 2018, p. 22.

[1300] OUEDRAOGO (D.), *L'autonomisation des juridictions financières dans l'espace UEMOA. Etude sur l'évolution des Cours des comptes*, Thèse de doctorat en droit public, Université Montesquieu-Bordeaux IV, 2013, p. 92.

ISSAI[1301] adoptée par l'INTOSAI[1302] de laquelle on peut lire : « *les institutions supérieures de contrôle adoptent des normes d'audit, des procédures et des méthodes à la fois objectives et transparentes* ». Or l'ensemble des règles qui lui étaient appliquées provenait de deux sources : la loi organique relative à la Cour suprême et le règlement de la Cour suprême portant sur son fonctionnement interne. La dépendance institutionnelle de la chambre à la Cour a certainement engendré une dépendance normative. Il n'était donc pas surprenant que l'autorité des décisions rendues par le juge des comptes en sorte perturbée.

En d'autres termes, la chose jugée par la Chambre des comptes sénégalaise était relativisée par sa dépendance à la Cour suprême. Elle rappelait fort éloquemment la distinction entre autorité définitive et autorité provisoire des décisions de justice[1303]. Si la première empêche tout recours, toute réformation contre la décision rendue, la seconde offre aux parties le droit d'exercer un recours aux fins de réformation de la décision du juge. C'est dire que les effets de la chose jugée impriment la nature et le pouvoir juridictionnel d'un organe[1304]. Sous cette lecture, l'autorité de la chose jugée traduit « *(...) le fait que ce qui a été jugé, sous réserve des voies de recours, ne peut plus être remis en question, et s'impose de façon définitive à toutes parties en cause (...)* »[1305]. Les réserves de recours révèlent, en substance, que la portée de l'autorité de la chose jugée dépend, en partie, de la place institutionnelle qu'occupe la juridiction.

Dans la plupart des systèmes juridictionnels africains où la chambre des comptes était rattachée à la Cour suprême, notamment au Sénégal, les décisions de la juridiction des comptes étaient susceptibles de recours devant la juridiction suprême composée d'un collège de juges issues de toutes ses chambres. L'autorité de chose jugée par la Chambre des comptes n'était que relative, car seule la décision rendue par les

---

[1301] Signifiant Normes internationales des institutions supérieures de contrôle des finances publiques.

[1302] Entendre par International Organization of Supreme Audit Institutions (Organisation Internationale des Institution supérieures de contrôle des finances publiques).

[1303] Sur la distinction, voir, par exemple, ROSSAND-ROLAND (A.), « La valeur de la distinction entre autorité absolue et autorité relative de chose jugée, *AIJC*, n° 27-2011, 2012, *Juges constitutionnels et Parlements - Les effets des décisions des juridictions constitutionnelles*, pp. 593-612.

[1304] WALINE (M.), *in* Préface, FAVOREU (L.), PHILIP (L.), *Les grandes décisions du Conseil constitutionnel*, 1ère éd., Paris, Dalloz-Sirey.

[1305] *Ibid.*

chambres réunies de la Cour suprême était définitive c'est-à-dire insusceptible de recours. On peut, dès lors, comprendre la frustration du juge des comptes qui se retrouve moins légitime ou, à tout le moins, moins compétent à contrôler les comptes du comptable ou gestionnaire public[1306]. D'autant plus que la Cour suprême, juge de cassation qui était investi à revêtir « *la tunique de juge financier* » ne semblait « *pas affuté que le juge contrôlé* »[1307].

Le positionnement institutionnel et normatif réducteur de l'ancienne Chambre des comptes sénégalaise qui vient d'être démontré exprimait la défaillance du système judiciaire dans le contrôle juridictionnel des finances publiques africaines[1308]. La faiblesse de ce mécanisme de contrôle juridictionnel a induit la nécessité d'instituer une procédure de surveillance multilatérale des finances publiques en Afrique. Telle est l'exigence du droit communautaire qui a abouti à une généralisation de la création des Cours de comptes dans les droits nationaux de l'espace UEMOA puis CEMAC[1309].

L'autonomisation de la Cour des comptes au Sénégal n'est pas une pratique marginale. Au plan formel, à l'exception du Mali qui maintient l'existence de Chambre ou Section des comptes de la Cour suprême, les autres États de l'Afrique subsaharienne francophone consacrent l'autonomie de la juridiction financière. Le contexte politique de démocratisation incitait les intérêts des investisseurs et des partenaires au développement. La démocratisation politique ne peut s'épanouir sans une performance des politiques économiques[1310]. La gestion des

---

[1306] OUEDRAOGO (D.), « La réforme inachevée de la juridiction financière ivoirienne. À propos de la Loi organique n° 2015-494 du 7 juillet 2015 sur la Cour des comptes », *in* MEDE (N.) (dir.), *Les nouveaux chantiers des finances publiques dans le monde,* Mélanges en l'honneur de Michel BOUVIER, Paris, L'Harmattan p. 219.

[1307] *Ibid.*

[1308] ZOURE (D.), *La modernisation du cadre budgétaire des pays de l'UEMOA*, Thèse de doctorat de Droit public, Université Panthéon-Sorbonne, Paris I, 2013, p. 317.

[1309] DIAGNE (M.), « De l'influence du droit communautaire sur les finances publiques sénégalaises », 2e n° spécial Finances publiques, *Afrilex*, juin 2012, pp. Disponible à http://afrilex.u-bordeaux.fr/de-linfluence-du-droit-communautaire-de-luemoa-sur-les-finances-publiques-senegalaises/. Consulté le 13/12/2021 à 20h 34mn.

[1310] SANDIO KAMGA (A.H.), « La nature juridique des institutions supérieures de contrôle des finances publiques dans les Etats de l'UEMOA et de la CEMAC », *RAFIP*, n° 8, 2e semestre 2020, p. 214 ; TANO (F.), « Constitutionnalisme et urgence budgétaire à l'épreuve à l'épreuve des crises politiques », *RJPAF*, n° 2, 2011, pp. 131-155.

finances publiques étant un instrument de mise en œuvre des politiques publiques[1311]. Le législateur communautaire UEMOA n'avait-il reconnu que « *L'argent public est au cœur de l'État et de la démocratie... Les citoyens... sont mis en capacité d'exercer, dans le débat public, leur droit de regard sur les finances de toutes les administrations publiques* »[1312].

De ces données, l'une des exigences des multinationales reprise par le droit communautaire CEMAC et UEMOA était d'éradiquer les « *maladies infantiles* »[1313] des finances publiques africaines. La gestion responsable du budget ou « *orthodoxe* »[1314] des finances publiques devrait débarrasser celles-ci des maux qui la minent tels que la corruption et le détournement de deniers publics. L'assainissement de ces finances, « *nerfs de la république* »[1315], rendait irrésistible le renforcement du contrôle juridictionnel des finances publiques en Afrique.

L'exigence du législateur UEMOA imitée plus tard par son homologue de la CEMAC portait sur un objet dont l'appréhension par les États membres ne fut pas systématique ou linéaire. Cette exigence poursuivait des objectifs que la création notamment de la Chambre des comptes du Sénégal vise à atteindre. Les lignes qui suivent porteront sur les explicitations de ces séquences.

L'UEMOA incite les États à créer, sur le plan national, des Cours de comptes à partir de l'article 4 de son Traité constitutif de 1994[1316]. Il y était disposé que « *la convergence des performances et des politiques économiques des États membres par l'institution d'une procédure de surveillance multilatérale* ». Le législateur voulait soumettre le contrôle

---

[1311] LUXDEV (Agence luxembourgeoise pour la Coopération au développement), *La réforme des finances publiques en Afrique de l'Ouest : les innovations, les enjeux et les enseignements*, Disponible à https://luxdev.lu/files/documents/Finances_publiques_AFR.pdf. Consulté le 12/12/2021 à 10h 08mn, p. 3.

[1312] Directive n° 01/2009/CM/UEMOA du 27 mars 2009.

[1313] KOUA (S.E.), « La prescription de la CEMAC pour la création d'une Cour des comptes : le cas du Cameroun », *GFP*, n° 6, novembre-décembre, 2020, p. 114. Voir également DIARRA (E), « Pour un observatoire des finances publiques africaines, *Afrilex*, p. 2.

[1314] KOUA (S.E.), « La prescription de la CEMAC pour la création d'une Cour des comptes : le cas du Cameroun », *op. cit.*, p. 113.

[1315] BODIN (J.), « Les finances publics sont le nerf de la république ». Cité par BUISSON (J.), *Finances publiques*, Dalloz, 15e éd., 2012, p. 3.

[1316] Traité constitutif de l'UEMOA du 10 janvier 1994/

des comptes des États membres aux « *procédures offrant les garanties de transparence et d'indépendance requises* »[1317]. Il semble, toutefois, que les États membres rencontrèrent des difficultés à observer cette indication ou n'ont pas saisi, dans les premières heures, son plein sens, sa portée entière.

À leur décharge, on peut évoquer l'article 68 du Traité fondateur qui laissait la possibilité aux États membres de recourir à la Cour des comptes ou de créer leurs propres cours des comptes. Neanmoins, au moment de l'adhésion du Sénégal, soit trois ans après l'avènement dudit Traité, seule la Guinée-Bissau était dotée d'une Cour des comptes avant même son adhésion à l'Union. Concernant les autres Etats membres de l'UEMOA, « *aucun d'eux ne fait appel à la juridiction des comptes de l'Union pour le contrôle de ses comptes* »[1318]. *In fine*, l'obligation de créer une Cour des comptes autonome posée par l'article 68 susvisé était contestée par une certaine interprétation. Les querelles étaient relatives à la compréhension des alinéas 2 et 3 de cet article d'où il découle que : « *Les procédures ouvertes à cet effet au choix de chaque État membre sont les suivantes : recourir au contrôle de la Cour des comptes de l'Union ; instituer une Cour des comptes nationale qui pourra, le cas échéant, faire appel à un système d'audit externe. Cette Cour transmettra ses observations à la Cour des comptes de l'Union* ».

L'application de cette disposition rencontrait deux problèmes majeurs. D'une part, on a souvent estimé que la disposition communautaire était équivoque et n'imposait aucune obligation de création d'une Cour des comptes. D'autre part, certains États membres évoquaient son incompatibilité avec leurs constitutions respectives. Pourtant, il ressort de techniques juridiques d'interprétation que ces arguments n'étaient pas défendables.

On peut succomber à l'idée qu'un sens littéral de ces alinéas laisse « *au choix de chaque État* » de recourir à la Cour de l'Union ou de créer une Cour des comptes au plan national. La création de cette dernière n'était donc pas nécessaire. Mais, une interprétation contextuelle aboutit à une conclusion contraire. Elle autorise à interpréter l'article 68 au regard d'autres dispositions du Traité. En cela, l'article 69 fournit des éclaircissements. Il indique que l'évaluation des systèmes de contrôle des comptes et le résultat des contrôles sont menés

---

[1317] *Ibid.*, alinéa 1 de l'article 68.

[1318] DIOUKHANE (M.), *Les juridictions financières dans l'UEMOA : la Cour des comptes du Sénégal, op. cit.*, p. 13.

conjointement par la Cour des comptes de l'Union et les Cours des comptes des États membres[1319].

Par ailleurs, l'argument du préalable de la révision constitutionnelle particulièrement défendu par le Bénin et le Mali ne devrait prospérer. La raison est aisée : « *Les actes arrêtés par les organes de l'Union pour la réalisation des objectifs du présent Traité... sont appliqués dans chaque État membre nonobstant toute législation nationale contraire, antérieure ou postérieure* »[1320]. Ainsi, le législateur UEMOA prévenait les États membres de la primauté du droit communautaire sur leurs droits nationaux[1321].

Les autorités de l'Union ont apporté une réponse tendant à expliciter et à renforcer sa volonté à travers la Directive n° 01/2009/CM/UEMOA portant Code de Transparence dans la gestion des finances publiques au sein de l'UEMOA du 27 mars 2009. Le point 5-6 de son annexe mettait fin à tout débat sur l'obligation de créer des Cours des comptes au sein des États membres. Il dispose que : « *Les finances publiques et les politiques qu'elles soutiennent sont soumises au contrôle externe de la Cour des comptes, dont la création est obligatoire dans chaque État membre* ». La loi de finances intervenue le 26 juin 2009 renforce ce caractère obligatoire[1322].

La clarification textuelle et l'insistance du législateur UEMOA ont favorisé la généralisation des Cours des comptes. À ce jour, sept États sur huit ont consacré une Cour des comptes[1323]. Les garanties de succès

[1319] « Les Présidents des Cours des Comptes des Etats membres et les Conseillers de la Cour des Comptes de l'Union se réunissent au moins une fois par an, sur convocation du Président de la Cour des Comptes de l'Etat assurant la présidence de la Conférence des Chefs d'Etat et de Gouvernement, pour procéder à une évaluation des systèmes de contrôle des comptes et des résultats des contrôles effectués durant l'exercice écoulé (…) ». Telle est la substance de l'article 69 du Traité de l'UEMOA.

[1320] Article 6 du Traité de l'UEMOA.

[1321] Le principe de la primauté du droit communautaire sur le droit interne est suffisamment encré notamment en droit communautaire africain et européen. Il protégé par le droit international. Voir à titre illustratif : Article 4 du Traité constitutif de l'UEMOA ; CJCE, 15 juillet 1964, *Costa c/ ENEL*, aff. 6/64, Recueil. ; MEYER (P.), IBRIGA (L.M.), « La place du droit communautaire UEMOA dans le droit interne des Etats membres », RBD, vol. 37, n° 1, 2000, pp. 28-46 ; CHALTIEL (F.), « Les perspectives du principe de primauté du droit communautaire », *LPA*, n° 209, 2005, p. 5.

[1322] Directive N° 06/2009/CM/UEMOA portant lois de finances au sein de l'UEMOA du 26 juin 2009.

[1323] La Guinée-Bissau était déjà dotée d'une Cour des comptes au moment de son adhésion à l'Union en date du 2 mai 1997, le Sénégal, le Burkina Faso, la Côte

que nourrit la Cour ont incité le législateur CEMAC à imiter son homologue de l'UEMOA[1324].

Au Sénégal, rappelons-le, la création de la Cour des comptes a été annoncée par la réforme de 1992 et rendue effective à travers la loi constitutionnelle n° 99/02 du 29 janvier 1999. Le constituant sénégalais avait donc saisi la première volonté du législateur communautaire et s'était mis à l'abri du débat dont les termes ont été exposés plus haut. Alors, il n'est point surprenant de constater le maintien de la Cour des comptes en dépit de la renaissance de la Cour suprême. Cette dynamique du constituant sénégalais n'a pas faibli et se révèle également à la lumière du positionnement institutionnel qu'il confère à la Cour des comptes[1325]. Ce positionnement rompt fondamentalement avec celui de l'ancienne Chambre des comptes arrimé à la Cour suprême. La Cour des comptes sénégalaise, à l'instar de celle des autres membres de l'Union, est à la fois Institution supérieure de contrôle et juridiction.

Le contrôle des finances publiques revêt divers caractères suivant la nature de l'organe qui l'exerce. Il peut s'agir d'un contrôle administratif[1326] ou d'un contrôle juridictionnel[1327] ; d'un contrôle unipersonnel[1328] ou d'un contrôle collégial. Les activités des entités de

---

d'Ivoire, et le Togo ont mis au jour leurs législations respectives en la matière. Seul le Mali peine à créer une Cour des comptes. La difficulté semble davantage politique que juridique. En effet, la création de la Cour est subordonnée à une révision constitutionnelle par voie référendaire. L'instabilité politique et surtout la division de la classe politique sur le sujet semble empêcher le recours à ce processus.

1324 KOUA (S.E.), « La prescription de la CEMAC pour la création d'une cour des comptes : le cas du Cameroun », *op. cit.*, p. 116. ; DJEYA KAMDOM, (Y.-G.), « L'influence du droit communautaire sur le système de contrôle des finances publiques au Cameroun : à propos des directives CEMAC du 19 décembre 2011 », *GFP*, n° 1, 2017, p. 118.

1325 OUEDRAOGO (D.), *L'autonomisation des juridictions financières dans l'espace UEMOA*, précité affirme, à juste titre, à la page 87 que « *(...) cette autonomie organique, à elle seule, ne peut suffire à faire de ces juridictions financières renouvelés de véritables institutions indépendantes (...)* ».

1326 ZOURE (D.), *La modernisation du cadre budgétaire des pays de l'UEMOA*, *op. cit.*, p. 274 et s.

1327 Le pouvoir de contrôle juridictionnel de l'ISC se fonde sur l'existence d'une responsabilité personnelle et pécuniaire des gestionnaires de deniers publics.

1328 C'est le cas dans les pays anglo-saxon où l'ISC est représenté par un Contrôleur général ou Vérification général qui, en vertu de sa qualité de chef de service, décide seul des contrôles à mener et des suites qu'il entend donner aux résultats de sa mission. Voir MAGNET (J.), « Classification des institutions supérieures de contrôle financier », *RFFP*, n° 36, 1991, p. 12.

contrôle sont soumises au pouvoir de vérification d'un organe supérieur que le droit communautaire nomme d'Institut supérieur de contrôle (ISC). Se fondant sur une recommandation du droit UEMOA, la Cour des comptes a été élevée au rang d'Institut supérieur de contrôle au Sénégal. La séparation avec la logique de subordination qui maintenait la juridiction des comptes à la Cour suprême est, dès lors, consommée. Pourtant, le statut d'ISC de la Cour des comptes sénégalaise a été contesté, à tort et sans succès, par l'Inspection générale d'État (IGE), organe de contrôle administratif rattaché à la Présidence de la République[1329].

En sa qualité d'Institut supérieur de contrôle, la mission de contrôle de la Cour des comptes a pour objet l'État, les collectivités locales, les entreprises publiques, les organismes bénéficiant de concours public ou de concours d'organismes faisant appel « *à la générosité publique* »[1330], les organismes de protection sociale, les programmes et l'exécution des lois de finances. Dans certains États de l'Union, l'étendue du contrôle

---

[1329] Dans la note n° 156/PR/CAB/VG du 5 novembre 2008, l'IGE, par ailleurs élevé au rang d'Institut administratif supérieur de contrôle du fait de la loi n° 2005-23 du 11 août 2005, avait contesté l'exclusivité de la qualité ISC exercé par la Cour des comptes. Il se fondait sur l'ancien texte de l'avant-projet de la loi de 1999 relative à la Cour des comptes comportant la mention suivante : « *La Cour des comptes, institution supérieure de contrôle des finances publiques* ». Pour l'IGE sénégalais, la Cour des comptes est un institut supérieur de contrôle parmi tant d'autres. Aussi a-t-elle relâché cette position après une réécriture de l'article 1e de l'avant-projet susmentionné. Il était finalement indiqué que « *La Cour des comptes est l'institution supérieure de contrôle des finances publiques* ». La note précitée tirait, en effet, la conclusion de cette disposition. L'IGE affirmait à ce sujet « *L'article, tel que rédigé, confère l'exclusivité de la qualité d'institution supérieure de contrôle (ISC) à la seule Cour des comptes et la dénie par conséquent aux corps ou organes de contrôle qui avaient déjà cette qualité, l'Inspection générale d'État en l'occurrence* ». Une telle interprétation ignore le principe de l'unicité de l'ISC par pays au sein de l'INTOSAI. C'est donc à raison que la Cour des comptes sénégalaise, dans une note du 12 janvier 2009, a réagi à l'avis de l'IGE. Elle a précisé que : « *La qualité d'ISC ne peut être contestée à la Cour du fait qu'elle est régie par la Constitution et représente une institution de la République alors que l'IGE est régie par une loi ordinaire et représente un service rattaché à la Présidence de la République* ». En maintenant la dernière formulation des rédacteurs de la loi de 1999, la loi organique n° 2012-23 du 27 décembre 2012 abrogeant et remplaçant la loi organique n° 99-70 du 17 février 1999 sur la Cour des comptes met définitivement fin à ce débat qui ne devrait, en réalité, jamais exister.

[1330] DIOUKHANE (M.), *Les juridictions financières dans l'UEMOA : la Cour des comptes du Sénégal, op. cit.*, p. 17.

de la Cour des comptes est encore plus importante[1331]. Mais cela ne peut aboutir à nier que la mission de contrôle de la Cour des comptes sénégalaise a un champ d'expression plus large que sa mission juridictionnelle.

Externe à l'Administration, le contrôle exercé par la Cour des comptes offre des garanties certaines d'indépendance et d'efficacité contrairement aux contrôles effectués par des organes internes à l'Administration. Ces derniers contrôles sont exposés, en effet, à des insuffisances notables[1332]. Cependant, le contrôle externe de la Cour des comptes sénégalaise n'est pas exempt d'imperfections. C'est, avant tout, un contrôle *a posteriori* ; c'est même un contrôle « *tout a posteriori* »[1333], car la Cour n'est investie d'aucune mission consultative *a priori*. Cette limite à la mission de contrôle de la juridiction des comptes sénégalaise a l'inconvénient de ne déceler les irrégularités qu'après leurs commissions ou l'impact de leurs effets pour le peu qu'elle vise à ne pas ralentir l'action administrative[1334].

[1331] Au Niger, par exemple, la mission de l'ISC s'étend aux comptes annuels des parties politiques et aux déclarations des biens du Président de la République, du Premier ministre, des ministres, des présidents des autres institutions de la République, des responsables des autorités administratives indépendantes et de tout agent soumis à cette obligation. Cf. Loi organique n° 2020-035 du 30 juillet 2020 déterminant les attributions, la composition, l'organisation et le fonctionnement de la Cour des comptes, JORN, éd. spéciale, n° 19 du 31 août, p. 808.

[1332] Qu'il s'exerce *a priori* ou *a posteriori*, le contrôle administratif des finances publiques africaines rencontre bien d'écueils qui entravent son efficacité. Mené *a priori*, les limites du contrôle peuvent se résumer à une faible couverture des objets ou organes soumis au contrôle. Le contrôle *a posteriori* se révèle souvent défectueux en termes de taux de couverture du budget de l'Etat, d'impunité qu'encourent les gestionnaires de crédits indélicats. Cette dernière lacune est certes due à une défaillance du système judiciaire. Elle est aussi le fait de responsables hiérarchiques qui ont tendance à dissimuler les fautes et erreurs de gestion de leurs subordonnées.

[1333] DIOUKHANE (M.), *Les juridictions financières dans l'UEMOA : la Cour des comptes du Sénégal, op. cit.*, p. 17.

[1334] Deux solutions peuvent être proposées en vue d'atténuer les inconvénients de l'absence de contrôle *a priori* du pouvoir de la Cour des comptes sénégalaise. On pourrait, exceptionnellement envisager le contrôle *a posteriori* pour les secteurs qui présentent des risques et des enjeux particuliers. Ensuite, au regard de l'importante liberté accordée aux gestionnaires du fait de la nouvelle gestion publique axée sur le résultat, il importe d'instituer des sanctions adaptées aux cas d'irrégularités et de mauvaise gestion·

Aussi des États membres de l'UEMOA en l'occurrence le Burkina Faso[1335] ou ceux de la CEMAC notamment le Gabon[1336] ou encore de l'UE à savoir l'Allemagne[1337] et l'Italie[1338] ont-ils, dans des approches variées, consacré un contrôle *a priori* et *a posteriori* à leurs ISC respectifs.

Outre la mission de contrôle des finances publiques, le statut d'ISC de la Cour des comptes du Sénégal est renforcé par sa nature juridictionnelle. La fonction juridictionnelle a l'intérêt d'opérer une véritable séparation des pouvoirs entre les autorités dont la gestion est contrôlée et l'ISC. Aussi la Cour des comptes sénégalaise bénéficie-t-elle de garanties assurant son autorité, son indépendance et son efficacité. Ces garanties peuvent être regroupées autour du statut des membres de la Cour, de la fabrication et l'autorité de ses décisions ainsi que de son indépendance à proprement parler.

Les membres de la Cour des comptes sénégalaise ont la qualité de magistrats et jouissent de la garantie d'inamovibilité[1339]. Ses procédures sont marquées par les principes du respect des droits de la défense et de la collégialité[1340]. De façon plus significative, les arrêts de la juridiction financière du Sénégal sont revêtus de l'autorité de la chose jugée. Cependant, cet aspect révèle une survivance de certains traits des

---

[1335] La Cour des comptes burkinabè peut, à la demande du Gouvernement, formuler un avis sur les projets de loi, d'ordonnance et de décret relatif à l'organisation et le fonctionnement des services financiers de l'Etat. Cf. article 21 de la loi organique n° 2018-979 du 27 décembre 2018 déterminant les attributions, la composition et le fonctionnement de la Cour des comptes.

[1336] Jouissant de prérogatives identiques à celles de la Cour burkinabè, la Cour des comptes du Gabon se prononce en outre sur l'orientation de la politique de l'Etat en matière d'investissement. Lire à ce sujet MAGNET (J.), « Classification des institutions supérieures de contrôle financier », *op. cit*., p. 10.

[1337] En Allemagne, le contrôle *a posteriori* est quelque peu particulier. Il semble se situer entre les voies classiques de contrôle *a priori* et *a posteriori*. Plus concrètement, il intervient entre la prise de décision et la réalisation effective de la dépense. Lire PHILIP (L.), « Panorama du contrôle des finances publiques dans le monde », *RFFP*, n ° 101, Mars 2008, p. 20.

[1338] En Italie, les pouvoirs de contrôles *a priori* et *a posteriori* reconnus à la Cour des comptes ne sont pas absolus. Tandis que le contrôle *a priori* est exercé sur la légalité des actes les plus importants du Gouvernement, le contrôle *a posteriori* encadre l'exécution du budget.

[1339] Article 6 loi de 1999, repris par l'article 5 de la loi organique n° 2012-23 du 27 décembre 2012 abrogeant et remplaçant la loi organique n° 99-70 du 17 février 1999 sur la Cour des comptes.

[1340] Article 16 loi de 1999 repris par l'article 17 de la loi organique n° 2012-23 du 27 décembre 2012 sur la Cour des comptes précitée.

anciennes chambres des comptes de l'ancienne Cour suprême au sein de la nouvelle juridiction financière. Ces traits tiennent en deux points. Il est question du rattachement de la Cour des comptes à la Cour suprême, conférant ainsi à la juridiction financière sa nature de juridiction administrative. En conséquence, les arrêts de la Cour des comptes sénégalais sont susceptibles de recours en cassation devant la Cour suprême notamment sa chambre administrative[1341].

Certes, la solution n'est pas isolée en Afrique. Mais elle ne favorise pas la plénitude de l'autonomie de la Cour des comptes. En cela, le Burkina Faso[1342], le Niger[1343] et le Gabon[1344], par exemple, ont opté, suivant des variantes, pour une compétence de leurs Cours des comptes respectives en matière de recours portés contre leurs propres arrêts.

La précision ci-dessus apportée ne conteste aucunement l'indépendance dont jouit la juridiction sénégalaise. Cette indépendance se déploie à un triple niveau : le statut constitutionnel[1345], son mode de fonctionnement[1346] et son autonomie budgétaire qui est renforcée par la loi du 27 décembre 2012[1347].

[1341] Cf. article 66 de la loi organique sur la Cour des comptes de 2012 précitée.

[1342] Les pourvois de cassation sont connus par la Cour des comptes burkinabè elle-même dans une formation spéciale présidée par le Premier président et comprenant deux membres de chacune des autres chambres de la Cour. Cf. 103 de loi organique n° 014-2000/AN du 16 mai 2000 portant composition, attributions, organisation, fonctionnement de la Cour des comptes et procédure applicable devant elle.

[1343] Au Niger, selon les termes de l'article 97 de la loi sur la Cour des comptes, le recours est porté devant la Cour des comptes statuant en chambres réunies.

[1344] Le droit gabonais ne prévoit pas de cassation contre les arrêts de la Cour des comptes. Lire notamment Loi organique du 17 septembre 1994.

[1345] Article 88 de la Constitution sénégalaise. L'indépendance de la Cour des comptes est affirmée à l'égard du pouvoir exécutif et du pouvoir législatif.

[1346] En application de l'Annexe de la Directive relative au Code de Transparence dans la gestion des finances publiques au sein de l'UEMOA du 27 mars 2009, la Cour des comptes du Sénégal mène une politique de contrôle indépendante, le contenu de son programme annuel de contrôles.

[1347] La Cour des comptes sénégalaise est budgétairement détachée à un ministère quelconque. Toutefois, sous l'empire de la loi organique de 1999, cette autonomie était relative. En effet, le président de la Cour n'avait pas la maitrise de ses dépenses. Il ne préparait que le projet de budget de la Cour et n'en était point l'ordonnateur. Depuis la loi du 27 mars 2012, le premier président est l'ordonnateur principal du budget de la Cour.

On retient de l'autonomie de la Cour des comptes de la plupart des États de l'Union en l'occurrence le Sénégal que celle-ci contribue à la bonne gouvernance financière[1348].

[1348] THIERNO BARRO (A.), « La contribution à la bonne gouvernance financière : l'exemple du Sénégal », *RBSJA*, n° 24, 2011, p. 31.

Au regard de ce qui précède, il apparait que l'évocation de l'originalité d'une solution est, par moment, un prétexte qui a sapé les difficultés qu'ont rencontrées les initiatives d'adaptation de la dualité des ordres juridictionnels au Sénégal et en Côte d'Ivoire. L'originalité n'a de sens véritable que si la solution innovante est d'intérêt pour celui qui s'en prévaut mieux que le choix classique qui s'offrait à lui. Le système d'organisation juridictionnelle prévue en Côte d'Ivoire par la réforme de 2016 et le système pratiqué au Sénégal entre 1992 et 2008 relèvaient d'une application maladroite du mécanisme d'adaptation du modèle juridictionnel importé. Les modèles créés dans chaque État n'étaient ni proches du système français ni fidèles aux objectifs qui ont commandé leurs créations.

Curieusement, l'adaptation de la dualité française présentait nombre d'écueils similaires à ceux rencontrés par les États qui ont reproduit le système français. La similitude se justifie par le fait qu'au centre de toutes les réformes se trouvaient les impératifs de la spécialisation du juge et de la construction de l'État de droit. Par ricochet, les échecs des initiatives d'adaptation, les difficultés des processus de reprises fidèles de la justice administrative autonome semblent se rencontrer en certains points. Ce sont entre autres : la fragilité de l'autonomie de la justice administrative et celle du statut du juge administratif. Dès lors, l'analyse relative à l'avenir du modèle importé voire sa viabilité en Afrique subsaharienne sera menée sans une catégorisation aussi nette des Etats comme ce fut le cas dans la présente partie.

CONCLUSION

Les développements précédents ont démontré que ni la volonté d'une reprise fidèle de la justice administrative française ni l'initiative de son adaptation en Côte d'Ivoire, au Burkina Faso, au Sénégal et au Gabon ne garantissent la longévité de la dualité juridictionnelle en Afrique subsaharienne francophone. Ces difficultés se traduisent prématurément en termes d'échec du modèle importé. Faut-il conclure à l'échec de la dualité juridictionnelle en Afrique subsaharienne francophone ? La tentation d'une réponse affirmative serait fondée. La timidité et les hésitations à donner une véritable âme à l'ordre administratif juridictionnel installé pourraient construisre le postulat de l'échec de la dualité juridictionnelle en Afrique. Mais, l'examen et l'analyse profonds des sources matérielles ainsi qu'immatérielles de la justice administrative africaine produite par la dualité juridictionnelle permettent un relâchement de ce postulat ou, à tout le moins, un abandon du projet de construire la thèse autour de cette idée. Cela ne nie aucunement les infortunes que rencontrent les différentes applications de ce modèle dans les États africains étudiés.

Mais, retenir l'échec de la dualité juridictionnelle en Afrique subsaharienne francophone à partir des résultats moins satisfaisants de son application serait triplement réducteur. D'abord, ce serait confondre les mauvaises applications des principes essentiels à l'efficacité de ce modèle qui relèvent plutôt des acteurs de sa mise en œuvre avec les propres tares voire incohérences du modèle lui-même. Ensuite, on omettrait que certaines faiblesses du système sont corrigibles, car son importation n'exclut pas sa bonne adaptation. Enfin, on limiterait l'utilité et la portée de l'étude. À supposer que le système de justice administrative autonome ait échoué à s'incruster, de façon rassurante, en Afrique, que préconiser pour l'avenir ? La condamnation systématique de la dualité juridictionnelle dans les États convoqués rencontre ainsi ses limites en ce qu'elle n'éviterait pas une succession de réformes improductives.

Cette sorte d'examen d'environ deux décennies de l'application de la dualité juridictionnelle au Gabon, au Burkina Faso et au Sénégal, et du même temps de sa consécration en Côte d'Ivoire peut inviter à réclamer sa disparition. Mais à quel prix ? Au profit de quel système d'organisation juridictionnel ?

Les préoccupations ainsi soulevées imposent de la retenue. Elles posent un risque important de ressusciter le débat sur la préférence entre l'unité et la dualité juridictionnelle. Si cela est inévitable et appelle notre position précise, celle-ci doit éviter d'être le résultat de contradictions dogmatiques ou de tomber dans de « *grandes querelles idéologiques* »[1349].

Arrivés à ce stade de leur parcours avec le modèle de justice administrative autonome, plusieurs chemins s'offrent aux États africains, chacun avec ses traits de séduction et de répugnance. Une crainte pourrait alors les habiter : celle de tomber dans une aventure où ils seraient soumis au piège de « *réformer un existant désiré ou supprimer un inopportun incontournable* » ?[1350] La boussole qui doit guider leurs pas sera de trouver l'intelligent équilibre entre les trois fonctions de droit que voici : « *une fonction progressive, voire révolutionnaire, dans la mesure où il pousse à la transformation des mœurs et des comportements ; une fonction conservatrice lorsqu'il vise à maintenir la société en état ; une fonction illusoire (voir incantatoire) enfin qui résulte de l'affirmation de certains principes et de la mise en place d'institutions traduisant davantage le souci de donner une impression ou de satisfaire formellement à certains canons que la volonté réelle de les réaliser dans toute leur finalité* »[1351].

Les palliatifs aux résultats décevants de l'importation de la dualité en Afrique francophone doivent être recherchés avec beaucoup de prudence. On peut légitimement s'interroger si les insuccès de ce modèle dans les États particulièrement étudiés sont si graves, si indépassables qu'ils suffisent à en justifier la disparition[1352]. Cette considération se mesure à l'aune du bilan de l'application du modèle, de la capacité des États à corriger les lacunes observées et surtout des nouveaux défis du contentieux administratif africain. Mais, elle peut être noyée par la trop grande déception de ce qu'on considèrerait

---

[1349] LOCHAK (D.), « Quelle légitimité pour le juge administratif ? », CURAPP, *Droit et politique*, Paris, PUF, p. 143

[1350] Inspiré de DARBON (D.), « Réformer un existant désiré ou supprimer un inopportun incontournable ? Le service public confronté à l'Etat et aux sociétés projetées en Afrique », T*élescope*, hiver 2007-2008, pp. 98-112. Disponible à https://telescope.enap.ca/Telescope/docs/Index/Vol_14_no_1/Telv14n1Darbon.pdf.

[1351] DOSSOUMON (S.), « Le juge administratif : un cheval de TROIE dans l'enceinte administrative ? », *RBSJA*, décembre 1988, n° 11, p. 36.

[1352] David TRUCHET se posait la même question à l'égard de l'application de la dualité des ordres de juridiction en France. Voir TRUCHET (D.), « « Mauvaises et bonnes raisons de mettre fin au dualisme juridictionnel », *op. cit.*, p. 59.

comme l'échec du modèle importé. Dans ce cas, l'avenir de la dualité juridictionnelle en Afrique subsaharienne francophone ne s'apparente-t-il pas à un pari à quitte ou double ?

BIBLIOGRAPHIE

I. LES OUVRAGES

A. Les ouvrages généraux

BADIE (B.), *L'État importé. L'occidentalisation de l'ordre politique*, Fayard, 1992, 161 p.

BADJI (M.), DEVEAUX (O.), GUEYE (B.), (dir.), *Dire le droit en Afrique francophone, Presses de l'Université Toulouse 1 Capitole*, n° 11-2013, 318 p.

BAYART (J.-F.) (dir.), *La greffe de l'État*, Paris, Khartala, 1995, 408 p.

CHAPUS (R.), *Responsabilité publique et responsabilité privée. Les influences réciproques des jurisprudences administrative et judiciaire*, Paris, LGDJ, 1954, 582 p.

DARBON (D.) (dir.), *La politique des modèles en Afrique*, Paris, Khartala, 2009, 286 p.

DEFOORT (B.), LAVERGNE (B.) (dir.), *Juger de la légalité administrative : quels objets, quelles modalités, quelles finalités et quels juges ?* Paris, LexisNexis, coll. « Hors Collection », 2021, 330 p.

DIOP (M.), *L'Administration d'État au Sénégal*, Dakar, Edition Clairafrique, 2011, 325 p.

DONIER (V.), LAPEROU-SCHENEIDER (B.), *L'accès au juge, Recherche sur l'effectivité d'un droit*, Bruxelles, Bruylant, 2013, 1000 p.

DONZO (V.), *Le mimétisme juridique en Afrique francophone*, Les Editions du Net, 2020, 96 p.

JORDAO (E.), *Le juge et l'administration : entre le contrôle et la déférence*, Bruxelles, Bruylant, 2016, 619 p.

KONATE (M.I.), *La justice en Afrique : ce grand corps malade. Le cas du Mali (Un ancien ministre témoigne)*, 2018, La Sahélienne, 164 p.

MENY (Y.) (dir.), *Les politiques du mimétisme institutionnel : la greffe et le rejet*, Paris, L'Harmattan, coll. Logiques Politiques, 1993, 285 p.

NDOYE (D.), *Le pouvoir judiciaire au Sénégal face aux autres pouvoirs*, Editions du CAFORD, 2001, 171 p.

ONDOA (M), *Le droit de la responsabilité publique dans les États en développement. Contribution à l'étude de l'originalité des droits Africains postcoloniaux*, Paris, L'harmattan, 2010, 319 p.

POISSON (J.-M.), *Les droits de l'homme et les libertés fondamentales à l'épreuve de la dualité de juridictions*, Paris, Collections Logiques juridiques, Paris, L'Harmattan, 2003, 458 p.

SOLEIL (S.), *Le modèle juridique français dans le monde. Une ambition, une expansion (XVIe-XIXe siècle)*, IRJS Editions, 2014, 434 p.

SY (D.), FALL (A.B.), *Les nouvelles tendances du droit administratif en Afrique*, Presses de l'Université Toulouse 1 Capitole, 2018, 233 p.

TARDE (G.), *Les lois de l'imitation*, Paris, Alcan, 1895, 428 p.

B. Les ouvrages spécialisés

BA (A.T.), *Précis de Droit du contentieux administratif*, coll. Précis de droit burkinabè, Ouagadougou, 2008, 544 p.

BROYELLE (C.), *Contentieux administratif*, Paris, LGDJ, 9e éd., 2021, 564 p.

CHEVALLIER (J.), *L'élaboration historique du principe de la séparation de la juridiction administrative et de l'administration active*, LGDJ, Lextenso-édition, coll. Anthologie du droit, Paris, 1970, 324 p.

FANDJIP (O.), *Les mutations récentes de la justice de la justice administrative en Afrique francophone : étude critique à partir du modèle français : étude critique à partir du cas camerounais*, Paris, L'Harmattan, coll. « Études africaines », 2019, 247 p.

KWAHOU (S.), *Le contentieux administratif gabonais en 13 leçons*, Paris, Publibook de Ecrivains, 2016, 226 p.

TSATSABI (E.), *La justice administrative gabonaise*, Paris, Connaissances et savoirs, 2017, 202 p.

YONABA (S.), *La pratique du contentieux administratif en droit burkinabè : de l'indépendance à nos jours »*, P.U.O, 2ème éd., janvier 2008, 348 p.

II. Thèses

AMBEU (A. V.-P.), *La fonction administrative contentieuse en Côte d'Ivoire*, Thèse soutenue à l'université Jean Moulin Lyon III, 2011, 313 p.

BA (A. T.), *L'évolution de la juridiction administrative en Haute-Volta, contribution à l'étude du contentieux administratif de la Haute-Volta,* Thèse soutenue à l'Université de Clermont 1, 26 Juin 1986, 842 p.

DIAGNE (M.), *L'efficacité du contrôle contentieux exercé sur l'administration sénégalaise*, Thèse de doctorat en droit public, Université Aix-Marseille, 1990, 412 p.

DOUMBIA (K.), *Contribution à l'étude du contentieux administratif malien de 1960 à 2016*, Thèse de doctorat en droit public, Université Cheikh Anta Diop de Dakar, 2017, 611 p.

DOSSO (K.), *L'influence du droit administratif français sur le droit administratif ivoirien*, Thèse de doctorat en droit public, Université Félix Houphouët Boigny d'Abidjan, 2006, 356 p.

KANTE (B.), *Unité de juridiction et droit administratif. L'exemple du Sénégal, thèse d'État en droit public,* Université d'Orléans, 1983, 426 p.

KPÉNONHOUN (C. F.), *Contribution à l'étude du contentieux administratif au Bénin : 1990-2010*, Thèse de doctorat en droit, Université Cheikh Anta Diop de Dakar, 21 janvier 2012, 564 p.

KWAHOU (S.), *La justice administrative au Gabon : essai sur l'exercice de la fonction juridictionnelle en matière administrative*, Thèse de doctorat en droit public, Université de Rouen, 2004, 463 p.

MISSANG-BIBANG (C.), *La justice administrative au Gabon et au Cameroun. Contribution à l'étude de la réception des droits étrangers en Afrique noire francophone*, Thèse de doctorat en droit public, Université de Toulouse 1-Capitole, 2011, 583 p.

III. Articles

ABARCHI (D.), « Problématique des réformes législatives en Afrique, le mimétisme juridique comme méthode de construction du droit », *RJP*, vol. 113, n° 842, 2003, pp. 88-107.

AGOSTINI (E.), « La circulation des modèles juridiques », *RIDC*, vol. 42, n° 2, 1990, pp. 461-467.

AGUILA (Y.), « La justice administrative un modèle majoritaire en Europe. Le mythe de l'expression française à l'épreuve », *AJDA*, n° 16, 12 février 2007, p. 290.

ALOU (M. T.) « La justice au plus offrant. Les infortunes du système judiciaire en Afrique de l'Ouest (autour du cas du Niger) », *Politique africaine*, vol. 83, n° 3, 2001, pp. 59-78.

ATEBA EYONG (A.R.), « La doctrine administrative camerounaise et « son » juge : chronique d'un divorce aux torts partagés », *in* KAMTO (M.) et *al* (dir.), *Regard sur le droit public en Afrique*, in Mélanges en l'honneur du doyen Joseph-Marie BIPOUM-WOUM, Paris, L'Harmattan, coll. Études africaines, 2016, pp. 297-324.

BA (A. T.),

- « L'avenir de la juridiction administrative au Burkina Faso », *RBD*, 2002, pp. 9-34.
- « Quelques aspects du contentieux administratif au Burkina Faso », *Revue Burkinabè de Droit*, n° 49, 2e semestre 2014, Études en l'honneur de Laurent BADO, pp. 43-89.

BENCHENDIKH (F.), « L'intérêt communautaire dans les agglomérations en pratique », *AJDA*, n° 21, 2002, pp. 127-131.

BERNARD (M.), « Existe-t-il un droit administratif ivoirien », *RID*, 1970, n° 4, pp. 11-16.

BOCKEL (A.), « Le contrôle juridictionnel de l'administration », *in* CONAC (G.), *Les institutions administratives dans les États francophones d'Afrique*, Paris, Economica, 1979, p. 197.

BOUBOUTT (A.S.),

- Le contentieux administratif comparé en France et dans les pays d'Afrique francophone », *RDP*, n° 2, 2013, pp. 379-431.
- « Libres propos sur la réforme de la justice administrative dans les pays en transition démocratique », *in Vers un nouveau monde*, Mélanges en l'honneur du Professeur Edmond JOUVE, Bruxelles, Bruylant, 2010, p. 1147 et s.

CABANIS (A.), « Polémiques en Afrique autour du système français de justice administrative », in SY (D.) et FALL (A.B.) (dir.), *Cinquante ans de droit administratif en Afrique*, Presses de l'Université Toulouse 1 Capitole, 2016, pp. 41-60.

CHEVALLIER (J.), « Du principe de la séparation au principe de la dualité », *RFDA*, 1990, 712-723.

COULIBALEY (D.B.), « Le juge administratif, rempart de protection des citoyens contre l'administration en Afrique noire francophone », *Afrilex*, janvier 2013, pp. 1-35.

DAGO (R.K.), « Le contentieux administratif colonial », *RID*, n° 43, 2012, pp. 159-183.

DARBON (D.), « Des administrations africaines paradoxales : entre pratiques locales plurales et régime d'aides incertains », *Quaderni*, Printemps 2015, p. 37-50.

DIAGNE (M.), « La justice administrative en Afrique est-elle efficace ? », *in* SY (D.), FALL (A.B.) (dir.) *La justice administrative en Afrique,* Deuxième rencontre de Dakar, PUTC, 2017, pp. 179-184.

DONIER (V.), « Les lois du service public : entre tradition et modernité », *RFDA*, novembre-décembre 2006, pp. 1219-1235.

FALL (A.B.), « Le code des obligations de l'administration au Sénégal ou la transposition de règles de droit administratif français en Afrique francophone par la codification », *in* Mélanges en l'honneur de GAUDUSSON (J.D.B.), Espace du service public, Tome 1, Pessac, Presses universitaires de Bordeaux, 2013, pp. 225-254.

FANDJIP (O.), « La nature du système de contrôle juridictionnel de l'administration en droit camerounais : un système dualiste à tendance moniste ? », *La Revue du Centre Michel de l'Hospital - édition électronique*, 2021, pp. 28-49.

FOUMENA (G.T.), « Le droit administratif camerounais « postcolonial » en rupture avec le modèle inspirateur », *Les annales de Droit*, n° 14, 2020, pp. 69-101.

GADJI (Y.A.), « L'accès à la justice entre quête, requête et conquête : quelques observations sur un droit fondamental à valoriser en Côte d'Ivoire », *in* HOURQUEBIE (F.) (dir), *Quel service public de la justice en Afrique francophone ?* Actes du colloque organisé par l'Université de Bordeaux IV, Bruxelles, Bruylant, pp. 2013, pp. 95-121.

LATH (Y.S.), « Le contentieux administratif dans le système ivoirien d'unité de juridiction : éléments d'une typologie », *in* SALL (A.), FALL (I.M.) (dir.), *Actualités du droit public et de la Science politique en Afrique*, Mélanges Babacar KANTE, Paris, L'Harmattan, 2017, pp. 491-521.

MAMBO (P.), « Le système juridictionnel ivoirien à la lumière de constitution révisée », *in* FALL (I.M.) (dir), *Théorie et Contentieux constitutionnels en Afrique*, Mélanges en l'honneur du Professeur El Hadj MBODJ, vol. 2, Dakar, L'Harmattan, 2022, pp. 729-734.

MBODJ (E.H.), « Les incidences de la réformes judiciaires du 30 mars 1992 sur le contentieux administratif sénégalais », *Revue de l'Association sénégalaise de Droit Pénal,* n° 2, juillet-décembre, 1995, pp. 17-43.

NJOCKE (H.-C.), « Juridiction administrative : réforme inachévée », *Juridis Périodique*, n° 74, 2008, p. 49-63.

OUEDRAOGO (O.), « La crise du système de dualité juridictionnel en Afrique francophone : analyse des modèles burkinabè, malien et sénégalais », *RBD*, n° 53, 2e semestre 2017, pp. 39-61.

OULD BOUBOUTT (A.S.), « Le contentieux administratif comparé en France et dans les pays d'Afrique francophone », *RDP*, n° 2, 2013, pp. 380-431.

PONTIER (J.M.), « L'intérêt général existe-t-il encore ? », *Dalloz*, 1998, n° 35, chron, pp. 327-333

RIVERO, « Phénomène d'imitation des droits étrangers en droit administratif », *in* Mélanges Walter Jean Ganshof van der MEERSCH, Bruxelles, Bruylant, 1972, pp. 619-639.

SAMB (M.), « Privatisation des services publics en Afrique subsaharienne. À l'heure des bilans », *Afrilex*, août 2014, pp. 1-38.

SOGLOHOUN (P.), « L'office du juge dans le contentieux de la responsabilité administrative au Bénin, Burkina Faso, Niger », *Afrilex*, mai 2017, pp. 1-36.

SOLEIL (S.), « Le modèle juridique français : recherches sur l'origine d'un discours », *Droits*, Paris, PUF, vol. 2, n° 38, 2003, pp. 83-95.

SY (D), « Justice administrative et droit administratif en Afrique. Un bilan », *in* Mélanges Jean Du Bois De GAUDUSSON, *Espace du service public*, tome 1, Presses Universitaires de Bordeaux, 2013, p. 653.

SY (P.-M.), « Entre l'unité et la dualité de juridiction : l'Afrique Noire francophone à la quête d'un modèle d'organisation de la justice administrative », *Nouvelles Annales Africaines*, n° 2, 2011 pp. 269-319.

TRUCHET (D.), « Réflexions sur la contestation actuelle du dualisme juridictionnel », *in* JORBERT (S.) (dir), *L'avenir du dualisme juridictionnel : continuité ou rupture ?* », *RDA*, n° 18, mai 2019, p. 47.

WODIE (F.), « Les attributions de la chambre administrative de Cote d'Ivoire », *RJPIC*, vol. 23, n° 1, 1968, pp. 63-78.

IV- TEXTES DE LOIS

A- CONSTITUTIONS

1- Burkina Faso

- Loi n° 002/ADP du 27 janvier 1997 révisée par la loi n° 002/97/ADP du 2 janvier 2000 révisée par la loi n° 003-2000/AN d'avril 2000, n° 001-2002/AN du 22 janvier 2002.

2- Côte d'Ivoire

- Loi n° 2000 du 1er aout 2000 portant constitution de la République de Cote d'Ivoire.

- Loi n° 2016-886 du 8 novembre 2016 portant constitution de la République de Côte d'Ivoire, JORCI, 9 novembre 2016.

- Loi n° 2020-348 du 19 mars 2020 portant modification de la loi n° 2016-886 du 8 novembre 2016 portant constitution de la République de Côte d'Ivoire du 8 novembre 2016.

3- Gabon

- Loi n° 3/91 du 26 mars 1991 portant Constitution de la République gabonaise, modifiée par la loi n° 1/94 du 18 mars 1994, La loi n° 18/95 du 29 novembre 1995, La loi n° 1/97 du 22 avril 1997, La loi n° 14/2000 du 11 octobre 2000, Et la loi n° 13/2003 du 19 août 2003.

4- Sénégal

- Loi n° 2016-10 du 5 avril 2016 portant révision de la Constitution, JORS n° spécial 6926 du 7 avril 2016, p. 505.

- Loi n° 2008-34 du 7 aout 2008 portant révision de la Constitution, JORS, p. 755.

- Loi n° 2001-03 du 22 février 2001 portant Constitution, modifiée, JORS n° spécial 5963 du 22 janvier, p. 27.

- Loi n° 92-22 du 30 mai 1992 portant révision de la Constitution, JORS, n° 5469 du 1er juin 1992.

B- <u>LOIS-DECRETS-ORDONNANCES</u>

1- Lois et décrets du Burkina Faso

- La loi n° 032-2018/AN du 26 juillet 2018, portant composition, composition, attributions, fonctionnement du Conseil d'État et procédure applicable devant lui.

- Loi n° 10-2016/AN du 26 avril 2016 portant création, composition, organisation, attributions, fonctionnement de la Cour administrative d'appel et de la procédure applicable devant elle.

- Loi n° 11-2016/AN du 26 avril 2016, portant création, composition, organisation, attribution, fonctionnement des tribunaux administratifs et de la procédure applicable devant eux.
- Loi organique n° 049-2015/CNT du 25 août 2015 portant organisation, composition, attributions et fonctionnement du Conseil supérieur de la magistrature.
- Loi n° 55-2004/AN du 21 décembre 2004 relative au Code général des Collectivités Territoriales.
- Loi n° 21/95/ADP du 16 juin 1995 portant création, organisation, et fonctionnement des tribunaux administratifs, J.O.B.F., 20 juillet 1995, p. 1747.

2- Lois et décrets de la Côte d'Ivoire

- Loi n° 2020-968 du 17 décembre 2020 déterminant les attributions, la composition et l'organisation du Conseil d'État.
- Loi n° 2020-884 du 21 octobre 2020 déterminant les attributions, la composition et l'organisation du Tribunal des conflits.
- Décret n° 2018-358 du 29 mars 2018 déterminant les règles aux contrats de Partenariat Public-Privé (PPP).
- Loi n° 2017-728 du 9 novembre 2017 modifiant le Code de procédure civile, commerciale et administrative.

3- Lois et décrets de la France

- Code de justice administrative, Paris, Dalloz, 2021, 300 p.
- Décret n° 2016-1481 du 2 novembre 2016 relatif à l'utilisation des téléprocédures devant le Conseil d'État, les cours administratives d'appel et les tribunaux administratifs, JORF, n° 0257 du 4 novembre 2016, p. 17.
- Décret du 27 février 2015, Décret n° 2015-233 du 27 février 2015, relatif au Tribunal des conflits et aux questions préjudicielles, JORF du 1er mars 2015, p. 9.
- formes de procédure du Tribunal des conflits
- Loi du 22 frimaire an VII (12 décembre 1798) sur l'enregistrement.
- Loi des 16 et 24 aout 1790 sur l'organisation judiciaire.

4- Lois et décrets du Gabon

- Loi n° 0033/2018 du 11 juin 2019 portant ratification de l'ordonnance n° 00026/PR/2018 du 11 août 2018 fixant l'organisation, la composition, la compétence et le fonctionnement des juridictions de l'ordre administratif, JO du 17 juillet 2019, n° 27 Bis spécial, p. 35.

- Ordonnance n° 00026/PR/2018 du 11 août 2018 fixant l'organisation, la composition, la compétence et le fonctionnement des juridictions de l'ordre administratif.

- Loi n° 005/2002 du 27 novembre 2002 fixant l'organisation, les compétences et le fonctionnement du Conseil d'État.

- Loi n° 7/94 du 16 septembre 1994 portant organisation de justice.

- Loi n° 17/84 du 29 décembre 1984 portant code des juridictions administratives.

5- Lois et décret du Sénégal

- Loi organique n° 2017-09 du 17 janvier 2017 abrogeant et remplaçant la loi organique n° 2008-35 du 08 août 2008 sur la Cour suprême du Sénégal, JORS, n° 6986 du mercredi 18 janvier 2017.

- Loi n° 2014-26 du 3 novembre 2014 abrogeant et remplaçant la loi n° 84-19 du 2 février 1984 fixant l'organisation judiciaire, JORS, n° 6818, novembre 2014, p. 1359.

- Loi organique n° 2008-35 du 7 août 2008 relative à la Cour Suprême, JORS n° 6420 du 8 août 2008, pp. 755 et s.

- Loi n° 96-30 du 21 octobre 1996 modifiant la loi n° 92-24 du 30 mai 1992 relative au Conseil d'État, JORS du 18 janvier 1997, p. 57.

- Loi n° 92-24 du 30 mai 1992 relative au Conseil d'État, JORS n° 5469 du 1er juin 1992, p. 238.

- Loi n° 92-25 du 30 mai 1992 relative à la Cour de cassation, JORS, 1er juin 1992, p. 249.

- Loi n° 84-19 du 2 février 1984 portant organisation judiciaire du Sénégal, JORS, 3 mars 1984, p. 124.

- Loi n° 65-51 du 19 juillet 1965 portant Code des obligations de l'Administration, JORS, 1965, p. 945

- Ordonnance n° 60-56 du 14 novembre 1960 portant organisation judiciaire du Sénégal, JORS, 19 novembre 1960, p. 1245.

6- Lois et décret coloniaux

- Loi n° 57-1424 du 31 décembre 1957 attribuant compétence aux tribunaux judiciaires pour statuer sur les actions en responsabilité des dommages causés par tout véhicule et dirigés contre une personne de droit public, JORF du 5 janvier 1958, p. 196.

- Loi n° 55-1489 du 1er novembre 1955 portant loi municipale en Afrique occidentale française, J.O.A.O.F. n° 2796 du mardi 29 novembre 1955.

- Décret-loi du 17 juin 1938 instituant la compétence des juridictions administratives relative aux contentieux portant sur les contrats d'occupation du domaine public ; la loi du 31 décembre 1957 donnant compétence aux tribunaux judiciaires pour statuer sur le contentieux des accidents de véhicules.

- Loi du 5 avril 1937 sur la responsabilité civile des membres de l'enseignement public, J.O.R.F du 8 juillet 1937, p. 8040.

- Décret du 05 aout 1881 relatif aux conseils du contentieux administratif, JORF du 10 aout 1881, p. 4504-4510.

- Loi du 24 avril 1833 concernant le régime législatif des colonies.

V- RECUEILS DE JURISPRUDENCE COMMENTES

AIHJA,

- *Recueil des décisions des hautes juridictions administratives*, Edition 2013, Paris, La Documentation Française, 2013, 453 p.

- *Recueil des décisions des hautes juridictions administratives,* Edition 2000, Paris, La Documentation Française, 2000, 502 p.

BLEOU (D.M.), *Les grands arrêts de la jurisprudence administrative ivoirienne*, Abidjan, C.N.D.J, 2012, 484 p ;

DE GAUDEMAR (H.), MONGOIN (D.),

- *Les grandes conclusions de la jurisprudence administrative*, volume 1 : 1831 – 1940, LGDJ, novembre 2015, 976 p.

- *Les grandes conclusions de la jurisprudence administrative*, volume 2 : 1940 – 2000, LGDJ, septembre 2020, 1099 p.

BONICHOT (J-Cl.) et *al*, *Les grands arrêts du contentieux administratif*, Paris, Dalloz, 5ème éd., 2016, 1466 p.

HAURIOU (M.),

- *La jurisprudence administrative de 1892 à 1929, Tome 1, Paris, Librairie de recueil Sirey, 1929, 743 p.*

- *La jurisprudence administrative de 1892 à 1929, Tome 2, Paris, Librairie de recueil Sirey, 1929, 764 p.*

- *La jurisprudence administrative de 1892 à 1929, Tome 3, Paris, Librairie de recueil Sirey, 1929, 846 p.*

LACHAUME (J-F.), L*es grandes décisions de la jurisprudence, droit administratif*, Paris, PUF, Thémis, 1991, 512 p

PAMBOU-TCHIVOUNDA (G.), *Les grandes décisions de la jurisprudence administrative du Gabon*, Paris, Pedone, 1994, 646 p.

SINDJOUN (L.), *Les grandes décisions de la justice constitutionnelle africaine. Droit constitutionnel jurisprudentiel et politiques constitutionnelles au prisme des systèmes politiques africaines*, Bruxelles, Bruylant, 2009, 598 p.

YONABA (S.), *Les grandes décisions de la jurisprudence burkinabè*, 2e éd., Ouagadougou, Presses africaines, 2013, 473 p.

ANNEXES

Annexe 1 : loi n° 2020-884 du 21 octobre 2020 déterminant la composition, les attributions et le fonctionnement du tribunal des conflits de Côte d'Ivoire

Annexe 2 : lecture croisée synthétique des Tribunaux des conflits français et

Annexe 3 : loi organique n° 2020-968 du 17 décembre 2020 déterminant les attributions, la composition, l'organisation et le fonctionnement du Conseil d'État ivoirien

Annexe 4 : nomenclature des juridictions de l'ordre administratif du Burkina Faso et du Gabon

Annexe 5 : maquette pédagogique de formation des magistrats en Côte d'Ivoire

Annexe 6 : liste des participants du Conseil d'État français au colloque relatif à la commémoration du bicentenaire du Conseil d'État français au Sénégal, tenu en 1999.

<u>Annexe 1</u> : loi n° 2020-884 du 21 octobre 2020 déterminant la composition, les attributions et le fonctionnement du tribunal des conflits de Côte d'Ivoire

REPUBLIQUE DE COTE D'IVOIRE
Union-Discipline-Travail

LOI N° 2020-884 DU 21 OCTOBRE 2020
DETERMINANT LA COMPOSITION, LES ATTRIBUTIONS ET LE FONCTIONNEMENT DU TRIBUNAL DES CONFLITS

L'ASSEMBLEE NATIONALE ET LE SENAT ont adopté,
LE PRESIDENT DE LA REPUBLIQUE promulgue la loi dont la teneur suit :

CHAPITRE I : COMPOSITION

Article 1 : Le Tribunal des conflits est composé, en nombre égal, de membres de la Cour de Cassation et du Conseil d'Etat.

Article 2 : Le Tribunal des conflits comprend :

1° le Président de la Cour de Cassation ;

2° le Président du Conseil d'Etat ;

3° le président de chambre de la Cour de Cassation le plus ancien dans le grade le plus élevé ;

4° le président de chambre du Conseil d'Etat le plus ancien dans le grade le plus élevé ;

5° deux conseillers de la Cour de Cassation les plus anciens dans le grade le plus élevé.

6° deux conseillers d'Etat les plus anciens dans le grade le plus élevé du Conseil d'Etat ;

Article 3 : Outre les membres désignés à l'article précédent, le Tribunal des conflits comprend :

- deux conseillers de la Cour de Cassation suppléants désignés par le Président de la Cour de Cassation ;
- deux conseillers d'Etat suppléants désignés par le Président du Conseil d'Etat.

Les suppléants remplacent les membres de leur ordre de juridiction en cas d'empêchement.

N° 2000843

1

Article 4 : Le Tribunal des conflits est présidé alternativement, tous les deux ans, par le Président de la Cour de Cassation et le Président du Conseil d'Etat.

Lorsque l'un des Présidents de juridiction visé à l'alinéa 1 du présent article assure la présidence du Tribunal des conflits, l'autre Président ne siège pas. Celui-ci est remplacé par un président de chambre de sa juridiction qu'il désigne.

En cas d'empêchement provisoire du Président, le Tribunal des conflits est présidé par le président de chambre le plus ancien dans le grade le plus élevé appartenant au même ordre de juridiction.

En cas de cessation définitive des fonctions du Président, le Tribunal des conflits est présidé par le président de chambre le plus ancien dans le grade le plus élevé du même ordre, pour la durée du mandat restant à courir ou jusqu'à la désignation du nouveau Président de la juridiction.

Article 5 : Le Tribunal des conflits siège dans les locaux de la haute juridiction de celui qui en assure la présidence comme indiqué à l'article 4 de la présente loi. Toutefois il peut siéger en tout autre lieu en cas de nécessité.

Les fonctions de greffe du Tribunal des conflits sont assurées par le greffe du Conseil d'Etat.

CHAPITRE II : ATTRIBUTIONS

Section I : Dispositions générales

Article 6 : Le Tribunal des conflits règle les conflits de compétence entre les juridictions de l'ordre administratif et celles de l'ordre judiciaire lorsque :

1° une juridiction de l'un ou l'autre ordre lui a renvoyé la question de compétence soulevée dans un litige ;

2° le Ministre, le Préfet du département ou le représentant de la collectivité concernée a élevé le conflit ;

3° les juridictions de l'un et l'autre ordre se sont déclarées respectivement incompétentes pour connaître d'un litige ayant le même objet ;

4° des décisions définitives présentant des contrariétés conduisant à un déni de justice, ont été rendues par les juridictions administratives et judiciaires dans les instances introduites devant chacune d'elles, pour des litiges portant sur le même objet.

Article 7 : Le conflit de compétence ne peut être élevé entre les juridictions judicaires et administratives en matière pénale ou suite à l'exercice de l'action civile née du préjudice causé par une infraction, conformément aux dispositions du code de procédure pénale.

Section II : La prévention des conflits

Article 8 : Lorsqu'une juridiction de l'ordre judiciaire ou de l'ordre administratif a, par une décision qui n'est plus susceptible de recours, décliné la compétence de l'ordre de juridiction auquel elle appartient au motif que le litige ne ressortit pas à cet ordre, toute juridiction de l'autre ordre, saisie du même litige, si elle estime que le litige ressortit à l'ordre de juridiction primitivement saisi, doit, par une décision motivée qui n'est susceptible d'aucun recours, renvoyer au tribunal des conflits le soin de trancher la question de compétence ainsi soulevée.

Il est alors sursis à la procédure jusqu'à la décision du tribunal des conflits.

Article 9 : La juridiction saisie en second lieu transmet sa décision et les conclusions des parties ainsi que, s'il y a lieu, celles du ministère public, au greffe du Conseil d'Etat.

Il est procédé comme indiqué aux alinéas 2 et 3 de l'article 21 de la présente loi.

Article 10 : Si le Tribunal des conflits estime que la juridiction qui a prononcé le renvoi n'est pas compétente pour connaître de l'action ou de l'exception ayant donné lieu à ce renvoi, il déclare nuls et non avenus, sauf la décision de renvoi elle-même, l'ensemble des jugements et actes de procédure auxquels cette action ou exception a donné lieu devant la juridiction qui a prononcé le renvoi, ainsi que devant toutes autres juridictions du même ordre.

Si le Tribunal des conflits estime que la juridiction de l'autre ordre a rendu à tort sur le même litige ou la même exception, entre les mêmes parties, une décision d'incompétence, le tribunal des conflits déclare nulle et non avenue la décision de la juridiction qui a décliné à tort sa compétence et renvoie l'examen du litige ou de l'exception à cette juridiction.

Article 11 : Lorsqu'une juridiction est saisie d'un litige qui présente à juger, soit sur l'action introduite, soit sur une exception, une question de compétence soulevant une difficulté sérieuse et mettant en jeu la séparation des ordres de juridiction, elle peut, par une décision motivée qui n'est susceptible d'aucun recours, renvoyer au Tribunal des conflits le soin de décider sur cette question de compétence.

La juridiction saisie transmet sa décision et les mémoires ou conclusions des parties au Tribunal des conflits.

L'instance est suspendue jusqu'à la décision du Tribunal des conflits.

Il est procédé comme indiqué aux alinéas 2 et 3 de l'article 21 de la présente loi.

Section III : Le conflit positif

Article 12 : Lorsque le Ministre, le Préfet du département ou le représentant de la collectivité territoriale estime que la connaissance d'un litige ou d'une question préjudicielle portée en première instance ou en appel devant une juridiction de l'ordre judiciaire, relève de la compétence d'une juridiction de l'ordre administratif, il peut, alors même que l'administration ne serait pas en cause, demander à la juridiction saisie de décliner sa compétence et de renvoyer l'affaire devant la juridiction administrative compétente.

A cet effet, l'autorité administrative visée à l'alinéa précédent, adresse au procureur de la République ou au procureur général, selon le cas, un mémoire de déclinatoire de compétence dans lequel est rapporté le fondement textuel qui attribue à la juridiction administrative la connaissance du litige.

Le procureur de la République ou le procureur général fait connaître, sans délai, dans tous les cas, à la juridiction saisie, la demande formée par l'autorité administrative et requiert le renvoi, si la revendication lui parait fondée.

A peine d'irrecevabilité, le déclinatoire de compétence doit être motivé.

Les parties en sont informées par le greffe de la juridiction saisie et sont invitées à faire connaître leurs observations écrites dans un délai d'un mois à compter de cette notification.

Le greffe communique l'affaire au ministère public qui donne son avis dans le même délai. Dès réception, le greffe porte cet avis à la connaissance de l'autorité administrative et des parties.

Article 13 : Le conflit positif ne peut pas être élevé après un jugement rendu en dernier ressort ou acquiescé, ni après un arrêt définitif.

Article 14 : La juridiction saisie statue, sans délai, sur le déclinatoire de compétence selon les règles de procédure qui lui sont applicables.

Article 15 : En cas de rejet du déclinatoire, l'autorité administrative peut élever le conflit par arrêté, dans le délai d'un mois, à compter de la notification de la décision de rejet.

Le conflit peut également être élevé si la juridiction saisie a, avant expiration du délai prévu à l'alinéa précédent, passé outre et jugé au fond.

En cas d'admission du déclinatoire et si une partie fait appel du jugement, l'autorité administrative peut saisir la juridiction d'appel d'un nouveau déclinatoire et, en cas de rejet de celui-ci, élever le conflit dans les conditions prévues à la présente section.

Article 16 : L'arrêté de conflit doit viser le jugement ou l'arrêt rejetant le déclinatoire. A peine d'irrecevabilité, l'arrêté de conflit doit être motivé.

Article 17 : L'arrêté de conflit, accompagné des pièces qui y sont visées, est remis contre récépissé, par l'autorité administrative, au greffe de la juridiction ayant statué.

Article 18 : Si l'arrêté de conflit n'est pas parvenu au greffe dans le délai mentionné à l'alinéa 1 de l'article 15, le conflit ne peut plus être élevé devant la juridiction saisie de l'affaire.

Article 19 : Dès la réception de l'arrêté de conflit au greffe de la juridiction dans le délai susvisé, la juridiction saisie doit surseoir à statuer.

Article 20 : L'arrêté de l'autorité administrative et les pièces qui y sont visées sont déposées au greffe. Le greffier en chef avise les parties ou leurs avocats qu'ils peuvent prendre connaissance du dossier de la procédure et remettre, dans le délai d'un mois, leurs observations sur la question de compétence assorties des pièces de nature à les soutenir. Ces observations et pièces sont versées au dossier.

Article 21 : A l'expiration du délai mentionné à l'alinéa premier de l'article 15 de la présente loi, le greffier en chef transmet au greffier en chef du Conseil d'Etat, l'arrêté de conflit, le déclinatoire de compétence, l'avis du ministère public, la décision rejetant le déclinatoire et, le cas échéant, les observations des parties ainsi que les pièces utiles. Lorsque la juridiction saisie a passé outre et statué comme indiqué à l'alinéa 2 de l'article 15 de la présente loi, le greffier en chef transmet l'arrêté de conflit, le déclinatoire de compétence, l'avis du ministère public et le cas échéant les observations des parties ainsi que les pièces utiles.

Le greffier en chef du Conseil d'Etat transmet, sans délai, la procédure au président du Tribunal des conflits qui fixe la date de l'audience.

Le président du Tribunal des conflits désigne un rapporteur qu'il invite à mettre l'affaire en état et à déposer son rapport dans le délai qu'il fixe. Ce délai est d'au moins un mois avant la date de l'audience.

Article 22 : Le Tribunal des conflits statue sur le conflit positif dans le délai de trois mois à compter de la réception du dossier.

En cas de nécessité, ce délai peut être prorogé par le président, dans la limite de deux mois. La juridiction intéressée en est avisée par le greffier en chef du Conseil d'Etat.

Article 23 : Si la juridiction devant laquelle le conflit est élevé n'a pas reçu notification de la décision du Tribunal des conflits un mois après l'expiration du délai mentionné à l'article précédent, elle peut procéder au jugement de l'affaire.

Article 24 : Le Tribunal des conflits confirme ou annule l'arrêté de conflit de l'autorité administrative, ou, le cas échéant, constate qu'il n'y a pas lieu à statuer.

Lorsqu'il juge que les conclusions visées par l'arrêté de conflit n'étaient pas de la compétence des tribunaux de l'ordre judiciaire, il confirme l'arrêté et déclare nul et non avenu, le jugement ou l'arrêt rejetant le déclinatoire de compétence. Lorsqu'il constate que la juridiction saisie a passé outre comme indiqué à l'article 21 alinéa 1 de la présente loi et statué au fond alors qu'il y a un conflit positif, le Tribunal des conflits annule le jugement ou l'arrêt de la juridiction qui s'est déclarée à tort compétente et renvoie les parties devant la juridiction compétente.

Lorsqu'au contraire, il annule l'arrêté de conflit de l'autorité administrative, comme non fondé ou en raison d'un vice substantiel de la procédure de conflit, la juridiction devant laquelle celui-ci a été élevé est à nouveau saisie et la procédure y est normalement poursuivie.

Toutefois, dans le cas où l'arrêté de conflit est annulé en raison d'un vice substantiel de procédure, la décision du Tribunal des conflits ne fait pas obstacle à ce que l'autorité administrative puisse à nouveau décliner la compétence de l'autorité judiciaire et élever le conflit.

Section IV : Le conflit négatif

Article 25 : Lorsque les juridictions de chacun des deux ordres se sont déclarées incompétentes sur la même question, sans que la dernière qui a statué n'ait renvoyé le litige au Tribunal des conflits, la partie intéressée peut adresser au Tribunal des conflits une requête aux fins de désignation de la juridiction compétente.

Le recours devant le Tribunal des conflits est introduit dans les deux mois à compter du jour où la dernière des décisions d'incompétence est devenue irrévocable.

La requête qui est déposée au greffe du Conseil d'Etat expose les données de fait et de droit ainsi que l'objet du litige. Elle est accompagnée de la copie des décisions intervenues.

Il est procédé comme indiqué aux alinéas 2 et 3 de l'article 21 de la présente loi.

Lorsque le Tribunal des conflits constate qu'il y a un conflit négatif, il annule le jugement ou l'arrêt de la juridiction qui s'est déclarée à tort incompétente et renvoie les parties devant cette juridiction.

L'initiative de cette procédure appartient également au ministère public près la juridiction saisie en dernier lieu.

Article 26 : La décision rendue par le Tribunal des conflits est notifiée aux parties ainsi qu'aux juridictions initialement saisies par le greffier en chef du Conseil d'Etat.

Section V : Le conflit de décisions

Article 27 : Peuvent être déférées au Tribunal des conflits, lorsqu'elles présentent des contrariétés conduisant à un déni de justice, les décisions rendues par les juridictions de l'ordre judiciaire et de l'ordre administratif dans les instances introduites devant les deux ordres de juridiction, pour les litiges portant sur le même objet.

Le recours en cas de contrariété de décisions au fond est introduit dans les deux mois à compter du jour où la dernière en date des décisions statuant au fond est devenue irrévocable.

En ce cas, la requête est présentée comme précisé à l'alinéa 3 de l'article 25 de la présente loi.

Article 28 : Le Tribunal des conflits juge au fond à l'égard de toutes les parties en cause sur le litige qui lui est déféré comme il est dit à l'article 27 de la présente loi. Il ordonne, s'il y a lieu, les mesures d'instruction qu'il estime utiles.

Le Tribunal des conflits statue dans le délai prévu à l'article 22 de la présente loi. Il statue également sur les dépens des instances poursuivies devant les deux ordres de juridiction et au besoin devant lui.

CHAPITRE III : FONCTIONNEMENT DU TRIBUNAL DES CONFLITS

Article 29 : Le Président du Tribunal des conflits désigne le rapporteur parmi les membres de l'autre ordre de juridiction.

Les débats ont lieu en audience publique.

Le président assure la police de l'audience.

Article 30 : Le ministère d'avocat est obligatoire.

L'Etat est dispensé du ministère d'avocat.

Article 31 : Toute personne y ayant intérêt peut intervenir devant le Tribunal des conflits avant la clôture des débats.

Article 32 : Dès sa désignation, le rapporteur invite les parties à présenter leurs observations par écrit dans le délai d'un mois à compter de la réception de l'invitation.

Article 33 : Lorsque l'affaire est en état ou à l'expiration du délai cité à l'article précédent, le rapporteur communique le dossier au ministère public pour ses conclusions.

Dès réception des conclusions du ministère public ou à l'expiration du délai imparti au rapporteur, celui-ci transmet le dossier au président du Tribunal des conflits.

Article 34 : A l'audience publique, le rapporteur expose les données de l'affaire ainsi que la position des parties, sans faire connaître son avis.

Après le rapport, les avocats représentant les parties et le ministère public peuvent présenter des observations orales.

Article 35 : Les délibérations sont secrètes.

Les décisions sont prises à la majorité. En cas d'égalité des voix, celle du président est prépondérante.

Article 36 : Les décisions du Tribunal des conflits sont rendues au nom du peuple ivoirien.

Les décisions sont motivées et comportent les nom, prénoms et qualité des membres qui en ont délibéré, ceux du rapporteur et des avocats ainsi que les nom et prénoms, qualité, professions et domiciles des parties et mention de la présence du ministère public. Elles contiennent l'énoncé des moyens produits.

Elles sont rendues en audience publique.

Article 37 : Le Président du Tribunal des conflits peut, par ordonnance, donner acte des désistements, constater qu'il n'y a plus lieu de statuer sur une affaire, rejeter les requêtes manifestement irrecevables et corriger les erreurs purement matérielles affectant les décisions rendues.

Article 38 : Les minutes des décisions sont signées, dans les quinze jours du prononcé, par le Président, le rapporteur et le greffier en chef du Conseil d'Etat.

Article 39 : Les décisions sont notifiées par le greffier en chef du Conseil d'Etat aux parties et aux juridictions intéressées.

Article 40 : Les décisions du Tribunal des conflits s'imposent à toutes les juridictions de l'ordre judiciaire et de l'ordre administratif.

Article 41 : Les décisions du Tribunal des conflits peuvent faire l'objet d'un recours en rectification et en interprétation.

Elles ne sont pas susceptibles d'opposition.

Elles peuvent faire l'objet de tierce opposition si le Tribunal des conflits statue au fond en matière de contrariété de décisions.

Article 42 : La tierce opposition contre la décision rendue en matière de contrariété de décisions, le recours en rectification et le recours en interprétation sont formés par requête adressée au Président du Tribunal des conflits. La requête est déposée par la partie intéressée au greffe du Conseil d'Etat.

Article 43 : Lorsqu'est reçue la requête en rectification, le Président du Tribunal des conflits peut corriger les erreurs purement matérielles affectant les décisions rendues comme indiqué à l'article 37 de la présente loi.

Le Tribunal des conflits procède comme il est indiqué aux articles 29 à 39 de la présente loi lorsqu'il est saisi d'une requête en interprétation ou en tierce opposition.

Article 44 : La présente loi sera publiée au Journal officiel de la République de Côte d'Ivoire et exécutée comme loi de l'Etat.

Fait à Abidjan, le 21 octobre 2020

Alassane OUATTARA

Copie certifiée conforme à l'original
Le Secrétaire Général du Gouvernement

RÉPUBLIQUE DE CÔTE D'IVOIRE
SECRÉTARIAT GÉNÉRAL DU GOUVERNEMENT

Eliane Atté BIMANAGBO
Préfet

Nº 2000843

Annexe 2 : lecture croisée synthétique des Tribunaux des conflits (TC) français et ivoirien.

Les différences les plus marquantes entre les Tribunaux des conflits français et ivoirien

Ces différences ne se situent pas dans les modalités ou les compétences des différents TC. Elles se présentent plus dans la composition et le fonctionnement.

Au niveau de la composition :

- **Membres** : En Cote d'Ivoire I, la présidence du TC est tenue alternativement par les présidents du Conseil d'Etat et de la Cour de cassation (Art. 1er). Lorsque l'un des Présidents de juridiction assure la présidence du Tribunal des conflits, l'autre Président ne siège pas. Celui-ci est remplacé par un président de chambre de sa juridiction qu'il désigne. (Art. 4 al. 2).

En France, la présidence du TC est assurée par le membre élu, en respect de la règle de l'alternativité entre les deux ordres, parmi les quatre conseillers d'État en service ordinaire élus par l'assemblée générale du Conseil d'État et des quatre magistrats du siège hors hiérarchie de la Cour de cassation élus par les magistrats du siège hors hiérarchie de la Cour de cassation. (Art. 2 loi de 2015).

- **Désignation :** En France, les membres du TC choisissent parmi eux, pour trois ans, un président issu alternativement du Conseil d'État et de la Cour de cassation, au scrutin secret à la majorité des voix. (Art. 3 loi de 2015). Le président est un membre du TC, élu par ses pairs. *A contrario*, en Cote d'Ivoire, le mode de désignation est la nomination, car c'est le mode de désignation du président de la Cour de cassation ou du CE.

- **Siège :** En France, le TC est situé au Palais royal, au CE. En revanche, en Cote d'Ivoire Le Tribunal des conflits siège dans les locaux de la haute juridiction de celui qui en assure la présidence (Art.5). Toutefois il peut siéger en tout autre lieu en cas de nécessité. Les fonctions de greffe du Tribunal des conflits sont, quant à elles, assurées par le greffe du Conseil d'Etat et donc ayant un lieu fixe.

Au niveau du fonctionnement :

En Cote d'Ivoire, le rapporteur ne fait pas connaitre son avis. Selon l'article 34 *« à l'audience publique, le rapporteur expose les données de l'affaire ainsi que la position des parties, sans faire connaître son avis »*. En France, au contraire, *« le rapporteur public expose publiquement et en toute indépendance son opinion sur les questions que présentent à juger les affaires dont le Tribunal des conflits est saisi »* (Art. 4 loi de 2015). La différence peut être justifiée par le rôle des membres (Rapporteur en Cote d'Ivoire//Rapporteur public en France).

En Cote d'Ivoire, les décisions sont prises à la majorité. En cas d'égalité des voix, celle du président est prépondérante (Art. 35). En France cependant, aux termes de l'article 6 de la loi de 2015, *« Dans le cas où, après une seconde délibération, les membres du tribunal n'ont pu se départager, l'affaire est examinée en formation élargie, dans des conditions précisées par décret en Conseil d'État. Cette formation est composée, outre les membres (...), de deux conseillers d'État en service ordinaire et de deux magistrats du siège hors hiérarchie de la Cour de cassation élus, dans les conditions définies aux mêmes 1° et 2°, lors de l'élection des membres de la formation ordinaire »*. Que se passe-t-il en cas d'égalité de voix après cette autre délibération ? Avant la réforme de 2015, c'est le ministre de la Justice qui intervenant pour départager. Et maintenant ?

En France, Le TC est seul compétent pour connaître d'une action en indemnisation du préjudice découlant d'une durée totale excessive des procédures afférentes à un même litige et conduites entre les mêmes parties devant les juridictions des deux ordres en raison des règles de compétence applicables et, le cas échéant, devant lui. (Art. 16 de la loi de 2015).

Annexe 3 : loi organique n° 2020-968 du 17 décembre 2020 déterminant les attributions, la composition, l'organisation et le fonctionnement du Conseil d'Etat ivoirien

REPUBLIQUE DE COTE D'IVOIRE
Union-Discipline-Travail

LOI ORGANIQUE N° 2020-968 DU 17 DECEMBRE 2020 DETERMINANT LES ATTRIBUTIONS, LA COMPOSITION, L'ORGANISATION ET LE FONCTIONNEMENT DU CONSEIL D'ETAT

L'ASSEMBLEE NATIONALE ET LE SENAT ont adopté,

LE CONSEIL CONSTITUTIONNEL a déclaré conforme à la Constitution ;

LE PRESIDENT DE LA REPUBLIQUE promulgue la loi dont la teneur suit :

TITRE I : DISPOSITIONS GENERALES

Section 1 : Dispositions préliminaires

Article 1 : La présente loi organique détermine les attributions, la composition, l'organisation et le fonctionnement du Conseil d'Etat.

Article 2 : Le Conseil d'Etat est l'une des institutions juridictionnelles représentatives du pouvoir judiciaire. Il est la plus haute juridiction de l'ordre administratif.

Article 3 : Le Conseil d'Etat est dirigé par un Président.

Article 4 : Le ressort du Conseil d'Etat s'étend à tout le territoire de la République.

Le siège du Conseil d'Etat est fixé à Abidjan. Le Conseil d'Etat peut siéger en tout autre lieu du territoire national si les circonstances l'exigent.

Article 5 : Les fonctions du Ministère public près le Conseil d'Etat sont exercées par un Parquet général dont la composition, l'organisation et le fonctionnement sont fixés par une loi.

Section 2 : Principes statutaires

Article 6 : En cas de première nomination au Conseil d'Etat dans des fonctions judiciaires, les magistrats prêtent serment, en audience solennelle, devant le Conseil d'Etat, en ces termes :

« Je jure de bien et fidèlement remplir mes fonctions et de me conduire en tout comme un digne et loyal magistrat ».

Article 7 : Le Statut de la Magistrature est applicable aux magistrats du Conseil d'Etat en tout ce qui n'est pas prévu par la présente loi organique.

1

Nº 2000887

Article 8 : Les franchissements automatiques d'échelon de rémunération des magistrats du Conseil d'Etat sont constatés par décisions du Président du Conseil d'Etat.

Article 9 : La composition des costumes des magistrats du Conseil d'Etat est fixée par décret, sur proposition du Conseil Supérieur de la Magistrature.

Article 10 : Il peut être procédé au remplacement du magistrat du Conseil d'Etat en position de disponibilité, de détachement ou empêché pour quelque cause que ce soit d'exercer ses fonctions. A l'expiration de la période de détachement ou de disponibilité ou lorsque la cause de l'empêchement vient à cesser, il réintègre le Conseil d'Etat conformément aux dispositions en vigueur.

Article 11 : Les magistrats du Conseil d'Etat cessent leurs fonctions avec jouissance de tous les droits et avantages liés à la dernière fonction exercée.

TITRE II : ATTRIBUTIONS

Article 12 : Le Conseil d'Etat veille à l'application de la loi par les juridictions administratives et juge la légalité des actes administratifs et la responsabilité des personnes publiques et services publics.

Il exerce des attributions contentieuses et consultatives.

CHAPITRE I : ATTRIBUTIONS CONTENTIEUSES

Article 13 : Le Conseil d'État statue souverainement :

- sur les recours en cassation dirigés contre les décisions rendues soit en premier et dernier ressort, soit en dernier ressort par les juridictions administratives de droit commun ou par les juridictions administratives spécialisées ;
- en premier et dernier ressort sur les recours en annulation pour excès de pouvoir formés contre les décisions administratives émanant des autorités administratives centrales, ou des organismes ayant une compétence nationale ;
- en premier et dernier ressort sur les recours dirigés contre les actes administratifs dont le champ d'application s'étend au-delà du ressort d'un seul tribunal administratif ;
- sur les recours en interprétation et en appréciation de la légalité des actes dont le contentieux relève de sa compétence ;
- sur le contentieux des élections des organes des collectivités territoriales et des élections à caractère administratif.

Article 14 : Les tribunaux administratifs, juges de droit commun du contentieux administratif, en premier ressort sous réserve des compétences attribuées au Conseil d'État, les Cours Administratives d'Appel et les juridictions administratives spécialisées peuvent saisir le Conseil d'État pour solliciter des avis contentieux lorsqu'il se présente une question de droit nouvelle soulevant une difficulté sérieuse.

Les Cours Administratives d'Appel connaissent des décisions rendues en premier ressort par les tribunaux administratifs et les juridictions administratives spécialisées.

CHAPITRE II : ATTRIBUTIONS CONSULTATIVES

Article 15 : Le Conseil d'État émet des avis sur tout projet de texte qui lui est soumis par le Président de la République et par les Membres du Gouvernement.

Il peut être consulté par le Premier Ministre ou les Ministres sur les difficultés en matière administrative.

Article 16 : Le Conseil d'État donne son avis sur les projets de textes pour lesquels son intervention est prévue par les dispositions constitutionnelles, législatives ou réglementaires.

Il propose, en outre, les modifications qu'il juge nécessaires.

Article 17 : Le Conseil d'État peut, de sa propre initiative, faire des études sur des thèmes d'intérêt public et faire des propositions aux pouvoirs publics sur les réformes d'ordre législatif, réglementaire ou administratif qui lui paraissent indispensables ou conformes à l'intérêt général.

Article 18 : Les membres du Conseil d'État peuvent participer aux travaux des commissions ou conseils à caractère administratif ou juridique institués auprès des administrations, établissements ou entreprises publics, et être chargés de toutes missions auprès des mêmes administrations, établissements ou entreprises ainsi qu'auprès des organisations internationales dont la Côte d'Ivoire fait partie, à condition que ces activités soient compatibles avec leurs fonctions au sein du Conseil d'État et qu'ils aient préalablement obtenu l'accord du Président du Conseil d'Etat.

TITRE III : COMPOSITION ET ORGANISATION

CHAPITRE I : COMPOSITION

Article 19 : Le Conseil d'Etat est composé de magistrats et de conseillers en service extraordinaire, tous membres du siège. Il est doté d'un Secrétariat général et d'un greffe.

Les membres du siège sont :

a) Les magistrats du siège :

- le Président du Conseil d'Etat ;
- les Présidents de Section ;
- les Présidents de Chambre ;
- les Présidents de Formation ;
- les Conseillers d'Etat ;
- les Conseillers Référendaires ;
- les Auditeurs.

b) Conseillers en service extraordinaire :

- les Conseillers d'Etat en service extraordinaire ;
- les Conseillers Référendaires en service extraordinaire.

Le Secrétariat Général est composé d'un Secrétaire Général.

Les membres du Greffe sont :

- Le Greffier en Chef ;
- les Greffiers.

Article 20 : Le Président du Conseil d'Etat est nommé par le Président de la République pour une durée de cinq ans renouvelables une fois, parmi les personnalités reconnues pour leur compétence et leur expertise avérées en matière juridique.

Le Président du Conseil d'Etat est Président d'Institution.

Avant d'entrer en fonction, le Président du Conseil d'Etat prête serment devant le Président de la République en ces termes :

«Je jure de bien et fidèlement remplir ma fonction, de l'exercer en toute impartialité, dans le respect de la Constitution, de garder le secret des délibérations et des votes, de ne prendre aucune position publique, de ne donner aucune consultation, à titre privé, sur les questions relevant de la compétence du Conseil d'Etat et de me conduire en tout comme un digne et loyal magistrat ».

Article 21 : Le Président de la Section du Contentieux et le Président de la Section Consultative sont des magistrats hors hiérarchie du groupe A, choisis parmi les Présidents de Chambre et de Formation. Ils sont désignés par ordonnance du Président du Conseil d'Etat en cette qualité.

Les Présidents de Chambre et de Formation sont des magistrats hors hiérarchie du groupe A.

Article 22 : Les Conseillers d'Etat sont des magistrats hors hiérarchie.

Ils sont désignés parmi :

a) les magistrats hors hiérarchie ;

b) les magistrats appartenant depuis deux ans au moins au premier groupe du premier grade ;

c) les Conseillers Référendaires comptant au moins deux ans d'ancienneté comme Conseillers Référendaires du premier groupe ;

d) les personnalités connues pour leur compétence en matière juridique ou administrative et comptant vingt années au moins de pratique professionnelle ;

e) les personnalités titulaires d'un doctorat en droit ou d'un diplôme équivalent et ayant quinze ans au moins de pratique professionnelle en cette qualité ;

f) les Professeurs Agrégés ou Titulaires des facultés de droit ayant deux ans au moins de pratique professionnelle, en cette qualité.

Le nombre de Conseillers d'Etat désignés en application des paragraphes d, e et f ne peut excéder le quart de l'effectif des Conseillers d'Etat. Ils acquièrent la qualité de Magistrat.

Les Conseillers d'État totalisant trois ans d'ancienneté et de service effectif au Conseil d'État peuvent être élevés au groupe A, sur proposition du Président du Conseil d'État, après avis conforme du Conseil Supérieur de la Magistrature.

Article 23 : Les Conseillers d'Etat en service extraordinaire sont nommés, pour une durée de quatre ans renouvelables une fois, pour exercer des fonctions consultatives. Ils ne peuvent être affectés à la Section du Contentieux.

Ils sont choisis parmi les personnalités qualifiées dans les différents domaines de l'activité nationale.

Ils bénéficient durant leur mandat d'une indemnité fixée par décret. Ils n'ont pas la qualité de magistrat.

Toutefois, ils sont soumis, durant leur mandat, aux mêmes obligations que les magistrats.

Article 24 : Les Conseillers d'Etat en service extraordinaire qui exercent une activité professionnelle privée, ne peuvent, dans l'exercice de cette activité, mentionner ou laisser mentionner leur qualité de membre du Conseil d'État.

Article 25 : Les Conseillers Référendaires sont choisis parmi les magistrats du premier grade.

Ils sont également choisis parmi les personnes titulaires d'un doctorat en droit ou d'un diplôme équivalent et ayant au moins six ans de pratique professionnelle, en cette qualité.

Ils assistent les Conseillers d'Etat dans leurs fonctions et participent à l'élaboration des rapports et décisions avec voix délibérative.

Ils participent aux audiences.

Les trois quarts au moins des emplois vacants de Conseillers Référendaires sont réservés aux Auditeurs ayant atteint le grade requis.

Les Conseillers Référendaires du premier groupe sont des Magistrats du premier grade, premier groupe et ceux du deuxième groupe, des Magistrats du premier grade, deuxième groupe.

Article 26 : Les Conseillers Référendaires en service extraordinaire sont nommés, pour une durée de quatre ans renouvelables une fois, pour exercer des fonctions consultatives.

Ils ne peuvent être affectés à la Section du Contentieux.

Ils sont choisis parmi les personnalités qualifiées dans les différents domaines de l'activité nationale.

Ils bénéficient durant leur mandat d'une indemnité fixée par décret. Ils n'ont pas la qualité de magistrat.

Toutefois, ils sont soumis, durant leur mandat, aux mêmes obligations que les magistrats.

Les Conseillers Référendaires en service extraordinaire qui exercent une activité professionnelle privée, ne peuvent, dans l'exercice de cette activité, mentionner ou laisser mentionner leur qualité de membre du Conseil d'Etat.

Article 27 : Les Auditeurs du Conseil d'Etat sont choisis parmi les magistrats du deuxième grade.

Les Auditeurs sont également choisis parmi les personnes titulaires d'un doctorat en droit ou d'un diplôme équivalent. Leur nombre ne peut excéder le quart des postes à pourvoir.

Les Auditeurs prévus à l'alinéa premier du présent article sont des magistrats du deuxième grade, premier groupe.

Les Auditeurs prévus à l'alinéa 2 du présent article sont des magistrats du deuxième grade, deuxième groupe.

Ils assistent les Conseillers d'État dans la préparation des rapports, des décisions et des travaux du Conseil d'État.

Article 28 : Les magistrats du Conseil d'État, à l'exception du Président, sont nommés par décret, sur proposition du Conseil Supérieur de la Magistrature et sur présentation du Ministre de la Justice.

Article 29 : Les magistrats du Conseil d'Etat sont installés dans leurs fonctions en audience solennelle du Conseil d'Etat.

Article 30 : Le Secrétaire Général du Conseil d'Etat est nommé par décret pris en Conseil des ministres parmi les magistrats hors hiérarchie sur proposition du Président du Conseil d'Etat.

Article 31 : Le Greffier en chef du Conseil d'Etat est nommé par décret, sur proposition du Ministre de la Justice. Il est choisi parmi les administrateurs des greffes et parquets ayant au moins cinq années d'ancienneté dans cette catégorie.

Le Greffier en chef du Conseil d'Etat est assisté de greffiers.

CHAPITRE II : ORGANISATION

Section 1 : Le Président du Conseil d'Etat

Article 32 : Le Président du Conseil d'Etat exerce des fonctions administratives et juridictionnelles.

Il peut présider chacune des chambres et formations du Conseil d'Etat.

Le Président du Conseil d'Etat est suppléé, en cas d'absence ou d'empêchement, par le Président de la Section du Contentieux, et, le cas échéant, par le Président de la section consultative.

Article 33 : Le Président du Conseil d'État est chargé de l'administration et de la discipline du Conseil d'Etat.

Il arrête le règlement intérieur du Conseil d'État après délibération de l'assemblée générale.

Au début de chaque année judiciaire, il répartit, par ordonnance, les Présidents de Chambre, les Conseillers d'État, les Conseillers Référendaires et les Auditeurs du Conseil d'Etat entre les différentes Chambres.

Il répartit également par ordonnance, les Présidents de Formation, les Conseillers d'Etat, les Conseillers d'Etat en service extraordinaire, les Conseillers Référendaires, les Conseillers Référendaires en service extraordinaire et les Auditeurs du Conseil d'Etat entre les différentes Formations.

Le Président du Conseil d'Etat assure, sur proposition du Greffier en chef du Conseil d'Etat, la répartition des greffiers entre les différentes chambres.

Article 34 : Une Commission consultative chargée de faire des propositions au Conseil Supérieur de la Magistrature, pour le recrutement, la nomination, l'avancement et la promotion des magistrats du Conseil d'État est placée auprès du Président du Conseil d'Etat. Présidée par le Président du Conseil d'Etat, elle comprend les deux Présidents de Section et les Présidents de Chambre et de Formation.

La composition, l'organisation et le fonctionnement de la Commission consultative d'avancement et de recrutement sont prévus au règlement intérieur du Conseil d'Etat.

Article 35 : Le Président du Conseil d'Etat fait annuellement un rapport au Président de la République, au Président de l'Assemblée nationale et au Président du Sénat, sur les procédures devant le Conseil d'Etat.

Ce rapport fait également état des difficultés d'exécution des décisions rendues.

Section 2 : Les Sections du Conseil d'Etat

Article 36 : Le Conseil d'État est structuré en deux sections :

- la Section du Contentieux ;
- la Section Consultative.

Paragraphe 1 : La Section du Contentieux

Article 37 : La Section du Contentieux est juge de toutes les affaires qui relèvent des activités juridictionnelles du Conseil d'État.

La Section du Contentieux, dans sa formation ordinaire, comprend plusieurs chambres. Chaque chambre comprend au moins trois magistrats. Elle est présidée par un Président de Chambre, assisté d'au moins un Conseiller d'Etat et d'au moins un Conseiller Référendaire.

En cas d'absence ou d'empêchement du Président de Chambre, la chambre est présidée par le Conseiller d'Etat le plus ancien dans le grade le plus élevé.

Le Président de la Section du Contentieux peut, en accord avec le Président du Conseil d'Etat, présider chacune des chambres.

Paragraphe 2 : La Section Consultative

Article 38 : La Section Consultative comprend deux formations :

- la Formation Administration ;
- la Formation Économie et Finances.

Article 39 : La Section Consultative est composée d'un Président, de deux Présidents de Formation, de Conseillers d'Etat, de Conseillers d'Etat en service extraordinaire, de Conseillers Référendaires, de Conseillers référendaires en service extraordinaire et d'Auditeurs.

Article 40 : La Formation Administration est chargée de préparer l'avis du Conseil d'Etat sur toute question relevant de la réglementation et du fonctionnement de l'administration publique.

Article 41 : La Formation Économie et Finances est chargée de préparer l'avis du Conseil d'Etat sur toute question à caractère économique et financier.

Article 42 : Chaque Formation comprend un Président, des Conseillers d'Etat, des Conseillers d'Etat en service extraordinaire, des Conseillers Référendaires, des Conseillers Référendaires en service extraordinaire et des Auditeurs.

Article 43 : Le Président de la Section Consultative peut, en accord avec le Président du Conseil d'Etat, présider chacune des formations.

Section 3 : Le Cabinet du Président du Conseil d'Etat

Article 44 : Le Cabinet du Président du Conseil d'Etat est composé :

- d'un directeur de cabinet ;
- d'un chef de cabinet ;
- de cinq **conseillers** dont au moins trois magistrats ;
- de deux **chargés** de missions ;
- d'un chef du **secrétariat** particulier.

Section 4 : Le Secrétaire général du Conseil d'Etat

Article 45 : Le Conseil d'Etat est doté d'un Secrétariat général dirigé par un Secrétaire Général.

Le Secrétaire général du Conseil d'Etat est nommé par décret pris en Conseil des ministres, parmi les magistrats hors hiérarchie, sur proposition du Président du Conseil d'Etat.

Article 46 : Le Secrétaire général assure, sous l'autorité du Président, le fonctionnement des services administratifs du Conseil d'Etat.

Le Secrétaire général peut recevoir du Président délégation de signature en matière de gestion du personnel.

Il assiste le Président dans la coordination des travaux et l'organisation des audiences de la Cour.

Il est chargé notamment de :

- la tenue du fichier général des sommaires des arrêts rendus par le Conseil d'Etat ;
- la publication des arrêts du Conseil d'Etat ;
- la préparation, de l'étude et de l'établissement de tous les actes relatifs à la gestion des magistrats et autres personnels nommés au Conseil d'Etat ;
- la répartition des greffiers dans les différents services du siège de la Cour de cassation ;

- la direction du service de documentation et d'études du Conseil d'Etat ;
- la réception des copies des décisions du Conseil d'Etat.

Section 5 : Le Greffier en chef du Conseil d'Etat

Article 47 : Le Greffier en chef assure l'administration du greffe du Conseil d'Etat.

Il est placé sous l'autorité du Secrétaire Général.

Il propose au Secrétaire Général du Conseil d'Etat, la répartition des greffiers dans les différents services.

Il prépare les audiences du Conseil d'Etat.

Il veille à l'archivage, à la délivrance des expéditions, certificats et extraits des décisions rendues, assure la réception des consignations et le recouvrement des frais.

TITRE IV : FONCTIONNEMENT

SOUS-TITRE I : FORMATIONS DU CONSEIL D'ETAT

Article 48 : Le Conseil d'État se réunit :

- en audience solennelle ;
- en assemblée générale ;
- en assemblée plénière ;
- en chambre mixte ;
- en audience ordinaire.

Article 49 : La présence du Ministère public est obligatoire aux audiences solennelles et ordinaires, devant les assemblées plénières et générales, et devant les chambres mixtes du Conseil d'Etat.

Le Ministère public ne participe pas aux délibérations, sauf en assemblée générale, pour adopter ou modifier le règlement intérieur du Conseil d'Etat, débattre de toutes les questions intéressant l'organisation et la discipline de la Cour.

Article 50 : Le Conseil d'Etat se réunit en audience solennelle pour :

- son audience de rentrée ;
- recevoir le serment des Magistrats du Conseil d'Etat ;
- procéder à l'installation de ses membres.

Article 51 : L'audience solennelle du Conseil d'Etat est composée :

- du Président du Conseil d'Etat, Président ;

- des Présidents de Sections, membres ;
- d'au moins deux Présidents de Chambre, membres ;
- d'au moins deux Présidents de Formation, membres ;
- d'au moins deux Conseillers d'Etat, membres ;
- d'au moins deux Conseillers Référendaires, membres ;
- d'au moins deux Auditeurs, membres.

Le Conseil d'Etat est assisté du Greffier en chef ou d'un greffier du Conseil d'Etat.

L'audience a lieu en présence du Procureur général près le Conseil d'Etat.

Article 52 : Le Conseil d'État se réunit en assemblée générale pour adopter ou modifier le règlement intérieur du Conseil d'État, débattre de toutes questions intéressant l'organisation et la discipline du Conseil d'État émettre des avis sur les questions qui lui sont soumises en application de l'article 15 de la présente loi organique.

L'assemblée générale comprend l'ensemble des magistrats du Conseil d'État et des conseillers en service extraordinaire. Elle est présidée par le Président du Conseil d'État.
Elle ne délibère valablement qu'avec les deux tiers au moins des magistrats qui la composent.

Article 53 : Le Conseil d'Etat se réunit en assemblée plénière lorsqu'une affaire pose une question de principe, notamment lorsqu'il existe des solutions divergentes soit entre les juridictions administratives, soit entre les juridictions administratives et le Conseil d'Etat, et dans les autres cas prévus par la présente loi organique.

L'assemblée plénière est présidée par le Président du Conseil d'Etat.

Elle est composée, outre le Président du Conseil d'Etat, des Présidents de Section, des Présidents de Chambre et de Formation, d'un Conseiller d'Etat et d'un Conseiller Référendaire de chacune des chambres. Elle siège en nombre impair.

L'assemblée plénière est valablement constituée avec les deux tiers au moins des Présidents de Chambre, des Conseillers d'Etat et des Conseillers Référendaires.

Article 54 : Le Conseil d'Etat se réunit en Chambre mixte pour statuer sur les questions de droit dont il est saisi par l'une des Chambres ou par le Président du Conseil d'Etat.

La Chambre mixte est présidée par le Président du Conseil d'Etat.

Elle est composée des membres des Chambres.

Elle est valablement constituée avec la moitié au moins des membres des chambres.

En cas d'égalité des voix au moment de la délibération, celle du Président est prépondérante.

Article 55 : Le Conseil d'Etat se réunit en audience ordinaire pour juger les affaires dont il est saisi.

En audience ordinaire, le Conseil d'État comprend au moins trois magistrats. L'audience ordinaire est présidée par un Président de Chambre, assisté d'au moins un Conseiller d'Etat et d'au moins un Conseiller Référendaire.

En cas d'absence ou d'empêchement du Président de Chambre, la chambre est présidée par le Conseiller d'Etat le plus ancien.

Le Président du Conseil d'Etat ou le Président de la Section du Contentieux peut présider chacune des chambres.

En audience ordinaire, la chambre siège et délibère en nombre impair.

Le Conseil d'Etat est assisté du Greffier en chef et d'un greffier du Conseil d'Etat.

Article 56 : Les délibérations de toutes les assemblées sont secrètes.

Les décisions sont prises à la majorité.

SOUS-TITRE II : LA FONCTION CONTENTIEUSE

Article 57 : Les attributions prévues à l'article 13 de la présente loi organique sont exercées par la Section du Contentieux du Conseil d'Etat.

CHAPITRE I : PROCEDURES

Section 1 : Pourvoi en cassation

Article 58 : Le Conseil d'Etat est seul compétent pour statuer sur les recours en cassation dirigés contre les décisions rendues en dernier ressort par les juridictions administratives.

Article 59 : Le pourvoi en Cassation doit être formé dans le délai d'un mois à compter du jour de la signification à personne de la décision entreprise ou du jour où la partie à laquelle elle fait grief en a eu connaissance.

A peine d'irrecevabilité, l'acte de pourvoi doit viser l'un au moins des cas d'ouverture à cassation prévus par la législation en vigueur.

Le moyen de Cassation précise à peine d'irrecevabilité :

- la partie de la décision critiquée ;
- le grief fait à la décision attaquée.

Les moyens nouveaux ne sont pas recevables.

Peuvent néanmoins être invoqués pour la première fois, les moyens nés de la décision attaquée et les moyens d'ordre public.

Article 60 : Le pourvoi en cassation est formé par acte de Commissaire de justice comportant assignation à comparaître devant le Conseil d'Etat, avec indication de la date et de l'heure de l'audience.

Le Greffier en chef de la juridiction qui a rendu la décision attaquée, est tenu de transmettre le dossier de la procédure au greffe du Conseil d'Etat dans un délai de deux mois à compter de la date du pourvoi en cassation.

A la date indiquée dans l'exploit, l'affaire est appelée.

Toutefois, lorsque le pourvoi est formé par le Procureur général près le Conseil d'Etat, dans l'intérêt de la loi, le Conseil d'Etat est saisi par voie de requête. Cette requête est enrôlée à la diligence du Procureur général près le Conseil d'Etat.

Les pourvois formés contre les décisions à caractère juridictionnel des organismes administratifs et des ordres professionnels sont introduits par voie de requête déposée au greffe du Conseil d'Etat, dans les deux mois à compter de la notification des décisions. Copie en est transmise au Procureur général près le Conseil d'Etat par le Greffier en chef du Conseil d'Etat.

Article 61 : Le dossier du pourvoi est, dès réception, transmis par le Greffier en chef en original au Président du Conseil d'Etat et en copie au Procureur général près le Conseil d'Etat.

Le Président du Conseil d'Etat transmet le dossier au Président de la Section du Contentieux, après avoir désigné, parmi les Conseillers de la Chambre compétente de ladite Section, un rapporteur aux fins de la mise en état et fixe un délai pour le dépôt du rapport. Ce délai ne peut dépasser trois mois.

Le Président du Conseil d'Etat peut se désigner lui-même ou désigner le Président de la Section du Contentieux ou le Président de la Chambre compétente comme rapporteur.

Le Président de la Section du contentieux saisit la chambre compétente dès réception du dossier.

Article 62 : Le rapporteur assure, par la voie qu'il juge appropriée, la notification du pourvoi, de la requête ou du mémoire en cassation aux parties en cause auxquelles il fixe un délai pour déposer leurs observations et mémoires.

Il peut, à l'issue de ce délai, enjoindre aux parties de déposer, dans un nouveau délai, des mémoires complémentaires, pièces ou documents qu'il juge utiles.

Si à l'expiration du délai prévu à l'article 61 alinéa 2 de la présente loi organique, le rapporteur n'est pas en mesure de déposer son rapport, il en avise le Président de Chambre, qui peut, par ordonnance motivée, soit accorder un dernier délai de mise en état qu'il fixe souverainement et qui ne peut excéder deux mois, soit déclarer terminée la mise en état et enjoindre au rapporteur de déposer son rapport en l'état.

Article 63 : Les parties peuvent, sans déplacement des pièces du dossier, en prendre connaissance au greffe du Conseil d'Etat.

Aucun mémoire ni aucune pièce ne peut être produit après le dépôt du rapport au greffe, sauf à la demande expresse du rapporteur.

Article 64 : L'affaire est jugée sur pièces. Toutefois, les parties peuvent être autorisées à présenter des observations orales si elles en ont fait la demande une semaine au moins avant la date d'audience.

Les observations orales doivent être accompagnées par le dépôt d'écritures.

Article 65 : Les arrêts sont motivés et visent, s'il y a lieu, les textes dont il est fait application.

Les arrêts mentionnent les nom et prénoms des Présidents, Rapporteurs, Conseillers d'Etat et Conseillers Référendaires qui les ont rendus, du greffier et ceux du représentant du Ministère public qui a requis et des avocats qui ont postulé dans l'instance, les nom et prénoms, qualité, profession et domicile des parties et l'énoncé des moyens produits.

Les minutes des arrêts sont signées, dans les trente jours du prononcé de la décision, par le Président, le Rapporteur et le Greffier.

Article 66 : Lorsque le pourvoi en cassation est rejeté, la partie qui l'avait formé ne peut plus se pourvoir en cassation dans la même affaire, sous quelque prétexte et par quelque moyen que ce soit.

En cas de cassation, le Conseil d'Etat renvoie l'affaire devant une autre juridiction de même nature que celle qui a rendu la décision objet du pourvoi, expressément désignée, ou devant la même juridiction autrement composée.

Lorsque, après cassation d'un premier arrêt ou jugement rendu dans la même affaire entre les mêmes parties, le second arrêt ou jugement est attaqué, le Président du Conseil d'Etat saisit l'assemblée plénière par une ordonnance de renvoi.

Un membre du Conseil d'Etat appartenant à une chambre autre que celle qui a rendu l'arrêt de renvoi est chargé, par le Président du Conseil d'Etat, du rapport devant l'assemblée plénière.

Article 67 : Si le deuxième arrêt ou jugement est cassé, l'assemblée plénière évoque et statue définitivement.

Le Greffier en chef du Conseil d'Etat transmet une expédition de la décision au Procureur Général près le Conseil d'Etat, qui la renvoie au parquet compétent pour transcription immédiate.

Article 68 : En cas de cassation des décisions à caractère juridictionnel des organismes administratifs ou des ordres professionnels, le Conseil d'Etat évoque la cause et statue à nouveau.

Section 2 : Recours en annulation pour excès de pouvoir

Paragraphe 1 : Introduction du recours

Article 69 : Le recours en annulation pour excès de pouvoir a pour objet d'obtenir l'annulation d'un acte administratif en raison de son illégalité.

Le requérant peut assortir ses conclusions d'annulation d'une demande tendant à obtenir la réparation du préjudice causé par l'illégalité de l'acte attaqué.

Article 70 : Le recours en annulation est irrecevable lorsque les intéressés disposent, pour faire valoir leurs droits, du recours ordinaire de pleine juridiction.

Article 71 : Les recours en annulation pour excès de pouvoir formés contre les décisions administratives ne sont recevables que s'ils sont précédés d'un recours administratif préalable.

Article 72 : Le recours administratif préalable résulte :

- soit d'un recours gracieux adressé à l'autorité dont émane la décision entreprise ;
- soit d'un recours hiérarchique porté devant l'autorité hiérarchiquement supérieure à celle dont émane la décision entreprise.

Le recours administratif préalable doit être formé, par écrit, dans le délai de deux mois, à compter de la publication, de la notification ou de la connaissance acquise de la décision entreprise.

Article 73 : Tout recours administratif préalable dont l'auteur justifie avoir saisi l'Administration et auquel il n'a pas été répondu par cette dernière dans un délai de deux mois, est réputé rejeté à la date d'expiration de ce délai.

Si l'autorité administrative est un corps délibérant, le délai de deux mois est prolongé, le cas échéant, jusqu'à la fin de la première session légale qui suit le dépôt de la demande.

Article 74 : Le recours devant le Conseil d'Etat est introduit par voie de requête dans le délai de deux mois à compter :

- soit de la notification du rejet total ou partiel du recours administratif préalable;

- soit de l'expiration du délai prévu à l'article 73 de la présente loi organique.

Article 75 : Toute requête en annulation pour excès de pouvoir doit contenir les nom, prénoms, profession et domicile du requérant, l'objet de sa demande, l'exposé des moyens qu'il invoque, l'énonciation des pièces dont il entend se servir, et préciser la décision entreprise.

La requête doit être accompagnée :

a) de la pièce justifiant du dépôt du recours administratif, hiérarchique ou gracieux ;
b) de la copie de la décision entreprise ;

c) de huit exemplaires du dossier signés par le requérant ou son avocat et destinés à la notification aux autres parties. Ces copies ne sont pas assujetties au droit de timbre.

La signature de la requête par un avocat vaut constitution et élection de domicile en son étude.

Article 76 : Le Conseil d'Etat peut relever de la forclusion encourue le requérant qui a été empêché de respecter les délais prévus aux articles précédents par un cas de force majeure.

Paragraphe 2 : Instruction du recours

Article 77 : Les requêtes en annulation pour excès de pouvoir sont déposées au greffe du Conseil d'Etat.

Au moment du dépôt, elles sont inscrites sur le registre d'ordre tenu par le greffier en chef et marquées, ainsi que les pièces jointes, d'un timbre indiquant la date d'arrivée, contre paiement de frais de procédure dont le montant et les modalités de perception sont fixés par décret.

Le Greffier en chef délivre, sans frais aux parties qui en font la demande, un certificat qui atteste l'arrivée au greffe, de la requête, des mémoires produits et des pièces jointes.

Article 78 : Après l'enregistrement au greffe, la requête est transmise au Président du Conseil d'Etat.

Une copie de la requête est transmise par le Greffier en chef du Conseil d'Etat au Procureur général près le Conseil d'Etat.

Lorsqu'il apparaît, au vu de la requête, que la solution est d'ores et déjà certaine, le Président de la chambre saisie, sur proposition du rapporteur, peut, par ordonnance :

- donner acte des désistements ;
- rejeter les requêtes ne relevant manifestement pas de la compétence des juridictions administratives ;
- constater qu'il n'y a pas lieu de statuer, notamment sur une requête sans objet ;
- rejeter les requêtes manifestement irrecevables.

L'ordonnance rendue conformément aux dispositions de l'alinéa précédent peut faire l'objet de rétractation devant le Président du Conseil d'Etat.

Dans le cas contraire, le rapporteur désigné poursuit l'instruction.

Article 79 : Le rapporteur met l'affaire en état. Il rend une ordonnance par laquelle il prescrit la transmission et la notification, par voie administrative ou par voie de Commissaire de Justice, de la requête introductive d'instance à toutes les parties intéressées et fixe le délai dans lequel les réquisitions et mémoires en défense, accompagnés de toutes pièces utiles, doivent être déposés au greffe du Conseil d'Etat.

Article 80 : A l'expiration du délai prévu à l'article 79 ci-dessus de la présente loi organique, le rapporteur ordonne la notification, par voie administrative ou par voie de Commissaire de justice, aux parties en cause, des copies de tous mémoires déposés en exécution dudit article et fixe un nouveau délai qu'il détermine, pour le dépôt au greffe des observations éventuelles des parties.

Le Greffe transmet copie des mémoires et pièces sus visées au Ministère public pour réquisitions dans le nouveau délai.

Article 81 : Le rapporteur adresse une mise en demeure aux parties qui n'ont pas observé les délais impartis à l'article 79 de la présente loi organique.

Il peut, en cas de force majeure ou à la demande du Procureur général près le Conseil d'Etat, accorder un nouveau et dernier délai.

Article 82 : Les parties ou leurs mandataires peuvent prendre connaissance des pièces au greffe du Conseil d'Etat, mais sans les déplacer.

Article 83 : Le rapporteur peut, en tout état de cause, ordonner toutes mesures qui lui paraissent nécessaires à l'instruction de l'affaire, telles que production de pièces, comparution personnelle des parties, enquêtes, expertises, descentes sur les lieux, sans préjudice de celles auxquelles peut ultérieurement recourir le Conseil d'Etat.

Il est procédé à ces mesures suivant les règles de procédure en vigueur en matière administrative.

Article 84 : Les décisions prises par le rapporteur pour l'instruction de l'affaire sont notifiées à l'auteur et au bénéficiaire de l'acte attaqué et à toutes autres personnes intéressées, par voie administrative ou par voie de Commissaire de Justice ou par toutes autres voies appropriées.

Article 85 : Dès que le rapporteur estime que l'affaire est en état d'être jugée, il dresse un rapport écrit qui relate les incidents de procédure et l'accomplissement des formalités légales. Il expose les faits de la cause, les moyens et prétentions des parties, sans faire connaître son avis.

Le rapporteur fait des observations tendant à éclairer la formation de jugement sur les questions de droit et de fait du litige. Il procède à l'analyse des arguments des parties et expose sur l'état du droit et de la jurisprudence.

Article 86 : Le rapport prévu à l'article précédent est notifié sans délai par voie administrative, par voie de Commissaire de Justice ou toutes autres voies appropriées, aux parties par les soins du greffe. Copie en est transmise au Procureur général près le Conseil d'Etat.

Les parties ont un délai de quinze jours, à compter de la date de la notification, pour fournir leurs observations écrites et déclarer qu'elles entendent présenter à l'audience des observations orales qui ne peuvent porter sur des moyens nouveaux.

La notification prévue à l'alinéa premier du présent article contient, en outre, avis de la date de l'audience fixée par le Président de la chambre.

Le rapporteur peut adresser une mise en demeure aux parties qui n'ont pas fait d'observations dans le délai prévu à l'alinéa 2 du présent article.

Il peut, en cas de force majeure, accorder un nouveau délai.

Section 3 : Sursis à exécution

Article 87 : Si une décision administrative faisant grief à une personne n'intéresse ni le maintien de l'ordre, ni la sécurité ou la tranquillité publique, elle peut faire l'objet d'une requête aux fins de sursis à exécution devant le Conseil d'Etat, après l'exercice du recours administratif préalable prévu à l'article 68 de la présente loi organique.

Article 88 : Le Conseil d'Etat peut ordonner la suspension de l'exécution de la décision entreprise, même de refus, ou de certains de ses effets, lorsque l'urgence le justifie et qu'il est fait état d'un moyen propre à créer, en l'état de l'instruction, un doute sérieux quant à la légalité de la décision.

La suspension ainsi prononcée reste en vigueur jusqu'à ce qu'il ait été statué sur la requête en annulation pour excès de pouvoir de la décision.

Toutefois, le sursis et ses effets deviennent caducs si, quatre mois après son prononcé, le bénéficiaire n'a pas déposé de requête aux fins d'annulation de la décision suspendue.

Article 89 : La demande de sursis est instruite et jugée dans un délai de quarante-cinq jours à compter de la date de désignation du rapporteur.

Article 90 : Une copie de l'arrêt est immédiatement notifiée, par voie administrative ou par voie de Commissaire de Justice, au Procureur général près le Conseil d'Etat, à l'auteur de la décision entreprise et à toute autre personne intéressée.

Les effets de la décision administrative sont suspendus à partir de cette notification.

Section 4 : Référé administratif

Article 91 : Dans tous les cas d'urgence, le Président du Conseil d'Etat ou, en cas d'absence ou d'empêchement, le Président de la Section du Contentieux, peut, même en son hôtel, sur simple requête :

- désigner un expert pour constater, sans délai, des faits susceptibles de donner lieu à un litige devant le Conseil d'Etat ;
- ordonner toutes autres mesures utiles, sans faire préjudice au principal ni obstacle à l'exécution d'aucune décision administrative. Dans ce cas, la requête est transmise, sans délai, au Procureur général près le Conseil d'Etat et immédiatement notifiée aux défendeurs éventuels, avec fixation d'un délai de réponse.

L'assistance d'un greffier n'est pas obligatoire.

Section 5 : Intervention

Article 92 : Toute personne qui y a intérêt peut intervenir dans l'instance engagée.

L'intervention est formée par requête déposée au greffe du Conseil d'Etat. En cas d'intervention volontaire, la recevabilité de la requête est conditionnée par le paiement de frais de procédure prévus à l'article 73 alinéa 2 de la présente loi organique.

Le rapporteur assure, par la voie qu'il juge opportune, la notification de la requête et, s'il y a lieu, des mémoires et pièces, aux parties en cause, auxquelles il fixe un délai pour déposer leurs observations et mémoires en réponse.

Article 93 : La décision sur l'instance principale ne peut être retardée par une intervention.

Section 6 : Vérification d'écriture et inscription de faux

Article 94 : Lorsqu'une partie dénie l'écriture ou la signature à elle attribuée ou déclare ne pas reconnaître celles attribuées à un tiers, le rapporteur peut, après réquisition du Procureur général près le Conseil d'Etat, passer outre, s'il estime que le moyen est purement dilatoire ou sans intérêt pour la solution du litige.

Dans le cas contraire, il paraphe la pièce et ordonne une vérification d'écriture tant par titres que par témoins et, s'il y a lieu, par expert.

Article 95 : Les pièces pouvant être admises à titre de pièces de comparaison sont notamment les signatures apposées sur des actes authentiques, la partie de la pièce à vérifier qui n'est pas déniée.

Les pièces de comparaison sont paraphées par le rapporteur.

Article 96 : S'il est prouvé par la vérification d'écriture que la pièce est écrite ou signée par celui qui la dénie, ce dernier est passible d'une amende civile de 500.000 à 3.000.000 de francs CFA, sans préjudice des dommages et intérêts et dépens.

Article 97 : La demande en inscription de faux contre une pièce produite devant le Conseil d'Etat est formée par requête déposée au greffe du Conseil d'Etat.

La requête est transmise au rapporteur, si celui-ci est toujours saisi, ou au Président de Chambre, dans le cas contraire. Copie en est donnée au Procureur général près le Conseil d'Etat.

Le rapporteur ou le Président de Chambre fixe, par ordonnance, le délai dans lequel la partie qui a produit la pièce arguée de faux doit déclarer si elle entend s'en servir.

S'il n'est pas fait de réponse ou en cas de réponse négative, la pièce est rejetée.

Si la partie déclare qu'elle entend se servir de la pièce, la chambre saisie peut :

- soit passer outre, si elle constate que la décision ne dépend pas de la pièce arguée de faux ;
- soit surseoir à statuer sur le recours, jusqu'au prononcé de la décision définitive sur le faux.

Section 7 : Recours contre les arrêts du Conseil d'Etat

Paragraphe 1 : Tierce opposition

Article 98 : La tierce opposition est une voie de recours par laquelle une personne, autre que les parties engagées dans l'instance, peut attaquer une décision qui lui cause préjudice et demander à la juridiction qui l'a rendue d'en supprimer les effets en ce qui la concerne personnellement.

La tierce opposition est recevable contre les arrêts rendus par le Conseil d'Etat, dans un délai de deux mois, à compter de leur notification ou de leur connaissance acquise.

Elle est introduite par voie de requête, instruite et jugée suivant les dispositions des articles 73 à 82 de la présente loi organique.

Sauf assistance judiciaire, le demandeur à la tierce opposition est tenu, lors de l'enrôlement de son acte introductif d'instance, de consigner au greffe du Conseil d'Etat, la somme fixe de 200.000 francs CFA.

Paragraphe 2 : Recours en révision

Article 99 : Il peut être formé, devant le Conseil d'Etat, un recours en révision :

- contre les arrêts rendus sur pièces fausses ;
- si la partie a succombé pour n'avoir pas présenté une pièce décisive retenue par son adversaire ou produite mais non prise en compte par la juridiction ;
- si l'arrêt du Conseil d'Etat est intervenu sans qu'aient été observées les dispositions des articles 35, 47, 74 et 82 de la présente loi organique.

Le recours en révision est recevable dans le délai d'un mois à compter de la notification ou de la connaissance acquise de l'arrêt.

Toutefois, le délai prévu à l'alinéa précédent court à compter de la découverte du faux ou de la pièce décisive retenue par l'adversaire.

Le demandeur en révision qui succombe est condamné au paiement d'une amende dont le montant ne peut être inférieur à la somme 500.000 francs CFA, outre les autres frais.

Paragraphe 3 : Recours en rectification d'erreur matérielle

Article 100 : Un recours en rectification peut être exercé contre les arrêts entachés d'une erreur matérielle.

Paragraphe 4 : Recours en interprétation

Article 101 : La décision dont les termes sont obscurs ou ambigus peut être interprétée par le Conseil d'Etat, à condition qu'il ne soit pas porté atteinte à l'autorité de la chose jugée et que l'interprétation demandée présente un intérêt pour la partie qui l'a sollicitée.

Article 102 : Les recours prévus aux articles 99, 100 et 101 précédents sont formés par requête déposée au greffe du Conseil d'Etat.

Section 8 : Recours en matière de contentieux électoral

Article 103 : Lorsque le Conseil d'Etat est saisi d'un recours en matière de contentieux électoral, la requête, datée, signée et accompagnée de toutes les pièces justificatives, est déposée et enregistrée au greffe du Conseil d'Etat, conformément aux dispositions régissant les élections concernées.

Article 104 : Le rapporteur assure, par tous moyens, la mise en état du dossier. Le Conseil d'Etat statue sur pièces, le rapporteur entendu.

Section 9 : Règlements de Juges

Article 105 : Le règlement de juges est la décision par laquelle le Conseil d'Etat détermine laquelle de plusieurs juridictions administratives doit connaître d'une affaire.

Il y a lieu à règlement de juges dans les cas ci-après :

- lorsque plusieurs tribunaux de même degré se sont déclarés compétents à l'occasion d'un même litige par des jugements ayant acquis force de chose jugée ;
- lorsque plusieurs tribunaux de même degré se sont déclarés incompétents à l'occasion d'un même litige par des jugements ayant acquis force de chose jugée.

Article 106 : La requête en règlement de juges est déposée au greffe du Conseil d'Etat par la partie intéressée.

Elle est inscrite sur le registre d'ordre tenu par le Greffier en chef du Conseil d'Etat et marquée, ainsi que les pièces qui y sont jointes, d'un timbre indiquant la date de réception.

Le Greffier en chef avise immédiatement les parties en cause et les greffiers des juridictions entre lesquelles il sera réglé de juges.

Les dossiers de procédure sont, dans le délai de huit jours, adressés au Greffier en chef du Conseil d'Etat, qui les transmet, dès réception, au Président du Conseil d'Etat.

Il est ensuite procédé conformément à la Section 1 du présent chapitre.

Le Conseil d'Etat statue en assemblée plénière, après réquisitions du Ministère public.

Section 10 : Renvoi d'une juridiction à une autre

Article 107 : Lorsque le Conseil d'Etat est saisi à tort, le Président de la Section du Contentieux, saisi par le rapporteur, règle la question de compétence et attribue, le cas échéant, le jugement de tout ou partie de l'affaire à la juridiction qu'il déclare compétente.

Article 108 : Lorsqu'une juridiction administrative est saisie de conclusions qu'elle estime relever de la compétence du Conseil d'Etat, son Président transmet, sans délai, le dossier au Conseil d'Etat, qui poursuit l'instruction de l'affaire.

Si l'instruction de l'affaire relève en tout ou partie de la compétence d'une autre juridiction, le rapporteur saisit le Président de la Section du Contentieux, qui règle la question de compétence et attribue, le cas échéant, règlement de tout ou partie de l'affaire à la juridiction qu'il déclare compétente.

Section 11 : Connexité

Article 109 : Lorsque le Conseil d'Etat est saisi de conclusions relevant de sa compétence en premier et dernier ressort, il est également compétent pour connaître de conclusions connexes relevant normalement de la compétence en premier ressort d'un tribunal administratif.

Article 110 : Dans le cas où une juridiction administrative est saisie de conclusions relevant normalement de sa compétence, mais connexes à des conclusions présentées devant le Conseil d'Etat et relevant de la compétence en premier et dernier ressort de celui-ci, son Président renvoie au Conseil d'Etat lesdites conclusions.

Dans ce cas, le Président de la Section du Contentieux, saisi par la chambre intéressée, ordonne le renvoi au Conseil d'Etat de la demande soumise à la juridiction administrative.

Article 111 : Dans le cas où une juridiction administrative est saisie de conclusions distinctes, mais connexes, relevant les unes de sa compétence et les autres de la compétence en premier et dernier ressort du Conseil d'Etat, son Président renvoie l'ensemble de ces conclusions au Conseil d'Etat.

Section 12 : Récusation

Article 112 : Toute demande de récusation d'un magistrat d'une juridiction administrative ou d'un magistrat du Conseil d'Etat autre que le Président du Conseil d'Etat doit être motivée et adressée au Président du Conseil d'Etat qui, après réquisitions du Procureur général près le Conseil d'Etat, statue par ordonnance non susceptible de recours.

CHAPITRE II : DEROULEMENT DE L'AUDIENCE

Article 113 : Hormis les référés et les recours en rectification d'erreur matérielle, le Conseil d'Etat statue en audience publique sur le rapport d'un conseiller, le Ministère public entendu.

Le Conseil d'Etat peut ordonner le huis clos si l'ordre public et les bonnes mœurs le commandent.

Le Président a la police des audiences.

Ceux qui assistent aux audiences doivent se tenir le chef découvert, dans le respect et le silence. Toutes les instructions du Président relatives au maintien de l'ordre sont immédiatement exécutées.

Si l'un des assistants trouble l'ordre de quelque manière que ce soit, le Président ordonne son expulsion. S'il résiste ou cause du tumulte, il est saisi et déposé pour vingt-quatre heures à la maison d'arrêt, où il est reçu sur l'exhibition de l'ordre du Président.

Article 114 : Si le trouble est commis par une personne remplissant ou exerçant une fonction auprès de lui, le Président du Conseil d'Etat peut, outre l'application de l'article 113 ci-dessus, la suspendre de l'exercice de ses fonctions. La suspension, pour la première fois, ne peut excéder trois mois.

Article 115 : Les décisions prévues par les articles 113 et 114 de la présente loi organique sont insusceptibles de recours.

Article 116 : Le Président dresse, séance tenante, procès-verbal contre ceux qui outragent le Conseil d'Etat ou commettent une infraction de droit commun, et les défère devant le Procureur de la République pour être procédé conformément à la loi.

CHAPITRE III : FRAIS DE PROCEDURE

Article 117 : L'arrêt statuant définitivement sur le recours liquide le montant des frais et condamne la partie perdante à leur remboursement.

Il peut, cependant, laisser les frais à la charge de l'Etat par décision motivée.

Article 118 : Dans le cas où il rejette une demande, le Conseil d'Etat doit, dans le même arrêt et par disposition spécialement motivée, dire si cette demande présente un caractère dilatoire ou abusif.

Dans l'affirmative, il condamne le demandeur à une amende civile qui ne peut être inférieure à la somme de 500.000 francs CFA.

Article 119 : La notification de l'arrêt contient sommation d'avoir à régler le montant des frais et, s'il y a lieu, de l'amende civile dans un délai de trois mois.

En cas de non-paiement dans le délai fixé ci-dessus, le dossier est transmis au Procureur général près le Conseil d'Etat pour être procédé ainsi qu'il est prévu par le Code de procédure pénale en matière de contrainte par corps.

Les dispositions des articles ci-dessus s'appliquent aux personnes physiques ayant agi en leur nom propre ou au nom d'une personne morale.

CHAPITRE IV : EXECUTION DES DECISIONS

Article 120 : Les décisions du Conseil d'Etat sont exécutoires. Elles s'imposent aux pouvoirs publics, à toute autorité administrative, juridictionnelle, militaire et à toute personne physique ou morale.

Les autorités publiques sont tenues de les exécuter et de les faire exécuter.

Article 121 : Lorsqu'une décision juridictionnelle passée en force de chose jugée a condamné une personne publique au paiement d'une somme d'argent dont le montant est fixé par la décision elle-même, cette somme doit être ordonnancée dans un délai de deux mois à compter de la notification de la décision de justice.

Article 122 : Lorsque les arrêts impliquent nécessairement qu'une personne de droit public ou un organisme de droit privé chargé de la gestion d'un service public prenne une mesure d'exécution dans un sens déterminé, le Conseil d'État, saisi de conclusions en ce sens, prescrit, par la même décision, cette mesure assortie, le cas échéant, d'un délai d'exécution.

Article 123 : Lorsque les arrêts impliquent nécessairement qu'une personne de droit public ou un organisme de droit privé chargé de la gestion d'un service public prenne à nouveau une décision, après une nouvelle instruction, le Conseil d'Etat, saisi de conclusions en ce sens, prescrit, par la même décision, que cette décision doit intervenir dans un délai déterminé.

Article 124 : Dans les cas visés aux articles 121, 122 et 123 de la présente loi organique, le Conseil d'Etat peut assortir la décision d'une astreinte, sans préjudice des dommages et intérêts.

Article 125 : Toute décision est notifiée aux parties à leur domicile réel ou élu par le Greffier en chef ou par la partie la plus diligente. Il est procédé comme il est dit à l'article 119 de la présente loi organique.

Article 126 : Les arrêts du Conseil d'Etat sont transcrits sur les registres des juridictions dont les décisions ont été entreprises ; ils sont annexés aux minutes desdites décisions.

Si un acte avait été publié au Journal officiel, l'arrêt d'annulation de cet acte fait l'objet de la même publication.

Copie des arrêts du Conseil d'Etat est transmise par le Greffier en chef de ladite Cour au Secrétaire général du Conseil d'Etat.

Article 127 : Lorsqu'une autorité administrative manifeste au bénéficiaire d'un arrêt son refus de l'exécuter ou en cas d'inexécution d'un arrêt, trois mois après sa notification, la partie intéressée peut, par requête, demander au Président du Conseil d'Etat d'en définir les mesures d'exécution.

Le Président du Conseil d'Etat fixe, s'il y a lieu, un délai d'exécution assorti d'astreinte comminatoire dont le montant ne peut être inférieur à la somme de 1 000 000 de francs CFA.

Les produits des astreintes liquidées peuvent être attribués au requérant, à l'Etat et au Fonds de soutien de la Justice. Les modalités d'application de cet alinéa seront précisées par décret.

Article 128 : Lorsqu'il s'avère que l'inexécution totale ou partielle d'un arrêt rendu par le Conseil d'État est due aux agissements d'un agent ou d'une autorité administrative, le Conseil d'Etat engage la responsabilité personnelle de ce dernier et prononce à son encontre une condamnation pécuniaire qui ne peut être inférieure à la somme de 500 000 francs CFA.

Article 129 : Si une autorité administrative se heurte à des difficultés d'exécution, elle peut, par requête, demander au Président du Conseil d'Etat les mesures adéquates.

SOUS-TITRE III : LA FONCTION CONSULTATIVE

Article 130 : Les attributions prévues aux articles 14 et 15 de la présente loi organique sont exercées par la Section Consultative du Conseil d'Etat.

CHAPITRE I : AVIS À LA DEMANDE DU PRESIDENT DE LA REPUBLIQUE ET DES MEMBRES DU GOUVERNEMENT

Article 131 : Dès réception de la demande d'avis, le Président du Conseil d'Etat désigne un rapporteur et lui impartit un délai pour le dépôt du projet d'avis.

Le Président du Conseil d'Etat peut se désigner lui-même ou désigner le Président de la Section Consultative ou un Président de Formation comme rapporteur.

Le demandeur d'avis ou les administrations intéressées peuvent produire devant le Conseil d'Etat toutes observations et participer, à la demande du rapporteur, aux travaux de la formation.

Le Président du Conseil d'Etat, le Président de la Section Consultative ou le Président de Formation peut appeler à prendre part aux travaux, avec voix consultative, les personnes dont les connaissances spéciales les rendent aptes à éclairer les discussions.

Article 132 : Le Président du Conseil d'Etat peut, en cas de besoin, constituer une commission spéciale pour se prononcer sur l'avis sollicité.

Article 133 : Le projet d'avis est discuté et adopté par la Formation saisie.

L'avis ainsi émis ne lie, en aucun cas, le Conseil d'Etat dans ses attributions contentieuses.

Article 134 : Dans le cas où une affaire transmise à la Section Consultative relève de la compétence des deux formations, le Président de la Section Consultative les réunit aux fins de délibérations.

CHAPITRE II : AVIS A L'INITIATIVE DU CONSEIL D'ETAT

Article 135 : La Section Consultative élabore les propositions que le Conseil d'Etat adresse aux pouvoirs publics en application de l'article 16 de la présente loi organique. Elle procède à des études à l'initiative du Président du Conseil d'Etat.

Les propositions ou études sont adoptées par l'assemblée générale.

CHAPITRE III : AVIS CONTENTIEUX

Article 136 : Avant de statuer sur une requête soulevant une question de droit nouvelle, présentant une difficulté sérieuse, un tribunal administratif ou une juridiction administrative spécialisée peut demander un éclairage au Conseil d'Etat.

La décision de la juridiction sollicitant l'avis du Conseil d'Etat n'est susceptible d'aucun recours. La requête est transmise au Conseil d'Etat, qui examine, dans un délai de trois mois, la question soulevée. Il est sursis à toute décision au fond jusqu'à l'avis du Conseil d'Etat ou, à défaut, jusqu'à l'expiration du délai sus-indiqué.

Les parties et le Procureur général près le Conseil d'Etat peuvent produire des observations devant le Conseil d'Etat dans le délai d'un mois à partir de la notification qui leur a été faite de la décision de renvoi devant le Conseil d'Etat.

Les avis sont rendus par une Formation spéciale, présidée par le Président du Conseil d'Etat ou par le Président de la Section du Contentieux, et composée de Présidents de Chambre.

Article 137 : La décision de la juridiction prononçant le renvoi d'une question en application de l'article 13 de la présente loi organique est adressée par le greffe ou par le Secrétariat de cette juridiction au greffe du Conseil d'Etat avec le dossier de l'affaire dans les quinze jours du prononcé du jugement.

Les parties et l'autorité administrative intéressée sont avisées de cette transmission par la notification qui leur est faite de la décision.

Article 138 : L'avis est notifié aux parties et à l'autorité administrative intéressée ; il est adressé à la juridiction qui a décidé le renvoi en même temps que lui est retourné le dossier de la procédure.

Article 139 : Le Président du Conseil d'Etat peut solliciter les réquisitions du Procureur général près le Conseil d'Etat.

TITRE V : DISPOSITIONS FINANCIERES

Article 140 : Le Conseil d'Etat jouit de l'autonomie financière.

Le budget fait l'objet de propositions préparées par le service financier et est inscrit au projet de loi de finances au titre du Conseil d'Etat.

Le Président du Conseil d'Etat exerce les fonctions d'ordonnateur dans les conditions déterminées par le règlement de la comptabilité publique.

Le trésorier du Conseil d'Etat exerce les fonctions d'Agent comptable, dans les conditions déterminées par le règlement de la comptabilité publique.

Il a la qualité de comptable public. Il est nommé par arrêté du Ministre chargé de l'Économie et des Finances.

TITRE VI : DISPOSITIONS DIVERSES, TRANSITOIRES ET FINALES

Article 141 : Les membres de l'ancien Conseil d'Etat de la Cour suprême sont, de plein droit, membres du Conseil d'Etat.

Les personnes titulaires d'un doctorat ou d'une maîtrise en droit exerçant les fonctions d'auditeurs, avant l'entrée en vigueur de la présente loi organique, sont, à leur demande, nommées, à titre exceptionnel, Conseillers Référendaires au Conseil d'Etat.

Les greffiers de l'ancien Conseil d'Etat de la Cour suprême sont, de plein droit, membres du greffe du Conseil d'Etat.

Dès l'installation du Conseil d'Etat, l'ancien Conseil d'Etat de la Cour suprême lui transmet les dossiers des affaires dont elle a été saisie.

Article 142 : La présente loi organique abroge les dispositions de la loi n° 2018-978 du 27 décembre 2018 déterminant les attributions, l'organisation et le fonctionnement du Conseil d'Etat.

Article 143 : La présente loi sera publiée au Journal officiel de la République de Côte d'Ivoire et exécutée comme loi de l'Etat.

Fait à Abidjan, le 17 décembre 2020

Alassane OUATTARA

Copie certifiée conforme à l'original
Le Secrétaire Général du Gouvernement

RÉPUBLIQUE DE CÔTE D'IVOIRE * SECRÉTARIAT GÉNÉRAL DU GOUVERNEMENT

Eliane Atté BIMANAGBO
Préfet

28

N° 2000887

Annexe 4 : nomenclature des juridictions de l'ordre administratif du Burkina Faso et du Gabon

Nomenclature des juridictions de l'ordre administratif du Gabon

Juridictions	Ressorts territoriaux	Nombre prévus	Nombre effectif
Conseil d'État	Territoire national (art. 17, al. 2)	1	1
Cour d'appel de l'ordre administratif	Provinces, départements, communes (art. 44)	9	1
Tribunaux administratifs	Provinces, départements, communes (art. 75)	9	3

Loi n° 7/94 du 16 septembre 1994 portant organisation de la justice (modifiée)

Nomenclature des juridictions de l'ordre administratif du Burkina Faso

Juridictions	Ressorts territoriaux	Nombre prévus	Nombre effectif
Conseil d'État	Territoire national (art. 16)	1	1
Cour d'appel de l'ordre administratif	Provinces, départements, communes (art. 1er)	45	0
Tribunaux administratifs autonomes	Provinces, départements, communes (art. 1er)	45	2

- *Loi n° 010/2016/AN du 26 avril 2016 portant création, composition, organisation, attributions, fonctionnement de la Cour administrative d'appel et procédure applicable devant elle*

- *Loi n° 011/2016/AN du 26 avril 2016 portant création, composition, organisation, attributions, fonctionnement de la Cour administrative des tribunaux administratifs et procédure applicable devant eux*

- *Loi 032-2018/AN 26 juillet 2018 portant création, composition, organisation, attributions, fonctionnement de la Cour administrative des tribunaux administratifs et procédure applicable devant lui*

Annexe 5 : maquette pédagogique de formation des magistrats en Côte d'Ivoire

MINISTERE DE LA JUSTICE ET DES DROITS DE l'HOMME

REPUBLIQUE DE COTE D'IVOIRE

Union – Discipline – Travail

ECOLE DE LA MAGISTRATURE

MAQUETTE PEDAGOGIQUE DE LA FORMATION INITIALE

PROMOTION 2020

MODULE I FORMATION DE MISE A NIVEAU			
1	Procédure civile	30H	
	Procédure pénale	30H	
	P.C.A.P.	30H	
	Intro OHADA et Voies d'exécution (OHADA)	40H	
	Droit des sûretés	30H	
MODULE II TECHNIQUES DE COMMUNICATION (ECRITE ET ORALE)			
	Nouvelles technologies de l'information et de la communication	40 H	
MODULE III ENVIRONNEMENT ADMINISTRATIF			
	Contentieux administratif	30 H	
	Législation douanière et contentieux douanier	30 H	

MODULE I FORMATION DE MISE A NIVEAU			
	Législation fiscale et contentieux fiscal	30 H	
MODULE 7 ENVIRONNEMENT ECONOMIQUE ET FINANCIER			
	Contentieux social	30 H	
	Sécurité sociale	20 H	
MODULES 4 ET 6 ETHIQUE ET DEONTOLOGIE DE LA FONCTION DE MAGISTRAT			
	Statut, éthique judiciaire et Déontologie du magistrat et Organisation de la Justice	60 H	
	Corruption	30 H	
MODULE 5 ET 6 LES FONCTIONS DU MAGISTRAT			
	Siège civil	70 H	
	Juge des affaires matrimoniales	30 H	
	Juge des tutelles	30 H	
	Contentieux du foncier rural	30 H	
	Propriété intellectuelle	30 H	
	Modes alternatifs de règlement des conflits (Conciliation / Médiation/ Négociation et Arbitrage)	30 H	
	Siège pénal	70 H	
	Parquet	70 H	
	Instruction	70 H	
	Juge des enfants	30 H	
	Juge d'application des peines	30 H	

MODULE I FORMATION DE MISE A NIVEAU			
	Médecine légale	30 H	
	Psychologie du mineur	20 H	
	Droit International Humanitaire (DIH)	30 H	
	Coopération judiciaire internationale en matière pénale	30 H	
	Le sens de la peine et préparation du stage en milieu carcéral	20 H	
	Contentieux environnementaux	30 H	
	Le traitement judiciaire des violences basées sur le genre	30 H	
	LBC/FT Lutte contre le blanchiment de capitaux	30 H	
	La Justice Militaire	30 H	
	Techniques d'enquête spéciales	15 H	

Annexe 6 : liste des participants du Conseil d'Etat français au colloque relatif à la commémoration du bicentenaire du Conseil d'Etat français au Sénégal, tenu en 1999.

COLLOQUE DE CELEBRATION DU BICENTENAIRE DU CONSEIL D'ETAT FRANÇAIS ORGANISE AU SENEGAL

L'importance en nombre et en qualité de la délégation française participant à ce colloque organisé au Sénégal traduisait un encouragement et un accompagnement de l'Etat français aux réformes sénégalaises de 1992 et 1996 rapprochant l'organisation juridictionnelle de cet Etat au modèle français.

Liste extrait de La Revue administrative n° spécial 6, 1996, Les juridictions administratives dans le monde, p. 129.

Liste des participants

M. Saroukou Amoussa, Conseiller à la Cour suprême du Bénin.

M. Albert Aggrey, Conseiller à la Chambre administrative de Côte d'Ivoire.

M. Martin Akendengué, Premier Président à la Cour administrative du Gabon.

M. Louis Bastide, Président de la Cour suprême du Mali.

M. Mahfoud Ould Lemrabott, Président de la Cour suprême de Mauritanie.

M. Boutar Ould Baba, Président de la Chambre administrative de Mauritanie.

M. Fessou Lawson Président de la Cour suprême du Togo.

M. Tekole, Togo.

M. Sambo Antoine Komy, Président de la Cour suprême du Burkina Faso.

M. Barry Abdoulaye, Burkina Faso.

M. Oscar Gomez, Président de la Cour suprême du Cap-Vert.

M. François Nanare, Président de la Section du contentieux du Conseil d'État de Centrafrique.

M. Fernando Té, Magistrat au Tribunal suprême de Guinée-Bissau.

M. Robert Guilao, Conseiller à la Cour suprême de Guinée.

M. Alpha Ibrahima Diallo, Procureur Général, Guinée.

Mme Salifou née Fatimata Bazeye, Conseiller à la Cour suprême du Niger.

M. Renaud Denoix de Saint Marc, Vice-président du Conseil d'État français.

M. Guy Braibant, Président de Section honoraire, Conseil d'État français.

M. Jean-François Théry, Président de la Section du Rapport et des Etudes, Conseil d'État français.

M. Daniel Labetoulle, Président de la Section du contentieux, Conseil d'État français.

M. Michel Roux, Président de la Section sociale, Conseil d'État français.

Mme Martine de Boisdeffre, Secrétaire général du Conseil d'État français.

M. Patrick Hubert, Commissaire du gouvernement, Conseil d'État français.

M. Erik Arnoult, Maître des Requêtes, Conseil d'État français.

Me Jean Barthélemy, Président du Conseil de l'Ordre des avocats aux Conseils.

Me Françoise Fabiani, avocat aux Conseils de l'Ordre des avocats.

M. Bernard Pacteau, Professeur Université Montesquieu Bordeaux IV.

M. Alioune Fall, Directeur adjoint du Cerdradi, Université Montesquieu.

M. Youssoupha Ndiaye, Président du Conseil constitutionnel du Sénégal.

M. Ousmane Camara, Président du Conseil d'État du Sénégal.

M. Mouhamadou Mansour Dia, Président de Section, Conseil d'État Sénégal.

Mme Maimouna Kane, Président de Section, Conseil d'État Sénégal.

M. Abdoul Aziz Ba, Président de Section, Conseil d'État du Sénégal.

M. Mamadou Sall, Secrétaire général du Conseil d'État du Sénégal.

M. Marc Breyton, Président de la Commission de vérification des comptes et de Contrôle des entreprises publiques.

INDEX

TABLE DE MATIERES

Structures éditoriales du groupe L'Harmattan

L'Harmattan Italie
Via degli Artisti, 15
10124 Torino
harmattan.italia@gmail.com

L'Harmattan Hongrie
Kossuth l. u. 14-16.
1053 Budapest
harmattan@harmattan.hu

L'Harmattan Sénégal
10 VDN en face Mermoz
BP 45034 Dakar-Fann
senharmattan@gmail.com

L'Harmattan Cameroun
TSINGA/FECAFOOT
BP 11486 Yaoundé
inkoukam@gmail.com

L'Harmattan Burkina Faso
Achille Somé – tengnule@hotmail.fr

L'Harmattan Guinée
Almamya, rue KA 028 OKB Agency
BP 3470 Conakry
harmattanguinee@yahoo.fr

L'Harmattan RDC
185, avenue Nyangwe
Commune de Lingwala – Kinshasa
matangilamusadila@yahoo.fr

L'Harmattan Congo
219, avenue Nelson Mandela
BP 2874 Brazzaville
harmattan.congo@yahoo.fr

L'Harmattan Mali
ACI 2000 - Immeuble Mgr Jean Marie Cisse
Bureau 10
BP 145 Bamako-Mali
mali@harmattan.fr

L'Harmattan Togo
Djidjole – Lomé
Maison Amela
face EPP BATOME
ddamela@aol.com

L'Harmattan Côte d'Ivoire
Résidence Karl – Cité des Arts
Abidjan-Cocody
03 BP 1588 Abidjan
espace_harmattan.ci@hotmail.fr

Nos librairies en France

Librairie internationale
16, rue des Écoles
75005 Paris
librairie.internationale@harmattan.fr
01 40 46 79 11
www.librairieharmattan.com

Librairie des savoirs
21, rue des Écoles
75005 Paris
librairie.sh@harmattan.fr
01 46 34 13 71
www.librairieharmattansh.com

Librairie Le Lucernaire
53, rue Notre-Dame-des-Champs
75006 Paris
librairie@lucernaire.fr
01 42 22 67 13

www.ingramcontent.com/pod-product-compliance
Lightning Source LLC
LaVergne TN
LVHW021153061026
849535LV00002B/452